国家文化产业资金支持媒体融合重大项目

全国高等职业院校名师名家精品系列教材·财务会计类

Management Accounting

管理会计

杨则文 总主编 | 翟金花 主编

陈燕宁 谢蕴琦 郑建红 副主编 | 聂瑞芳 刘红 谢丹伟 魏仕丹 参编

东北财经大学出版社 大连
Dongbei University of Finance & Economics Press

图书在版编目（CIP）数据

管理会计 / 翟金花主编. —大连：东北财经大学出版社，2022. 9
（全国高等职业院校名师名家精品系列教材·财务会计类）
ISBN 978-7-5654-4576-7

Ⅰ.管… Ⅱ.翟… Ⅲ.管理会计-高等学校-教材 Ⅳ.F234.3

中国版本图书馆CIP数据核字（2022）第131170号

东北财经大学出版社出版
（大连市黑石礁尖山街217号 邮政编码 116025）
网 址：http：//www.dufep.cn
读者信箱：dufep@dufe.edu.cn
大连日升彩色印刷有限公司印刷 东北财经大学出版社发行

幅面尺寸：185mm×260mm 字数：510千字 印张：22.75
2022年9月第1版 2022年9月第1次印刷

责任编辑：王天华 周 慧 责任校对：慧 心
封面设计：冀贵收 版式设计：原 皓

定价：52.00元

教学支持 售后服务 联系电话：（0411）84710309

如有印装质量问题，请联系营销部：（0411）84710711

前言

管理会计是大数据与会计、大数据与财务管理等专业的一门重要的专业课程。随着经济的发展和企业财务的转型，管理会计在企业管理中日益重要，管理会计的理论与实践也在不断丰富和发展。为了适应我国现代化建设对高技能人才的需要，2016年10月财政部正式印发了《会计改革与发展“十三五”规划纲要》（以下简称《纲要》）。《纲要》指出，要推进管理会计广泛应用，加强管理会计理论研究、教学教材改革，加快推进管理会计人才培养。为适应新时代我国经济发展的需要，满足国家大力发展高等职业教育的要求，落实教育部有关高职高专人才培养模式的计划，我们按照最新政策指引编写了本书。本书具有以下特点：

1. 内容紧跟前沿

本书依据财政部2016年发布的《管理会计基本指引》及2017年和2018年发布的《管理会计应用指引》设置内容框架，全书共分八个项目：项目一管理会计概述；项目二成本管理；项目三营运管理；项目四投融资管理；项目五预算管理；项目六绩效管理；项目七战略管理；项目八管理会计报告与管理会计信息系统。系统介绍了管理会计的方法和技能，培养精于理财、善于管理和决策的管理会计人才，促进企业提高管理水平和经济效益。

2. 体例设计新颖

在体例设计上注重循序渐进的学习认知规律。本书在每个项目正文前设有“学习目标”“案例导入”，便于教师引导学生进行本项目的学习；每个项目知识讲解之中设计有“想一想”“练一练”“相关知识”“拓展阅读”等小栏目，帮助学生对所学知识融会贯通，适当拓展知识视野；“项目小结”对每个项目所阐述的知识内容进行了高度概括，明确学习重点、难点和学习方法，便于学生对各项目所阐述的内容进行梳理和总结，有利于对知识的整体性把握。每个任务结束均设有“同步技能训练”，便于学生通过技能训练，及时掌握管理会计的技能和方法。

3. 课程思政突出

本书不仅每个项目的学习目标设计了课程思政目标，还设计了思政园地，从管理会计课程基本内容出发，挖掘课程的思政元素，融入思政教育，遵循“以树人为核心，以立德为根本”的原则，将知识传授和价值引领有机结合，在知识传播中强调价值引领。将“德”转化为课程中的“胸怀祖国，奉献社会”“诚实守信，历练品质”。以“立德树人”为教育的根本任务，将专业教育与思想政治教育紧密结合起来。

4.校企合作开发

本书由广东轻工职业技术学院、金蝶软件（中国）有限公司、金蝶精一信息科技服务有限公司，以及深圳华强实业股份有限公司共同开发。在企业的参与下，本书能较好将理论知识和企业需求有效结合，有助于培养高素质的技能人才，适应企业不断发展的需要。在内容选取上，遵循理论够用适度、强化技能训练的原则，力求符合高等职业教育人才培养的要求。紧密结合企业管理会计岗位，按照管理会计岗位的要求设计技能训练项目，素材丰富，资料翔实，通过学习，学生可以更好地理解基础知识，掌握基本技能，提高动手能力，提升职业素养。

5.配套资源丰富

教材提供多样化的教学资源库，每个项目重要知识点配有微课二维码，学习者扫码便可以观看本书的数字化资源。教材配有完整的电子课件、课程标准、电子教案、项目技能训练及答案等数字化教学资源，授课教师可登录东北财经大学出版社网站（http：//www.dufep.cn）免费下载，方便学习者自主学习和探究性学习。

本书由广东轻工职业技术学院翟金花担任主编，负责全书的总体设计、审稿，广东轻工职业技术学院陈燕宁、谢蕴琦和郑建红担任副主编。广东轻工职业技术学院聂瑞芳，深圳华强实业股份有限公司副总经理、中国注册会计师、资产评估师刘红，金蝶软件（中国）有限公司广东省公司、广州分公司财务总监谢丹伟，金蝶精一信息科技服务有限公司华南区总监魏佳丹参与编写。具体编写分工如下：翟金花编写项目一和项目五，陈燕宁编写项目二和项目三，谢蕴琦编写项目四和项目七，郑建红编写项目六和项目八，聂瑞芳、刘红、谢丹伟和魏佳丹编写整理各项目案例。

本书内容翔实、案例丰富、实用性强，注重岗位技能与实践能力的培养，既可以作为高职高专财经类与管理类专业教材，也可以作为证书考试的参考教材，还可以作为财会工作者及各类管理人员自学、培训和提高业务水平的读物。

在本书编写过程中，广州番禺职业技术学院财经学院院长杨则文教授在百忙之中进行了初审并提出了宝贵的修改意见，东北财经大学出版社王天华编审给予了很多指导和帮助，在此一并表示衷心的感谢。本书在编写过程中，参阅了国内外大量财务专家、学者的著作和网络资料，吸收了他们许多有益的研究成果，在此向原作者致以诚挚的谢意。

由于编者水平有限，书中难免存在不足之处，恳请各位专家学者和广大读者批评指正。

编 者

2022年8月

目录

项目一

管理会计概述

学习目标

知识目标

1. 了解管理会计的产生与发展、管理会计的含义、职能、目标、原则；

2. 理解管理会计与财务会计的关系、管理会计职业能力框架与等级、管理会计职业道德；

3. 掌握管理会计的要素、我国管理会计指引体系的内容。

能力目标

1. 能运用管理会计职能在企业开展管理会计工作；

2. 能根据企业的实际情况设计企业管理会计工作流程。

课程思政目标

1. 通过学习管理会计的形成与发展，引导学生树立民族自信心，了解中国会计文化的渊源和精髓，实现对优秀会计文化的传承与创新。

2. 通过案例分析，引导学生充分认识到管理会计指引在企业管理会计工作中的重要意义。

案例导入

互联网时代与“大数据”给管理会计带来新的机会，企业需要将大数据转化为商业价值，管理会计正是要架起两者之间的桥梁。海尔集团适时利用管理会计，进行财务组织变革，规划未来、事前算赢、引领价值，为海尔集团经营管理和效益带来积极变化，连续五年获得“全球大型家电第一品牌”称号。

海尔集团将财务组织分成三大块，包括业务财务、专业财务和财务共享服务中心。其中，业务财务主要从管理会计角度提供决策支持与增值服务，与市场、研发和生产等业务紧密融合，进行市场分析、机会洞察和绩效管理等，支持市场目标实现。专业财务主要通过创新整合全球资源，推进资金、投资、专业服务等增值。财务共享服务中心主要从财务会计的角度进行变革，通过交易处理的信息化集中共享以及会计流程的统一，提升财务信息整合与交易处理效率，降低财务组织成本。

海尔集团的会计人员从传统财务工作中解放出来，从后台走向前台，从事后走向事前，与业务水乳交融，去做更多创造价值的工作。海尔集团财务部门建立了开放的体系，充分整合优秀人才，强调拓展财务人的战略风险思维、知识运用能力、学习创新能力及业务处理能力，培养出色的管理会计人才。

海尔集团利用管理会计实现三赢，即事前算赢、事中调赢、事后双赢，形成预算、执行、绩效和激励全流程闭环优化的体系。事前算赢主要是算赢有竞争力的目标以及达成目标的资源、团队和路径，保证目标的达成；事中调赢主要是通过滚动预测、动态优化、持续创新等应对市场变化，支持目标的实现；事后双赢主要是实现用户、员工、企业、合作方等利益相关者的价值共赢，实现目标、预算、绩效评价和激励的有机闭环。虽然2020年受新冠肺炎疫情影响，但是海尔智家Q2快速调整状态，Q3收入、利润创出新高。

你认为海尔集团的管理会计应用实践是否科学合理？

资料来源：正保会计网校．海尔集团如何利用管理会计引领双赢［EB/OL］.［2021-03-11］. https：//www.chinaacc.com/cma/news/su20201106174647.shtml.

通过本项目的学习，我们将了解什么是管理会计，管理会计的产生与发展，管理会计的职能、管理会计原则与应用主体是什么，管理会计的要素等。

任务一 认识管理会计

会计是现代管理科学的一个重要组成部分，管理会计则是随着社会经济的发展、科学技术的进步、企业经营管理现代化的需要逐渐发展起来的，是管理与会计的有机结合，它将管理学、经济学、组织行为学等相关学科应用于会计学科，为企业管理人员提供决策信息，是社会经济发展到一定阶段的产物。

一、管理会计的产生与发展

（一）管理会计在西方的产生与发展

在西方，管理会计萌芽于20世纪初，随着经济社会环境、企业生产经营模式以及管理科学和科技水平的不断发展而逐步演进，至今大致经历了三个阶段：

1.成本决策与财务控制阶段（20世纪初至20世纪50年代）

管理会计的产生可以追溯到19世纪末20世纪初，当时，产业革命加速了资本主义经济的发展，企业生产规模日益扩大，生产专业化、社会化程度和自由竞争日益激烈，原来那种单凭经验和主观臆断的管理方法已无法适应企业管理的需要。为探索先进的科学管理技术和方法，1911年，美国人泰罗发表了著名的《科学管理原理》，开辟了企业管理的新纪元，泰罗也被人们誉为“科学管理之父”。泰罗科学管理学说的核心是强调提高生产和工作效率，从而使工人的操作规程更加科学、合理，使企业管理向标准化、制度化的方向发展，最大限度地提高劳动生产率。

为了配合泰罗科学管理学说的推广应用，会计领域相继出现了“标准成本”“预算控制”“差异分析”等概念。美国工程师哈里森在1918—1920年间相继出版了《新工业时代的成本会计》《成本会计的科学基础》等著作，提出了标准成本的概念；1930年，哈里森在长期研究的基础上又出版了《标准成本》一书，建立了标准成本计量理论与方法，正式将标准成本纳入会计系统。1921年，美国《预算与会计法案》颁布，推动了“预算控制”被引入会计。1922年，奎因坦斯在其《管理会计：财务管理入门》一书中首次提出“管理会计”的名称；同年，麦金西出版了《预算控制论》一书，成为美国最早的管理会计专著，布利斯也在同期出版了《通过会计进行管理》的著作，这些专著被西方誉为早期管理会计学的代表作。

在“标准成本”与“预算控制”理论日趋完善的同时，理论界又相继出现了成本性态分析、变动成本法、弹性预算及保本分析等方法。会计领域中这些新观念、新方法的出现，不仅给传统的会计增添了新内容，而且使会计开始突破单纯的事后核算，从而为会计更好地服务于企业管理开辟了一条新的途径。尽管由于当时历史条件的限制，这些理论没有被充分地认识和广泛地应用，但是管理会计在事实上已经产生。

由此可见，西方管理会计的萌芽，产生于20世纪初的美国，是企业管理和会计发展到一定阶段的必然产物，使会计由单纯的记账、算账、报账，发展到事前预算、事中控制和事后分析相结合。这一时期的管理会计以成本控制为特征，关注如何提高劳动生产效率。

2. 管理控制与决策阶段（20世纪50年代至20世纪90年代）

20世纪50年代，第二次世界大战以后，西方国家进入了所谓战后调整时期。现代科学技术突飞猛进并大规模应用于生产，使社会生产力获得十分迅速的发展，跨国公司大量涌现，企业规模越来越大，生产经营日趋复杂，竞争更加剧烈。面对这些新的环境和条件，战前风靡一时的泰罗的“科学管理原理”由于其重局部、轻整体的观念无法适应环境的变更，而被后来的现代管理科学所取代。现代管理科学认为“管理的重心在经营，经营的重心在决策”，把正确地进行经营决策放在了首位。现代管理科学以系统论、控制论、运筹学、行为科学、高等数学为其理论基础和方法手段，同时结合计算机技术，根据企业管理整体最优的要求，建立反映经济变量内在关系的模型，对企业较为复杂的生产经营活动进行科学的预测、决策、组织、协调和控制，实现企业生产经营最优运营，从而提高企业管理的现代化水平。这样，以现代管理科学理论为基础的管理会计，广泛地吸收了相关学科的理论和方法，极大地丰富了早期管理会计的内容，形成了现代管理会计中决策会计的理论和方法。

1952年，国际会计师联合会正式采用了“管理会计”这一名词，这标志着传统会计分离为财务会计和管理会计两大组成部分，管理会计正式得到国际会计界一致的认同。1958年，美国会计学会明确指出管理会计的方法体系，包括标准成本、预算管理、盈亏临界点分析、差量分析、变动成本法等。20世纪60年代，电子技术的发展造就了“业绩会计”和“决策会计”，从而使管理会计的理论方法体系进一步确定。20世纪70年代以后，卡普兰的《管理会计和行为科学》、霍普伍德的《会计系统和管理行为》、霍格伦的《管理会计导论》等优秀作品相继问世，将管理会计研究推向了高潮。这一时期的管理会计由生产管理转向经济决策，由关注劳动生产效率的提高转向全局性的经济效益的提高。

20世纪80年代以后，由于世界经济一体化和国际性竞争的日趋激烈，信息经济学、交易成本理论和不确定性理论被广泛引进到管理会计领域，加上新技术如电子计算机大量应用于企业流程管理，管理会计向精密的数量化技术方法方向发展。一批计划决策模型得到发展，流程分析、战略成本管理等理论与方法体系纷纷建立，管理会计职能转向为内部管理人员提供企业计划和控制信息，管理会计学者对新的企业经营环境下管理会计发展进行了探索。1981年著名管理学家西蒙首次提出了“战略管理会计”一词，之后波特在1980—1990年间，先后出版了《竞争战略》《竞争优势》《国家竞争优势》等著作。在上述战略思想的影响下，战略与管理会计结合的速度加快，促进了战略管理会计的进一步发展。1988—1990年间，库珀和卡普兰探讨作业成本计算方法，开辟了产品成本计算的新纪元。同期，卡普兰教授对作业成本法进行了完善与拓展，将决策型战略管理会计研究推向了更高的阶段。

质量成本管理、作业成本法、价值链分析以及战略成本管理等创新的管理会计方法层出不穷，初步形成了一套新的成本管理控制体系。管理会计完成了从“为产品定价提供信息”到“为企业经营管理决策提供信息”的转变，由成本计算、标准成本制度、预算控制发展到管理控制与决策阶段。

3.强调价值创造阶段（20世纪90年代以后）

20世纪90年代以后，随着经济全球化和知识经济的发展，世界各国经济联系和依赖程度日益增强，企业之间分工合作日趋频繁，准确把握市场定位、客户需求等尤为重要。在此背景下，管理会计越来越容易受到外部信息以及非财务信息对决策相关性的冲击，企业内部组织结构的变化也迫使管理会计在管理控制方面要有新的突破，需要从战略、经营决策、商业运营等各个层面掌握并有效利用所需的管理信息，为此管理会计以强调价值创造为核心，发展了一系列新的决策工具和管理工具。一些国家也尝试将管理会计引入公共部门管理之中，并随着新公共管理运动的兴起在全世界范围推广。

1992年卡普兰和诺顿提出平衡计分卡，首次将非财务指标引入业绩计量体系中来，从财务、顾客、内部业务流程和学习与成长四个方面综合计量企业经营业绩，之后几年卡普兰和诺顿对平衡计分卡的理论和应用不断探索，形成比较完整的理论与方法体系，尤其是使用战略地图将企业目标与日常经营过程联系起来，进一步丰富了平衡计分卡理论。2001年卡普兰将平衡计分卡的应用由商业企业拓展到非营利组织，使其应用领域更为宽阔。这一时期还出现了众多新的研究观点，如为适应技术经济条件变化而形成的质量成本会计、人力资源会计、资本成本会计、会计信息系统等，它们极大地丰富和发展了管理会计的内容，使管理会计研究进入一个更高的发展阶段。

综上所述，管理会计的产生与发展，大大丰富了会计学科的内涵，扩充了会计的传统职能，从而使会计的作用不再仅仅局限于对生产过程作如实的反映，即单纯地提供信息，而是进一步利用这些信息来预测前景、参与决策、规划未来，并对日常经济活动进行有效的控制、评价和考核，以最少的劳动消耗和资源占用，取得最佳的经济效益和社会效益。

【想一想1-1】20世纪50年代以后，管理会计发展的原因是什么？

【练一练1-1】管理会计的萌芽产生于（　　）。

A.19世纪初　　　　B.20世纪初

C.第二次世界大战之后　　　　D.20世纪80年代

（二）管理会计在我国的发展

虽然管理会计相关理论引入我国较晚，但管理会计实践早已有之，不乏成功探索和有益尝试。从20世纪70年代末80年代初至今，我国不断地向发达国家学习、引进、创新有关管理会计理论，其过程大致经历了以下四个发展阶段：

1. 探索性应用阶段（1950年至1978年）

这个阶段是我国单一的计划经济时代，国营企业的生产计划由国家统一确定下达，产品由国家统一定价，因此，成本及其考核是这个时代国家必然要重视的事情。这种对以成本为核心的内部责任会计的重视使得我国企业在这个阶段涌现出大量对管理会计的探索性应用，包括班组核算、经济活动分析和资金成本归口分级管理等。

2. 吸收消化阶段（1979年至1992年）

这个阶段是我国的改革开放初期，政府的经济建设思维从单一的计划经济转向计划经济与市场经济并举，且市场经济的成分逐渐加强。一方面，国家开始探索建设有中国特色的会计制度体系，并形成了一套完整的成本管理制度；另一方面，一批能够适应市场变化并有一定活力的国有企业涌现出来，并把目光转向市场和企业内部，向管理要效益，在建立、完善和深化各种形式的经济责任制的同时，将厂内经济核算制纳入经济责任制，掀起了责任会计应用的高潮，同时，西方的作业成本法开始引入中国，在制造业企业中获得应用。

3. 改革创新阶段（1993年至2012年）

在这一阶段，以财政部、国资委为主的企业管理部门出台了一系列重要的制度和办法，推动了企业管理会计的应用和发展。1993年7月1日，我国开始实施《企业会计准则》和《企业财务通则》，"两则"的实施，也使得成本报表转变为企业内部报表。相应地，成本管理制度由国家交由企业根据相关法规自行确定。"两则"的发布，标志着企业从此开始转变观念，以市场为导向来构建企业会计制度。20世纪90年代，随着我国市场经济体制的建立、市场竞争的兴起和全球化进程的加速，管理会计的内涵不再仅仅表现为成本管理，而是进一步改变为成本管理与资金管理相结合。2007年新的《企业财务通则》在我国上市公司率先实施。"通则"对成本费用控制做出了明确规范，并首次要求国有企业通过实施全面预算管理加强内部控制的效果与效率，绝大多数中央企业建立了较为完善的财务预算体系。2012年3月，国资委启动为期两年的中央企业管理提升活动，并提出要以投资决策管理、全面预算管理、全面风险管理、管理信息化等方面为重点，扎实落实各项工作措施，实现中央企业管理方式由粗放型向集约化、精细化转变，全面提升企业管理水平。这是国家管理层针对企业内部管理启动的最高规格的专项活动，对管理会计的发展应用具有重大意义。全面预算管理等西方先进的管理会计工具方法在企业的广泛应用，促进了信息系统在管理会计领域的研发和应用。

4. 全面推进阶段（2013年至今）

在这一阶段，国际经济竞争加剧，我国经济也正处于经济发展方式转型的重要时期，迫切需要加快管理会计发展。2013年9月，财政部印发了《企业产品成本核算制度（试行）》。该制度从加强企业成本管理入手，将管理会计理念融入其中，探索推进管理会计的研究和应用，是对管理会计体系建设的先行探索，是财政部加强管理会计体系建设的重要标志。2014年10月，为全面推进管理会计体系建设，提升会计工作总体水平，推动经济更有效率、更加公平、可持续发展，财政部印发了《关于全面推进管理会计体系建设的指导意见》（以下简称《指导意见》），为我国管理会计发展规划了蓝图、指明了方向；2016年10月财政部发布了《会计改革与发展“十三五”规划纲要》（以下简称《纲要》），《纲要》指出管理会计是“十三五”重点改革项目，管理会计建设是国家战略，应推进管理会计广泛应用，提升管理会计工作管理效能，促进企业提高管理水平和经济效益。同年，财政部发布了《管理会计基本指引》，随后2017年和2018年发布了34项《管理会计应用指引》。一系列指引的发布，对拓展我国管理会计研究领域、提升管理会计应用水平，进而增强我国企业综合实力和竞争优势都具有极其重要的现实意义。

如今，包括全面预算管理、平衡计分卡等绩效评价方法，作业成本法、标准成本法等成本管理方法在内的管理会计工具方法陆续在我国企业中运用，单位对管理会计的应用意识有所增强，应用水平有所提高。同时，管理会计在行政事业单位预算编制、执行、决算分析和评价等工作中也得到了一定应用。

总体上看，管理会计在服务我国经济社会发展、制定单位的战略规划、经营决策、过程控制和业绩评价等方面的应用日益广泛，各单位应按照当前全面深化改革的部署，结合建立现代企业制度和现代财政制度的要求，根据经济社会发展需要和市场需求，加快发展中国特色的管理会计的进程，不断促进经济社会持续健康发展。

综合管理会计在中西方的发展历程可以看出管理会计是一门多学科相互渗透、相互结合的会计，它既是企业现代化管理的重要工具，又是企业现代化管理理论的重要组成部分。现代化管理科学促进了管理会计的产生和发展，管理会计的产生和发展又丰富了现代化管理科学，它们是相互促进相互依存的辩证关系。管理会计的产生和发展可以视为20世纪会计学科的重大事件。

二、管理会计的概念与目标

（一）管理会计的概念

尽管管理会计的理论和实践最先起源于西方社会，但迄今为止在西方尚未形成一个统一的管理会计的概念。

美国会计学会（American Accounting Association，AAA）于1958年和1966年先后两次将管理会计定义为：“管理会计是指在处理企业历史和未来的经济资料时，运用适当的技巧和概念来协助经营管理人员拟订能达到合理经营目的的计划，并做出能达到上述目的的明智的决策。”

美国管理会计师协会（Institute of Management Accountants，IMA）在1981年的管理会计公告中将管理会计定义为：“管理会计是指向管理层提供用于企业内部计划、评价、控制以及确保企业资源的合理使用和经管责任的履行所需财务信息的确认、计量、归集、分析、编报、解释和传递的过程。”在2008年，IMA新修订并颁布的《管理会计公告》为管理会计提出了一个新的定义：“管理会计是一种深度参与管理决策、制订计划与绩效管理系统、提供财务报告与控制方面的专业知识以及帮助管理者制定并实施组织战略的职业。”这一定义突出强调了管理会计作为一个职业，其专业化、系统性地为企业内部管理提供决策支持的特点。

1988年，国际会计师联合会将管理会计定义为：“管理会计是在一个组织内部，对管理层用于规划、评价与控制的信息（财务的和经营的）进行确认、计量、积累、分析、处理、解释和传输的过程，以确保其资源的利用并对它们承担经营责任。”

2014年，英国皇家特许管理会计师公会将管理会计定义为：“管理会计是为组织创造价值和保值而收集、分析、传递和使用与决策相关的财务和非财务信息。”

20世纪80年代初，西方管理会计理论传到中国，我国学者在研究管理会计问题时，对其定义提出如下主要观点：

（1）管理会计（学）是一门新兴的综合性边缘学科；

（2）管理会计是一个服务于企业内部经营管理的信息系统；

（3）管理会计是企业会计的一个分支；

（4）管理会计是一种为管理部门提供信息服务的工具等。

2014年，随着管理会计在我国企业实践中不断探索和应用，财政部发布了《关于全面推进管理会计体系建设的指导意见》，对管理会计定义进一步归纳提炼，再结合我国的国情，对管理会计做如下定义：

管理会计是会计的重要分支，主要服务于单位（包括企业和行政事业单位）内部管理需要，是通过利用相关信息，有机融合财务与业务活动，在单位规划、决策、控制和评价等方面发挥重要作用的管理活动。

（二）管理会计的目标

财政部在2016年6月发布的《管理会计基本指引》中指出，管理会计的目标是通过运用管理会计工具方法，参与单位规划、决策、控制、评价活动并为之提供有用信息，推动单位实现战略规划。

【想一想1-2】管理会计的本质是什么？

三、管理会计的职能

管理会计的职能是指管理会计在企业经营管理中的功能。现代企业管理的职能是计划、组织、协调、指挥与控制，管理会计主要是为企业内部经营管理服务的，因此管理会计主要有以下五个职能：

（一）预测职能

预测是指采用科学的方法预计、推测客观事物未来发展必然性或可能性的行为。管理会计预测职能，就是按照企业未来的总目标和经营方针，充分考虑经济规律的作用和经济条件的约束，选择合理的量化模型，有目的地预计和推测未来企业销售、利润、成本及资金的变动趋势和水平，为管理层的决策提供有用的经济信息。因此，预测职能是管理会计工作的基础与前提。

（二）决策职能

决策是指为达到一定目标，在若干可供选择的方案中选取一个最优方案的过程。正确的决策是实现既定目标的保证，管理会计在决策方面的职能，不是代替企业领导决策，而是以预测为基础，通过预测提出企业实现一定经营目标可供选择的备选方案，根据决策目标收集整理与各个方案有关的会计信息和其他资料，测算每个备选方案对企业产生的经济影响，并对能够实现某一特定经营目标的多个备选方案进行分析和比较，权衡利弊得失，为管理人员做出最优选择、正确的决策提供理论上的支持。因此，决策职能是管理会计的核心。

（三）规划职能

规划是指企业在经济管理过程中，对根据决策的目标以及为了达到这一目标所应从事的财务活动所做出的详细说明与计划。管理会计的规划职能是通过编制企业的各种计划和预算实现的，它要求在最终决策方案选定的基础上，将预先确定的有关经济目标分解落实到各相关预算中去，形成以各责任中心为主体的责任预算，以便合理有效地组织运用企业的经济资源和人力资源，并将其作为控制企业经济活动过程的重要依据。

（四）控制职能

控制是指控制企业经济活动，使之按决策预定的轨道有序地执行。控制不是消极的事后检查，而是积极地把握进程，要促进、约束、指导和干预企业的经济活动，对企业经济活动按计划要求进行监督和调整，以使其最终达到或超过预期目标。管理会计发挥“控制”职能就是控制经济过程，将经济过程的事前控制同事中控制有机地结合起来。一方面，企业应监督计划的执行过程，确保经济活动按照计划的要求进行，从而为完成目标奠定基础；另一方面，企业也应对采取的行动及计划本身的质量进行反馈，以确定计划阶段对未来期间影响经济变动各因素的估计是否充分、准确，从而调整计划或工作方式，以确保目标的实现。因此，为了实现控制职能，企业应建立完善的控制体系，确保控制体系所提供的与经济活动有关的信息真实、完整，确保控制体系能够适时、有效地调整计划及管理人员的行为。

（五）考核职能

考核主要是事后根据各责任中心所编制的业绩报告，将其实际数与预算数进行对比、分析，用以评价、考核各责任中心履行职责的情况，并将其考核结果及时向有关部门反馈，以找出成绩和不足，从而为奖惩制度的实施和未来工作改进措施的形成提供必要的依据。

管理会计的职能相互之间具有非常紧密的联系，构成一个完整的管理会计循环。预测是决策的前提，决策是规划的基础，而规划既是预测和决策的综合反映，又是经营目标的具体化，是进行控制、考核的依据。

【想一想1-3】管理会计职能之间的关系如何?

四、管理会计的应用原则与应用主体

单位应用管理会计，应当遵循以下原则：

（一）战略导向原则

管理会计的应用应以战略规划为导向，以持续创造价值为核心，促进单位可持续发展。

（二）融合性原则

管理会计应嵌入单位相关领域、层次、环节，以业务流程为基础，利用管理会计工具方法，将财务和业务等有机融合。

（三）适应性原则

管理会计的应用应与单位应用环境和自身特征相适应。单位自身特征包括单位性质、规模、发展阶段、管理模式、治理水平等。

（四）成本效益原则

管理会计的应用应权衡实施成本和预期效益，合理、有效地推进管理会计应用。

管理会计应用主体视管理决策主体确定，可以是单位整体，也可以是单位内部的责任中心；可以是企业，也可以是行政事业单位。

【想一想1–4】管理会计的应用主体应如何确定？

五、我国管理会计指引体系

管理会计指引体系是在管理会计理论研究成果的基础上形成的具有可操作性的系列标准，管理会计指引体系包括基本指引、应用指引和案例库。

（一）管理会计基本指引

管理会计基本指引在管理会计指引体系中起统领作用，是制定应用指引和建设案例库的基础。管理会计基本指引是对管理会计基本概念、基本目标、基本原则、基本要素等内容的总结、提炼，并重点对提出的应用环境、管理会计活动、工具方法、信息与报告这四个管理会计要素进行了详细阐述。但是不同于企业会计准则基本准则，管理会计基本指引旨在指导单位应用管理会计，不要求强制执行。基本指引主要是起推动作用，引导单位系统应用管理会计，优化资源配置，提升价值创造能力，而不是做出限制性规定。

（二）管理会计应用指引

应用指引作为管理会计指引体系的一个重要组成部分，在管理会计指引体系中，居于主体地位，是对单位管理会计工作的具体指导。应用指引本着"管理会计在管理中的应用"这一设计理念，注重在管理中的应用性，围绕战略管理、预算管理、成本管理、营运管理、投融资管理、绩效管理、风险管理等七大领域，每一领域在实践中形成了各自适用的管理会计工具方法，每一领域下的管理会计工具方法不是一成不变的，而是将随实践发展不断得到丰富完善。

管理会计应用指引既遵循基本指引，也体现了实践特点，既形成一批普遍适用、具有广泛指导意义的基本工具方法，也有特殊行业的应用指引；既考虑了企业，也考虑了行政事业单位。

（三）管理会计案例库

案例库是对国内外管理会计经验的总结提炼，是对如何运用管理会计应用指引的实例示范。建立管理会计案例库，为单位提供直观的参考借鉴，是管理会计指引体系指导实践的重要内容和有效途径，也是管理会计体系建设区别于企业会计准则体系建设的一大特色。

【练一练1–2】我国管理会计指引体系包括（　　）。

A.基本准则　　B.基本指引　　C.应用指引　　D.案例库

同步技能训练

一、单项选择题（每题只有一个正确答案，请将正确答案填在括号内）

1.1911 年，美国人（　　）发表了著名的《科学管理原理》，开辟了企业管理的新纪元。

A. 泰罗　　B. 蓝斯登　　C. 奎因斯坦　　D. 斯坦纳

2. 泰罗制下，采用的企业管理方法是（　　）。

A. 科学管理方法　　B. 经验管理方法

C. 传统管理方法　　D. 现代管理方法

3.（　　）国际会计师联合会正式通过了“管理会计”这一专门名词。

A.1911 年　　B.1920 年　　C.1922 年　　D.1952 年

4. 下列关于管理会计应用主体的说法中错误的是（　　）。

A. 管理会计应用主体视管理决策主体确定

B. 管理会计应用主体可以是单位整体

C. 管理会计应用主体可以是单位内部的责任中心

D. 一般情况下管理会计应用主体是单位内部的责任中心

5. 单位在应用管理会计时，应将管理会计嵌入单位相关领域、层面、环节，以业务流程为基础，利用管理会计工具方法，将财务和业务等有机融合。这体现的管理会计原则是（　　）。

A. 战略导向原则　　B. 融合性原则

C. 适应性原则　　D. 成本效益原则

6. 下列各项关于预算管理方法的说法中不正确的是（　　）。

A. 预算管理领域应用的管理会计工具方法包括全面预算管理

B. 预算管理领域应用的管理会计工具方法包括平衡计分卡

C. 预算管理领域应用的管理会计工具方法包括作业预算管理

D. 预算管理领域应用的管理会计工具方法包括零基预算管理

7. 管理会计的主体具有的特点是（　　）。

A. 单一性　　B. 连续性　　C. 多层次性　　D. 系统性

8.（　　）职能是管理会计工作的基础与前提。

A. 预测　　B. 决策　　C. 规划　　D. 控制

9. 下列各项属于管理会计指引体系包括的内容是（　　）。

A. 资产　　B. 应用指引　　C. 负债　　D. 所有者权益

10.（　　）职能是管理会计的核心。

A. 预测　　B. 决策　　C. 规划　　D. 控制

二、多项选择题（每题有两个或两个以上正确答案，请将正确答案填在括号内）

1. 单位应用管理会计，应当遵循的原则有（　　）。

A.战略导向原则　　B.融合性原则
C.适应性原则　　D.成本效益原则

2.管理会计的职能包括（　　）。
A.参与经济决策　　B.控制经济过程
C.规划经营目标　　D.预测经济前景

3.管理会计的目标是通过运用管理会计工具方法，参与单位（　　）活动并为之提供有用信息，推动单位实现战略规划。
A.规划　　B.决策　　C.控制　　D.评价

4.下列各项可以作为管理会计主体的有（　　）。
A.企业整体　　B.个人　　C.车间　　D.班组

5.我国管理会计指引体系包括（　　）。
A.管理会计基本指引　　B.管理会计应用指引
C.管理会计案例库　　D.企业会计准则

三、判断题（正确的在括号内打"√"，错误的打"×"）

（　　）1.管理会计的目标是给企业相关利益关系人提供会计报告。

（　　）2.管理会计的各职能之间无任何联系。

（　　）3.1911年，美国人泰罗发表了著名的《科学管理原理》，泰罗被誉为"科学管理之父"。

（　　）4.管理会计的应用应以战略规划为导向，以业务与财务融合为核心，促进单位可持续发展。

（　　）5.管理会计的目标是通过运用管理会计工具方法，参与单位规划、决策、控制、评价活动并为之提供有用信息，提高单位经济效益。

（　　）6.管理会计应用主体视管理决策主体确定，可以是单位整体，也可以是单位内部的责任中心。

（　　）7.管理会计应嵌入单位相关领域、层次、环节，以预测为基础，利用管理会计工具方法，将财务和业务等有机融合。

（　　）8.管理会计的应用应与国家经济环境和单位自身特征相适应。单位自身特征包括单位性质、规模、发展阶段、管理模式、治理水平等。

（　　）9.管理会计的应用应权衡实施成本和预期效益，合理、有效地推进管理会计应用。

（　　）10.我国管理会计指引体系包括基本准则、具体准则和应用指南。

任务二　管理会计要素

单位应用管理会计，应包括应用环境、管理会计活动、工具方法、信息与报告四项管理会计要素。这四项要素构成了管理会计应用的有机体系，单位应在分析管理会计应用环境的基础上，合理运用管理会计工具方法，全面开展管理会计活动，并提供有用信息，生成管理会计报告，支持单位决策，推动单位实现战略规划。

一、应用环境

管理会计应用环境是单位应用管理会计的基础。单位应用管理会计，首先应充分了解和分析其应用环境，包括外部环境和内部环境。外部环境主要包括国内外经济、市场、法律、行业等因素。内部环境主要包括：

（1）价值创造模式。单位应准确分析和把握价值创造模式，推动财务与业务的有机融合。

（2）组织架构。单位应根据组织架构特点，建立健全能够满足管理会计活动所需的由财务、业务等相关人员组成的管理会计组织体系。有条件的单位可以设置管理会计机构，组织开展管理会计工作。

（3）管理模式。单位应根据管理模式确定责任主体，明确各层级以及各层级内的部门、岗位之间的管理会计责任权限，制订管理会计实施方案，以落实管理会计责任。

（4）资源。单位应从人力、财力、物力等方面做好资源保障工作，加强资源整合，提高资源利用效率效果，确保管理会计工作顺利开展。单位应注重管理会计理念、知识培训，加强管理会计人才培养。

（5）信息系统。单位应将管理会计信息化需求纳入信息系统规划，通过信息系统整合、改造或新建等途径，及时、高效地提供和管理相关信息，推进管理会计实施。

【练一练 1–3】管理会计应用的基础是（　　）。

A. 管理会计信息　　　　B. 管理会计应用环境

C. 管理会计方法　　　　D. 管理会计报告

二、管理会计活动

管理会计活动是单位利用管理会计信息，运用管理会计工具方法，在规划、决策、控制、评价等方面服务于单位管理需要的相关活动。在了解和分析其应用环境的基础上，单位应将管理会计活动嵌入规划、决策、控制、评价等环节，形成完整的管理会计闭环。

在规划环节，单位应用管理会计，应做好相关信息支持，参与战略规划拟定，从支持其定位、目标设定、实施方案选择等方面，为单位合理制定战略规划提供支撑。

在决策环节，单位应用管理会计，应融合财务和业务等活动，及时、充分提供和利用相关信息，支持单位各层级根据战略规划做出决策。

在控制环节，单位应用管理会计，应设定定量或定性标准，强化分析、沟通、协调、反馈等控制机制，支持和引导单位持续高质高效地实施战略规划。

在评价环节，单位应用管理会计，应合理设计评价体系，基于管理会计信息等，评价单位战略规划实施情况，并以此为基础进行考核，完善激励机制；同时，对管理会计活动进行评估和完善，以持续改进管理会计应用。

【练一练 1–4】管理会计活动是单位利用（　　），运用管理会计工具方法，在规划、决策、控制、评价等方面服务于单位管理需要的相关活动。

A.管理会计工具方法　　B.管理会计信息

C.外部信息　　D.内部信息

三、工具方法

管理会计工具方法是实现管理会计目标的具体手段，是单位应用管理会计时所采用的战略地图、滚动预算管理、作业成本管理、本量利分析、平衡计分卡等模型、技术、流程的统称。单位应根据管理特点和实践需要选择适用的管理会计工具方法，并加强管理会计工具方法的系统化、集成化应用。

管理会计工具方法主要应用于以下领域：战略管理、预算管理、成本管理、营运管理、投融资管理、绩效管理、风险管理等。

（一）战略管理领域应用的工具方法

战略管理是对企业全局的、长远的发展方向、目标、任务和政策，以及资源配置做出决策和管理的过程。战略管理领域应用的管理会计工具方法一般包括战略地图、价值链管理等。

（二）预算管理领域应用的工具方法

预算管理是企业以战略目标为导向，通过对未来一定期间内的经营活动和相应的财务结果进行全面预测和筹划，科学、合理配置企业各项财务资源和非财务资源，并对执行过程进行监督和分析，对执行结果进行评价和反馈，指导经营活动的改善和调整，进而推动实现企业战略规划的管理活动。预算管理领域应用的管理会计工具方法一般包括：滚动预算、零基预算、弹性预算、作业预算。

（三）成本管理领域应用的工具方法

成本管理是企业在营运过程中实施成本预测、成本决策、成本计划、成本核算、成本分析和成本考核等一系列管理活动的总称。成本管理领域应用的管理会计工具方法一般包括：目标成本法、标准成本法、变动成本法、作业成本法。

（四）营运管理领域应用的工具方法

营运管理是指为了实现企业战略和营运目标，各级管理者通过计划、组织、指挥、协调、控制、激励等活动，实现对企业生产经营过程中的物料供应、产品生产和销售等环节的价值增值管理。营运管理领域应用的管理会计工具方法一般包括：本量利分析、敏感性分析、边际分析、内部转移定价、多维度盈利能力分析。

（五）投融资管理领域应用的工具方法

投融资管理包括投资管理和融资管理。投资管理是指企业根据自身战略发展规划，以企业价值最大化为目标，将资金投入营运过程的管理活动。融资管理是指企业为实现既定的战略目标，在风险匹配的原则下，通过一定的融资方式和渠道筹集资金的管理活动。投融资管理领域应用的管理会计工具方法一般有：贴现现金流法、项目管理、情景分析、约束资源优化。

（六）绩效管理领域应用的工具方法

绩效管理是指企业与下级单位（部门）、员工之间就业绩目标及如何实现业绩目标达成共识，并帮助和激励员工取得优异业绩，从而实现企业目标的管理过程。绩效管理的核心是业绩评价和激励管理。绩效管理领域应用的管理会计工具方法一般包括：关键绩效指标法、经济增加值法、平衡计分卡、绩效棱柱模型。

（七）风险管理领域应用的工具方法

风险管理是指企业为实现风险管理目标，对企业风险进行有效识别、评估、预警和应对等管理活动的过程。风险管理领域应用的管理会计工具方法一般包括：风险矩阵、风险清单。

【练一练 1-5】下列各项不属于管理会计服务领域的是（　　）。

A. 预算管理领域　　B. 人力资源管理领域

C. 投融资管理领域　　D. 风险管理领域

四、信息与报告

管理会计信息包括管理会计应用过程中的财务信息和非财务信息，是管理会计报告的基本元素。管理会计信息应相关、可靠、及时、可理解。

管理会计报告是管理会计活动成果的重要表现形式，旨在为报告使用者提供满足管理需要的信息，是管理会计活动开展情况和效果的具体呈现。管理会计报告按期间可以分为定期报告和不定期报告；按内容可以分为综合性报告和专项报告等。

【想一想 1-5】管理会计包括哪些要素？各要素之间的关系如何？

同步技能训练

一、单项选择题（每题只有一个正确答案，请将正确答案填在括号内）

1. 下列各项关于管理会计应用环境的说法中错误的是（　　）。

A. 单位应用管理会计，应充分了解和分析其应用环境

B. 管理会计应用环境，是单位应用管理会计的基础

C. 管理会计应用环境，包括内外部环境

D. 管理会计应用环境，不包括外部环境

2. 下列各项中属于管理会计应用环境中内部环境要素的是（　　）。

A. 国内经济环境　　B. 国内市场环境　　C. 国内法律环境　　D. 价值创造模式

3. 下列各项中不属于管理会计应用环境中外部环境要素的是（　　）。

A. 管理模式　　B. 市场　　C. 法律　　D. 行业

4. 营运管理领域应用的管理会计工具方法包括但不限于本量利分析、（　　）、边际分析、标杆管理等。

A. 投融资管理　　B. 项目管理　　C. 敏感性分析　　D. 资本成本管理

5. 战略管理领域应用的管理会计工具方法包括但不限于战略地图和（　　）。

A. 全面预算管理　　B. 价值链管理　　C. 五种竞争力模型　　D. 波士顿矩阵

6. 下列各项中属于绩效管理领域应用的管理会计工具方法是（　　）。

A.贴现现金流法　B.情景分析　C.经济增加值法　D.约束资源优化

7.下列各项中属于投融资管理领域应用的管理会计工具方法是（　　）。

A.关键绩效指标法　B.经济增加值法　C.平衡计分卡　D.约束资源优化

8.风险管理领域应用的管理会计工具方法一般包括风险矩阵和（　　）。

A.敏感性分析　B.边际分析

C.风险清单　D.多维度盈利能力分析

二、多项选择题（每题有两个或两个以上正确答案，请将正确答案填在括号内）

1.管理会计应用环境中的内部环境包括（　　）。

A.组织架构　B.管理模式　C.资源保障　D.国内经济

2.管理会计应用环境中的外部环境包括（　　）。

A.管理模式　B.市场　C.法律　D.行业

3.单位应将管理会计活动嵌入（　　）等环节，形成完整的管理会计闭环。

A.决策　B.规划　C.控制　D.评价

4.管理会计要素包括（　　）。

A.应用环境　B.管理会计活动　C.工具方法　D.信息与报告

5.管理会计信息应（　　）。

A.相关　B.可靠　C.及时　D.可理解

6.预算管理领域应用的管理会计工具方法一般包括（　　）。

A.滚动预算　B.零基预算　C.弹性预算　D.作业预算

7.成本管理领域应用的管理会计工具方法一般包括（　　）。

A.目标成本法　B.标准成本法　C.变动成本法　D.作业成本法

8.投融资管理领域应用的管理会计工具方法一般有（　　）。

A.贴现现金流法　B.项目管理　C.情景分析　D.约束资源优化

9.绩效管理领域应用的管理会计工具方法一般包括（　　）。

A.关键绩效指标法　B.经济增加值法　C.平衡计分卡　D.绩效棱柱模型

10.管理会计报告按期间可以分为（　　）。

A.定期报告　B.不定期报告　C.综合性报告　D.专项报告

三、判断题（正确的在括号内打“√”，错误的打“×”）

（　　）1.单位应准确分析和把握价值创造模式，推动供产销过程的有机融合。

（　　）2.管理会计信息包括管理会计应用过程中的财务信息和非财务信息，是管理会计报告的基本元素。

（　　）3.管理会计应建立管理会计信息系统，以业务流程为基础，利用管理会计工具方法，将财务和业务等有机融合。

（　　）4.单位必须根据组织架构特点，设置管理会计机构，组织开展管理会计工作。

（　　）5.在决策环节，单位应用管理会计，应根据财务活动，及时充分提供和利用相关信息，支持单位各层级根据战略规划做出决策。

（　　）6.管理会计活动是单位利用管理会计信息，运用管理会计工具方法，在规划、决策、控制、评价等方面服务于单位管理需要的相关活动。

（　　）7. 在控制环节，单位应用管理会计，应设定定量标准，强化分析、沟通、协调、反馈等控制机制，支持和引导单位持续高质高效地实施战略规划。

（　　）8. 单位应根据管理特点和实践需要选择适用的管理会计工具方法，并加强管理会计工具方法的系统化、集成化应用。

（　　）9. 管理会计报告是企业经营活动成果的重要表现形式，旨在为报告使用者提供满足管理需要的信息，是管理会计活动开展情况和效果的具体呈现。

（　　）10. 管理会计活动是单位利用管理会计信息，运用管理会计工具方法，在筹资、投资、营运、分配等方面服务于单位管理需要的相关活动。

任务三　管理会计与财务会计的关系

管理会计与财务会计同属于企业会计信息系统，两者既有联系又有区别。

一、管理会计与财务会计的联系

管理会计与财务会计同属于现代企业会计的有机组成部分，它们之间的联系主要表现在以下几方面：

（一）起源相同

管理会计与财务会计两者源于同一母体，都是由传统会计孕育、发展而来的，都属于现代会计，共同构成了现代会计系统的有机整体，两者相互依存、相互制约、相互补充。

（二）信息同源

管理会计所使用的信息尽管广泛多样，但基本信息都来源于财务会计，有的是对财务会计资料的直接使用，有的则是对财务会计资料的加工和调整。

（三）服务范围交叉

虽然管理会计侧重于对单位内部经营管理提供服务，财务会计侧重于对外提供信息服务，但在许多情况下，管理会计的信息可以为外部利益集团所利用（如盈利预测），财务会计信息（如收入、成本等）对单位内部决策也至关重要。

（四）最终目标相同

尽管管理会计、财务会计分别对单位内部和外部提供信息，但最终目标都是为单位加强管理、科学决策、提高经济效益服务。

二、管理会计与财务会计的区别

管理会计与财务会计是两个相对独立的子系统，虽然联系密切，但其区别也很明显，主要表现在以下几点。

（一）工作重点不同

管理会计（Management Accounting），又称“对内报告会计”或“内部会计”，它的服务主要是内向的，侧重于加强单位内部管理，帮助各级管理人员预测经济前景，判断经营环境，确定最优的经营和决策方案等，属于“经营型会计”。

财务会计（Financial Accounting），又称“对外报告会计”或“外部会计”，它的服务主要是外向的，侧重于对单位外部有经济利益关系的团体或个人提供财务报告。这些团体或个人包括股东及潜在的投资者、银行及其他债权人、税务部门和证券管理机构等，财务会计主要协助其了解企业财务状况、经营成果和现金流量等，属于“报账型会计”。

（二）职能定位和具体目标不同

管理会计侧重于“创造价值”，其职能是解析过去、控制现在与筹划未来的有机结合；管理会计的目标是通过运用管理会计工具方法，参与单位规划、决策、控制、评价活动，并为之提供有用信息，推动单位实现战略规划。

财务会计侧重于“记录价值”，通过确认、计量、记录和报告等程序，对单位已经发生的交易或事项进行核算，为单位外部有经济利益关系的团体和个人提供财务状况和经营成果等历史信息。

（三）遵循的原则和依据不同

单位应用管理会计，应遵循战略导向、融合性、适应性、成本效益4项原则，以管理会计基本指引、应用指引为依据，指导单位管理会计实践。

财务会计应遵循客观性、实质重于形式、相关性、可比性、一贯性、及时性、明晰性、权责发生制、配比、谨慎性、历史成本、划分收益性支出与资本性支出和重要性等13项原则，必须按照企业会计准则、会计制度及其他财税法规的规范进行会计核算。

【练一练1-6】下列各项属于管理会计应用原则的是（　　）。

A.相关性　　B.适应性　　C.及时性　　D.实质重于形式

（四）会计主体不同

管理会计的工作主体是多层次的，其应用主体视管理决策主体确定，可以是单位整体，也可以是单位内部的责任中心（如成本中心、费用中心）、车间、班组或个人、一个项目或一个问题；可以是企业，也可以是行政事业单位。

财务会计则以整个企业为会计主体，提供连续、系统、完整、综合的会计信息，对整个企业的财务状况、经营成果和现金流量进行综合评价与分析。

（五）程序不同

管理会计的工作程序不固定，单位应根据不同的问题及环境的变化进行调整，单位可以根据管理需要和管理会计活动的性质设定管理会计报告的类型和报告期间。

财务会计有统一的账务处理程序，核算程序固定、严格并带有强制性，对各项要素的核算，都按照填制凭证、登记账簿、编制报表的程序进行算账、记账、报账，程序比较稳定，凭证、账簿和报表都有固定的格式，财务报告的编制必须按规定的时间定期报送。

（六）工具方法不同

管理会计的工具方法不固定，较为灵活，管理领域不同，应用的工具方法也不同，管理会计同时采用会计、统计、数学等方法进行规划、控制、考核，包括战略地图、滚动预算管理、作业成本管理、本量利分析、平衡计分卡等，工具方法具有开放性、灵活性，并随着实践发展不断丰富完善。

财务会计的方法比较固定，对各项要素的核算，按企业会计准则的规定，选用某种会计方法后，一般不得轻易变动，会计方法比较稳定，如确有改动的必要而变动会计方法时，一般需要在财务报表附注中做出说明，并进行追溯调整。

（七）会计要素不同

单位应用管理会计，应包括应用环境、管理会计活动、工具方法、信息与报告4项管理会计要素。这4项要素构成了管理会计应用的有机体系。单位应在分析管理会计应用环境的基础上，合理运用管理会计工具方法，全面开展管理会计活动，并提供有用信息，生成管理会计报告，支持单位决策，推动单位实现战略规划。

财务会计通过对资产、负债、所有者权益、收入、费用、利润6项要素进行确认、计量、记录和报告，为单位外部有关各方提供财务状况、经营成果和现金流量等方面的财务信息。

【练一练1-7】下列各项属于管理会计的要素是（　　）。

A.资产　　B.负债　　C.所有者权益　　D.应用环境

（八）会计信息特征不同

管理会计所提供的信息往往是为满足内部管理的特定要求而选择的、部分的和不定期的管理信息，既包括定量资料，也包括定性资料；其计量单位既可以使用货币单位，又可以选择实物量单位、时间量单位和相对数单位。其中凡涉及未来的信息都不要求过于精确，只要求满足及时性和相关性。

财务会计主要以货币为计量单位，定期地向与企业有经济利益关系的单位或个人提供较为全面的、系统的、连续的和综合的财务信息。这些信息主要是以价值尺度反映的定量资料，对精确度和真实性的要求较高，至少在形式上要绝对平衡。

（九）信息载体不同

管理会计的信息载体大多为没有统一格式的各种内部报告，管理会计报告遵循问题导向，提供的信息是多样化的，更强调信息的有用性，既提供财务信息，又提供非财务信息；既提供内部信息，又提供外部信息；既提供结果信息，又提供过程信息。管理会计报告往往不向社会公开发表，故不具有法律效力。

财务会计的信息载体为具有统一格式的凭证系统、账簿系统和报表系统，尤其是社会往往要统一规定财务报告的种类。由于它们往往要定期向社会公开，故具有一定的法律效力。

【想一想1-6】管理会计信息载体与财务会计信息载体有何不同？

（十）体系的完善程度不同

目前管理会计体系尚不够完善，正处于继续发展和不断完善的过程中。2016年财政部发布了《管理会计基本指引》，2017年和2018年财政部发布了34项《管理会计应用指引》，随着管理会计在我国企业实践中不断探索和应用，应用指引将继续完善。

财务会计就其体系的完善程度而言，现在已经达到相对成熟和稳定的地步，形成了统一的会计准则体系，也正是在这个意义上，财务会计具有统一性和规范性。

同步技能训练

一、单项选择题（每题只有一个正确答案，请将正确答案填在括号内）

1.管理会计与财务会计同属于企业会计信息系统，两者之间的联系是（　　）。

A.主体相同　B.目标相同　C.信息同源　D.会计要素相同

2.管理会计又称“对内报告会计”或“内部会计”，它的服务主要是内向的，侧重于加强单位内部管理，帮助各级管理人员预测经济前景，判断经营环境，确定最优的经营和决策方案等，属于（　　）。

A.经营型会计　B.报账型会计　C.外部会计　D.对外报告会计

3.管理会计的服务侧重于（　　）。

A.股东　B.企业外部利益集团

C.债权人　D.企业内部的经营管理

4.管理会计编制报告的时间是（　　）。

A.按月　B.按年　C.按季　D.按管理需要

5.不受企业会计准则、会计制度制约的是（　　）。

A.财务会计　B管理会计　C.财务报告　D.会计核算

6.管理会计不要求信息（　　）。

A.绝对精确　B.相对精确　C.及时　D.相关

二、多项选择题（每题有两个或两个以上正确答案，请将正确答案填在括号内）

1.管理会计属于（　　）。

A.内部会计　B.经营型会计　C.外部会计　D.报账型会计

2.下列各项关于管理会计的叙述，正确的有（　　）。

A.方法灵活　B.可以提供未来信息

C.以责任中心为主体　D.必须严格遵循公认会计原则

3.管理会计与财务会计的联系表现在（　　）。

A.起源相同　B.最终目标相同　C.信息同源　D.服务范围交叉

4.管理会计与财务会计的区别表现在（　　）。

A.会计主体不同　B.程序不同　C.会计要素不同　D.信息载体不同

5.管理会计报告遵循问题导向，提供的信息是多样化的，包括（　　）。

A.财务信息　B.非财务信息　C.结果信息　D.过程信息

三、判断题（正确的在括号内打“√”，错误的打“×”）

（　　）1.管理会计与财务会计是现代会计的两大分支，两者既有联系又有区别。

（　　）2.与财务会计相比，管理会计使用的方法更为灵活多样。

（　　）3.管理会计是从企业外部约束企业管理行为的。

（　　）4.管理会计与财务会计的目标完全一致，无任何区别。

（　　）5.管理会计提供的信息，不要求绝对精确。

（　　）6. 管理会计与财务会计的方法、程序完全一致。

（　　）7. 管理会计与财务会计都必须遵守企业会计准则。

（　　）8. 管理会计的信息载体大多为有统一格式的各种内部报告。

（　　）9. 管理会计通过对资产、负债、所有者权益、收入、费用、利润6项要素进行确认、计量、记录和报告，为单位提供有用信息，推动单位实现战略规划。

（　　）10. 管理会计的工作程序不固定，单位应根据不同的问题及环境的变化进行调整，单位可以根据管理需要和管理会计活动的性质设定管理会计报告的类型和报告期间。

任务四　管理会计职业能力和职业道德

在推进管理会计工作的过程中，一方面是管理会计人才短缺，另一方面是缺少衡量管理会计人才的标准。为解决这一问题，中国总会计师协会依据《管理会计基本指引》和《管理会计应用指引》等系列文件，在调查研究，吸取国内管理会计研究和实践成果、国外经验并听取各方面专家意见的基础上，编制了《中国管理会计职业能力框架》，规定了管理会计职业能力的等级和要求，规范企业、行政和事业单位对管理会计人才的培养、衡量等。

一、管理会计职业能力

（一）管理会计职业能力框架

根据管理会计的职能和特点，管理会计职业能力分为专业能力和综合能力两大类。专业能力包括财务会计能力和管理筹划能力，综合能力包括创新能力和领导能力。管理会计的能力应该建立在职业道德和行为规范基础之上。管理会计的职业能力框架见表1-1。

表1-1　管理会计的职业能力框架

<table>
<tr><td rowspan="9">专业能力</td><td colspan="2">财务会计能力</td></tr>
<tr><td rowspan="8">管理筹划能力</td><td>战略管理能力</td></tr>
<tr><td>预算管理能力</td></tr>
<tr><td>成本管理能力</td></tr>
<tr><td>营运管理能力</td></tr>
<tr><td>绩效管理能力</td></tr>
<tr><td>投融资管理能力</td></tr>
<tr><td>风险管理能力</td></tr>
<tr><td>管理会计报告能力</td></tr>
<tr><td rowspan="6">综合能力</td><td rowspan="3">创新能力</td><td>思维创新能力</td></tr>
<tr><td>信息技术应用能力</td></tr>
<tr><td>管理会计工具方法创新能力</td></tr>
<tr><td rowspan="3">领导能力</td><td>沟通协调能力</td></tr>
<tr><td>团队建设能力</td></tr>
<tr><td>组织能力</td></tr>
<tr><td colspan="3">职业道德与行为规范</td></tr>
</table>

管理会计开展工作所依托的信息主要来自财务会计，财务会计能力是管理会计的基础职业能力。管理筹划能力是管理会计的根本能力，是管理会计职业能力最重要的部分。根据管理会计工具方法应用的主要领域，管理筹划能力具体分为战略管理能力、预算管理能力、成本管理能力、营运管理能力、绩效管理能力、投融资管理能力、风险管理能力、管理会计报告能力8个方面。

管理会计与财务会计相比是开放型的，其所涉及的领域也大大超出财务会计，因此做好管理会计工作，仅有专业技术能力是远远不够的，还要具有综合能力。一是需要强调开拓创新能力，包括技术上善于依托信息技术手段、思维上勇于创新开拓。二是管理会计工作是面向全单位经营管理的各个环节，管理会计人员沟通协调能力以及高级管理会计人员的领导能力，成为管理会计能力不可或缺的组成部分。

【想一想1-7】管理会计职业能力包括哪些？各项能力之间有什么关系？

（二）职业能力等级

管理会计职业能力根据其专业能力和综合能力达到的程度分为初级、中级、高级、特级4个等级。结合实际工作对管理会计工作的要求，对管理会计师具备的各种职业能力，按照初级、中级和高级3个等级做了划分，提出了具体的职业能力要求。特级更侧重于丰富的工作经历及工作业绩，通过评审产生，因此，不在职业能力框架中列出具体职业能力要求。

一般来讲，管理会计初级职业能力侧重于了解和掌握具体管理会计工具方法；中级职业能力侧重于理解和熟练操作管理会计各种工具方法以及具有一定的组织协调能力；高级职业能力则侧重于制定和指导、组织实施与管理会计相关的各项工作的职业能力。

二、管理会计职业道德

职业道德是指在一定职业活动中应遵循的、体现一定职业特征的、调整一定职业关系的职业行为准则和规范。职业道德会促进职业活动有序进行，会对社会道德风尚产生积极的影响。

会计职业道德是指在会计职业活动中应当遵循的、体现会计职业特征的、调整会计职业关系的职业行为准则和规范。会计职业道德规范的对象，既有单位会计人员，也有注册会计师。

管理会计职业道德是指在管理会计职业活动中应当遵循的、体现管理会计职业特征的、调整管理会计职业关系的职业行为准则和规范。管理会计从业人员应对社会公众、服务的行业、组织和自身负责，应保持最高的道德行为标准。无论是国内业务还是国际业务，坚持遵守职业道德与行为规范是实现管理会计目标不可或缺的内容。

各级管理会计师都应遵循以下职业道德与行为规范：

（1）践行社会主义核心价值观，树立新发展理念；

（2）爱岗敬业，坚守诚信原则，提供真实、准确的管理和会计信息，如实反映、报告单位财务状况与经营业绩；

（3）维护单位的合法权益，保守工作秘密，积极促进所在单位承担应尽的社会责任；

（4）在与道德规范冲突的情况下，不以牺牲道德规范为代价达到个人或单位的目的；

（5）廉洁自律，不参与舞弊或行贿、受贿等。

同步技能训练

一、单项选择题（每题只有一个正确答案，请将正确答案填在括号内）

1.根据管理会计的职能和特点，管理会计职业能力分为专业能力和（　　）。

A.预测决策能力　　B.综合能力　　C.规划控制能力　　D.考核评价能力

2.管理会计的能力应该建立在（　　）基础之上。

A.会计核算　　B.会计监督　　C.职业道德规范　　D.专业能力

3.（　　）是管理会计的根本能力，是管理会计职业能力最重要的部分。

A.管理筹划能力　　B.专业能力　　C.综合能力　　D.预测决策能力

4.管理会计初级职业能力侧重于（　　）；中级职业能力侧重于（　　）。

A.了解和掌握具体管理会计工具方法

B.理解和熟练操作管理会计各种工具方法

C.具有一定的组织协调能力

D.制定和指导、组织实施与管理会计相关的各项工作的职业能力

5.管理会计开展工作所依托的信息主要来自财务会计，（　　）是管理会计的基础职业能力。

A.管理筹划能力　　B综合能力　　C.财务会计能力　　D.会计核算能力

二、多项选择题（每题有两个或两个以上正确答案，请将正确答案填在括号内）

1.根据管理会计的职能和特点，管理会计职业能力分为（　　）。

A.管理筹划能力　　B.专业能力　　C.会计核算能力　　D.综合能力

2.管理会计的专业能力包括（　　）。

A.财务会计能力　　B.预测决策能力　　C.管理筹划能力　　D.会计核算能力

3.管理会计的综合能力包括（　　）。

A.财务会计能力　　B.开拓创新能力　　C.协调领导能力　　D.管理筹划能力

4.下列各项属于管理筹划能力的有（　　）。

A.预算管理能力　　B.战略管理能力　　C.成本管理能力　　D.投融资管理能力

5.管理会计的职业能力等级分为（　　）。

A.初级　　B.中级　　C.高级　　D.特级

三、判断题（正确的在括号内打“√”，错误的打“×”）

（　　）1.根据管理会计的职能和特点，管理会计职业能力可分为财务会计能力和综合能力两大类。

（　　）2.管理会计的能力应该建立在职业道德规范基础之上。

（　　）3.管理会计开展工作所依托的信息主要来自财务会计，因此，核算能力是

管理会计的基础职业能力。

（　　）4. 一般来讲，管理会计初级职业能力侧重于了解和掌握具体管理会计工具方法。

（　　）5. 会计职业道德规范的对象，既有单位会计人员，也有注册会计师。

（　　）6. 无论是国内业务还是国际业务，坚持遵守职业道德与行为规范是实现管理会计目标不可或缺的内容。

思政园地

项目一

拓展阅读

2021年4月6日，深圳证券交易所正式决定对康得新复合材料集团股份有限公司（以下简称“康得新”）实施重大违法强制退市，康得新股票终止上市。

成立于2001年的康得新，位于江苏省张家港市，以新材料、智能显示、碳纤维为主营业务，聚焦消费、交通、新兴行业、新能源、医疗、智慧城市和智慧生活等六大核心市场。2010年康得新登陆深交所中小板，依靠资本市场，逐步成为材料领域的龙头企业，入选《福布斯》杂志2017年度“全球最具创新力企业”，也是当年度全球唯一入选材料企业。根据其公布的财务数据，2017年营收117.9亿元，净利润24.74亿元；2018年营收91.5亿元，净利润2.8亿元。截至2018年年末，该公司的货币资金为153.2亿元，占总资产的比例为44.71%。

然而，2019年1月15日，康得新突然发布公告称，发行总额10亿元的超短期融资券不能按期足额偿付本息，已构成实质性违约。2019年1月21日，其第二期5亿元的超短期融资券，同样不能按期足额偿付本息。2020年9月22日，证监会对康得新（彼时称*ST康得）财务造假等违法行为做出正式行政处罚。公告披露，2015年1月至2018年12月，康得新通过虚构销售业务，虚构采购、生产、研发、产品运输费用等方式，虚增营业收入、营业成本、研发费用和销售费用，导致2015年至2018年年度报告虚增利润总额分别为22.43亿元、29.43亿元、39.08亿元、24.36亿元，累计虚增利润115.3亿元，系A股史上利润造假最多的公司。根据行政处罚决定，康得新对2015年至2018年的财务报表进行追溯调整。2021年2月28日，康得新披露追溯调整后的财务报表，2015年至2018年更正后的净利润分别为-14.81亿元、-17.55亿元、-24.60亿元、-23.57亿元，连续4年净利润为负，此外，康得新还涉嫌未在相关年度报告中披露控股股东非经营性占用资金的关联方交易和为控股股东提供担保，隐瞒关联方与关联方交易，实际控制人直接或间接侵占上市公司资产，以及未如实披露募集资金使用情况等违法行为。

资料来源：知乎. 康得新财务造假案带给CPA们的新挑战［EB/OL］.［2021-11-02］. https://zhuanlan.zhihu.com/p/428346030? ivk_sa=1026860b.

思考：根据案例资料分析康得新财务造假案给注册会计师的警示是什么。

项目小结

通过本项目学习，应当把握的要点是：

（1）管理会计是会计的重要分支，主要服务于单位（包括企业和行政事业单位）内部管理需要，是通过利用相关信息，有机融合财务与业务活动，在单位规划、决策、控制和评价等方面发挥重要作用的管理活动。管理会计的职能是指管理会计在企业经营管理中的功能，其职能包括预测、决策、规划、控制和考核。管理会计的目标是通过运用管理会计工具方法，参与单位规划、决策、控制、评价活动并为之提供有用信息，推动单位实现战略规划。

（2）单位应用管理会计，应当遵循战略导向原则、融合性原则、适应性原则、成本效益原则。管理会计的应用应权衡实施成本和预期效益，合理、有效地推进管理会计应用。管理会计应用主体视管理决策主体确定，可以是单位整体，也可以是单位内部的责任中心；可以是企业，也可以是行政事业单位。

（3）管理会计指引体系包括基本指引、应用指引和案例库。基本指引是对管理会计基本概念、基本原则、基本方法、基本目标等内容的总结、提炼。应用指引是对单位管理会计工作的具体指导。案例库是对国内外管理会计经验的总结提炼，是对如何运用管理会计应用指引的实例示范。管理会计基本指引在管理会计指引体系中起统领作用，是制定应用指引和建设案例库的基础。案例库是管理会计指引体系指导实践的重要内容和有效途径，也是管理会计体系建设区别于企业会计准则体系建设的一大特色。

（4）管理会计要素包括应用环境、管理会计活动、工具方法、信息与报告。四项要素构成了管理会计应用的有机体系，单位应在分析管理会计应用环境的基础上，合理运用管理会计工具方法，全面开展管理会计活动，并提供有用信息，生成管理会计报告，支持单位决策，推动单位实现战略规划。

（5）管理会计与财务会计是现代会计的两大分支，两者关系密切，既有联系又有区别。联系表现在：原始资料同源、核算对象一致、服务范围交叉、最终目标相同。区别表现在：工作重点不同、目标不同、遵循的原则和依据不同、会计主体不同、程序不同、工具方法不同、会计要素不同、信息特征不同、信息载体不同、体系的完善程度不同。

（6）管理会计职业能力分为专业能力和综合能力。专业能力包括财务会计能力和管理筹划能力，综合能力包括创新能力和领导能力。财务会计能力是管理会计的基础职业能力。管理筹划能力是管理会计的根本能力，是管理会计职业能力最重要的部分，根据管理会计工具方法应用的主要领域，具体分为战略管理能力、预算管理能力、成本管理能力、营运管理能力、绩效管理能力、投融资管理能力、风险管理能力、管理会计报告能力八个方面。管理会计职业能力分为初级、中级、高级、特级四个等级。管理会计职业道德是指在管理会计职业活动中应当遵循的、体现管理会计职业特征的、调整管理会计职业关系的职业行为准则和规范。管理会计的能力应该建立在职业道德规范基础之上。

综合案例分析

得力文具有限公司成立于1988年，经过30多年的发展，现已是一家专业从事办公用品和文具研发、制造、经销的中国民营企业500强公司。得力文具近年来发展势头抢眼，既得益于近年来中国文具市场的发展增长率，更受益于其内部管理会计应用体系的构建与运用。

2012年，得力文具引进了标准成本法，和责任成本控制相结合，作为生产体系成本管控的方法，建立了基于企业管理解决方案（SAP）的精益成本管控，在对标准化生产工艺分析的基础上，科学合理地制定出每道工艺对应材料、人工和设备费用及间接成本，同时切割、细分成本中心，结合责任中心分摊、归集期间费用。

除了控制成本，决策层还关注营运资金，因其覆盖范围延伸到企业整条价值链，直接关系到企业的管理效率、经营业绩和竞争力。得力文具采用的营运资金分析法将经营性现金流、经营性净利润和营运资金的概念联系起来，建立了闭环式营运资金管理方法。这一管理方法大大地提高了资金使用效率并防范了财务风险，也成为快消行业营运资金管理的典范模式。

得力文具企业层级的划分较为复杂，法人单位并不具备决策力，因此在设定基于管理会计应用的组织架构后，公司按照责任会计的方法对职责进行进一步划分，形成若干责任中心，各中心在其权责范围内恪尽职守，然后按成绩优劣进行奖惩，以达成公司的整体战略目标。针对不同的责任中心，得力文具设立了不同的关键绩效指标（KPI）评价体系，进行自上而下的目标分解、自下而上的信息反馈和目标修正。为了实施这一系统，得力文具设立了绩效管理委员会。绩效管理委员会的设定使得部门与岗位职责清晰，与战略的关联度增强。同时，绩效管理委员会负责业绩评价过程中所有问题的协调，使得业绩评价成为战略的驱动因素。

得力文具构建的管理会计应用体系在很大程度上促进了管理过程的精细化，在激烈的市场竞争中，提高了企业的市场竞争力，增大了市场份额，使公司在多个细分领域连续多年保持行业领先。

资料来源：正保会计网校．管理会计如何助“得力”稳居行业第一［EB/OL］．［2021-03-11］．https：//www.chinaacc.com/cma/news/su20200827175756.shtml.

要求：分析得力文具在哪些环节应用了哪些管理会计工具方法？

项目二
成本管理

学习目标

知识目标

1. 理解成本管理基础知识；
2. 掌握成本性态的概念和方法；
3. 掌握变动成本法与完全成本法的区别、优缺点；
4. 掌握标准成本的制定、成本差异的计算与分析；
5. 掌握作业成本法的原理、计算及其与传统成本计算法的区别。

能力目标

1. 能运用成本性态分析方法对成本进行分析，特别是对混合成本进行分析；
2. 能进行变动成本法下的产品成本、利润的计算；
3. 能进行标准成本的制定、成本差异的计算与分析；
4. 能应用作业成本法计算产品成本。

课程思政目标

1. 通过分组讨论比较完全成本法和变动成本法，从两种成本计算方法的税前利润差异理解国家“去库存”政策的深远意义。

2. 通过1+X数字化管理会计实训系统，进行成本管理模块的技能训练，引导学生具备开拓创新的职业品格和行为习惯，树立未来从业信心和决心。

案例导入

当一系列茶饮品牌相继提价之时，喜茶却反其道而行，上新“降价菜单”。如此举动，让其成为此番消费市场“涨价潮”中备受关注的“逆行者”。

喜茶在此时下调产品的价格，一方面可能在不断内卷的茶饮市场竞争中凭借价格优势留住并俘获那些对价格敏感的消费者，另一方面也是一种展现供应链、运营等方面积累的“秀肌肉”式举措。之所以有能力采用这样的策略，是因为其完善的供应链管理与目标成本管控系统。

在供应链运作方面，喜茶与众多国际知名品牌签订原料供应合作，产品原料可追溯到原产地。早在2017年喜茶就自建500亩茶园；在供应链后台建设上，上线ERP系统，布局数字化供应链，从原料品控到采购、库存、配送管理，全流程标准作业，大大提高了供应链效率，为产品创新提供最大支持。

强化成本管控降本增效。互联网环境塑造了用户的消费习惯，但随着外卖平台费用越来越高，许多中小餐饮企业的利润甚至不足以支付佣金。喜茶通过数字化建设，自己加持流量，不仅降低了外卖平台的流量成本，还可以引导用户提前预订，引导店铺更高效地生产。

喜茶此次降价，所采取的逆向销售定价策略，除了在一定程度上可以保证原有的市场份额外，还可以刺激潜在需求的释放，在考虑各种选择的收益结果之后，做出对自身最有利的选择。

资料来源：正保会计网校．喜茶上新“降价菜单”的逆向策略［EB/OL］．［2022.01.20］．https：//www.chinaacc.com/cma/news/ya20220120095014.shtml.

通过本项目的学习，我们将了解成本按性态如何进行分类以及成本性态分析，变动成本法与完全成本法的区别及其差异规律，标准成本的制定以及如何运用因素分析法进行成本差异分析，作业成本法的基本原理及其与传统成本计算法的区别。

任务一　成本管理认知

一、成本管理的含义与目标

（一）成本管理的含义

成本管理是指企业在营运过程中实施成本预测、成本决策、成本计划、成本控制、成本核算、成本分析和成本考核等一系列管理活动的总称。

（二）成本管理目标

成本管理的目标是为企业的整体经营目标服务，具体包括为企业内外部的相关利益者提供决策所需的各种成本信息，以及通过各种经济、技术和组织手段控制成本水平。在竞争性经济环境中，成本管理系统的总体目标主要依据竞争战略而定。在成本领先战略指导下，成本管理系统的总体目标是追求成本水平的绝对降低。而在差异化战略指导下，成本管理系统的总体目标则是在保证实现产品服务等方面差异化的前提下，对产品全生命周期成本进行管理，实现成本的持续性降低。

【练一练2-1】成本管理的目标包括（　　）。

A.为企业相关利益者提供决策所需的成本信息

B.控制成本水平

C.制定成本核算流程

D.制定内部控制制度

二、成本管理活动内容

成本管理活动内容一般包括成本预测、成本决策、成本计划、成本控制、成本核算、成本分析和成本考核等。

（一）成本预测

成本预测是以现有条件为前提，在历史成本资料的基础上，根据未来可能发生的变化，利用科学的方法，对未来的成本水平及其发展趋势进行描述和判断的成本管理活动。

（二）成本决策

成本决策是在成本预测及有关成本资料的基础上，综合经济效益、质量、效率和规模等指标，运用定性和定量的方法对各个成本方案进行分析并选择最优方案的成本管理活动。

（三）成本计划

成本计划是以营运计划和有关成本数据、资料为基础，根据成本决策所确定的目标，通过一定的程序，运用一定的方法，针对计划期企业的生产耗费和成本水平进行的具有约束力的成本筹划管理活动。

（四）成本控制

成本控制是成本管理者根据预定的目标，对成本发生和形成过程以及影响成本的各种因素条件施加主动的影响或干预，把实际成本控制在预期目标内的成本管理活动。

（五）成本核算

成本核算是根据成本核算对象，按照国家统一的会计制度和企业管理要求，对营运过程中实际发生的各种耗费按照规定的成本项目进行归集、分配和结转，取得不同成本核算对象的总成本和单位成本，向有关使用者提供成本信息的成本管理活动。

（六）成本分析

成本分析是利用成本核算提供的成本信息及其他有关资料，分析成本水平与构成的变动情况，查明影响成本变动的各种因素和产生的原因，并采取有效措施控制成本的成本管理活动。

（七）成本考核

成本考核是对成本计划及其有关指标实际完成情况进行定期总结和评价，并根据考核结果和责任制的落实情况，进行相应奖励和惩罚，以监督和促进企业加强成本管理责任制，提高成本管理水平的成本管理活动。

【练一练 2-2】下列各项关于成本管理的说法中，不正确的是（　　）。

A.成本规划是进行成本管理的第一步　　B.成本核算是成本管理的基础环节

C.成本考核是成本管理的核心　　D.成本分析贯穿于成本管理的全过程

三、成本管理的原则与工具方法

（一）成本管理的原则

企业进行成本管理，一般应遵循以下原则：

1.融合性原则

成本管理应以企业业务模式为基础，将成本管理嵌入业务的各领域、各层次、各环节，实现成本管理责任到人、控制到位、考核严格、目标落实。

2.适应性原则

成本管理应与企业生产经营特点和目标相适应，尤其要与企业发展战略或竞争战略相适应。

3. 成本效益原则

成本管理应用相关工具方法时，应权衡其为企业带来的收益和付出的成本，避免获得的收益小于其投入的成本。

4. 重要性原则

成本管理应重点关注对成本具有重大影响的项目，对于不具有重要性的项目可以适当简化处理。

（二）成本管理的工具方法

成本管理领域应用的管理会计工具方法，一般包括目标成本法、标准成本法、变动成本法、作业成本法等。

四、成本管理的应用环境与应用程序

（一）成本管理的应用环境

企业应根据其内外部环境选择适合的成本管理工具方法，建立健全成本管理的制度体系，一般包括费用审报制度、定额管理制度、责任成本制度等。建立健全成本相关原始记录，加强和完善成本数据的收集、记录、传递、汇总和整理工作，确保成本基础信息记录真实、完整。加强存货的计量验收管理，建立存货的计量、验收、领退及清查制度。充分利用现代信息技术，规范成本管理流程，提高成本管理的效率。

（二）成本管理的应用程序

企业应用成本管理工具方法，一般按照事前管理、事中管理、事后管理等程序进行：

事前成本管理阶段，主要是对未来的成本水平及其发展趋势所进行的预测与规划，一般包括成本预测、成本决策和成本计划等步骤；

事中成本管理阶段，主要是对营运过程中发生的成本进行监督和控制，并根据实际情况对成本预算进行必要的修正，即成本控制步骤；

事后成本管理阶段，主要是在成本发生之后进行的核算、分析和考核，一般包括成本核算、成本分析和成本考核等步骤。

同步技能训练

一、单项选择题（每题只有一个正确答案，请将正确答案填在括号内）

1. 成本管理的总体目标是（　　）。

A. 为企业的整体经营目标服务　　B. 成本计算的目标

C. 成本控制的目标　　D. 成本考核的目标

2.（　　）是运用定性和定量的方法对各个成本方案进行分析并选择最优方案的成本管理活动。

A. 成本预测　　B. 成本决策　　C. 成本计划　　D. 成本控制

3. 事中成本管理阶段，主要是对营运过程中发生的成本进行监督和控制，并根据实际情况对成本预算进行必要的修正，包括（　　）步骤。

A.成本预测　B.成本决策　C.成本计划　D.成本控制

4.在成本管理的各项活动中，（　　）是基础。

A.成本预测　B.成本控制　C.成本核算　D.成本考核

5.（　　）是成本管理者根据预定的目标，对成本发生和形成过程以及影响成本的各种因素条件施加主动的影响或干预。

A.成本预测　B.成本决策　C.成本控制　D.成本计划

二、多项选择题（每题有两个或两个以上正确答案，请将正确答案填在括号内）

1.下列各项属于成本管理活动内容的有（　　）。

A.成本核算　B.成本分析　C.成本计划　D.成本控制

2.成本管理的基本原则包括（　　）。

A.融合性原则　B.适应性原则　C.成本效益原则　D.重要性原则

3.事前成本管理阶段，主要是对未来的成本水平及其发展趋势所进行的预测与规划，一般包括（　　）等步骤。

A.成本预测　B.成本决策　C.成本计划　D.成本控制

4.建立健全成本管理的制度体系，一般包括（　　）等。

A.费用审报制度　B.定额管理制度

C.建立健全成本考核制度　D.责任成本制度

5.成本管理领域应用的管理会计工具方法，一般包括（　　）等。

A.目标成本法　B.标准成本法　C.变动成本法　D.作业成本法

三、判断题（正确的在括号内打“√”，错误的打“×”）

（　　）1.成本管理，是指企业在营运过程中实施成本预测、成本决策、成本计划、成本控制、成本核算、成本分析和成本考核等一系列管理活动的总称。

（　　）2.在差异化战略指导下，成本管理系统的总体目标是追求成本水平的绝对降低。

（　　）3.成本领先战略下企业成本控制的目标是在保证企业实现差异化战略的前提下降低产品全生命周期成本，实现持续性的成本降低。

（　　）4.事后成本管理阶段一般包括成本核算、成本分析和成本考核等步骤。

（　　）5.适应性原则是指成本管理应重点关注对成本具有重大影响的项目，对于不具有重要性的项目可以适当简化处理。

任务二　成本性态分析

一、成本分类

（一）成本按经济用途的分类

会计上广泛使用的一个传统的成本分类方法，是将企业的成本按照其经济用途分为生产成本和非生产成本两类。

1. 生产成本

生产成本（亦称制造成本）是指企业在产品制造过程中发生的成本，生产成本可根据其具体的经济用途分为直接材料、直接人工和制造费用三个主要成本项目。

2. 非生产成本

非生产成本（亦称非制造成本）是指企业在销售与行政管理方面发生的成本，也称期间成本或期间费用，一般包括管理费用、销售费用和财务费用。

成本按经济用途分类如图2-1所示。

- 成本按经济用途分类
  - 生产成本
    - 直接材料
    - 直接人工
    - 制造费用
      - 间接材料
      - 间接人工
      - 其他制造费用
  - 非生产成本
    - 管理费用
    - 销售费用
    - 财务费用

图2-1　成本按经济用途分类

（二）成本按性态的分类

成本性态是指成本总额与业务量之间的相互依存关系。这里的业务量可以是产品的产量或销量，也可以是直接人工小时数或机器工时数。从成本性态来认识和分析成本，目的是要揭示成本与业务量之间的规律性联系。成本按性态可分为变动成本、固定成本和混合成本三大类。

1. 变动成本

（1）变动成本的概念

变动成本是指在一定业务量范围内，其总额随业务量变动发生相应的正比例变动，而单位成本保持不变的成本。如直接材料、直接人工，其成本总额会随着产量的增减发生正比例增减。

变动成本具有两个特征：

① 变动成本总额随业务量成正比例的变动性。如果设x为业务量，y为成本，用b代表单位变动成本，则变动成本总额的模型为y=bx，在平面直角坐标系中，变动成本总额就是一条通过原点的直线。

② 单位变动成本的不变性。单位变动成本的性态模型可以表示为y=b，在坐标系中表现为一条平行于横轴的直线。

【例2-1】光华公司生产A产品，产量在一定范围内变动时对成本的影响见表2-1。

表2-1 A产品不同产量下的变动成本资料

产量（件）	变动成本总额（元）	单位变动成本（元）
100	200	2
200	400	2
300	600	2
400	800	2

从表2-1中可以看出，在相关范围内，变动成本总额随着产量的变动成正比例变动（如图2-2所示）；但无论产量如何变动，单位变动成本总是2元（如图2-3所示）。

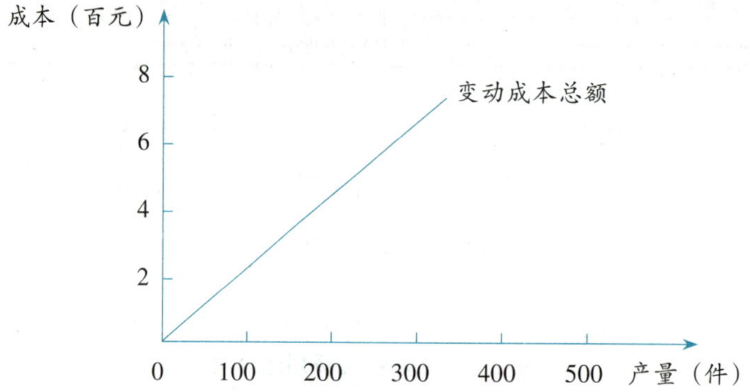

图2-2 变动成本总额与产量的关系图

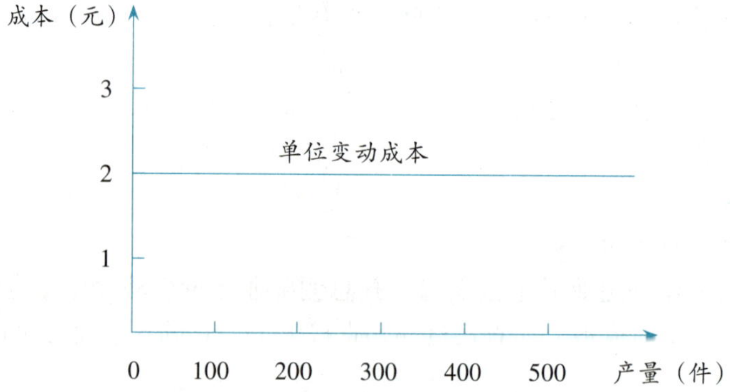

图2-3 单位变动成本与产量的关系图

（2）变动成本的相关范围

变动成本的基本特性是有条件的，即当业务量在某一特定范围时，变动成本总额与业务量之间成正比例变动关系，这个范围就称为变动成本的相关范围。变动成本总额随业务量成正比例变动的线性关系，只有在相关范围内存在；超出了相关范围，则可能表现为非线性的。例如，当企业的产量在较低水平时，单位产品人工成本往往较高；当产量逐渐上升，超过一定范围时，单位人工成本会下降，而当产量突破上述范围继续上升时，可能使某些产品成本项目超量上升（比如需要加倍支付工人的加班加点工资），从而导致单位产品人工成本由降转升。

（3）变动成本的分类

变动成本可以根据其发生的原因分为技术性变动成本和酌量性变动成本。

① 技术性变动成本，指与产量有明确的技术或实物关系的变动成本，如一台电脑要用一块主机板、一个硬盘、一个显示器等。其成本就是由设计技术决定的、与电脑产量成正比例变动。这类成本主要由技术性因素决定，是进行生产所必然发生的成本。若企业不生产产品，则从理论上讲，其技术性变动成本为零。

② 酌量性变动成本，是可以通过管理决策行动而改变的变动成本，如按销售收入的一定百分比支出的销售佣金、技术转让费等。这类成本的显著特点是其单位变动成本的发生额可由企业最高管理层决定。例如，销售佣金计提的百分比即由经理所定。

【想一想2-1】变动成本概念中所指的相关范围是什么？

2. 固定成本

（1）固定成本的概念

固定成本是指在一定业务量范围内，其总额不随业务量变动而增减变动，但单位成本随业务量增加而相对减少的成本，如固定资产折旧、财产保险费、广告费、职工培训费等。

固定成本具有以下两个特征：

① 固定成本总额的不变性。这一特征就是其概念的再现。设x为业务量，y为总成本，a为固定成本总额，其成本性态模型为y=a，在平面直角坐标系中表现为一条平行于横轴的直线。

② 单位固定成本的反比例变动性。固定成本总额不变，但单位产品负担的固定成本随着业务量的增减成反比例变动，其成本性态模型为y=a/x，反映在坐标图上是一条反比例曲线。

【例2-2】光华公司生产B产品，其所需的加工设备按月计提的折旧费为30 000元。设备的最大生产能力为2 000件，则产量在2 000件内的变动对成本的影响见表2-2。

表2-2　折旧费分摊计算表

产量（件）	固定成本总额（元）	单位固定成本（元）
500	30 000	60
1 000	30 000	30
1 500	30 000	20
2 000	30 000	15

从表2-2中可以看出，产量在500～2 000件范围内，每月的折旧费不变，都是30 000元（如图2-4所示）。单位产量所承担的折旧费用却随着产量的增加而减少（如图2-5所示）。

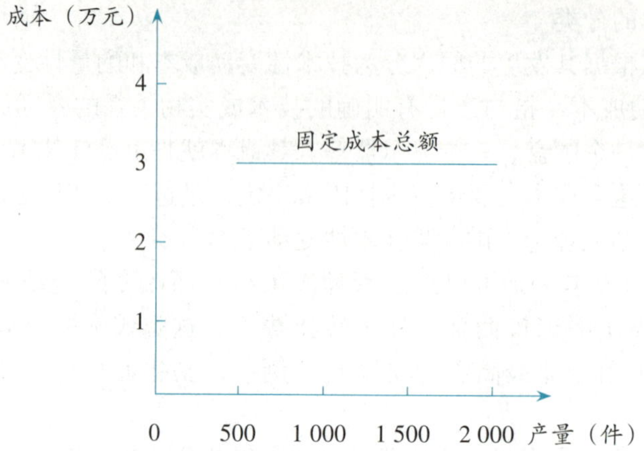

图2-4 固定成本总额与产量之间的关系图

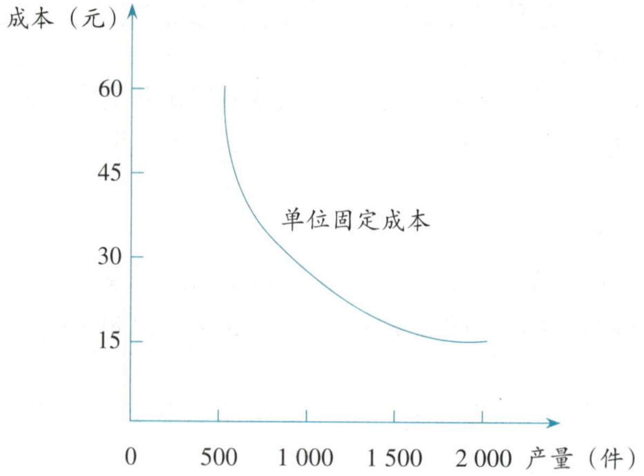

图2-5 单位固定成本与产量之间的关系图

（2）固定成本的相关范围

固定成本总额的不变性是有条件的，只有在一定时期和一定业务量范围内才是固定不变的，如果业务量的变动超过了这个范围，固定成本也会发生变动。原因是当企业所要完成的业务量超过了现有生产能力，就需要扩大再生产，添置机器设备、增租厂房等，因而，需要增加机器设备折旧费、厂房租金等。这样，当业务量的增加超过了一定的相关范围后，固定成本总额也会发生变化。因此，讨论固定成本总额与业务量之间的变动关系，就必须在一定相关范围内进行。

（3）固定成本的分类

固定成本按是否受管理层短期决策行为的影响，可以进一步分为约束性固定成本和酌量性固定成本两类。

① 约束性固定成本，指在日常经营活动中，企业管理层短期决策行为很难控制并改变其数额的固定成本。这类成本与企业生产能力形成和正常维持直接相关，如厂房和机器设备的折旧费、管理人员的薪资、保险费等。企业经营能力一旦形成，这类成本的数额一经确定，在短期内是不会随意加以改变的，因而具有很强的约束性。因此，在企业经营方向不变的前提下，要控制约束性固定成本，必须通过合理地利用企业生产能

力，提高产品产量，降低单位产品负担的固定成本入手。

② 酌量性固定成本，指在日常经营活动中，企业管理层短期决策行为可以控制并改变其数额的固定成本，如新产品的开发费、广告费、职工培训费等。这类成本的发生可以因管理者的决策而作适当的调整，发生额的多少与增强企业的竞争力、扩大企业规模直接相关，但同企业的生产能力并无直接联系。因此，要控制酌量性固定成本，必须从企业的实际需要出发，精打细算，厉行节约，在不影响企业既定的经营方针的前提下，降低其绝对支出额。

【练一练2-3】下列费用中属于约束性固定成本的是（　　）。

A.广告费　　B.房屋折旧费　　C.业务招待费　　D.职工教育培训费

3. 混合成本

（1）混合成本的概念

混合成本是指成本总额随业务量变动但不成正比例变动的成本，如设备维修费、仓储费、机械动力费、水电费和检验人员的薪酬等。

（2）混合成本的分类

混合成本按照随业务量变动趋势的不同，可分为半变动成本、半固定成本、延期变动成本和曲线式成本四种类型。

①半变动成本。这类成本通常有一个基数，这个基数是固定不变的，相当于固定成本；而在这个基数之上，成本就会随着业务量的变动而成正比例变动，相当于变动成本。这种由一部分固定成本和一部分变动成本所组成的混合成本称为半变动成本。

【例2-3】某企业在生产中租用一台设备，租约规定租金的计算分为两部分：按年支付固定租金2 000元。在此基础上，机器每运转1小时支付租金0.60元。假定该设备今年累计运转5 000小时，共付租金5 000元。其成本性态模型如图2-6所示。

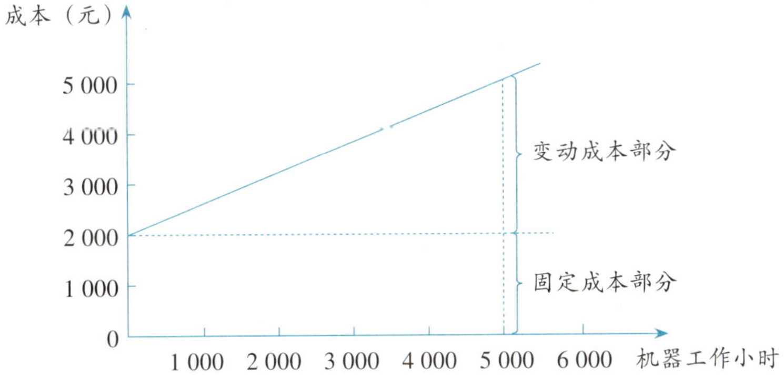

图2-6　租用设备支出的固定成本与变动成本

②半固定成本。半固定成本又称阶梯式成本，这类成本在一定业务量范围内，其成本总额不会随着业务量的变动而变动；而当业务量超过了这个范围，其发生额会突然跳跃上升到一个新的水平，然后在新的业务量范围内，成本总额又会保持不变，直到出现另一个新的跳跃为止。

【例2-4】某企业生产中需用的质量检验员同产品产量有着直接的联系。一名检验员最多能检验1 000件产品，每增加1 000件，需增加一名检验员。假定每名检验员的月工资为400元，则检验员的工资支出在不同生产水平下呈阶梯式增长（如图2-7所示）。

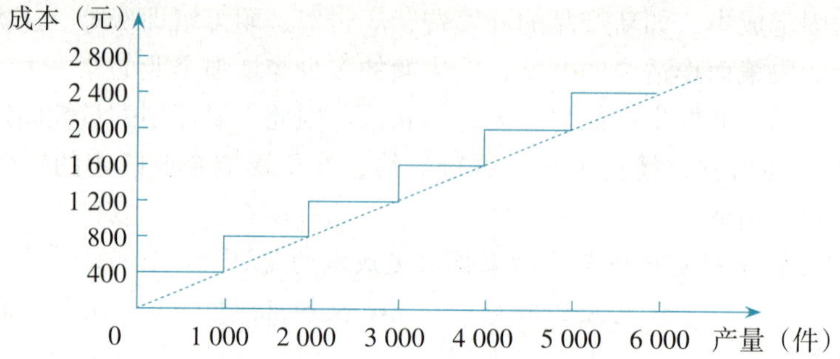

图2-7 检验员的工资支出呈阶梯式增长

③延期变动成本。延期变动成本又称低坡式成本，这类成本在一定业务量范围内，其成本总额保持不变，但超过该业务量，其成本总额随业务量成正比例变动（如图2-8所示）。例如，在超定额计奖的工资制度下，职工工资=基础工资+超额工资（超产部分）。

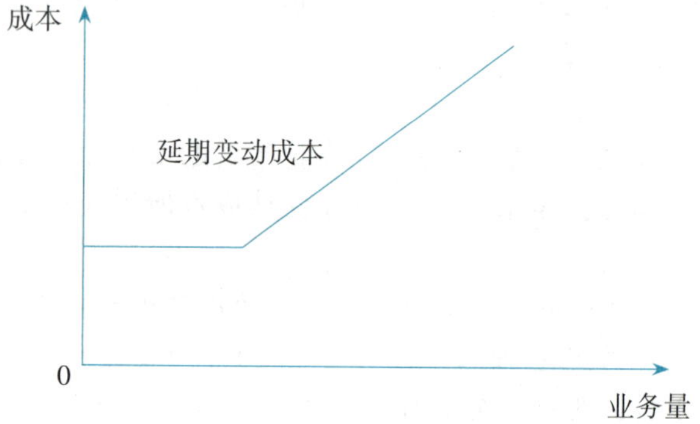

图2-8 延期变动成本与业务量的关系

④曲线式成本。曲线式成本通常有一个初始量，一般保持不变，相当于固定成本，在这个初始量的基础上，成本总额会随着业务量的增加呈非线性的增加，坐标图上表现为一条抛物线。按照曲线斜率的不同变动趋势，曲线式成本又可分为递减型成本和递增型成本。递减型混合成本如图2-9所示；递增型混合成本如图2-10所示。

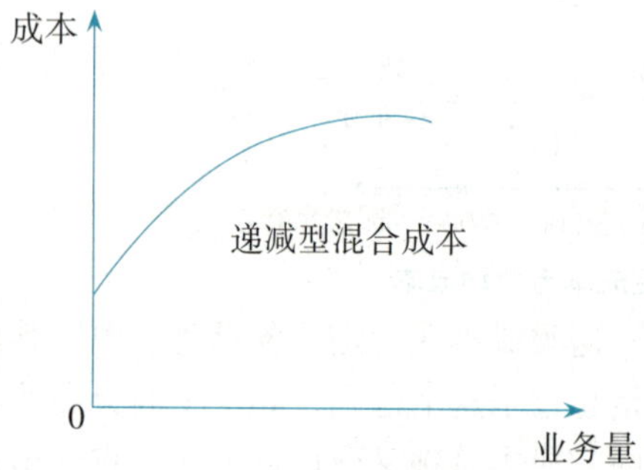

图2-9 递减型成本

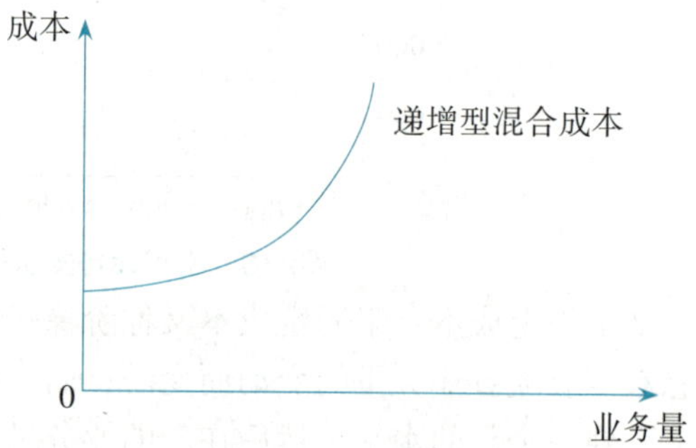

图2-10 递增型成本

【练一练2-4】下列不属于混合成本类别的是（ ）。

A.半变动成本　　　B.延期变动成本　　　C.阶梯式成本　　　D.酌量性成本

（三）成本性态模型

由于混合成本同时具有固定成本和变动成本的性质，因此，混合成本可以分解为固定成本和变动成本两部分，则在相关范围内，总成本可用如下成本性态模型表示：

总成本=固定成本总额+变动成本总额

=固定成本总额+单位变动成本×业务量

在总成本性态模型中，用y代表总成本，a代表固定成本总额，b代表单位变动成本，x代表业务量，则上式可以表示为：$y = a + bx$，其成本性态模型如图2-11所示。

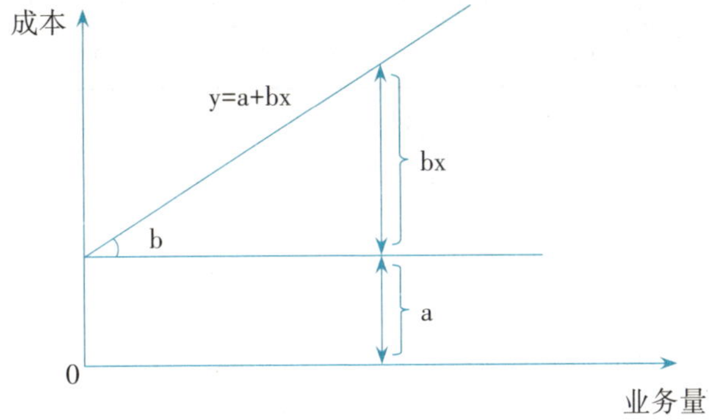

图2-11　成本性态模型

二、成本性态分析的方法

成本性态分析是指企业基于成本与业务量之间的关系，运用技术方法，将业务量范围内发生的成本分解为固定成本和变动成本的过程。

成本性态分析的方法主要包括：高低点法、回归分析法、账户分析法（也称会计分析法）、技术测定法（也称工业工程法）、合同确认法，前两种方法需要依据过去一定期间内的成本与业务量的历史资料，采用适当的数学方法对混合成本进行分解，从而确定固定成本和变动成本的定量分析法。后三种方法是根据发生的成本与业务量之间的关系，直接分析认定。

【想一想2-2】成本性态分析与成本按其性态分类有什么异同？

（一）高低点法

高低点法是指企业以过去某一会计期间的总成本和业务量资料为依据，从中选取业务量最高点和业务量最低点，将总成本进行分解，得出成本模型的一种成本性态分析方法。高低点法的具体分析步骤如下。

（1）选择高低点坐标，即找出业务量的最高点（x_1）及相应的成本（y_1）；找出业务量的最低点（x_2）及对应的成本（y_2），从而确定高点坐标（x_1，y_1）和低点坐标（x_2，y_2）。

（2）计算b的值。计算公式为：

$$b = \frac{\text{业务量最高时总成本} - \text{业务量最低时总成本}}{\text{最高点业务量} - \text{最低点业务量}} = \frac{y_1 - y_2}{x_1 - x_2}$$

微课2-1

高低点法

(3) 计算a的值。计算公式为：

$$a = 业务量最高时总成本 - b \times 最高点业务量 = y_1 - bx_1$$

或

$$a = 业务量最低时总成本 - b \times 最低点业务量 = y_2 - bx_2$$

(4) 建立混合成本的性态模型：$y=a+bx$

【例2-5】光华公司1—12月产量与电费的资料见表2-3。

表2-3

光华公司产量与电费资料

项目	1月	2月	3月	4月	5月	6月	7月	8月	9月	10月	11月	12月
产量（件）	120	130	105	100	90	80	70	85	95	110	125	140
电费（元）	900	910	840	850	820	730	720	780	750	890	935	930

要求：利用高低点法将电费分解为固定成本和变动成本，并建立相应的成本性态模型。

解：(1) 选择高低点坐标：最高点（140，930），最低点（70，720）。

(2) 计算b的值。

$$b = \frac{930 - 720}{140 - 70} = 3$$

将最高点（140，930）代入成本性态模型：930=a+3×140，解得a=510。

电费的成本性态模型为：y=510+3x，即混合成本中固定成本部分为510元，单位变动成本部分为3元。

高低点法的优点是简便易行，易于理解。但该方法只是选择了历史资料中的两组数据作为计算依据，使建立起来的成本性态模型不具代表性，容易导致较大的计算误差。因此，这种方法只适用于成本变动趋势比较稳定的企业。

【想一想2-3】采用高低点法进行成本性态分析时，选择高低点的依据是什么？

(二) 回归分析法

回归分析法是企业根据过去一定期间的业务量和混合成本的历史资料，应用最小二乘法原理，计算最能代表业务量与混合成本关系的回归直线，借以确定混合成本中固定成本和变动成本的方法。计算公式如下：

$$a = \frac{\sum y - b\sum x}{n}$$

$$b = \frac{n\sum xy - \sum x\sum y}{n\sum x^2 - (\sum x)^2}$$

【例2-6】光华公司1—6月份发生的机器工作小时和维修成本资料见表2-4。

表2-4

光华公司机器工作小时和维修成本

项目	1月	2月	3月	4月	5月	6月
机器工作小时（千小时）	6	5	7	6	8	9
维修成本（千元）	24	25	32	28	33	37

要求：采用回归分析法进行成本性态分析。

解：根据资料，采用回归分析法计算出相关数据，见表2-5。

表2-5　回归分析的相关数据

月份（n）	机器工作小时（x）	维修成本（y）	xy	x^2
1	6	24	144	36
2	5	25	125	25
3	7	32	224	49
4	6	28	168	36
5	8	33	264	64
6	9	37	333	81
合计	41	179	1 258	291

将上述数据代入公式，得：

$$b=\frac{n\sum xy-\sum x\sum y}{n\sum x^2-(\sum x)^2}=\frac{6\times 1\,258-41\times 179}{6\times 291-41^2}=3.22$$

$$a=\frac{\sum y-b\sum x}{n}=\frac{179-3.22\times 41}{6}=7.83$$

建立维修成本性态模型：y=7.83+3.22x

回归直线法的优点在于充分利用了误差平方和最小的原理，使分析结果比较精确，避免主观上的误差。其缺点在于计算工作量大，对资料要求较高。这种方法适用于成本增减变动趋势较大的企业。

（三）账户分析法

账户分析法是企业根据有关成本账户及其明细账的内容，结合其与产量的依存关系，判断其比较接近的成本类别，将其视为该类成本的一种成本性态分析方法。

【例2-7】某车间的月成本见表2-6。

表2-6　某车间的成本数据资料　单位：元

产量为6 000件时的成本	
账户	总成本
原材料	12 000
直接人工	14 400
燃料、动力费	4 800
维修费	2 400
间接人工	2 400
折旧	10 000
行政管理费	2 000
合计	48 000

要求：采用账户分类法进行成本性态分析。

解：在表2-6中，原材料和直接人工通常为变动成本，燃料、动力费、维修费、间接人工等虽然都会随着产量变动而不成比例变动，但由于我们不了解其他产量水平下的实际成本，无法对其进行成本性态分析，而只能将其先视为变动成本。行政管理费具体包括许多杂项支出，虽然可能会有变动的因素，但其中大部分与产量没有明显的关系，仍可将其视为固定成本。表2-7是分解后的成本表。

表2-7 账户分析法的成本分解过程 单位：元

产量为6 000件时的成本			
账户	总成本	固定成本	变动成本
原材料	12 000		12 000
直接人工	14 400		14 400
燃料、动力费	4 800		4 800
维修费	2 400		2 400
间接人工	2 400		2 400
折旧	10 000	10 000	
行政管理费	2 000	2 000	
合计	48 000	12 000	36 000

根据表2-7，可将该车间的总成本分解为固定成本和变动成本两部分，其中：

a=12 000

b=36 000÷6 000=6

建立成本性态模型：y=12 000+6x

账户分析法较为简便易行，但这种方法得出的结论往往不够准确，比较粗糙且带有主观判断，容易产生误差。

（四）技术测定法

技术测定法是企业根据生产过程中各种材料和人工成本消耗量的技术测定来划分固定成本和变动成本的一种成本性态分析方法。

【例2-8】企业新购置热处理设备（无历史成本资料），其电耗属于混合成本，经技术人员测定，该设备每天使用前需要预热，耗电10度，预热后每使用1小时耗电15度，电费每度0.8元。

要求：采用技术测定法进行成本性态分析（以月为单位，按30日计算）。

解：根据资料，分析如下：

（1）预热为固定成本，每个月为30×10×0.8=240（元），即：

a=240元

（2）设备预热后的耗电额为变动成本，b=0.8元，设每月共使用x度电（不含预热部分），则变动成本总额为0.8x。

（3）建立成本性态模型：y=240+0.8x

技术测定法仅适用于投入成本和产出数量之间有规律性联系的成本分解。

（五）合同确认法

合同确认法是企业根据订立的经济合同或协议中关于支付费用的规定，来确认并估算哪些项目属于变动成本，哪些项目属于固定成本的一种成本性态分析方法。合同确认法一般要配合账户分析法使用。

【例2-9】据供电局的规定，信达公司的变压器维护费为6 000元/月，每度电费为1.25元，用电额度为每月15 000度，超额用电部分按正常电费的5倍计价。每件产品平均用电3度，照明用电每月3 000度。

要求：进行成本性态分析，建立成本性态模型。

解：根据资料，分析如下：

由于用电额度内每度电1.25元，超额用电部分每度电6.25元，所以用电额度内最大产量=（15 000−3 000）÷3=4 000（件）。

设本期产品产量为x，电费为y。

（1）产量在4 000件以内时

固定成本a=6 000+3 000×1.25=9 750（元）

单位变动成本b=3×1.25=3.75（元）

y=9 750+3.75x（0<x≤4 000）

（2）产量在4 000件及以上时固定成本a=6 000+15 000×1.25=24 750（元）

单位变动成本b=3×1.25×5=18.75（元）

y=24 750+（x−4 000）×18.75=−50 250+18.75x （x≥4 000）

本例中，由于超过限额和限额内每度电的成本发生了变化，因此无法直接建立成本性态模型，所以我们首先依据产量划分了两个相关范围，分别在每个相关范围内建立数学模型。

【想一想2-4】账户分析法、技术测定法和合同确认法有什么共同点？

同步技能训练

一、单项选择题（每题只有一个正确答案，请将正确答案填在括号内）

1.在管理会计中，将成本划分为固定成本、变动成本、混合成本是按成本的（　　）划分的。

A.职能　　B.性态　　C.可辨认性　　D.经济用途

2.在成本性态分析法的具体应用中，计算结果最为精确的方法是（　　）。

A.高低点法　　B.回归直线法　　C.技术测定法　　D.账户分析法

3.在应用资料分析法进行成本性态分析时，必须首先确定a，然后才能计算出b的方法是（ ）。

A.直接分析法 B.高低点法 C.账户分析法 D.回归直线法

4.高低点法所指的“高低”是指（ ）。

A.最高或最低的成本 B.最高或最低的业务量

C.最高或最低的成本或业务量 D.最高或最低的成本和业务量

5.对混合成本分解的几种方法中，主观性最强的是（ ）。

A.高低点法 B.账户分析法

C.回归分析法 D.最小平方法

6.在相关范围内，不随产量变化而变化的成本是（ ）。

A.单位变动成本 B.单位固定成本

C.半变动成本 D.混合成本

7.变动成本水平的表现形式一般是（ ）。

A.变动成本总额 B.单位变动成本

C.变动成本率 D.约束性变动成本

8.在平面直角坐标图上，固定成本线是一条（ ）。

A.以单位变动成本为斜率的直线 B.反比例曲线

C.平行于x轴的直线 D.平行于y轴的直线

9.在一定范围内，下列各项一定属于固定成本的是（ ）。

A.销售佣金 B.计件工资

C.按直线法计提的固定资产折旧 D.以上都不对

10.管理会计中，混合成本可以用直线方程y=a+bx表示，其中bx表示（ ）。

A.固定成本总额 B.单位变动成本

C.变动成本总额 D.单位固定成本

11.研究开发费、广告费和职工培训费属于（ ）。

A.约束性固定成本 B.酌量性固定成本

C.变动成本 D.以上答案都不对

12.在不改变企业生产经营能力的前提下，采取降低固定成本总额的措施通常是指降低（ ）。

A.约束性固定成本 B.酌量性固定成本

C.半固定成本 D.单位固定成本

13.不受企业经营决策行为影响的那部分固定成本为（ ）。

A.酌量性固定成本 B.半固定成本

C.约束性固定成本 D.半变动成本

14.阶梯式混合成本又可称为（ ）。

A.半固定成本 B.半变动成本

C.延期变动成本 D.曲线式成本

15.在一定业务量范围内，其总额保持不变，但超过这个范围后，其数额随产销量的增长成正比例变动。具备这一特性的成本项目称为（ ）。

A.半固定成本　　B.半变动成本

C.阶梯式混合成本　　D.延期变动成本

二、多项选择题（每题有两个或两个以上正确答案，请将正确答案填在括号内）

1.固定成本按是否受管理层短期决策行为的影响可以进一步分为（　　）。

A.约束性固定成本　　B.半固定成本

C.半变动成本　　D.酌量性固定成本

2.下列各项中，属于固定成本的有（　　）。

A.定期支付的广告费　　B.计件工资

C.管理人员的工资　　D.按直线法计提的折旧费

3.在相关范围内，变动成本应当具备的特征有（　　）。

A.总额的不变性　　B.总额的变动性

C.总额的正比例变动性　　D.单位数额的不变性

4.在相关范围内，固定成本应当具备的特征有（　　）。

A.固定成本总额的不变性　　B.单位固定成本的反比例变动性

C.固定成本总额的正比例变动性　　D.单位固定成本的不变性

5.在相关范围内保持不变的有（　　）。

A.变动成本总额　　B.单位变动成本　　C.固定成本总额　　D.单位固定成本

6.相关范围的存在使得成本性态具有以下特点，即（　　）。

A.相对性　　B.暂时性　　C.可转化性　　D.正比例变动性

7.下列各项中，属于变动成本的项目有（　　）。

A.直接材料　　B.管理人员的工资　　C.计件工资　　D.职工培训费

8.成本按其经济职能分类，可分成（　　）。

A.直接材料　　B.直接人工　　C.生产成本　　D.非生产成本

9.成本按性态可分为（　　）。

A.制造成本　　B.固定成本　　C.变动成本　　D.混合成本

10.下列各项表述错误的有（　　）。

A.固定成本总额不随产量变化而变化　　B.变动成本总额随产量变化而变化

C.单位固定成本不随产量变化而变化　　D.单位变动成本随产量变化而变化

11.阶梯式混合成本是（　　）表现形式之一。

A.半变动成本　　B.固定成本　　C.变动成本　　D.差异成本

12.某企业成品库有固定员工5名，工资总额5 000元，当产量超过5 000件时，就需雇用临时工，临时工实行计件工资，每包装发运1件产品支付工资2元，则该企业成品库的人工成本属于（　　）。

A.半变动成本　　B.延期变动成本

C.曲线式混合成本　　D.阶梯式成本

13.成本性态分析的方法有（　　）。

A.高低点法　　B.技术测定法　　C.回归直线法　　D.账户分析法

14.下列各项列入利润表的有（　　）。

A.本期已销售产品成本　　B.本期未完工产品成本
C.本期已完工但尚未销售的产品成本　　D.管理成本
15.制造成本是在产品生产过程中发生的，下列项目中属于制造成本的有（　　）。
A.直接材料　　B.直接人工　　C.管理费用　　D.销售费用

三、判断题（正确的在括号内打“√”，错误的打“×”）

（　　）1.定期支付的广告费属于约束性固定成本。
（　　）2.高低点法的优点是计算精度高，缺点是计算过程过于复杂。
（　　）3.成本性态模型 $y=a+bx$ 中的b，就是指单位变动成本。
（　　）4.固定成本的水平通常以其总额表示，而变动成本的水平则通常以单位额表示。
（　　）5.无论哪一种混合成本，实质上都可以区分为固定部分和变动部分。
（　　）6.在相关范围内，固定成本总额和单位固定成本均具有不变性。
（　　）7.在相关范围内，变动成本总额和单位变动成本均具有不变性。
（　　）8.与散布图法相比，高低点法计算更简便、更易理解、更科学。
（　　）9.固定成本的总额无法变动，只能通过提高产品产量来降低单位成本。
（　　）10.管理者短期决策行为影响酌量性固定成本而不影响约束性固定成本。
（　　）11.在任何情况下，变动成本总额与业务量都成正比例关系，而固定成本总额保持不变。
（　　）12.采用高低点法进行混合成本分解时，高点和低点是根据业务量确定的。
（　　）13.成本性态分析的最终目的是把全部成本分为固定成本、变动成本和混合成本三大类。
（　　）14.成本性态是指单位产品成本对业务量的依存关系。
（　　）15.固定成本和变动成本都是就一定相关范围而言的。

四、计算题

1.讯达工厂过去一年十二个月中最高业务量和最低业务量下的制造费用总额见表2-8。

表2-8　业务量与制造费用表

摘要	高点（10月）	低点（3月）
业务量（机器小时）	75 000	50 000
制造费用总额（元）	176 250	142 500

表2-8制造费用总额中包括变动成本、固定成本和混合成本三类。该厂会计部门对低点月份业务量为50 000机器小时的制造费用总额作了分析，各项成本如下：变动成本总额50 000元，固定成本总额60 000元，混合成本总额32 500元，制造费用总额142 500元。

要求：

（1）采用高低点法将该厂的混合成本分解为变动成本与固定成本，并写出成本性态模型。

（2）若该厂计划期的生产能力为65 000机器小时，则其制造费用总额将为多少？

2.宏达公司7—12月的机器设备维修费资料见表2-9。

表2-9　　机器设备维修费

月份	业务量（千机器小时）	维修费（元）
7	40	580
8	32	500
9	52	700
10	48	660
11	56	740
12	44	625

要求：

（1）采用高低点法将维修费分解为固定成本和变动成本，写出成本性态模型。

（2）采用回归直线法将维修费分解为固定成本和变动成本，写出成本性态模型。

任务三　变动成本法

变动成本法起源于20世纪30年代的美国。第二次世界大战以后，世界经济矛盾日趋尖锐，市场竞争不断激化，企业管理层要求会计能提供更科学、有用的管理信息，以便于加强对经济活动的规划和控制。在这种情况下，传统的完全成本法不能适应这一要求，于是变动成本法不胫而走，并很快在美国、加拿大、日本等国家得到广泛应用，逐渐成为现代企业管理的一个重要组成部分，从而成为管理会计的重要内容之一。

一、完全成本法与变动成本法的概念

（一）完全成本法

完全成本法是以成本按经济用途分类为前提，在计算产品成本时，包括产品生产过程中所消耗的全部生产成本，即直接材料、直接人工和制造费用，把非生产成本作为期间成本的一种成本计算方法，又称为全部成本法或吸收成本法，是传统的财务会计计算产品成本的方法。

传统的完全成本法强调成本补偿的一致性，其理论依据是：产品成本就是产品的全部生产成本，固定制造费用发生在生产领域，与产品生产直接相关，其与直接材料、直接人工和变动制造费用的支出并无区别，应当将其作为产品成本的一部分，从产品销售收入中得到补偿。

（二）变动成本法

变动成本法是指企业以成本性态分析为前提条件，仅将生产过程中消耗的变动生产成本作为产品成本的构成内容，而将固定生产成本和非生产成本作为期间成本，直接由当期收益予以补偿的一种成本管理方法。

变动成本法的理论依据是：固定生产成本（固定制造费用）是为企业提供一定的生产经营条件，以便保持生产能力而发生的成本。它同产品的实际产量没有直接关系，不会随产量的提高而增加，也不会因产量的下降而减少。因而它的实质只是定期地创造了可供企业利用的生产能力，因而与期间的联系更为密切。在这一点上，它与管理费用、销售费用、财务费用等非生产成本一样，只是定期地创造了维持企业经营的必要条件，具有时效性，其效益随着时间的消逝而逐渐丧失。

【想一想2-5】变动成本法的理论依据是什么？

二、变动成本法与完全成本法的区别

由于变动成本法与完全成本法对固定制造费用的处理方式不同，导致了两种方法的一系列差异，主要表现在以下五个方面。

（一）应用的前提条件不同

变动成本法以成本性态分析为前提，把全部成本分为变动成本和固定成本两大部分，对于具有混合成本性质的制造费用、管理费用、销售费用和财务费用则直接分析确认或按其相关业务量分解为变动成本与固定成本。

完全成本法以成本按经济用途分类为前提，把全部成本分为生产成本和非生产成本。在产品生产过程中所发生的有关耗费属于生产成本，在产品销售过程和行政管理方面所发生的有关耗费属于非生产成本。

（二）产品成本和期间成本的构成内容不同

在变动成本法下，产品成本只包括变动生产成本，而将固定生产成本和非生产成本作为期间成本。其构成如图2-12所示。

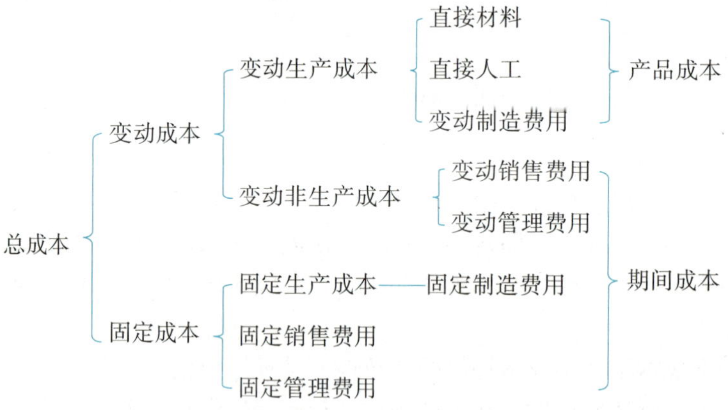

图2-12 变动成本法下产品成本和期间成本的构成

在完全成本法下，产品成本包括全部生产成本，只把非生产成本作为期间成本。其构成如图2-13所示。

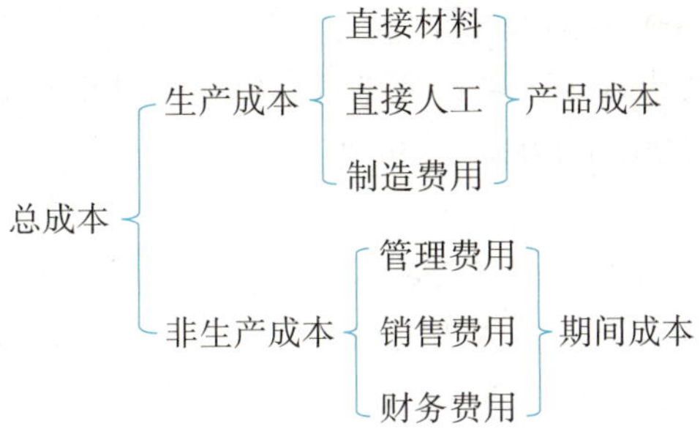

图2-13　完全成本法下产品成本和期间成本的构成

可见，两种方法的根本不同在于对固定制造费用的处理不同。变动成本法将其作为期间成本处理，而完全成本法将其计入产品成本之中。

【例 2-10】光益公司只生产一种产品，1 月份产量 2 000 件，期初无存货，本期销售 1 800 件，该产品单价 200 元，其他资料见表 2-10。

表2-10　光益公司生产成本资料

项　目		金　额（元）
直接材料		60 000
直接人工		50 000
制造费用	变动制造费用	10 000
	固定制造费用	40 000
销售费用	变动销售费用	5 000
	固定销售费用	5 000
管理费用	变动管理费用	1 000
	固定管理费用	29 000

要求：分别按两种方法计算当期发生的产品成本、单位产品成本和期间成本。

解：变动成本法下：

产品成本 = 直接材料 + 直接人工 + 变动制造费用
= 60 000 + 50 000 + 10 000
= 120 000（元）

单位产品成本 = 120 000 ÷ 2 000=60（元）

期间成本 = 固定制造费用 + 变动销售费用 + 固定销售费用 + 变动管理费用 + 固定管理费用
= 40 000 + 5 000 + 5 000 + 1 000 + 2 9000
= 80 000（元）

完全成本法下：

产品成本 = 直接材料 + 直接人工 + 变动制造费用 + 固定制造费用
= 60 000 + 50 000 + 10 000 + 40 000
= 160 000（元）

单位产品成本 = 160 000 ÷ 2 000 = 80（元）

期间成本 = 变动销售费用 + 固定销售费用 + 变动管理费用 + 固定管理费用

= 5 000 + 5 000 + 1 000 + 2 9000

= 40 000（元）

【想一想 2–6】在变动成本法与完全成本法下，固定制造费用的处理有什么不同？

【练一练 2–5】下列各项中，能构成变动成本法产品成本内容的是（　　）。

A. 变动成本　　B. 固定成本　　C. 生产成本　　D. 变动生产成本

（三）存货成本的构成内容不同

由于两种方法下产品的成本构成内容不同，所以产成品和在产品存货的成本构成也就不同。变动成本法下，存货成本只包括变动生产成本；而完全成本法下，存货成本中除了包括变动生产成本，还包括固定生产成本，即固定制造费用。

由此看来，变动成本法下的存货成本必然小于完全成本法下的存货成本。

【例 2–11】沿用【例 2–10】的资料。

要求：分别用两种方法计算产品的期末存货成本。

解：变动成本法下：

期末存货成本=期末存货量 × 本期单位变动生产成本

=（2 000 – 1 800）× 60 = 12 000（元）

完全成本法下：

期末存货成本=期末存货量 × 本期单位完全生产成本

=（2 000 – 1 800）× 80 = 16 000（元）

在本例中，按完全成本法确定的期末存货成本除了包括10 000元变动制造费用外，还包括4 000元（40 000 ÷ 2 000 × 200）的固定制造费用，而按变动成本法确定的期末存货成本只包括10 000元变动制造费用，这就造成了两者相差4 000元。

（四）销货成本计算公式不同

从理论上看，无论是变动成本法还是完全成本法，都可以按以下公式计算销货成本：

本期销货成本 = 期初存货成本 + 本期发生的生产成本 – 期末存货成本　　(2–1)

在变动成本法下，产品成本全部是由变动生产成本构成。由于在相关范围内，单位变动成本不随业务量的变动而变动，因而公式（2–1）可以简化为：

本期销货成本 = 单位变动生产成本 ×（期初存货量 + 本期生产量 – 期末存货量）

= 单位变动生产成本 × 本期销售量　　(2–2)

而在完全成本法下，单位产品成本中，既包括单位变动性生产成本，也包括单位固定制造费用。由于在相关范围内，单位固定制造费用与业务量成反比例变动，因而本期销贷成本既与销售量有关，又与生产量有关。所以在完全成本法下，只有当期初存货量为零，或者前后期产量和成本水平均不变时，本期单位产品成本、单位销货成本和期末单位存货成本三个指标才相等，可以采用如下简化公式（2–3）计算本期销货成本。

本期销货成本 = 单位生产成本 × 本期销售量　　(2–3)

而当期初存货量不为零，前后各期的生产量不相同时，其单位固定制造费用就会改变，期初单位存货成本、本期单位产品成本和期末单位存货成本也就不可能完全相等。因此，在完全成本法下，本期销货成本一般不可以按简化公式计算，需按照公式（2-1）计算。

【例 2-12】沿用【例 2-10】的资料。

要求：分别按两种成本计算法计算本期销货成本。

解：变动成本法下：

本期销货成本=销售量 × 单位变动生产成本 = 1 800 × 60 = 108 000（元）

完全成本法下：

本期销货成本 = 期初存货成本 + 本期生产成本 – 期末存货成本

= 0 + 2 000 × 80 – 200 × 80 = 144 000（元）

或：本期销货成本=单位生产成本 × 本期销售量 = 80 × 1 800 = 144 000（元）

（五）利润确定程序不同

两种成本计算法的成本构成不同，利润的计算程序也有所不同。在变动成本法下，按贡献式利润程序计算税前利润；而在完全成本法下，按传统的职能式利润程序计算税前利润。

所谓贡献式利润程序，是指在税前利润计算过程中，首先用销售收入补偿本期实现销售产品的变动成本，从而确定边际贡献（亦称贡献毛益），然后用边际贡献补偿固定成本以确定当期税前利润的过程。

传统的职能式利润程序则是指在利润计算过程中，首先用销售收入补偿本期实现销售产品的销货成本，从而确定销售毛利，然后用销售毛利补偿其期间成本以确定当期税前利润的过程。

具体包括以下三个不同方面。

1. 税前利润计算方法不同

按变动成本法计算税前利润的公式为：

边际贡献 = 营业收入 – 变动成本

= 销售单价 × 销售量 – 单位变动成本 × 销售量

税前利润 = 边际贡献 – 固定成本

式中：

变动成本 = 变动生产成本 + 变动非生产成本

变动生产成本 = 单位变动生产成本 × 销售量

变动非生产成本 = 单位变动非生产成本 × 销售量

固定成本 = 固定生产成本 + 固定非生产成本

按完全成本法计算税前利润的公式为：

销售毛利 = 销售收入 – 销货成本

税前利润 = 销售毛利 – 期间成本

式中：

销货成本 = 期初存货成本 + 本期生产成本 – 期末存货成本

期间成本 = 销售费用 + 管理费用 + 财务费用

【例2–13】光益公司只生产一种产品，1月份产量2 000件，期初无存货，本期销售800件，该产品单价250元。每件产品直接材料费用35元、直接人工费用25元、变动制造费用40元，固定制造费用全年共50 000元。单位产品的变动销售费用为20元、固定销售费用为6 000元，单位产品的变动管理费用为10元、固定管理费用为4 000元。

要求：分别用两种方法计算当期税前利润。

解：(1) 变动成本法下：

销售收入 = 250 × 800 = 200 000（元）

单位产品成本 = 35 + 25 + 40 = 100（元）

变动成本 = 100 × 800 + 20 × 800 + 10 × 800 = 104 000（元）

边际贡献 = 200 000 − 104 000 = 96 000（元）

固定成本 = 50 000 + 6 000 + 4 000 = 60 000（元）

税前利润 = 96 000 − 60 000 = 36 000（元）

(2) 完全成本法下：

销售收入 = 250 × 800 = 200 000（元）

单位产品成本 = 35 + 25 + 40 + 50 000 ÷ 1 000 = 150（元）

销货成本 = 0 + 150 × 1 000 − 150×200 = 120 000（元）

销售毛利 = 200 000 − 120 000 = 80 000（元）

期间费用 = 20 × 800 + 6 000 + 10 × 800 + 4 000 = 34 000（元）

税前利润 = 80 000 − 34 000 = 46 000（元）

微课2–2

贡献式利润表的编制

【练一练2–6】在变动成本法下，其利润表所提供的中间指标是（　　）。

A. 销售毛利　　B. 边际贡献

C. 营业利润　　D. 期间成本

2. 利润表编制格式不同

微课2–3

职能式利润表的编制

两种成本计算法的利润计算公式不同，决定了利润表的编制格式也有所不同。变动成本法使用贡献式利润表，其成本项目按成本性态排列；完全成本法使用职能式利润表，其成本项目按成本经济用途排列。

【例2–14】沿用【例2–13】的资料。

要求：分别编制两种成本计算法下的利润表。

解：两种利润表的编制见表2–11和表2–12。

表2–11　贡献式利润表　单位：元

项目	金额
销售收入（250×800）	200 000
变动成本	
变动性生产成本（100×800）	80 000

续表

项目	金额
变动销售费用（20×800）	16 000
变动管理费用（10×800）	8 000
合计	104 000
边际贡献	96 000
固定成本	
固定制造费用	50 000
固定销售费用	6 000
固定管理费用	4 000
合计	60 000
税前利润	36 000

表2-12 职能式利润表 单位：元

项目	金额
销售收入（250×800）	200 000
销货成本	
期初存货成本	0
加：本期生产成本（150×1 000）	150 000
减：期末存货成本（150×200）	30 000
合计	120 000
销售毛利	80 000
期间成本	
销售费用	22 000
管理费用	12 000
合计	34 000
税前利润	46 000

两种方法计算的税前利润分别为36 000元和46 000元，变动成本法下税前利润比完全成本法下的税前利润少10 000元。这是因为本期发生的50 000元固定制造费用，在变

动成本法下全部作为期间费用，直接从当期收入中扣除，而完全成本法下只有40 000元（50 000÷1 000×800）通过销货成本计入利润表，其余10 000元（50 000÷1 000×200）被期末存货吸收并结转到下期。由于按变动成本法编制的当期利润表中的成本比按完全成本法编制的当期利润表中的成本多计了10 000元，所以当期税前利润相应少了10 000元。

由此可以看出，两种方法计算的税前利润的异同取决于完全成本法存货中包含的固定制造费用。如果完全成本法下期初存货释放的固定制造费用和期末存货吸收的固定制造费用相等，则两种方法计算的税前利润相等；否则，两种方法计算的税前利润就不相等。

【练一练2-7】下列各项中，不会导致完全成本法和变动成本法的分期损益不同的是（ ）。

A.管理费用 B.直接材料 C.销售费用 D.固定制造费用

下面具体说明在不同的产量和销量情况下，分别采用两种不同的成本计算方法对利润的计算产生的不同影响。

【例2-15】光益公司连续3年A产品的生产量均为10 000件，3年的销售量分别为10 000件、8 000件、12 000件，单位产品售价200元，有关单位成本资料如下：直接材料50元，直接人工20元，变动制造费用10元，固定制造费用100 000元，变动销售及管理费用6元，固定销售及管理费用30 000元。

要求：根据上述资料，分别按两种成本计算方法编制3年的利润表。

解：两种利润表的编制见表2-13和表2-14。

表2-13 光益公司利润表（完全成本法） 单位：元

项目	第1年	第2年	第3年
销售收入	200×10 000=2 000 000	200×8 000=1 600 000	200×12 000=2 400 000
销货成本	900 000	720 000	1 080 000
期初存货成本	0	0	180 000
加：本期生产成本	90×10 000=900 000	90×10 000=900 000	90×10 000=900 000
减：期末存货成本	0	90×2 000=180 000	0
销货毛利	1 100 000	880 000	1 320 000
期间成本	90 000	78 000	102 000
变动销售及管理费	6×10 000=60 000	6×8 000=48 000	6×12 000=72 000
固定销售及管理费	30 000	30 000	30 000
税前利润	1 010 000	802 000	1 218 000

表2-14 光益公司利润表（变动成本法） 单位：元

项目	第1年	第2年	第3年
销售收入	200×10 000=2 000 000	200×8 000=1 600 000	200×12 000=2 400 000
变动成本	860 000	688 000	1 032 000
变动生产成本	80×10 000=800 000	80×8 000=640 000	80×12 000=960 000
变动销售及管理费用	6×10 000=60 000	6×8 000=48 000	6×12 000=72 000
边际贡献	1 140 000	912 000	1 368 000
固定成本	130 000	130 000	130 000
固定制造费用	100 000	100 000	100 000
固定销售及管理费用	30 000	30 000	30 000
税前利润	1 010 000	782 000	1 238 000

在销售单价、单位变动成本和固定成本总额不变的前提下，两表对比可得出如下结论：

（1）由第1年可知，当期初存货量=期末存货量（含期初、期末存货量均为零），即当期销量=当期产量时，两种方法计算的税前利润相同。本例中期初和期末存货量均为10 000件，用两种成本法计算的税前利润都为1 010 000元。这是因为，在采用完全成本法时，既没有相应的固定制造费用摊入相应的期末存货中，也没有从上期转入的固定制造费用，因此，两种方法计算的税前利润相同。

（2）由第2年可知，当期初存货量<期末存货量，即当期销量<当期产量时，按变动成本法比按完全成本法计算出来的税前利润要低。本例中，期初比期末存货量少2 000件（2 000–0），按变动成本法比按完全成本法计算出来的税前利润低20 000元（802 000–782 000）。这是因为，按完全成本法计算时有20 000元［2 000×（100 000÷10 000）］的固定生产成本摊入到相应的2 000件期末存货中。而按变动成本法计算时，当期的全部固定生产成本100 000元都列入期间成本，从边际贡献中减掉了。

（3）由第3年可知，当期初存货量>期末存货量，即当期销量>当期产量时，按变动成本法比按完全成本法计算出来的税前利润要高。本例期初比期末存货量多2 000件（2 000–0），按变动成本法比按完全成本法计算出来的税前利润高20 000元（1 238 000–1 218 000）。这是因为，将期初存货中的2 000件在当期销售了。按完全成本法计算，2 000件的固定生产成本也随之转入相应的本期销售产品成本中，从税前利润中减掉了。而按变动成本法计算，已销的2 000件期初存货中并不包含相应的20 000元的固定生产成本，所以，按变动成本法比按完全成本法计算出来的税前利润高20 000元。

综上所述，在销售单价、单位变动成本和固定成本不变的前提下，变动成本法和完全成本法计算出来的税前利润有如下规律：

（1）当期初存货量=期末存货量，即当期销量=当期产量时，两种方法计算出来的税前利润相同。

（2）当期初存货量<期末存货量，即当期销量<当期产量时，按完全成本法计算的税前利润必然大于按变动成本法计算的税前利润，其差额=存货增加量×单位固定生产成本。

（3）当期初存货量>期末存货量，即当期销量>当期产量时，按完全成本法计算的税前利润必然小于按变动成本法计算的税前利润，其差额=存货减少量×单位固定生产成本。

【例2-16】光益公司连续3年B产品的销售量均为10 000件，3年的生产量分别为10 000件、12 000件、8 000件，单位产品售价200元，有关成本资料如下：直接材料50元，直接人工20元，变动制造费用10元，固定制造费用120 000元，变动销售及管理费用6元，固定销售及管理费用30 000元。

要求：根据上述资料，分别按两种成本计算方法编制3年的利润表。

解：两种利润表的编制见表2-15和表2-16。

表2-15 光益公司利润表（完全成本法） 单位：元

项目	第1年	第2年	第3年
销售收入	200×10 000=2 000 000	200×10 000=2 000 000	200×10 000=2 000 000
销货成本	920 000	900 000	940 000
期初存货成本	0	0	180 000
加：本期生产成本	92×10 000=920 000	90×12 000= 1 080 000	95×8 000=760 000
减：期末存货成本	0	90×2 000=180 000	0
销货毛利	1 080 000	1 100 000	1 060 000
减：期间成本	90 000	90 000	90 000
变动销售及管理费用	6×10 000=60 000	6×10 000=60 000	6×10 000=60 000
固定销售及管理费用	30 000	30 000	30 000
税前利润	990 000	1 010 000	970 000

表2-16 光益公司利润表（变动成本法） 单位：元

项目	第1年	第2年	第3年
销售收入	200×10 000=2 000 000	200×10 000=2 000 000	200×10 000=2 000 000
变动成本	860 000	860 000	860 000
变动生产成本	80×10 000=800 000	80×10 000=800 000	80×10 000=800 000
变动销售及管理费用	6×10 000=60 000	6×10 000=60 000	6×10 000=60 000
边际贡献	1 140 000	1 140 000	1 140 000
固定成本	150 000	150 000	150 000
固定制造费用	120 000	120 000	120 000
固定销售及管理费用	30 000	30 000	30 000
税前利润	990 000	990 000	990 000

在销售单价、单位变动成本和固定成本总额不变的前提下，两表对比可得出如下结论：

(1) 从表2-15可知，在变动成本法下，决定税前利润增减变动的主要因素是销售量，当期生产量的多寡和期末存货量的高低对税前利润毫无影响。按变动成本法计算出的利润表，每年的销售量都是10 000件，虽然每年的生产量和期末存货量高低不一样，但每年的税前利润都是990 000元。

(2) 由于每年的生产量不同，尽管每年的固定制造费用总额相同，但每年的单位固定制造费用不同。

当期初存货量=期末存货量，即当期销量=当期产量时，如第1年的期初与期末存货量都为0，两种方法计算出来的税前利润完全相同，都是990 000元。

当期初存货量<期末存货量时，如第2年的期初存货量为0，而期末存货量为2 000件。按完全成本法计算出的税前利润必然大于按变动成本法计算出的税前利润。前者的利润比后者的利润多20 000元（两者差额=（期末单位固定制造费用×期末存货量）−（期初单位固定制造费用×期初存货量）=（10×2 000）−（12×0）=20 000）。

当期初存货量>期末存货量时，如第3年的期初存货量为2 000件，而期末存货量为0。按完全成本法计算出的税前利润必然小于按变动成本法计算出的税前利润。前者的利润比后者的利润少20 000元（两者差额=（期初单位固定制造费用×期初存货量）−（期末单位固定制造费用×期末存货量）=（10×2 000）−（15×0）=20 000）。

由以上分析可以看出，变动成本法和完全成本法的利润差异主要源于完全成本法的期初存货和期末存货中固定制造费用的差异，即完全成本法下期末存货中吸收的固定制造费用减去期初存货中释放的固定制造费用就是完全成本法和变动成本法的利润差。由此可以将两种方法下的利润进行转换。公式如下：

利润差额 = 完全成本法下利润 − 变动成本法下利润

= 完全成本法下期末存货中的固定制造费用 − 完全成本法下期初存货中的固定制造费用

【练一练2-8】已知第1年某企业按变动成本法计算的营业利润为13 500元，假定第2年销量与第1年相同，产品单价及成本水平都不变，但产量有所提高，则该年按变动成本法计算的营业利润（　　）。

A. 必然大于13 500元　　B. 必然等于13 500元

C. 必然小于13 500元　　D. 可能等于13 500元

三、变动成本法的优缺点

（一）变动成本法的优点

1. 有利于明确企业产品盈利能力和划分成本责任

变动生产成本的高低最能反映生产部门和供应部门的工作实绩。例如，在直接材料、直接人工和变动制造费用方面如有节约或超支，会立即从产品的变动生产成本指标反映出来，这样可以通过事前制定标准成本和建立弹性预算进行日常控制。至于固定生产成本的高低，责任一般不在生产部门，通常应由管理部门负责，可以通过事前制定费用预算进行控制。这不仅有利于我们进行科学的事后成本分析以及采用正确的方法进行成本控制，还能对各责任部门的工作实绩做出实事求是的、恰当的评价与考核。

2. 有利于保持利润与销售量增减相一致，促进以销定产

采用变动成本法计算成本，由于产量高低、存货多少对利润的升降没有影响，在销售单价、单位变动成本以及销售品种结构不变的情况下，销量和利润保持同向变动，这就促使企业管理者根据销量进行生产，重视市场动态，分析消费者的心理变化，努力提高产品质量，生产适销对路的产品，改进销售渠道，促进销量不断上升。而不会出现在采用完全成本法“销售量下降，产量大幅上升所导致的利润不减反增”的极端不正常的现象。

3. 有利于企业经营预测和决策

变动成本法能够揭示成本、业务量和利润之间的内在变化规律，有助于企业合理规划目标成本、目标业务量、目标利润等指标，使当期利润真正反映企业经营状况，有利于企业管理者进行预测、决策、计划与控制。

（二）变动成本法的缺点

1. 计算的产品成本不是完全成本，不能反映产品生产过程中发生的全部耗费

按照传统的成本概念，产品成本是指在生产领域为生产产品而发生的全部生产成本，既包括变动生产成本，也包括固定生产成本。而变动成本法确定的产品成本显然不能满足这一要求。而且变动成本与固定成本的划分，在很大程度上也是假设和近似的结果，不是精确的计算。

2. 不能适应长期决策的需要

长期决策大多是资本性支出决策，它主要决策经营规模和生产能力，是为了适应今后若干年生产经营的长远需要。从长远看，固定成本不可能固定不变，单位变动成本也会随技术革新而下降，随市场价格上扬而上升，变动成本法不适应长期决策需要，只对短期决策有一定的作用。

【练一练2-9】变动成本法的优点是（　　）。

A. 便于分清部门的责任，实施成本控制　B. 简化产品成本计算

C. 易于为管理部门所理解和掌握　D. 符合传统成本概念

同步技能训练

一、单项选择题（每题只有一个正确答案，请将正确答案填在括号内）

1. 变动成本法的产品成本是指（　　）。

A. 固定生产成本　B. 变动生产成本

C. 固定非生产成本　D. 变动非生产成本

2. 完全成本法的期间成本是指（　　）。

A. 直接材料费　B. 直接人工费　C. 制造费用　D. 非生产成本

3.应用变动成本法的前提条件是（　　）。

A.全部成本划分为生产成本和非生产成本

B.全部成本划分为固定成本和变动成本

C.全部成本划分为销货成本和存货成本

D.全部成本划分为生产成本和混合成本

4.某产品本期按完全成本法计算的本期单位产品成本是16元，本期产量5 000件，销售量4 000件，固定生产成本20 000元，则按变动成本法计算的本期单位产品成本为（　　）元。

A.12　　B.20　　C.11　　D.21

5.某产品本期按变动成本法计算的销货成本是50 000元，期初无存货，本期产销量相等，本期发生的固定生产成本为15 000元，固定非生产成本为13 000元，则按完全成本法计算的本期销货成本为（　　）元。

A.35 000　　B.37 000　　C.78 000　　D.65 000

6.具体应用时，变动成本法利润表的中间指标是（　　）。

A.边际贡献　　B.营业毛利　　C.营业成本　　D.单位贡献毛益

7.分析两种成本计算法利润差额产生的根本原因，必须从分析（　　）入手。

A.销售收入　　B.非生产成本

C.固定制造费用　　D.变动制造费用

8.若完全成本法下期末存货吸收的固定生产成本大于期初存货释放的固定生产成本，则（　　）。

A.变动成本法计算的营业利润较多　　B.两种方法计算的营业利润相同

C.完全成本法计算的营业利润较多　　D.上述三项都有可能

9.本期产量1 000件，销售量800件，本期发生的固定生产成本5 000元，单位变动生产成本10元，则完全成本法下期末存货吸收的固定生产成本为（　　）元。

A.20 000　　B.5 000　　C.4 000　　D.1 000

10.如果某企业连续3年按变动成本法计算的营业利润分别为10 000元、12 000元和11 000元，则下列各项表述中正确的是（　　）。

A.第3年的销售量最少　　B.第2年的销售量最多

C.第1年的产量比第2年少　　D.第2年的产量比第3年多

11.如果某期按变动成本法计算的营业利润为5 000元，该期产量为2 000件，销售量为1 000件，期初存货为零，固定制造费用总额为2 000元，则按完全成本法计算的营业利润为（　　）元。

A.0　　B.1 000　　C.5 000　　D.6 000

12.如果完全成本法下的期末存货成本比期初存货成本多10 000元，而变动成本法下的期末存货成本比期初存货成本多4 000元，则可断定两种成本法的营业利润之差为（　　）元。

A.14 000　　B.10 000　　C.6 000　　D.4 000

13.下列各项不属于变动成本法优点的是（　　）。

A.防止企业盲目生产　B.便于分清各部门责任

C.适合外部信息使用者使用　D.有利于简化产品成本的计算工作

14.采用变动成本法计算产品成本时必须按成本性态分解为变动成本和固定成本的费用是（　　）。

A.制造费用　B.管理费用　C.销售费用　D.以上均包括

15.用变动成本法计算产品成本时，对固定制造费用的处理是（　　）。

A.不将其作为费用　B.将其作为期间费用，全额列入利润表

C.将其作为期间费用，部分列入利润表　D.在每单位产品间分摊

二、多项选择题（每题有两个或两个以上正确答案，请将正确答案填在括号内）

1.变动成本法下，期间成本包括（　　）。

A.管理费用　B.销售费用　C.制造费用　D.固定生产成本

2.变动成本法与完全成本法相比较，变动成本法的特点有（　　）。

A.须把成本分为固定成本和变动成本

B.产品成本只包括变动生产成本

C.期间成本包括固定生产成本和非生产成本

D.计算的销货成本较完全成本法低

3.判断完全成本法计算的营业利润大于变动成本法计算的营业利润的标志有（　　）。

A.期末存货中的固定生产成本大于期初存货中的固定生产成本

B.期末存货量不为零，而期初存货量为零

C.期末存货量为零，而期初存货量不为零

D.期末存货中的固定生产成本小于期初存货中的固定生产成本

4.按变动成本法编制的贡献式利润表与按完全成本法编制的职能式利润表包含的共同指标有（　　）。

A.营业收入　B.营业成本　C.边际贡献　D.营业利润

5.变动成本法的优点有（　　）。

A.有利于企业管理层预测前景、参与决策和规划未来

B.促使企业管理层重视市场销售

C.便于分清各部门责任

D.有利于简化产品成本的计算工作

6.如果两种方法营业利润差额不等于零，则完全成本法期末存货吸收的固定制造费用与期初存货释放的固定制造费用的数量关系可能有（　　）。

A.前者等于后者　B.前者大于后者　C.前者小于后者　D.两者不为零

7.变动成本法与完全成本法的区别表现在（　　）。

A.产品成本的构成内容不同　B.存货成本水平不同

C.利润确定程序不同　D.编制的利润表格式不同

8.变动成本法与完全成本法下，产品成本均包括（　　）。

A.直接成本　　B.直接人工　　C.直接材料　　D.变动制造费用

9.不会引起变动成本法和完全成本法确定的净利润产生差额的有（　　）。

A.非生产成本　　B.固定生产成本

C.销售收入　　D.变动生产成本

10.下列项目中对边际贡献产生影响的有（　　）。

A.销售收入　　B.变动生产成本

C.固定生产成本　　D.变动非生产成本

11.某企业按照完全成本法计算成本，无期初存货，有期末存货，如果该企业改用变动成本法，则下列各项表述正确的有（　　）。

A.期末存货成本较完全成本法低　　B.当期净收益较完全成本法低

C.期间费用较完全成本法低　　D.制造费用较完全成本法低

12.变动成本法的局限性主要有（　　）。

A.所确定的分期损益难以为管理部门所理解

B.产品成本不符合传统的成本概念的要求

C.不利于成本的控制和管理

D.所提供的成本数据较难适应长期决策的需要

13.完全成本法计入利润表的期间成本包括（　　）。

A.固定制造费用　　B.变动制造费用

C.固定销售和管理费用　　D.变动销售和管理费用

14.变动成本法下，产品成本项目包括（　　）。

A.原材料　　B.生产工人工资

C.按工作小时计提的专用设备折旧　　D.管理人员工资

15.在单位产品售价和成本水平不变的情况下，下列各项说法正确的有（　　）。

A.当会计期内产销量平衡时，按变动成本法和按完全成本法计算的税前利润相等

B.只要各期销售量相同，按变动成本法计算确定的各期税前利润就相等

C.当会计期内产量大于销量时，按变动成本法计算的税前利润小于按完全成本法计算的税前利润

D.在产量不变的情况下，按完全成本法计算的各期税前利润不变

三、判断题（正确的在括号内打“√”，错误的打“×”）

（　　）1.变动成本法与完全成本法在产品成本构成上主要区别是对固定生产成本的处理不同。

（　　）2.变动成本法计算利润的公式是：营业利润=销售收入–已销产品变动成本–固定成本。

（　　）3.两种成本法在编制利润表时所计算的期间成本是相同的。

（　　）4.只要有固定生产成本存在，按完全成本法计算的销货成本及存货成本就一定大于按变动成本法计算的销货成本及存货成本。

（　　）5.变动成本法提供的信息主要是为了满足对外报告的需要，而完全成本法

提供的信息主要是为了满足面向未来决策、强化企业内部管理的需要。

（ ）6.在完全成本法下，销售量和生产量对利润计算均有影响。而在变动成本法下，产量对利润计算无影响，只有销售量对利润计算有影响。

（ ）7.当期末存货量大于期初存货量时，完全成本法确定的营业利润一定大于变动成本法确定的营业利润。

（ ）8.在前后期单位固定生产成本不变时，如果本期销量大于产量，则变动成本法计算的营业利润一定大于完全成本法计算的营业利润。

（ ）9.若某期完全成本法下期末存货吸收的固定生产成本与期初存货释放的固定生产成本的水平相同，则两种成本法计算的当期营业利润必然相等。

（ ）10.按照变动成本法解释，固定制造费用与销售费用、管理费用和财务费用一样，其效益随时间的推移而逐渐丧失，不能递延到下期。

（ ）11.在变动成本法下，固定生产成本作为期间成本可能转化为存货成本或销货成本。

（ ）12.无论是变动成本法还是完全成本法，非生产成本都被作为期间成本处理，必须在发生的当期全额计入利润表，所不同的是计入利润表的位置或补偿的顺序有差别。

（ ）13.变动成本法既有利于短期决策，也有利于长期决策。

（ ）14.固定生产成本不是固定制造费用。

（ ）15.按变动成本法计算的单位产品成本就是单位变动生产成本。

四、计算题

1.某企业本期有关成本资料如下：单位直接材料成本为10元，单位直接人工成本为5元，单位变动制造费用为7元，固定制造费用总额为4 000元，单位变动销售及管理费用为4元，固定销售及管理费用为1 000元。期初存货量为0，本期产量为1 000件，销量为600件，单位售价为40元。

要求分别按两种成本法计算下列指标：

（1）单位产品成本；（2）期间成本；（3）销货成本；（4）营业利润。

2.某厂生产甲产品，产品单价为10元，单位产品变动生产成本为4元，固定制造费用总额为24 000元，固定销售及管理费用为6 000元，存货按先进先出法计价，最近3年的产销量资料见表2-17。

表2-17 甲产品产销量资料 单位：件

项目	第1年	第2年	第3年
期初存货量	0	0	2 000
本期生产量	6 000	8 000	4 000
本期销售量	6 000	6 000	6 000
期末存货量	0	2 000	0

要求：

（1）分别按两种方法计算单位产品成本、期末存货成本、期初存货成本；

（2）分别按两种方法编制各年利润表。

3. 捷达公司连续3年A产品的生产量均为10 000件，3年的销售量分别为8 000件、10 000件和9 000件，单位产品售价200元，有关成本资料如下：直接材料50元，直接人工20元，变动制造费用10元，固定制造费用100 000元，变动销售及管理费用8元，固定销售及管理费用30 000元。

要求：分别按两种方法计算各年营业利润，说明两种方法下营业利润差异产生的原因。

4. 海星化工厂是一家生产化学品的企业，企业的产品经理负责销售及生产的决策。以下是其中一种大量生产的化学品资料：

单位原材料成本及其他变动成本为60元，每月固定制造费用总额为900 000元，单位售价100元。

10月份报告的销售量比9月份多出14 000千克。因此，产品经理预计10月份的利润会比9月份多，他估计会增长560 000元。

但将9月份和10月份的财务结果互相比较，10月份的利润竟然由9月份的340 000元下降了100 000元，只有240 000元。

产品经理被这些差别困扰着，所以他找你帮忙。经过详细的研究后，你发现该公司采用完全成本计算系统：把固定制造费用根据生产数量每月按30 000千克分摊。所有分摊过低或过高的固定制造费用会在当月的利润表上调整。

9月份的期初存货量为10 000千克，生产量为34 000千克，而销售量为22 000千克，10月份的期末存货量为12 000千克。

要求：

（1）把该产品9月份及10月份的生产、销售及存货量列示出来。然后利用这些数字计算该产品9月份和10月份利润。

（2）解释100 000元的利润减少和经理预期560 000元的增加之间660 000元的差别。

任务四　标准成本法

一、标准成本法概述

（一）标准成本法的概念与目标

标准成本法是指企业以预先制定的标准成本为基础，通过比较标准成本与实际成本，计算和分析成本差异、揭示成本差异动因，进而实施成本控制、评价经营业绩的一种成本管理方法。

企业应用标准成本法的主要目标，是通过标准成本与实际成本的比较，揭示与分析标准成本与实际成本之间的差异，并按照例外管理的原则，对不利差异予以纠正，以提高工作效率，不断改善产品成本。

标准成本法一般适用于产品及其生产条件相对稳定，或生产流程与工艺标准化程度较高的企业。

（二）标准成本的概念及特点

标准成本是指在正常的生产技术水平和有效的经营管理条件下，企业经过努力应达到的产品成本水平。标准成本具有以下几个特点。

（1）科学性。它是通过实际调查、分析和技术测定，用科学方法制定的。

（2）正常性。标准成本是企业在正常的生产经营条件下按“平均消耗量”计算出来的。

（3）稳定性。只要制定的依据不变，一般不对标准成本进行修改和调整。

（4）尺度性和目标性。标准成本是控制和评价实际成本的尺度，也是企业职工努力争取的目标。

另外，标准成本与预算成本虽然都是预先确定的成本，但两者有着根本性的区别，是两个不同的概念。标准成本是单位产品成本，而预算成本是指总的产品成本。

（三）标准成本的种类

从理论上看，在制定标准成本时，根据所要求达到的效率不同，可以把标准成本分为理想标准成本和正常标准成本。

1.理想标准成本

理想标准成本是一种理论成本，它是指在现有条件下，生产技术和经营管理所能达到的最佳状态下的最优成本水平。这种标准成本是建立在生产过程中没有产生耽搁、停顿及浪费、机器没有故障、生产人员没有产生闲置的假设条件基础上的。理想标准成本是需要在生产经营过程中，企业所有员工发挥超常努力才有可能达到的标准。但在实际经营活动中，往往会发生意外事件，因此理想标准成本一般很难达到，因此，这种标准成本的应用可能会导致员工对达到理想标准丧失信心，难以实现预期效果。

2.正常标准成本

正常标准成本是指在正常情况下，企业经过努力可以达到的标准。这一标准的制定考虑了生产过程中不可避免的机器故障、工人停顿以及产品废品率等问题。正常标准成本具有客观性、现实性、激励性等特点，因此在实践中得到了广泛的应用。

【想一想2-7】标准成本控制系统的前提和关键是什么？

【练一练2-10】以资源无浪费、设备无故障、产出无废品、工时都有效的假设前提为依据而制定的标准成本是（　　）。

A.基本标准成本　　B.理想标准成本　　C.正常标准成本　　D.现行标准成本

二、标准成本的制定

产品标准成本通常由直接材料标准成本、直接人工标准成本和制造费用标准成本构成。每一成本项目的标准成本应分为用量标准（包括单位产品消耗量、单位产品人工小时等）和价格标准（包括原材料单价、小时工资率、小时制造费用分配率等）。之所以分为两部分是因为它们性质不同并由不同管理人员负责。

用量标准是结合历史数据、工艺标准及生产操作人员意见所得出的。但需要注意生产操作人员在制定标准的过程中担任的角色，这是由于技术总是不停地更新换代，历史数据可能无法准确反映现时的投入产出关系；而工艺标准往往过于严格，生产操作人员可能无法达到，只能作为参考。

价格标准主要由生产、采购、人力资源及财务部门共同制定。生产部门确定投入原材料的质量；采购部门负责以最低的价格购进符合质量要求的材料；人力资源部门主要考虑员工薪酬及聘用人员的资格等因素；财务部门负责对形成标准价格的各因素进行系统整理、记录和编制报告，计算实际成本与标准成本的差异，并对差异进行分析。

产品成本包括三个项目，直接材料、直接人工、制造费用。每一个项目的标准成本的确定都需要先分别确定其用量标准和价格标准，用量标准和价格标准的乘积就是每个项目的标准成本，再将各项目标准成本汇总就得到单位产品的标准成本。其计算公式为：

$$\begin{aligned}\text{单位产品的标准成本} &= \text{直接材料标准成本} + \text{直接人工标准成本} + \text{制造费用标准成本} \\ &= \sum(\text{用量标准} \times \text{价格标准})\end{aligned}$$

（一）直接材料标准成本

直接材料标准成本是指直接用于产品生产的材料成本标准，包括标准用量和标准单价两方面。

1. 直接材料的标准用量

直接材料的标准用量是指在现有生产技术条件下，生产单位产品所需要的材料数量，其中应当包括废品损失的消耗数量，一般由生产部门负责，会同技术、财务、信息等部门，对产品所需的各种材料的种类、质量以及库存情况，结合过去用料经验，科学地制定，定额制度健全的企业，也可以根据材料消耗定额来制定。

2. 直接材料的标准单价

直接材料的标准单价是指预计购买单位材料应当支付的价格，一般包括买价、运杂费、保险费和检验费等成本费用，一般由采购部门负责，会同财务、生产、信息等部门，在考虑市场环境及其变化趋势、订货价格以及最佳采购批量等因素的基础上综合确定。

直接材料标准成本的计算公式为：

$$\text{直接材料标准成本} = \sum(\text{单位产品材料标准用量} \times \text{材料标准单价})$$

材料按计划成本核算的企业，材料的标准单价可以采用材料计划单价。

【例 2-17】2022 年光益有限公司有关甲产品直接材料的资料见表 2-18。

表2-18　　甲产品直接材料的有关资料

项目	A材料	B材料
单位产品耗用量标准（千克）		
主要材料耗用量（千克）	9.0	12.0
辅助材料耗用量（千克）	2.0	1.6
必要损耗量（千克）	1.0	0.4
价格标准（元/千克）		
预计发票价格（元/千克）	6.0	8.0
运载检验费（元/千克）	0.8	0.4
正常损耗（元/千克）	0.2	0.6

要求：确定甲产品直接材料的标准成本。

解：根据资料，计算如下：

单位产品A材料标准用量 = 9 + 2 + 1 = 12（千克）

单位产品B材料标准用量 = 12 + 1.6 + 0.4 = 14（千克）

A材料标准价格 = 6 + 0.8 + 0.2 = 7（元/千克）

B材料标准价格 = 8 + 0.4 + 0.6 = 9（元/千克）

单位产品A材料标准成本 = 12 × 7 = 84（元）

单位产品B材料标准成本 = 14 × 9 = 126（元）

单位甲产品直接材料标准成本 = 84 + 126 = 210（元）

（二）直接人工标准成本

直接人工标准成本是指直接用于产品生产的人工成本标准，包括标准工时和标准工资率。

1. 直接人工标准工时

直接人工的标准工时，一般由生产部门负责，会同技术、财务、信息等部门，在对产品生产所需作业、工序、流程、工时进行技术测定的基础上，考虑正常的工作间隙，并适当考虑生产条件的变化，生产工序、操作技术的改善，以及相关工作人员主观能动性的充分发挥等因素合理确定。

2. 直接人工标准工资率

直接人工的标准工资率，一般由人力资源部门负责，根据企业薪酬制度等制定。如果采用计件工资制，标准工资率就是生产单位产品所支付的生产工人工资，即计件工资单价。如果采用计时工资制，标准工资率就是生产工人每一工作小时所应分配的工资总额，即小时标准工资率。其计算公式为：

小时标准工资率 = 预计支付直接人工工资总额 ÷ 标准总工时

直接人工标准成本的计算公式为：

直接人工标准成本 = 单位产品的标准工时 × 小时标准工资率

【例2-18】2022年光益有限公司有关甲产品直接人工的资料见表2-19。

表2-19　　甲产品直接人工的有关资料

项目	第一道工序	第二道工序
单位产品工时标准（小时）		
直接加工工时（小时）	2.5	1.6
工间休息时间（小时）	0.4	0.2
设备调整时间（小时）	0.1	0.2
小时工资率（元）		
月工资总额（元）	18 000	26 784
生产工人人数（人）	20	30
每人月工时数（24天×8小时/天）	192	192
月出勤率	93.75%	96.88%

要求：计算甲产品直接人工的标准成本。

解：每道工序的标准成本计算如下。

第一道工序单位产品标准工时=2.5+0.4+0.1=3（小时）

第二道工序单位产品标准工时=1.6+0.2+0.2=2（小时）

第一道工序可用工时总量=192×93.75%×20=3 600（小时）

第二道工序可用工时总量=192×96.88%×30=5 580（小时）

第一道工序小时标准工资率=18 000÷3 600=5（元）

第二道工序小时标准工资率=26 784÷5 580=4.8（元）

第一道工序人工标准成本=3×5=15（元）

第二道工序人工标准成本=2×4.8=9.6（元）

单位甲产品直接人工的标准成本=15+9.6=24.6（元）

【练一练2-11】下列各项中，属于直接人工标准工时组成内容的是（　　）。

A. 由于设备意外故障产生的停工工时

B. 由于更换产品产生的设备调整工时

C. 由于生产作业计划安排不当产生的停工工时

D. 由于外部供电系统故障产生的停工工时

（三）制造费用标准成本

制造费用的标准成本是按部门分别编制的，然后将同一产品涉及的各部门单位制造费用标准加以汇总，得出整个产品制造费用标准成本。因为制造费用分为变动制造费用和固定制造费用，所以各部门的制造费用标准成本应区分变动制造费用项目和固定制造费用项目分别确定。

1. 变动制造费用标准成本

变动制造费用项目的标准成本根据其标准用量和标准价格确定。

变动制造费用的标准用量可以是单位产量的燃料、动力、辅助材料等标准用量，也可以是单位产品的直接人工标准工时，或者是单位产品的标准机器工时。标准用量的选择需考虑用量与成本的相关性，制定方法与直接材料的标准用量以及直接人工的标准工时类似。

变动制造费用的标准价格可以是燃料、动力、辅助材料等标准价格，也可以是小时标准工资率等。制定方法与直接材料的价格标准以及直接人工的标准工资率类似。有关计算公式如下：

变动制造费用标准分配率=变动制造费用预算总额÷直接人工标准总工时

变动制造费用标准成本=变动制造费用的标准用量×变动制造费用的标准价格

【例2-19】2022年光益有限公司有关甲产品变动制造费用的资料见表2-20。

表2-20 甲产品变动制造费用的有关资料 金额单位：元

车间项目	第一车间	第二车间
单位产品工时标准（小时）	2	1
生产量标准（小时）	5 000	8 000
变动制造费用预算：		
运输	1 000	2 100
电力	400	2 400
消耗材料	4 000	1 800
间接人工	2 000	3 900
燃料	400	1 400
其他	200	400
合计	8 000	12 000

要求：计算甲产品变动制造费用的标准成本。

解：甲产品变动制造费用的标准成本计算见表2-21。

表2-21 甲产品变动制造费用标准成本计算表 金额单位：元

项目	第一车间	第二车间
单位产品工时标准（小时）	2	1
生产量标准（小时）	5 000	8 000
变动制造费用预算：		
运输	1 000	2 100
电力	400	2 400
消耗材料	4 000	1 800
间接人工	2 000	3 900
燃料	400	1 400
其他	200	400
合计	8 000	12 000
变动制造费用标准分配率	8 000÷5 000=1.6	12 000÷8 000=1.5
变动制造费用标准成本	2×1.6=3.2	1×1.5=1.5
变动制造费用标准成本合计	3.2+1.5=4.7	

2.固定制造费用标准成本

固定制造费用一般按照费用的构成项目实行总量控制；也可以根据需要，通过计算标准分配率，将固定制造费用分配至单位产品，形成固定制造费用的标准成本。

固定制造费用标准成本，一般由财务部门负责，会同采购、生产、技术、营销、人事、信息等有关部门，按照以下程序制定：

（1）依据固定制造费用的不同构成项目的特性，充分考虑产品的现有生产能力、管理部门的决策以及费用预算等，测算确定各固定制造费用构成项目的标准成本。

（2）通过汇总各固定制造费用项目的标准成本，得到固定制造费用的标准总成本。

（3）确定固定制造费用的标准分配率，标准分配率可根据产品的单位工时与预算总工时的比率确定。其中，预算总工时，是指由预算产量和单位工时标准确定的总工时。单位工时标准可以依据相关性原则在直接人工工时或者机器工时之间做出选择。固定制造费用标准成本由固定制造费用项目预算确定。

固定制造费用标准成本的计算顺序及公式如下：

$$\text{固定制造费用总成本}=\sum\text{固定制造费用项目标准成本}$$

$$\text{固定制造费用标准分配率}=\text{单位产品的标准工时}\div\text{预算总工时}$$

$$\text{固定制造费用标准成本}=\text{固定制造费用总成本}\times\text{固定制造费用标准分配率}$$

应该注意的是：如果企业采用变动成本法，固定制造费用不计入产品成本，因此单位产品的标准成本中不包括固定制造费用的标准成本。在此种情况下，不需要制定固定制造费用的标准成本，固定制造费用的控制则通过预算管理来进行。如果采用完全成本法，固定制造费用要计入产品成本，需要确定其标准成本。

【例 2-20】2022年光益有限公司有关甲产品固定制造费用的资料见表2-22。

表2-22 甲产品固定制造费用有关资料 金额单位：元

项目	第一车间	第二车间
固定制造费用：		
折旧费	400	2 000
管理人员工资	1 500	2 300
间接人工	500	700
保险费	300	600
其他	300	400
合计	3 000	6 000
生产量标准（人工工时）	5 000	10 000
直接人工用量标准（人工工时）	2	1

要求：计算甲产品固定制造费用的标准成本。

解：甲产品固定制造费用的标准成本计算见表2-23。

表2-23 甲产品固定制造费用标准成本计算表 金额单位：元

项目	第一车间	第二车间
固定制造费用：		
折旧费	400	2 000
管理人员工资	1 500	2 300
间接人工	500	700
保险费	300	600
其他	300	400
合计	3 000	6 000
生产量标准（人工工时）	5 000	10 000
直接人工用量标准（人工工时）	2	1
固定制造费用标准分配率	0.0004	0.0001
固定制造费用标准成本	1.2	0.6
单位产品标准固定制造费用	1.2+0.6=1.8	

【练一练2-12】在变动成本法下，单位产品的标准成本不包括（　　）标准成本。

A. 直接材料　　B. 直接人工

C. 变动制造费用　　D. 固定制造费用

三、成本差异的计算与分析

（一）成本差异的概念

成本差异是指实际成本与相应标准成本之间的差额。当实际成本高于标准成本时，形成超支差异；当实际成本低于标准成本时，形成节约差异。成本差异的计算与分析一般按成本或费用项目进行。成本差异包括直接材料成本差异、直接人工成本差异和制造费用差异三个部分。制造费用差异又可分为变动制造费用差异和固定制造费用差异两部分。对于直接材料、直接人工和变动制造费用而言，成本差异应分为价格差异和数量差异两部分。

（二）直接材料成本差异的计算与分析

1. 直接材料成本差异的计算

直接材料成本差异是指直接材料实际成本与标准成本之间的差额，该项差异可分解为直接材料价格差异和直接材料数量差异。公式如下：

直接材料成本差异 = 实际成本 − 标准成本

= 实际耗用量 × 实际单价 − 标准耗用量 × 标准单价

直接材料成本差异=直接材料数量差异+直接材料价格差异

（1）直接材料数量差异

直接材料数量差异是指在产品生产过程中，直接材料实际消耗量偏离标准消耗量所形成的差异。计算公式为：

直接材料数量差异=（实际耗用量−标准耗用量）×标准单价

（2）直接材料价格差异

直接材料价格差异是指在采购过程中，直接材料实际价格偏离标准价格所形成的差异。计算公式为：

直接材料价格差异=实际耗用量×（实际单价−标准单价）

2. 直接材料成本差异分析

微课2-4

直接材料成本差异的计算与分析

（1）直接材料数量差异分析

直接材料数量差异是在材料耗用过程中形成的，反映生产部门的成本控制业绩。其原因主要有：材料质量差，不符合标准，废料过多；产品设计变更，用料标准未能及时调整；生产工艺变化，用料标准未能及时调整；生产工人操作疏忽或生产技能低，产生废料或用料超过标准量；新产品投产，生产工人技术不熟练；生产工人用料不认真，造成废品废料；机器设备效率增进或减退，使用材料数量减少或增加；生产工人技术提高或责任心加强而使材料用量减少。

直接材料数量差异的责任，在一般情况下应由生产部门承担，但有时则要其他部门承担。例如，因材料质量低劣而增加了废品，或因材料规格不符合要求而大材小用等原因引起的过量用料，则应由采购部门负责。

（2）直接材料价格差异分析

直接材料价格差异是在采购过程中形成的。造成材料价格差异的原因主要有：材料市场价格变动；材料采购计划编制有偏差，未能满足生产经营所需而采取临时紧急进货措施，使买价和运输费上升；未按经济订货批量进料；远途采购增加材料运费和途中损耗；运输安排不妥，不必要地使用快速运输（如空运）增加了运输费；折扣期内延期付款，丧失优惠；向有优惠条件以外的供货人购货，未获优待；购进不能充分保证质量或不十分适用的低价材料；在保证质量和适用性的前提下，购入低价材料。

直接材料价格差异的责任，在一般情况下应由采购部门承担，不应由耗用材料的生产部门来负责。因为影响材料价格的各种因素，如果采购部门能够按照制定标准时的预期水准加以控制，一般就不会出现价格差异。当然也有一些因素是采购部门难以控制的，应由采购部门对其做出说明。例如，国家对原材料价格的调整，或者市场供求变化引起的价格变动，就超出了采购部门的控制范围；又如由于生产上的临时需要，致使采购部门不得不由原来的水路运输改为公路运输，甚至改为空运等，显然由此而发生的材料价格差异是不应由采购部门负责的。

【例2−21】光益有限公司2022年3月生产A产品200件，需用甲材料，其标准价格为5元/千克，标准用量为7千克，本月实际耗用甲材料1 500千克，甲材料的实际价格为5.2元/千克。

要求：计算直接材料成本差异。

解：直接材料成本差异计算如下：

直接材料数量差异=5×（1 500−200×7）=500（元）

直接材料价格差异=1 500×（5.2−5）=300（元）

直接材料成本差异=300+500=800（元）

直接材料数量差异、价格差异和直接材料成本差异都是不利差异。

计算出直接材料的各种成本差异之后，还必须结合光益有限公司的实际情况逐项分析形成这些差异的具体原因。

【练一练2−13】在标准成本差异分析中，材料价格差异是根据实际数量与价格脱离标准的差额计算的，其中实际数量是指材料的（　　）。

A.采购数量　　B.入库数量　　C.领用数量　　D.耗用数量

（三）直接人工成本差异计算及分析

1.直接人工成本差异计算

直接人工成本差异是指直接人工实际成本与标准成本之间的差额，该差异可分解为工资率差异和人工效率差异。其计算公式为：

直接人工成本差异 = 实际成本 − 标准成本

= 实际工时 × 实际工资率 − 标准工时 × 标准工资率

直接人工成本差异=直接人工效率差异+直接人工工资率差异

（1）直接人工效率差异

人工效率差异是指实际工时偏离标准工时形成的差异，按标准工资率计算确定。其计算公式为：

直接人工效率差异=（实际工时−标准工时）×标准工资率

（2）直接人工工资率差异

工资率差异是指实际工资率偏离标准工资率形成的差异，按实际工时计算确定。其计算公式为：

直接人工工资率差异=实际工时×（实际工资率−标准工资率）

2.直接人工成本差异分析

（1）直接人工效率差异分析

直接人工效率差异的形成原因，包括工作环境不良、工人经验不足等。通常，造成效率差异的原因主要有：工人生产技术不熟练，未能完成工时标准；工人调动频繁，难以适应和熟悉工作，工时消耗过度；材料供应不及时，造成停工待料，浪费工时；燃料、动力供应中断，停工待产，浪费工时；设备发生故障，停产待修，浪费工时；生产工艺变更，未能及时修订标准；生产计划安排不当造成“窝工”；材料质量低劣，延长加工时间；产品批量少，批次多，工作准备时间长；工作安排得当，工人生产技术提高或生产积极性提高，提前完成预定任务，减少工时。

直接人工效率差异的责任，一般应该由生产部门承担，但这也不是绝对的。例如材料质量不好，也会影响生产的效率。因工人技术不熟练、不熟悉工作环境、生产计划安排不当，以及工作准备时间过长等因素造成的差异，都应由生产部门负责。但因材料、动力供应不及时，或由于生产工艺过程的改变需要延长加工时间等因素造成的差异，则应由采购部门、动力部门以及相应的有关部门负责。

(2) 直接人工工资率差异分析

直接人工工资率差异形成的具体原因有很多，包括直接生产工人的使用、工资率的调整等，原因复杂而且难以控制。通常，工资率差异产生的原因主要有：工人调度不当，由高工资工人做低工资工人的工作或者相反；工资变动，原标准未及时修订；工资计算方法变更，如由计时制改为计件制，计时工资增加或减少，调整加班工资等；季节性或紧急生产增发工资；国家统一调整工资；出勤率发生变化。

工资率差异的责任一般来说，应该归属于企业劳动人事部门管理，因差异的具体原因不同，还会涉及生产部门或其他部门。许多企业的工资大都是按照劳动合同规定的工资标准支付的，因而除修订劳动合同之外，一般不会出现工资率的差异。但实际上在具体安排的时候，往往会出现用人不当的现象。例如，在不需要技术高的工作岗位上安排了技术高的工人，对于未经过培训的工人及技术不熟练的工人，实行计件工资等，都会造成工资率的差异。由此而产生的责任，应由安排工人工作的劳动人事部门或者生产部门承担。

【例 2-22】光益有限公司2022年3月生产A产品200件，产品需要甲、乙两个工种加工，标准工资率分别为1元/小时、3元/小时，标准工时分别为2.55小时/件、4.6小时/件，实际工时分别为620工时、850工时。甲工种实际工资率为1.8元/工时，乙工种实际工资率为3.3元/工时。

要求：计算直接人工成本差异。

解：直接人工成本差异按甲、乙两个工种计算如下：

甲工种直接人工效率差异=1×（620−200×2.55）=110（元）

甲工种直接人工工资率差异=620×（1.8−1）=496（元）

甲工种直接人工成本差异=110+496=606（元）

甲工种直接人工的效率差异和工资率差异均为不利差异，甲工种的直接人工成本差异为不利差异。

乙工种直接人工效率差异=3×（850−200×4.6）=−210（元）

乙工种直接人工工资率差异=850×（3.3−3）=255（元）

乙工种直接人工成本差异=−210+255=45（元）

乙工种的效率差异为有利差异，工资率差异为不利差异，乙工种的直接人工成本差异为不利差异。

直接人工成本差异=606+45=651（元）

计算出直接人工成本各项差异后，还必须结合光益有限公司的实际情况，逐项分析形成这些差异的具体原因。

【想一想 2-8】直接人工效率差异产生的原因是什么？

（四）变动制造费用差异计算及分析

变动制造费用项目成本差异的计算和分析原理与直接材料和直接人工成本差异的计算和分析相同。

1. 变动制造费用差异计算

变动制造费用差异是指变动制造费用项目的实际发生额与变动制造费用项目的标

准成本之间的差额，该差异可分解为变动制造费用效率差异和耗费差异。其计算公式为：

变动制造费用差异 = 实际成本 − 标准成本

= 实际工时 × 实际分配率 − 标准工时 × 标准分配率

变动制造费用差异=变动制造费用效率差异+变动制造费用耗费差异

（1）变动制造费用效率差异

变动制造费用效率差异是指变动制造费用项目的实际耗用工时偏离标准工时的差异。其计算公式为：

变动制造费用效率差异=标准分配率×（实际工时−标准工时）

（2）变动制造费用耗费差异

变动制造费用耗费差异是指变动制造费用项目的实际分配率偏离标准分配率的差异。其计算公式为：

变动制造费用耗费差异=实际工时×（实际分配率−标准分配率）

2. 变动制造费用差异分析

（1）变动制造费用效率差异分析

变动制造费用效率差异是由于实际工时偏离了标准工时，多用工时或者少用工时所导致的变动制造费用的差异。其原因和责任的归属与直接人工效率差异相同。

（2）变动制造费用耗费差异分析

变动制造费用耗费差异是实际发生的变动制造费用与按实际工时和变动制造费用标准分配率计算的标准成本之间的差额。通常，造成变动制造费用耗费差异的原因主要有：预算估计错误，实际发生的费用数额超过或者低于预算数额；间接材料价格变化；间接人工工资调整；间接材料质量低劣，耗用量加大，费用增多；间接人工过多；其他各项费用控制不当。

变动制造费用耗费差异的责任，应视不同的情况确定其责任归属对象。例如，因预算额估算错误、间接材料质量低劣而耗费大、间接人工费用高、其他费用控制不力等因素造成的差异，其责任应分别由财务部门、采购部门、生产部门等部门来负担；另外对于一些不可控因素造成的差异，如间接材料价格变化、间接人工工资的国家统一性调整等，其责任则不应由哪一个部门负担。

【例2-23】光益有限公司2022年只生产一种产品，全年变动制造费用的预算和实际执行情况见表2-24。

表2-24 光益有限公司变动制造费用有关资料

项目		预算数	实际数
标准	单位产品工时（小时）	2.5	
	间接材料（元）	0.7	
	间接人工（元）	0.1	

续表

项目		预算数	实际数
实际数	实际产量（件）		5 000
	实际总工时（小时）		13 000
	间接材料耗费总额（元）		6 500
	间接人工耗费总额（元）		7 800

要求：计算变动制造费用的成本差异。

解：根据资料，计算如下：

变动制造费用实际分配率 =（6 500+7 800）÷13 000=1.1（元/小时）

变动制造费用标准分配率 =0.7+0.1=0.8（元/小时）

变动制造费用效率差异 =0.8×（13 000−2.5×5 000）=400（元）

变动制造费用耗费差异 =13 000×（1.1−0.8）=3 900（元）

变动制造费用总差异 =400+3 900=4 300（元）

由上面的计算可以看出，该公司变动制造费用的效率差异、耗费差异和总差异都是不利差异。

计算出变动制造费用的各种成本差异之后，还必须结合光益有限公司的实际情况，逐项分析形成这些差异的具体原因。

【想一想 2-9】在各类成本差异中，变动制造费用价格差异与哪些差异相类似？

（五）固定制造费用差异计算与分析

1. 固定制造费用差异计算

固定制造费用差异是指固定制造费用实际成本与标准成本之间的差额。其计算公式为：

固定制造费用差异 = 实际成本 − 标准成本

【例 2-24】光益有限公司 2022 年 3 月实际生产甲产品 300 件，实际固定制造费用为 9 000 元，实际耗用总工时 12 000 小时，单位产品标准固定制造费用为 0.70 元。

要求：计算甲产品的固定制造费用差异。

解：根据资料，计算如下：

固定制造费用差异 =9 000−0.70×12 000=600（元）

微课 2-5

固定制造费用差异的计算与分析

2. 固定制造费用差异分析

在计算出全部固定制造费用差异的基础上，企业应根据固定制造费用项目的性质，分析差异的形成原因，并将之追溯至相关责任中心。

【练一练 2-14】变动制造费用的差异分为（　　）。

A. 耗费差异　　B. 生产能力利用差异

C. 效率差异　　D. 预算差异

四、标准成本法的优缺点

标准成本法的主要优点是：一是能及时反馈各成本项目不同性质的差异，有利于考核相关部门及人员的业绩；二是标准成本的制定及其差异和动因的信息可以使企业预算的编制更为科学和可行，有助于企业的经营决策。

标准成本法的主要缺点是：一是要求企业产品的成本标准比较准确、稳定，在使用条件上存在一定的局限性；二是对标准管理水平较高，系统维护成本较高；三是标准成本需要根据市场价格波动频繁更新，导致成本差异可能缺乏可靠性，降低成本控制效果。

同步技能训练

一、单项选择题（每题只有一个正确答案，请将正确答案填在括号内）

1. 下列各项中，经常在制定标准成本时被采用的是（　　）。

A. 理想标准成本　B. 稳定标准成本　C. 现实标准成本　D. 正常标准成本

2. 变动制造费用的实际工时偏离标准工时所导致的变动制造费用的差异称为（　　）。

A. 效率差异　B. 耗费差异　C. 闲置差异　D. 能量差异

3. 在日常实施成本全面控制的同时，应有选择地分配人力、物力和财力，抓住那些重要的、不正常的、不符合常规的关键性成本差异作为控制重点，该项成本控制原则是（　　）。

A. 全面控制原则　B. 责权利相结合原则
C. 讲求效益原则　D. 例外管理原则

4. 下列各项属于标准成本控制系统前提和关键的是（　　）。

A. 标准成本的制定　B. 成本差异的计算
C. 成本差异的分析　D. 成本差异的账务处理

5. 根据一般应该发生的生产要素消耗量、预计价格和预计生产能力制定出来的标准成本是（　　）。

A. 理想标准成本　B. 稳定标准成本
C. 现实标准成本　D. 正常标准成本

6. 与预算成本不同，标准成本是一种（　　）。

A. 总额的概念　B. 单位成本的概念
C. 历史成本　D. 实际成本

7. 无论是哪个成本项目，在制定标准成本时，都需要分别确定两个标准，两者相乘即为每一成本项目的标准成本，这两个标准是（　　）。

A. 价格标准和用量标准　B. 价格标准和质量标准
C. 历史标准和用量标准　D. 历史标准和质量标准

8. 成本差异按其性质的不同可划分为（　　）。

A. 数量差异和价格差异　　B. 纯差异和混合差异
C. 有利差异和不利差异　　D. 可控差异和不可控差异

9. 由于特定成本项目的实际用量消耗与标准用量消耗不一致而导致的成本差异称为（　　）。

A. 价格差异　　B. 价格差　　C. 数量差异　　D. 用量差

10. 在标准成本控制系统中，成本差异是指在一定时期内生产一定数量的产品所发生的（　　）。

A. 实际成本与标准成本之差　　B. 实际成本与计划成本之差
C. 预算成本与标准成本之差　　D. 预算成本与实际成本之差

11. 标准成本法下，采用直接处理法进行成本差异的期末结转时，本月发生的各成本差异，应转入（　　）。

A. “生产成本”科目　　B. “产成品”科目
C. “主营业务成本”科目　　D. “管理费用”科目

12. 某企业甲产品消耗直接材料，其中A材料价格标准为3元/千克，数量标准为5元/件；B材料价格标准为4元/千克，数量标准为10元/件，则甲产品消耗直接材料的标准成本为（　　）元。

A.15　　B.40　　C.55　　D.65

13. 下列各项无法从生产过程中找到原因的是（　　）。

A. 变动制造费用耗费差异　　B. 直接材料价格差异
C. 变动制造费用效率差异　　D. 直接人工耗费差异

14. 变动制造费用的效率差异一般应由（　　）负责。

A. 质量控制部门　　B. 相关管理部门　　C. 生产部门　　D. 销售部门

15. 材料价格差异一般由（　　）负责。

A. 生产部门　　B. 采购部门　　C. 财务部门　　D. 工程技术部门

二、多项选择题（每题有两个或两个以上正确答案，请将正确答案填在括号内）

1. 下列各项中，能够造成变动制造费用差异的有（　　）。

A. 间接人工人数增加　　B. 直接人工工资调整
C. 间接材料价格变化　　D. 间接人工工资调整

2. 在进行标准成本分析时，形成直接材料数量差异的有（　　）。

A. 操作不当导致废品增加　　B. 机器与工具不适用
C. 工艺改进节省材料　　D. 价格上升导致用量减少

3. 下列各项中，属于标准成本控制系统构成内容的有（　　）。

A. 标准成本的制定　　B. 成本差异的计算与分析
C. 成本差异的账务处理　　D. 成本预算的编制

4. 人工工时耗用量标准即直接生产工人生产单位产品所需要的标准工时，主要内容有（　　）。

A. 对产品的直接加工工时　　B. 必要的间歇和停工工时
C. 不可避免的废品耗用工时　　D. 生产中的材料必要消耗

5.按成本差异形成过程进行分类，成本差异可分为（ ）。

A.价格差异 B.用量差异 C.混合差异 D.可控差异

6.直接人工成本差异可以分解为（ ）。

A.直接人工效率差异 B.产量差异

C.直接人工工资率差异 D.生产能力利用差异

7.成本控制的程序是指实施成本控制需要依次经过的步骤，通常包括（ ）。

A.确定成本控制的目标或标准 B.分解落实控制的目标

C.计算并分析成本差异 D.进行成本差异的账务处理

8.下列各项属于价格差异的有（ ）。

A.人工效率差异 B.直接人工工资率差异

C.变动制造费用耗费差异 D.固定制造费用成本差异

9.下列各项中，能够导致出现材料价格差异的有（ ）。

A.材料质量差，废料过多 B.材料采购计划编制不准确

C.材料调拨价格或市场价格的变动 D.因临时紧急进货，使买价和运输费上升

10.下列各项成本差异中，通常不属于生产部门责任的有（ ）。

A.直接材料价格差异 B.直接人工工资率差异

C.直接人工效率差异 D.直接材料用量差异

11.变动制造费用差异由（ ）组成。

A.变动制造费用能力差异 B.变动制造费用开支差异

C.变动制造费用效率差异 D.变动制造费用人工差异

12.固定制造费用标准成本，一般由财务部门负责，会同（ ）等有关部门制定。

A.采购 B.生产 C.技术 D.营销

13.产品标准成本主要分（ ）产品成本项目制定。

A.直接材料成本 B.直接人工成本 C.制造费用 D.单位变动成本

14.标准成本法一般适用于（ ）的企业。

A.产品及其生产条件相对稳定 B.生产流程与工艺标准化程度较高

C.企业规模较大 D.产品种类较多

15.下列各项说法正确的有（ ）。

A.实际成本小于标准成本称为有利差异 B.实际成本大于标准成本称为有利差异

C.实际成本小于标准成本称为不利差异 D.实际成本大于标准成本称为不利差异

三、判断题（正确的在括号内打“√”，错误的打“×”）

（ ）1.无论哪种变动成本项目的实际价格上升，都会引起变动成本差异的不利变动。

（ ）2.标准成本和估计成本同属于预计成本，但后者不具有衡量工作效率的尺度性，不便于成本控制。

（ ）3.单位产品任何一项成本的标准成本都应等于该项目的价格标准与标准用量的乘积。

（　　）4.由于实际工时脱离标准工时而形成的成本差异是固定制造费用耗费差异。

（　　）5.理想标准成本是以现有生产经营条件处于最佳状态为基础确定的最低水平的成本，在实际工作中被广为采用。

（　　）6.在标准成本控制系统中，计算价格差异的用量基础是实际产量下的标准耗用量。

（　　）7.变动制造费用差异由耗费差异和效率差异组成。

（　　）8.在材料成本差异分析中，价格差异总金额是根据单价偏差乘以“实际”用量计算的，而用量差异总金额却是根据单耗偏差乘以“标准”价格计算的。

（　　）9.当直接人工效率差异表现为正数时，表示的是由于标准工资率上升引起的超支差异。

（　　）10.当直接材料价格差异表现为正数时，表示的是由于实际价格上升引起的超支差异。

（　　）11.产品标准成本的制定主要是产品的直接材料成本、直接人工成本和固定制造费用3个成本的制定。

（　　）12.变动制造费用的耗费差异，是实际变动制造费用与实际工时和变动费用标准分配率之积的差额。

（　　）13.固定制造费用的成本差异形成的原因是实际工时未达到标准工时。

（　　）14.在成本差异分析中，数量差异的大小是由用量脱离标准的程度以及实际价格高低决定的。

（　　）15.变动制造费用效率差异表现为正数时，表示的是由于标准分配率上升引起的超支差异。

四、计算题

1.某企业生产A产品，耗用甲、乙两种材料。其中甲材料标准价格为每千克20元，乙材料标准价格为每千克32元。单位产品耗用甲材料标准为5千克，乙材料为9千克。产品单位标准工时为13小时，直接人工标准工资率为7.5元。固定制造费用预算数为61 000元；变动制造费用预算数为38 000元。标准总工时为10 000小时。

要求：计算A产品的标准成本。

2.某企业生产甲产品，其标准成本资料见表2-25。

表2-25　甲产品标准成本卡

项　目	价格标准	数量标准	金额（元/件）
直接材料	9元/千克	50千克/件	450
直接人工	4元/小时	45小时/件	180
变动制造费用	3元/小时	45小时/件	135
固定制造费用	2元/小时	45小时/件	90
合 计			855

甲产品正常生产能力为1 000小时。本月实际生产量为20件，实际耗用材料900千克，实际人工工时为950小时，实际成本分别为：直接材料9 000元、直接人工3 325元、变动制造费用2 375元。

要求：分别计算各成本项目的成本差异和总差异。

3. 某企业生产甲产品，其标准成本的相关资料如下：单件产品耗用A材料10千克，每千克标准价格为3元；耗用B材料8千克，每千克标准价格为5元；单位产品的标准工时为3小时，标准工资率为12元。本期实际产量为1 300件，发生实际工时4 100小时，直接人工总差异为3 220元，属于超支差异。

要求：

（1）计算甲产品的单位标准成本；

（2）计算实际发生的直接人工；

（3）计算直接人工的效率差异和工资率差异。

4. 某企业生产一种产品，相关成本资料见表2-26和表2-27。

表2-26　直接材料相关资料表　金额单位：元

材料品名	标准成本			实际成本			差异
	耗用量（千克）	单价	金额	耗用量（千克）	单价	金额	
甲	1 000	10	10 000	1 200	11	13 200	+3 200
乙	2 000	6	12 000	2 100	5	10 500	−1 500
合计			22 000			23 700	+1 700

表2-27　制造费用相关资料表　金额单位：元

项目	预算数（工时：6 000小时）		实际产量标准数（工时：5 000小时）	实际数（工时：5 500小时）
	金额	分配率	金额	金额
变动制造费用	2 400	0.4	0.4×5 000=2 000	2 090
固定制造费用	4 800	0.8	0.8×5 000=4 000	4 675
制造费用合计	7 200	1.2	1.2×5 000=6 000	6 765

要求：

（1）计算直接材料成本差异、直接材料数量差异和价格差异；

（2）计算变动制造费用差异、变动制造费用的效率差异和耗费差异；

（3）计算固定制造费用差异。

任务五　作业成本法

一、作业成本法概述

20世纪70年代以来，随着社会化大生产和劳动生产率的迅速提高，生产的自动化程度大幅度提高，市场竞争日益加剧，企业迫切需要降低成本，增加利润。在这种背景下，1971年美国会计学者斯托布斯出版了具有重大影响的《作业成本计算和投入产出会计》一书，建立了作业成本法完整的理论体系。

（一）作业成本法的含义

传统的成本计算法把产品成本分为直接材料、直接人工和制造费用三个项目，其中制造费用以人工工时、机器工时等为分配标准，分配计入产品成本。而在现代制造业中，间接费用的比重逐渐增加，并且不一定直接与生产过程有关，许多费用完全发生在制造过程以外，如设计生产程序费用、组织协调生产过程费用、组织订单费用等。间接费用的结构和可归属性发生了很大的改变，间接费用在性质上已经和传统生产条件下的制造费用有所不同，加之现代制造业自动化程度日益提高，直接人工成本极大地减少，再按传统的分配标准分配间接费用，将导致成本信息失真。

作业成本法是以“作业消耗资源、产出消耗作业”为原则，按照资源动因将资源费用追溯或分配至各项作业，计算出作业成本，然后根据作业动因，将作业成本追溯或分配至各成本对象，最终完成成本计算的成本管理方法。

作业成本法一般适用于具有以下特征的企业：作业类型较多且作业链较长；同一生产线生产多种产品；企业规模较大且管理层对产品成本准确性要求较高；产品、客户和生产过程多样化程度较高；间接或辅助资源费用所占比重较大等。

【想一想2-10】作业成本法适用于具有哪些特点的企业？

（二）作业成本法的相关概念

1. 资源费用

资源费用是指企业在一定期间内开展经济活动所发生的各项资源耗费。资源费用既包括房屋及建筑物、设备、材料、商品等有形资源的耗费，也包括信息、知识产权、土地使用权等各种无形资源的耗费，还包括人力资源耗费以及其他各种税费支出等。

为便于将资源费用直接追溯或分配至各作业中心，企业还可以按照资源与不同层次作业的关系，将资源分为如下五类：

（1）产量级资源，包括为单个产品（或服务）所取得的原材料、零部件、人工、能源等。

（2）批别级资源，包括用于生产准备、机器调试的人工等。

（3）品种级资源，包括为生产某一种产品（或服务）所需要的专用化设备、软件或人力等。

（4）客户级资源，包括为服务特定客户所需要的专门化设备、软件和人力等。

（5）设施级资源，包括土地使用权、房屋及建筑物，以及所保持的不受产量、批别、产品、服务和客户变化影响的人力资源等。

对产量级资源费用，应直接追溯至各作业中心的产品等成本对象。对于其他级别的资源费用，应选择合理的资源动因，按照各作业中心的资源动因量比例，分配至各作业中心。

企业为执行每一种作业所消耗的资源费用的总和，构成该种作业的总成本。

2. 作业

作业是指企业基于特定目的重复执行的任务或活动，是连接资源和成本对象的桥梁。一项作业既可以是一项非常具体的任务或活动，也可以泛指一类任务或活动。企业可按照受益对象、层次和重要性，将作业分为以下五类，并分别设计相应的作业中心：

（1）产量级作业是指明确地为个别产品（或服务）实施的、使单个产品（或服务）受益的作业。该类作业的数量与产品（或服务）的数量成正比例变动，包括产品加工、检验等。

（2）批别级作业是指为一组（或一批）产品（或服务）实施的、使该组（或批）产品（或服务）受益的作业。该类作业的发生是由生产的批量数而不是单个产品（或服务）引起的，其数量与产品（或服务）的批量数成正比例变动，包括设备调试、生产准备等。

（3）品种级作业是指为生产和销售某种产品（或服务）实施的、使该种产品（或服务）的每个单位都受益的作业。该类作业用于产品（或服务）的生产或销售，但独立于实际产量或批量，其数量与品种的多少成正比例变动，包括新产品设计、现有产品质量与功能改进、生产流程监控、工艺变换需要的流程设计、产品广告等。

（4）客户级作业是指为服务特定客户所实施的作业。该类作业保证企业将产品（或服务）销售给个别客户，但作业本身与产品（或服务）数量独立，包括向个别客户提供的技术支持活动、咨询活动、独特包装等。

（5）设施级作业是指为提供生产产品（或服务）的基本能力而实施的作业。该类作业是开展业务的基本条件，其使所有产品（或服务）都受益，但与产量或销量无关，包括管理作业、针对企业整体的广告活动等。

3. 作业中心

作业中心设计是指企业将认定的所有作业按照一定的标准进行分类，形成不同的作业中心，作为资源费用追溯或分配对象的过程。作业中心可以是某一项具体的作业，也可以是由若干相互联系的能够实现某种特定功能的作业的集合。

4. 成本动因

成本动因是指诱导成本发生的原因，是成本对象与其直接关联的作业和最终关联的资源之间的中介。按其在资源流动中所处的位置和作用，成本动因可分为资源动因和作业动因。

（1）资源动因是引起资源耗用的成本动因，它反映了资源耗用与作业量之间的因果关系。资源动因选择与计量为将各项资源费用归集到作业中心提供了依据。运用资源动因可以将资源成本分配给各有关作业。资源动因作为一种分配基础，反映了作业中心对资源的耗费情况，是将资源成本分配到作业中心的标准。通过分析资源动因，可促使企业合理配置资源，寻求降低作业成本的途径。

（2）作业动因是引起作业耗用的成本动因，反映了作业耗用与最终产出的因果关系，是将作业成本分配到流程、产品、分销渠道、客户等成本对象的依据。通过分析作业成本动因，可以提示企业哪些作业是多余的，帮助管理者发现和减少非增值作业，寻求降低整体成本的途径。

（3）资源动因与作业动因的关系。资源动因将企业的全部资源分配到作业中，是连接资源和作业的媒介，而作业动因又将每项作业的成本分配到产品中去，是连接作业和产品的媒介。如图2–14所示，“水费”是一项资源，把水费分配到“加工、供暖、搬运……包装”等作业的依据是每项作业的用水吨数，所以“吨数”就是资源动因，然后企业又按产量的多少把“加工、供暖、搬运……包装”等作业的全部成本分配到“A产品”和“B产品”中去，则“产量”就是作业动因。

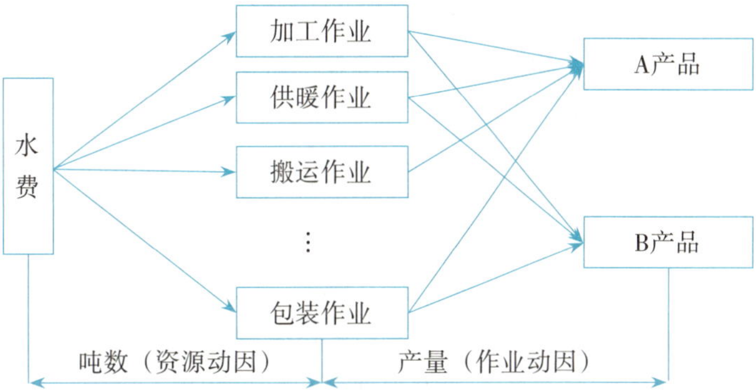

图2–14　资源动因和作业动因的关系图

【想一想2–11】作业成本的核心内容是什么？

（三）作业成本法的基本原理

作业成本法的基本原理就是产品消耗作业，作业消耗资源并导致成本的发生，其理论核心是成本动因理论。如图2–15所示，采用作业成本法核算成本时先以作业为分配对象，以资源动因为分配依据，将成本分配到各个作业中去，然后把作业归集的全部成本按作业动因分配到产品中去。

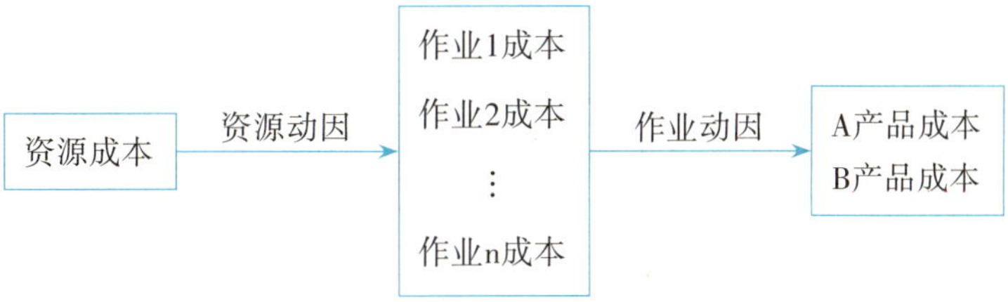

图2–15　作业成本法的基本原理

二、作业成本法的应用

（一）作业成本法的应用程序

作业成本法以作业为核算对象，首先根据作业对资源的消耗情况将资源分配到作业中去，其次由作业依据作业动因追踪到产品成本的形成和积累过程，由此得出最终产品的成本，具体计算步骤如下：

1.建立资源库，确认和计量各类资源的耗费，并将资源消耗价值归集到各资源库

企业应根据各资源消耗的特征及费用消耗项目建立资源库。在资源被消耗后，企业对资源消耗进行确认和计量，然后将各类资源消耗价值归集到资源库。这样既可以从总体上反映各类资源的耗用情况，也可以为后期进行资源消耗分配提供方便。

2.确认主要作业和作业中心

作业是作业成本法下成本费用归集分配的对象，企业应划分作业，并建立作业中心。作业划分得越细，通过作业成本法获得的成本信息就越精确，但随着作业成本数量的增加，企业作业成本法实施的成本也会不断增加，所以企业在划分作业时，应考虑成本效益原则，明确主要作业，并将相似的作业合并，建立作业中心。

3.选择适当的资源动因，建立作业成本库

资源动因是将资源消耗分配到各作业中心的依据，企业应选择恰当的资源动因，按照各项作业所消耗的资源动因数将资源库所消耗的价值分配到作业中心，以建立作业成本库。

企业在选择资源动因时，应当识别当期发生的每一项资源消耗，分析资源耗用与作业中心作业量之间的因果关系，选择并计算资源动因。一般应选择那些与资源费用总额成正比例关系变动的资源动因作为资源费用分配的依据。

4.确定作业动因，并确定各成本动因的分配率

作业动因是将作业成本库中归集的成本分配到产品或劳务中去的依据。当作业成本库建立后，从作业成本库的多个作业动因中选择出恰当的作业动因，作为该作业成本库的成本动因，并计算成本动因的分配率。其计算公式为：

$$\begin{matrix}\text{本期某作业成本库的}\\\text{作业成本动因分配率}\end{matrix}=\frac{\text{本期该作业成本库的总费用}}{\text{本期该作业成本库的作业成本动因总数}}$$

5.分配作业成本，并计算汇总各产品成本

根据各种产品所耗用的作业成本动因数和作业成本动因分配率将作业成本库的成本分配到各成本标的（产品或劳务）中，并计算出产品成本。

首先计算产品耗用的作业成本总额，计算公式为：

$$\begin{matrix}\text{本期某产品耗用的}\\\text{作业成本总额}\end{matrix}=\sum\left(\begin{matrix}\text{本期该产品某作业}\\\text{成本库的作业动因数}\end{matrix}\times\begin{matrix}\text{本期该成本库}\\\text{作业成本分配率}\end{matrix}\right)$$

然后计算产品成本，计算公式为：

某产品的总成本=直接材料成本+直接人工成本+该产品耗用的作业成本总额

（二）作业成本法与传统成本计算法的区别

作业成本法与传统的成本计算方法在直接费用的确认和分配方面是相同的，两者的区别主要体现在间接费用的核算上，传统成本计算方法下间接费用的分配只有一个分配阶段，即按机器工时或人工工时分配到各有关产品的成本中。而作业成本法下间接费用的分配有两个阶段，即先按资源动因将间接费用分配到各作业，然后按作业动因将作业归集的成本分配到产品。由此可见，作业成本法与传统成本计算法的成本计算对象也不同。传统的成本计算法以企业所生产的各种产品（品种法）、某一步骤（分步法）或某

一订单（分批法）作为成本计算对象，而作业成本法不仅以产品作为核算对象，而且作业、作业中心、制造中心等都应该是成本计算的对象。同时，传统的成本计算方法提供的只是某个部门的资源消耗信息，对于产品成本产生的原因无法揭示，而作业成本计算则追本溯源，为企业成本管理提供依据。

（三）作业成本法应用举例

【例2–25】假设某企业生产甲、乙两种产品，甲产品由部件1和部件2各一件组成。乙产品由部件3和部件4各一件组成。甲产品是标准化的产品，进行不间断的大批量生产，乙产品则按顾客订单进行小批量生产。该企业对产品所消耗的直接材料和直接人工等直接计入各产品成本。甲、乙产品的直接材料费用分别为6 000元、9 000元，直接人工费用分别为4 000元、5 000元；对制造费用则分设作业中心进行归集，然后按作业动因进行分配。企业共设材料处理、启动准备、设备维修、机器加工和质量检验5个作业中心。6月，该企业各作业中心资源耗费及成本动因资料和各产品作业成本动因数量资料分别见表2–28和表2–29。

表2–28 各项作业资源耗费及成本动因

作业中心	资源耗费（元）	成本动因
材料处理	5 800	材料搬运数量
启动准备	5 200	准备次数
设备维修	4 000	维修小时
机器加工	8 500	机器小时
质量检验	2 000	检验次数
合计	25 500	—

表2–29 各产品作业成本动因数量

作业中心	成本动因	部件1	部件2	部件3	部件4	合计
材料处理	材料搬运数量	8	15	15	20	58
启动准备	准备次数	2	4	10	10	26
设备维修	维修小时	50	90	90	170	400
机器加工	机器小时	2 000	2 500	2 000	2 000	8 500
质量检验	检验次数	20	25	30	25	100

要求：用作业成本法计算两种产品的成本。

解：根据表2–28和表2–29提供的资料计算各作业中心分配率。

材料处理中心分配率=5 800÷58=100

启动准备中心分配率=5 200÷26=200

设备维修中心分配率=4 000÷400=10

机器加工中心分配率=8 500÷8 500=1

质量检验中心分配率=2 000÷100=20

作业成本计算表见表2-30。

表2-30 作业成本计算表 金额单位：元

作业中心	分配率	分配金额								合计	
		部件1		部件2		部件3		部件4			
		动因	成本	动因	成本	动因	成本	动因	成本	动因	成本
材料处理	100	8	800	15	1 500	15	1 500	20	2 000	58	5 800
启动准备	200	2	400	4	800	10	2 000	10	2 000	26	5 200
设备维修	10	50	500	90	900	90	900	170	1 700	400	4 000
机器加工	1	2 000	2 000	2 500	2 500	2 000	2 000	2 000	2 000	8 500	8 500
质量检验	20	20	400	25	500	30	600	25	500	100	2 000
合计	—	—	4 100	—	6 200	—	7 000	—	8 200	—	25 500

由表2-30可以看出，分配给甲产品的制造费用是10 300元（4 100+6 200），分配给乙产品的制造费用是15 200元（7 000+8 200）。因为，甲产品是由部件1和部件2各一件组成的，乙产品是由部件3和部件4各一件组成的。

企业产品成本汇总表见表2-31。

表2-31 产品成本汇总表 单位：元

产品	直接材料	直接人工	制造费用	合计
甲产品	6 000	4 000	10 300	20 300
乙产品	9 000	5 000	15 200	29 200
合计	15 000	9 000	25 500	49 500

上例若按照传统的成本计算方法，制造费用以机器工时作为分配标准，则甲、乙两产品负担的制造费用分配如下：

制造费用分配率=25 500÷8 500=3（元/小时）

甲产品负担的制造费用=（2 000+2 500）×3=13 500（元）

乙产品负担的制造费用=（2 000+2 000）×3=12 000（元）

利用两种方法分配的制造费用结果的比较见表2-32。

表2-32 两种方法分配制造费用结果比较 单位：元

产品	作业成本法	传统成本法	差额
甲产品制造费用	10 300	13 500	-3 200
乙产品制造费用	15 200	12 000	3 200
合计	25 500	25 500	0

从表2-32中可以看出，按作业成本法计算的甲产品负担的制造费用比按传统成本法计算的少3 200元，而乙产品按作业成本法计算的制造费用比按传统成本法计算的多3 200元。制造费用的分配方法不同是造成制造费用差异的主要原因，传统成本计算法以机器小时作为标准分配制造费用，忽视了各种产品生产的复杂程度不同所引起的作业量的差异，尽管乙产品是按客户订单组织加工生产的，生产工艺较复杂，但由于所用机器工时比甲产品少，所以负担的制造费用也少。

（四）作业成本法的应用环境

企业应用作业成本法，应遵循如下应用环境的一般要求：

（1）企业应用作业成本法所处的外部环境，一般应具备以下特点之一：一是客户个性化需求较高，市场竞争激烈；二是产品的需求弹性较大，价格敏感度高。

（2）企业应用作业成本法应基于作业观，即企业作为一个为最终满足客户需要而设计的一系列作业的集合体，进行业务组织和管理。

（3）企业应成立由生产、技术、销售、财务、信息等部门的相关人员构成的设计和实施小组，负责作业成本系统的开发设计与组织实施工作。

（4）企业应能够清晰地识别作业、作业链、资源动因和作业动因，为资源费用以及作业成本的追溯或分配提供合理的依据。

（5）企业应拥有先进的计算机及网络技术，配备完善的信息系统，能够及时、准确地提供各项资源、作业、成本动因等方面的信息。

【练一练2-15】企业应用作业成本法，外部环境一般应具备以下特点之一（　　）。

A.客户个性化需求较高，市场竞争激烈　B.产品的需求弹性较大，价格敏感度高

C.客户个性化需求较低，市场竞争激烈　D.产品的需求弹性较小，价格敏感度高

三、作业成本法的优缺点

（一）作业成本法的优点

作业成本法的主要优点是：一是能够提供更加准确的各维度成本信息，有助于企业提高产品定价、作业与流程改进、客户服务等决策的准确性；二是改善和强化成本控制，促进绩效管理的改进和完善；三是推进作业基础预算，提高作业、流程、作业链（或价值链）管理的能力。

（二）作业成本法的缺点

作业成本法的主要缺点是：部分作业的识别、划分、合并与认定，成本动因的选择以及成本动因计量方法的选择等均存在较大的主观性，操作较为复杂，开发和维护费用较高。

同步技能训练

一、单项选择题（每题只有一个正确答案，请将正确答案填在括号内）

1.为维持工厂生产而从事的作业是（　　）。

A.产量级作业　B.批别级作业　C.品种级作业　D.设施级作业

2. 作业成本的理论核心是（　　）。

A. 成本动因理论　　B. 成本性态分析理论
C. 本量利分析理论　　D. 最小二乘法理论

3. 能够反映作业量与资源耗费之间的因果关系的是（　　）。

A. 资源动因　　B. 作业动因　　C. 产品动因　　D. 劳务动因

4. 下列各项可以作为传统成本计算法的成本计算对象的是（　　）。

A. 资源　　B. 作业中心　　C. 费用　　D. 最终产品

5. 下列各项关于作业成本法的说法，错误的是（　　）。

A. 作业是作业成本法下最基本的概念
B. 作业中心是指由一系列相互联系、能够实现某种特定功能的作业组合而成的作业集合
C. 资源成本动因是指资源被各种作业消耗的驱动因素
D. 作业成本法下间接费用的分配只有一个分配阶段

二、多项选择题（每题有两个或两个以上正确答案，请将正确答案填在括号内）

1. 下列各项属于常见作业类型的有（　　）。

A. 产量级作业　　B. 批别级作业　　C. 品种级作业　　D. 设施级作业

2. 在作业成本法下，根据成本动因在资源流动中所处的位置和作用不同，成本动因可分为（　　）。

A. 资源动因　　B. 作业动因　　C. 产量动因　　D. 销量动因

3. 企业可以将资源划分为（　　）。

A. 货币资源　　B. 材料资源　　C. 对象资源　　D. 人力资源

4. 下列各项属于批别级作业的有（　　）。

A. 供暖　　B. 每批产品的机器调整
C. 每批产品的产品检验　　D. 每批产品的订单处理

5. 下列各项可以作为作业成本法的成本计算对象的有（　　）。

A. 制造中心　　B. 作业中心　　C. 作业　　D. 最终产品

三、判断题（正确的在括号内打“√”，错误的打“×”）

（　　）1. 品种级作业是使单位产品受益的作业，即生产单位产品所从事的作业。

（　　）2. 成本库是作业中心的货币表现形式。

（　　）3. 资源动因将企业的全部资源分配到作业中，是连接资源和作业的媒介；而作业动因又将每项作业的成本分配到产品中去，是连接作业和产品的媒介。

（　　）4. 作业成本法的基本原理就是产品消耗作业，作业消耗资源并导致成本的发生。

（　　）5. 作业成本法与传统成本计算法的区别主要体现在直接费用的核算上。

四、计算题

1. 某公司生产A、B两种产品，其中A产品870件，B产品700件，其作业情况数据见表2-33。

表2-33　　某公司作业情况数据

作业中心	资源耗用（元）	动因	动因量（A产品）	动因量（B产品）	合计
材料处理	18 000	移动次数	400	200	600
材料采购	25 000	订单件数	350	150	500
使用机器	35 000	机器小时	1 200	800	2 000
设备维修	22 000	维修小时	700	400	1 100
质量控制	20 000	质检次数	250	150	400
产品运输	16 000	运输次数	50	30	80
合计	136 000				

要求：按作业成本法计算A、B两种产品的成本，并填制表2-34。

表2-34　　两种产品的成本

作业中心	成本库（元）	动因量	动因率	A产品	B产品
材料处理	18 000	600			
材料采购	25 000	500			
使用机器	35 000	2 000			
设备维修	22 000	1 100			
质量控制	20 000	400			
产品运输	16 000	80			
合计总成本	136 000				
单位成本					

2.某公司制造生产甲、乙两种产品，有关资料如下。

（1）甲、乙两种产品1月份的有关资料见表2-35。

表2-35　　两种产品的相关资料

产品名称	产量（件）	单位产品机器工时（小时）	直接材料单位成本（元）	直接人工单位成本（元）
甲	100	1	50	40
乙	200	2	80	30

（2）每年制造费用总额50 000元。甲、乙两种产品的复杂程度不一样，所耗用的作业量也不一样，依据作业动因设置4个成本库，有关资料见表2-36。

表2-36 作业成本情况表

作业名称	成本动因	作业成本（元）	作业动因数		
			甲产品	乙产品	合计
质量检测	检验次数	4 000	5	15	20
订单处理	订单份数	4 000	30	10	40
机器运行	机器小时数	40 000	200	800	1 000
设备调整准备	调整准备次数	2 000	6	4	10
合计		50 000			

要求：

（1）采用作业成本法计算甲、乙两种产品的单位成本。

（2）以机器小时数作为制造费用的分配标准，采用传统成本计算法计算甲、乙两种产品的单位成本。

思政园地

项目二

拓展阅读

“去库存”可以说是最近几年大家最耳熟能详的国家政策，从2016年下半年开始，国家要求包括国企在内的广大社会企业积极去库存，提高企业经营业绩、激发企业活力。虽然“去库存”是非常口语化的表达方式，但事实上却蕴含了非常丰富的管理会计思维和内容，体现了我国高层决策者在成本管理、运营管理和财务管理等多维度基础上对中国经济和企业现有及未来发展的思考。

“去库存”看上去似乎内容很简单，企业把现有积压的存货赶紧卖出去就能提高利润和现金流，对企业显然是非常有利的。不过，如果从财务会计和管理会计的不同视角深入思考这个问题，特别是运用管理会计中“完全成本法”和“变动成本法”的知识，我们就能获得更加深入的理解和认识。

在“完全成本法”下，利润表虽然符合企业会计准则的要求，但能完全反映企业真实的生产经营业绩吗？当然不能，这个利润仅仅是财务报告中的数字，而且还对企业真实利润有所高估。而在“变动成本法”下，将固定制造费用一次性地计入当期利润表，虽然这样计算的利润低，但却客观地反映出企业有存货，特别是过高存货情形下的真实经营业绩，更能引起企业管理者和决策者对企业运营改善和提升的关注。而在日常工作中，我们往往只能看到企业在“完全成本法”下确定的财务会计利润，却很难看到企业在“变动成本法”下确定的管理会计利润，当看到企业财务会计利润很高时，我们很容易认为这些企业的经营令人满意，这就会非常影响判断。

国家实施“去库存”政策，就是让企业能够正视这个问题，并通过国家政策支持、销售市场扩大和企业改善突破等多方面的努力，力求达到企业会计利润和真实业绩的统一。无论是“完全成本法”还是“变动成本法”，只要企业生产的产品都能够在当期销售出去，那么两者所产生的利润就没有任何区别。

资料来源：杨晔. 管理会计案例与解析［M］. 北京：经济科学出版社，2019.

思考：从两种成本法税前利润差异角度分析国家“去库存”有何深远意义？

项目小结

通过本项目学习，应当把握的要点是：

（1）成本管理是指企业在营运过程中实施成本预测、成本决策、成本计划、成本控制、成本核算、成本分析和成本考核等一系列管理活动的总称。成本管理活动内容一般包括成本预测、成本决策、成本计划、成本控制、成本核算、成本分析和成本考核等。成本管理领域应用的管理会计工具方法一般包括目标成本法、标准成本法、变动成本法、作业成本法等。

（2）成本性态是指成本与业务量之间的相互依存关系。成本按性态可分为变动成本、固定成本和混合成本。成本性态分析方法有高低点法、回归分析法、账户分类法和工程分析法等。

（3）变动成本法是指企业以成本性态分析为前提条件，仅将生产过程中消耗的变动生产成本作为产品成本的构成内容，而将固定生产成本和非生产成本作为期间成本，直接由当期收益予以补偿的一种成本管理方法。变动成本法和完全成本法在一定会计期间计算的税前利润可能会出现差异，其根本原因在于，两种成本法计入损益的固定制造费用的水平不同。

（4）标准成本是指企业在正常的生产经营条件下，以标准消耗量和标准价格计算的单位产品成本。它是一种预先制定的成本目标。成本差异是指实际成本与标准成本之间的差额，也称标准差异，包括直接材料成本差异、直接人工成本差异和制造费用差异三个部分。制造费用差异又可分为变动制造费用差异和固定制造费用差异两部分。

（5）作业成本法是按照资源动因将各项资源耗费追溯或分配至各项作业，计算出作业成本，然后根据作业动因，将作业成本追溯或分配至各成本对象，最终完成成本计算的成本管理方法。它与传统成本计算法的区别主要体现在间接费用的核算上。传统成本计算方法下间接费用的分配只有一个分配阶段，即按机器工时或人工工时分配到各有关产品成本中。而作业成本法下间接费用的分配有两个阶段，即先按资源动因将间接费用分配到各作业，然后按作业动因将作业中心归集的成本分配到产品。

综合案例分析

华闽化肥有限公司是专业从事生产销售复合肥的公司，年生产能力可达100万吨，该公司存货采用先进先出法计价。今年开始总经理工作改由林阳负责。林阳虽是新任总经理，但工作非常积极投入，与前任总经理不同，前任总经理是年年开足马力进行生产，致使存货积压较多，他要改变只重生产不重销售的状况，要以销定产，而且今年的目标销售量比去年增长10%以上，并将库存量大幅度降低，以节约资金占用，最终使税前利润也能提高10%以上。年终财务科长赵红向他汇报一年的情况说："今年生产的化肥，每吨耗用的氯化钾等直接材料、直接人工和变动制造费用与去年水平相当，其他费用总额也与去年持平，经过您的努力，在没有降低售价的情况下，我们公司的销量由去年的70万吨增加到80万吨，并把存货余额由50万吨降低到10万吨，但今年却亏损了1 500万元。"总经理听了感到吃惊，接着说："怎么可能？今年的销量不是比去年多吗？怎么会亏损？是不是你核算错了？"总经理是一连串的疑惑。对此，财务科长回答说："我一直以来都是这样核算利润的，利润核算肯定没错，但为什么会亏损，我也说不清。"总经理说："你把这两年的报表给我看看。"财务科长将早已准备好的产销量和成本资料表与财务报表一并递给了总经理，总经理看了还是不明白为什么。

资料来源：豆丁网．华闽化肥有限公司案例分析［EB/OL］．［2014-06-15］．https：//www.docin.com/p-834114128.html.

要求：请你帮财务科长分析华闽化肥有限公司亏损的原因。

项目三

营运管理

学习目标

知识目标

1. 了解营运管理的含义、工作内容、应用环境和工具方法；

2. 了解本量利分析的含义、预测分析的含义、决策的含义与分类、决策分析的程序；

3. 理解本量利分析的基本假设、预测分析的方法、决策分析的方法；

4. 掌握保本分析、保利分析和敏感性分析；

5. 掌握销售预测方法、利润预测方法、成本预测方法、资金预测方法；

6. 掌握产品生产决策和定价决策。

能力目标

1. 能利用本量利分析模型进行保本分析、保利分析、安全分析和敏感性分析；

2. 能运用预测方法进行销售预测分析、利润预测分析、成本预测分析、资金预测分析；

3. 能运用决策分析方法进行相关的产品生产决策和定价决策。

课程思政目标

1. 培养学生利用本量利分析、敏感性分析、边际贡献分析等工具方法进行创新创业过程中的预测、决策分析能力，深入社会实践、关注现实问题。

2. 通过营运管理中安全边际、敏感性分析等内容的学习，引导学生要有自强自立的精神和居安思危的意识。

案例导入

TCL企业同其他制造企业一样，在产品生产过程中要消耗一定的原材料、劳动力和固定资产。TCL企业的成本包括：直接材料费用、直接人工费用、制造费用。

TCL企业的产品成本包括固定成本和变动成本，固定成本包括折旧费、修理费、摊销费、管理费用和财务费用等，变动成本包括原材料、燃料动力费和工资福利费等。

期间费用包括：管理费用、利息及资金占用费、其他费用。

TCL企业的收入主要是销售电子产品的收入，其收入的高低主要受产品价格、市场环境、竞争对手的营销策略等因素的影响。

TCL企业如果打算扩大生产规模，需要投入2亿元。经计算，其单位产品成本费用为2 000元，产品的价格预测为3 000元，扩大生产规模后每年可增加250 000台产品。如果按此方案扩大生产规模，请问TCL企业是否能够盈利？

资料来源：吕光耀．TCL企业盈亏平衡分析法案例［EB/OL］．［2021-08-10］．https：//wenku.baidu.com/view/3a3238cd85c24028915f804d2b160b4e777f81fe.html.

通过本项目的学习，我们将了解营运管理工作包括哪些内容、有哪些工具方法；企业为提高竞争能力和应变能力而进行的预测分析和短期经营分析方法等。

任务一　营运管理的认知

一、营运管理的含义

营运管理是指为了实现企业战略和营运目标，各级管理者通过计划、组织、指挥、协调、控制、激励等活动，实现对企业生产经营过程中的物料供应、产品生产和销售等环节的价值增值管理。

企业进行营运管理，应区分计划（Plan）、实施（Do）、检查（Check）、处理（Act）等四个阶段（简称PDCA管理原则），形成闭环管理，使营运管理工作更加条理化、系统化、科学化。

P（计划）：企业开展某项营运活动，事先必须制定目标和实现目标的具体措施和方法。

D（实施）：按照所制订的计划去做，即实施计划或执行计划。

C（检查）：对照计划，检查执行的情况和效果。

A（处理）：根据检查结果，总结经验，吸取教训。

二、营运管理工作内容

企业营运管理工作内容包括：营运计划的制订、营运计划的执行、营运计划的调整、营运监控分析与报告、营运绩效管理等。

（一）营运计划的制订

营运计划是指企业根据战略决策和营运目标的要求，从时间和空间上对营运过程中各种资源所做出的统筹安排，主要作用是分解营运目标，分配企业资源，安排营运过程中的各项活动。营运计划按计划的时间可分为长期营运计划、中期营运计划和短期营运计划；按计划的内容可分为销售、生产、供应、财务、人力资源、产品开发、技术改造和设备投资等营运计划。制订营运计划应当遵循以下原则：

（1）系统性原则。企业在制订计划时不仅应考虑营运的各个环节，还要从整个系统的角度出发，既要考虑大系统的利益，也要兼顾各个环节的利益。

（2）平衡性原则。企业应考虑内外部环境之间的矛盾，有效平衡可能对营运过程中的研发、生产、供应、销售等存在影响的各个方面，使其保持合理的比例关系。

（3）灵活性原则。企业应当充分考虑未来的不确定性，在制订计划时保持一定的灵活性和弹性。

企业在制订营运计划时，应开展营运预测，将其作为营运计划制订的基础和依据。营运预测是指通过收集整理历史信息和实时信息，恰当运用科学预测方法，对未来经济活动可能产生的经济效益和发展趋势做出科学合理的预计和推测的过程。

（二）营运计划的执行

经审批的营运计划应以正式文件的形式下达执行。企业应逐级分解营运计划，按照横向到边、纵向到底的要求分解落实到各所属企业、部门、岗位或员工。同时，经审批的营运计划应分解到季度、月度，形成月度的营运计划，逐月下达、执行。各企业应根据月度的营运计划组织开展各项营运活动。此外，企业应建立配套的监督控制机制，及时记录营运计划执行情况，进行差异分析与纠偏，持续优化业务流程，确保营运计划有效执行。

（三）营运计划的调整

营运计划一旦批准下达，一般不予调整。宏观经济形势、市场竞争形势等发生重大变化，导致企业营运状况与预期出现较大偏差的，企业可以适时对营运计划做出调整，使营运目标更加切合实际。企业在做出营运计划调整决策时，应分析和评估营运计划调整方案对企业营运的影响，包括对短期的资源配置、营运成本、营运效益等的影响以及对长期战略的影响。同时，企业应建立营运计划调整的流程和机制，规范营运计划的调整。营运计划的调整应由具体执行的所属企业或部门提出调整申请，经批准后下达正式文件。

（四）营运监控分析与报告

为了强化营运监控，确保企业营运目标的顺利完成，企业应结合自身实际情况，按照日、周、月、季、年等频率建立营运监控体系；并按照PDCA管理原则，不断优化营运监控体系的各项机制，做好营运监控分析工作。

企业的营运监控分析，是指以本期财务和管理指标为起点，通过指标分析查找异常，并进一步揭示差异所反映的营运缺陷，追踪缺陷成因，提出并落实改进措施，不断提高企业营运管理水平。企业营运监控分析应至少包括发展能力、盈利能力、偿债能力等方面的财务指标，以及生产能力、管理能力等方面的非财务内容，并根据所处行业的营运特点，通过趋势分析、对标分析等工具方法，建立完善营运监控分析指标体系。

企业应将营运监控分析的对象、目的、程序、评价及改进建议形成书面分析报告。分析报告按照分析的范围及内容可以分为综合分析报告、专题分析报告和简要分析报告；按照分析的时间分为定期分析报告和不定期分析报告。

（五）营运绩效管理

企业可以以营运计划为基础，制定绩效管理指标体系，明确绩效指标的定义、计算口径、统计范围、绩效目标、评价标准、评价周期、评价流程等内容，确保绩效指标具体、可衡量、可实现、相关以及具有明确期限。绩效管理指标应以企业营运管理指标为基础，做到无缝衔接、层层分解，确保企业营运目标的落实。

三、营运管理的应用环境和工具方法

（一）营运管理的应用环境

企业营运管理的应用环境包括组织架构、管理制度和流程、信息系统以及相关外部环境等。为确保营运管理的有序开展，企业应建立健全营运管理组织架构，明确各管理层级或管理部门在营运管理中的职责，有效组织开展营运计划的制订审批、分解下达、执行监控、分析报告、绩效管理等日常营运管理工作。企业应建立健全营运管理的制度体系，明确营运管理各环节的工作目标、职责分工、工作程序、工具方法、信息报告等内容。企业应建立完整的业务信息系统，规范信息的收集、整理、传递和使用等，有效支持管理者决策。

（二）营运管理的工具方法

营运管理工具方法，包括但不限于本量利分析、敏感性分析、边际分析等。企业应根据自身特点和管理需要，对不同的营运管理工具方法进行恰当结合与综合运用，更好地实现营运管理的目标。

【想一想3-1】企业应用营运管理工具方法与营运管理工作内容有什么关系？

同步技能训练

一、单项选择题（每题只有一个正确答案，请将正确答案填在括号内）

1. 企业在制订计划时不仅应考虑营运的各个环节，还要从整个系统的角度出发，既要考虑大系统的利益，也要兼顾各个环节的利益，体现了制订营运计划的（　　）原则。

A. 系统性　　B. 平衡性　　C. 灵活性　　D. 实用性

2. 企业应当充分考虑未来的不确定性，在制订计划时保持一定的灵活性和弹性，体现了制订营运计划的（　　）原则。

A. 系统性　　B. 平衡性　　C. 灵活性　　D. 实用性

3. 企业通过各类手段和方法，分析营运计划的执行情况，发现计划执行中的问题，是营运管理监控的（　　）基本任务。

A. 发现偏差　　B. 分析偏差　　C. 纠正偏差　　D. 对标分析

4.（　　）是指以本期财务和管理指标为起点，通过指标分析查找异常，并进一步揭示差异所反映的营运缺陷，追踪缺陷成因，提出并落实改进措施，不断提高企业营运管理水平。

A. 营运监控分析　　B. 营运计划　　C. 营运预测　　D. 营运计划执行

5.（　　）是指通过收集整理历史信息和实时信息，恰当运用科学预测方法，对未来经济活动可能产生的经济效益和发展趋势做出科学合理的预计和推测的过程。

A. 营运监控分析　　B. 营运计划　　C. 营运预测　　D. 营运计划执行

二、多项选择题（每题有两个或两个以上正确答案，请将正确答案填在括号内）

1. 营运管理领域应用的管理会计工具方法包括（　　）。

A. 本量利分析　　B. 敏感性分析　　C. 边际分析　　D. 标杆管理

2. 企业进行营运管理时，应区分的四个阶段包括（　　）。

A. 计划　　B. 检查　　C. 处理　　D. 实施

3. 营运计划按计划的内容可分为（　　）等营运计划。

A. 销售　　B. 生产　　C. 人力资源　　D. 产品开发

4. 营运管理监控的基本任务包括（　　）。

A. 发现偏差　　B. 分析偏差　　C. 纠正偏差　　D. 对标分析

5. 企业营运分析的一般步骤包括（　　）。

A.明确营运目的，确定有关营运活动的范围

B.全面收集有关营运活动的资料，进行分类整理

C.分析营运计划与执行的差异，追溯原因

D.根据差异分析采取恰当的措施，并进行分析和报告。

三、判断题（正确的在括号内打“√”，错误的打“×”）

（　　）1.制订营运计划的平衡性原则是指企业应当充分考虑未来的不确定性，在制订计划时保持一定的灵活性和弹性。

（　　）2.企业进行营运管理，应区分计划、实施、检查、处理等四个阶段，形成闭环管理。

（　　）3.营运计划可以随时进行调整。

（　　）4.营运管理监控的基本任务是发现偏差、分析偏差和纠正偏差。

（　　）5.绩效管理指标应以企业营运管理指标为基础，做到无缝衔接、层层分解，确保企业营运目标的落实。

任务二　本量利分析

一、本量利分析概述

（一）本量利分析的含义

本量利分析是指以成本性态分析和变动成本法为基础，运用数学模型和图式，对成本、利润、业务量与单价等因素之间的依存关系进行分析，发现变动的规律性，为企业进行预测、决策、计划和控制等活动提供支持的一种方法。其中，“本”是指成本，包括固定成本和变动成本；“量”是指业务量，一般指销售量；“利”一般指营业利润。

本量利分析主要用于企业生产决策、成本决策和定价决策，也可以广泛地用于投融资决策等。在企业的经营管理中，人们常常遇到一些决策问题，如企业要获得一定数额的利益，需要销售多少数量的产品，或者企业至少要销售多少数量的产品才能不亏损；在降低产品售价和增加销售量之间应如何决策，才能使企业的利润最大化等。诸如此类的短期决策都涉及价格、业务量、成本和利润问题。要正确回答这些问题，就要进行本量利分析。这个方法是管理会计中的基本分析方法之一，在企业的预测、决策、计划、控制等方面都具有广泛的用途。

（二）本量利分析的基本假设

1.成本性态分析假设

假定企业的成本已按性态区分为固定成本与变动成本两部分，有关的成本性态模型已经建立起来。

2.变动成本法假设

假设产品成本是按变动成本法计算的，即产品成本只包括变动生产成本，而所有的固定成本均作为期间费用处理，并按贡献式程序确定营业利润。

3. 相关范围及线性假设

假设在一定时期和一定的产销业务量范围（相关范围）内，固定成本总额、单位变动成本及售价不变，业务量是影响销售收入和成本的唯一因素。成本总额和销售收入与业务量之间均表现为线性关系。成本函数为：y=a+bx；销售收入函数为：y=px。

4. 产销平衡假设

假设当期产品的生产量与销售量一致，不考虑存货水平变动对利润的影响。即假设企业只安排一种产品的生产，生产出来的产品总是可以找到市场，可以实现产销平衡。假设产销平衡，主要是在保本分析时不考虑存货的影响。因为保本分析是一种短期决策，仅仅考虑特定时期全部成本的收回，而存货包含了以前时期的成本，所以不在考虑范围之内。

5. 品种结构不变假设

若企业生产多种产品，在总产销量发生变化时，假设各种产品的销售额在全部产品总销售额中所占比重不变。这是因为在产销多种产品的情况下，保本点会受到多种产品贡献和产销结构的影响，只有在产销结构不变的基础上进行的保本分析才是有效的。

6. 目标利润假设

我国财务会计中涉及的利润指标主要有营业利润、利润总额和净利润三种，因为营业利润与成本、业务量关系密切，所以在本量利分析中除特殊说明外，利润指标均指营业利润。

【想一想 3–2】本量利分析的假设前提有哪些？

（三）本量利分析的相关概念

1. 边际贡献

边际贡献也称贡献毛益、贡献边际，是指企业的销售收入减去变动成本后的余额。其表现形式有两种：单位边际贡献和边际贡献总额。其计算公式为：

$$边际贡献=销售收入-变动成本总额$$

$$单位边际贡献=销售单价-单位变动成本$$

边际贡献是管理会计中的一个重要概念，反映销售产品或提供劳务为企业做出贡献的能力。边际贡献既不是销售毛利，也不是企业的利润。边际贡献首先用于补偿固定成本，补偿固定成本后有剩余，才能为企业提供利润；反之，若边际贡献不足以弥补固定成本，则表明企业出现亏损。即如果边际贡献大于固定成本，企业就盈利；如果边际贡献小于固定成本，企业就亏损；如果边际贡献等于固定成本，则表明企业处于盈亏平衡状态。因此，边际贡献是反映企业经营产品或业务能够为营业利润做多大贡献，是反映企业盈利能力的重要指标之一。

2. 边际贡献率

边际贡献率，也称贡献毛益率，是指边际贡献在销售收入中所占的百分比，表示每1元销售收入中边际贡献所占的比重。它是边际贡献的相对指标，它表明每增加1元销售收入能为企业带来的贡献，该比率越大，说明产品为企业获得利润所作的贡献越大。其计算公式如下：

$$边际贡献率=\frac{边际贡献}{销售收入}\times 100\%=\frac{单位边际贡献}{销售单价}\times 100\%$$

企业面临资源约束，需要对多个产品线或多种产品进行优化决策或对多种待选新产品进行投产决策的，可以通过计算边际贡献以及边际贡献率，评价待选产品的盈利性，优化产品组合。

3.变动成本率

变动成本率，是指产品变动成本占产品销售收入的百分比。它表明每增加1元销售收入所增加的变动成本。其计算公式如下：

$$变动成本率=\frac{变动成本总额}{销售收入总额}\times 100\%=\frac{单位变动成本}{销售单价}\times 100\%$$

4.边际贡献率和变动成本率的关系

边际贡献率和变动成本率具有互补关系。变动成本率低的企业，则边际贡献率高，创利能力强，反之亦然。其计算公式如下：

边际贡献率+变动成本率=1

【练一练3-1】边际贡献率可表示为（　　）。

A.单位变动成本÷单位边际贡献　　B.固定成本总额÷单位边际贡献

C.边际贡献总额÷销售收入　　D.单位边际贡献÷产品单价

（四）本量利分析的基本公式

本量利分析是以成本性态分析和变动成本为基础的，在变动成本法下，利润的计算公式如下：

营业利润=（单价-单位变动成本）×业务量-固定成本

=单位边际贡献×业务量-固定成本总额

营业利润=（单价-单位变动成本）×业务量-固定成本

=边际贡献率×销售收入-固定成本

=（1-变动成本率）×销售收入-固定成本

可见，前者是以实物量（销售量）表现的本量利分析模型，后者是以价值量（销售额）表现的本量利分析模型。

若用E表示营业利润；p表示销售单价；b表示单位变动成本；b′表示变动成本率；x表示销售量；a表示固定成本总额；m表示单位贡献毛益；m′表示边际贡献率；S表示销售收入。则有：

$$E=(p-b)x-a=mx-a \quad (3\text{-}1)$$

$$E=m'S-a=(1-b')S-a \quad (3\text{-}2)$$

通常情况下，公式（3-1）被称为本量利分析的基本数学模型。

【例3-1】信达公司生产甲产品，全年共生产1 000件。经成本核算，该产品的单位变动成本为70元，年固定成本为150 000元，单位售价为370元，产品预计全部售出。

要求：

（1）计算边际贡献总额、单位边际贡献、边际贡献率和变动成本率；

（2）分别用本量利分析的两个模型计算企业利润。

解：（1）由已知条件可知：

x=1 000件，p=370元，b=70元，a=150 000元

边际贡献总额=mx=px−bx=370×1 000−70×1 000=300 000（元）

单位边际贡献=m=p−b=370−70=300（元）

$$边际贡献率m' = \frac{mx}{px} \times 100\% = \frac{300\ 000}{370\ 000} \times 100\% = 81.08\%$$

或 $$边际贡献率\ m' = \frac{m}{p} \times 100\% = \frac{300}{370} \times 100\% = 81.08\%$$

$$变动成本率b' = \frac{bx}{px} \times 100\% = \frac{70\ 000}{370\ 000} \times 100\% = 18.92\%$$

或 $$变动成本率b' = \frac{b}{p} \times 100\% = \frac{70}{370} \times 100\% = 18.92\%$$

（2）根据实物量模型计算如下：

营业利润E=（p−b）x−a=（370−70）×1 000−150 000=150 000（元）

根据价值量模型计算如下：

营业利润E=m′S−a=81.08%×370 000−150 000=149 996（元）

或 营业利润E=（1−b′）S−a=（1−18.92%）×370 000−150 000=149 996（元）

二、保本分析

保本分析包括单一产品的保本分析和多种产品的保本分析。

（一）单一产品的保本分析

1. 公式法

保本点也称盈亏平衡点、盈亏临界点。它是指企业达到保本状态（不盈不亏、收支相等、利润为零的状态）的销售量或销售额。

确定保本点是保本分析的关键。保本点有两种表现形式：一种是保本销售量（保本量）；另一种是保本销售额（保本额）。前者是以实物量表示的，后者是以货币价值量表示的。

根据本量利分析基本关系式：

$$营业利润=（销售单价-单位变动成本）\times 业务量-固定成本$$

当利润为零时，求出的销售量就是保本销售量，即：

$$保本销售量 = \frac{固定成本}{销售单价 - 单位变动成本}$$

保本销售额计算公式为：

$$\begin{aligned}保本销售额 &= 销售单价 \times 保本销售量\\ &= 销售单价 \times \frac{固定成本}{销售单价 - 单位变动成本}\\ &= \frac{固定成本}{边际贡献率}\\ &= \frac{固定成本}{1 - 变动成本率}\end{aligned}$$

微课3-1

单一产品保本分析

【例3-2】信达公司生产和销售甲产品一批，销售单价是2 000元，单位变动成本为1 000元，固定总成本为900 000元。

要求：计算该公司的保本点。

解：根据资料，计算如下：

$$保本销售量=\frac{固定成本}{销售单价-单位变动成本}=\frac{900\ 000}{2\ 000-1\ 000}=900（件）$$

$$保本销售额=\frac{固定成本}{1-变动成本率}=\frac{900\ 000}{1-1\ 000\div 2\ 000}=1\ 800\ 000（元）$$

即该公司保本销售量为900件，保本销售额为1 800 000元。

【练一练3-2】某企业年固定成本总额为200 000元，产品销售单价为15元，单位变动成本为10元，则保本销售量为（　　）元。

A.20 000　　B.12 500　　C.40 000　　D.80 000

2.图示法

在进行本量利分析时，还可以通过绘制本量利分析图的方法进行分析。本量利分析图主要有以下三种形式。

（1）传统式本量利关系图

传统式本量利关系图是根据本量利的基本关系绘制的，也称保本点图。在传统式本量利关系图中，以横坐标代表销售量，以纵坐标代表收入和成本，则销售收入线和总成本线的交叉点就是保本点（如图3-1所示）。

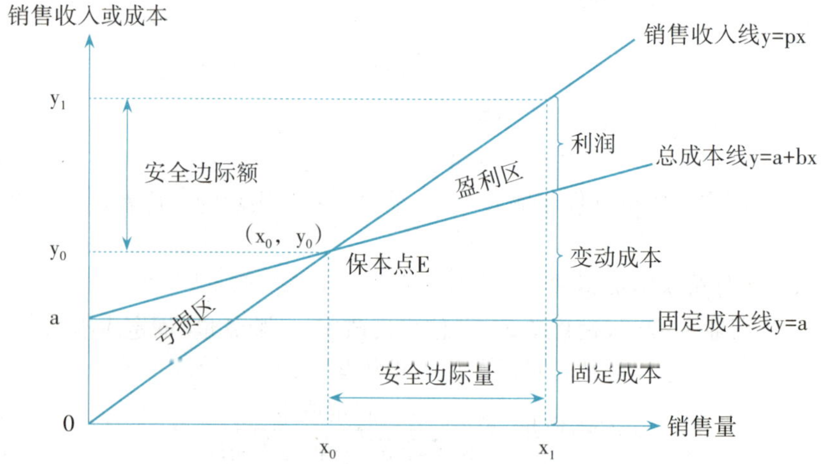

图3-1　传统式本量利关系图

传统式本量利关系图表达的意义有：

① 固定成本与横轴之间的区域为固定成本值，它不因产量增减而变动，总成本线与固定成本线之间的区域为变动成本，它随产量而成正比例变化。

② 销售收入线与总成本线的交点是保本点，通过图示可以直观地看出保本销售量和保本销售额。

③ 在保本点以上的销售收入线与总成本线相夹的区域为盈利区，保本点以下的销售收入线与总成本线相夹的区域为亏损区。因此，只要知道销售数量或销售金额信息，

就可以在图上判明该销售状态下的结果是亏损还是盈利，易于理解，直观方便。

（2）贡献式本量利关系图

贡献式本量利关系图是将固定成本置于变动成本之上，能够反映边际贡献形成过程的图形。此图的优点是可以表示边际贡献的数值。边际贡献随销售量增加而扩大，当其达到固定成本值时（即在保本点），企业处于保本状态；当边际贡献超过固定成本后企业进入盈利状态（如图3-2所示）。

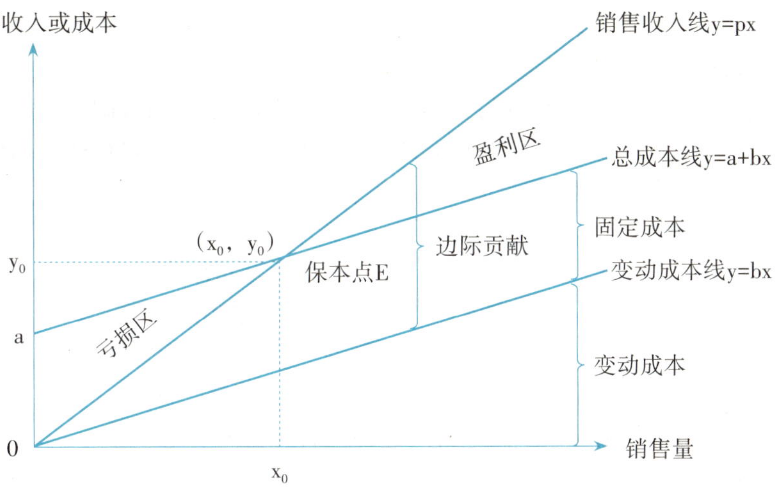

图3-2 贡献式本量利关系图

（3）利量式本量利关系图

利量式本量利关系图是反映利润与销售量之间依存关系的图形，也常常被称为利润图，因为纵坐标的销售收入和成本因素均被省略，目的是帮助管理人员更清晰地了解销售量和利润的依存关系（如图3-3所示）。

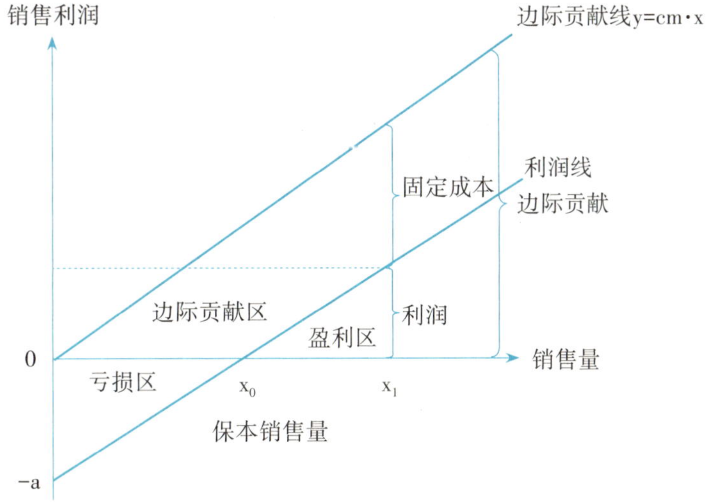

图3-3 利量式本量利关系图

【练一练3-3】利量式本量利关系图中，利润线与横轴的交点代表（　　）。

A.保本点　　B.固定成本额　　C.利润额　　D.贡献毛益

（二）多种产品的保本分析

单一产品的保本分析是以企业生产并销售一种产品为基础的。但在实际经济生活中，大多数企业都不止生产经营一种产品。在这种情况下，单一产品保本点计算方法就不能直接运用，因为不同品种产品的销售量无法直接相加，不能用实物量来反映保本点。所以要确定企业产销多种产品时的保本点，必须用价值量指标即保本销售额来表示。在实际工作中，多种产品的保本点计算方法主要包括综合边际贡献率法、联合单位法等。

1.综合边际贡献率法

综合边际贡献率法是在掌握每种单一产品的边际贡献率的基础上，按各种产品销售额的比重进行加权平均，据以计算综合边际贡献率，从而确定多种产品的保本点的成本分析方法。具体计算公式如下：

$$\text{综合保本销售额}=\frac{\text{固定成本}}{\text{综合边际贡献率}}$$

某产品的保本销售额=综合保本销售额×该产品销售比重

$$\text{某产品的保本销售量}=\frac{\text{该产品的保本销售额}}{\text{该产品的销售单价}}$$

式中：综合边际贡献率有以下两种计算方法：

（1）加权平均法。

$$\text{某产品的销售比重}=\frac{\text{某产品的销售额}}{\text{各种产品的销售收入总额}}$$

微课3-2

综合边际贡献率法

$$\text{综合边际贡献率}=\sum(\text{某产品边际贡献率}\times\text{该产品销售比重})$$

（2）总额平均法。

$$\text{综合边际贡献率}=\frac{\text{各产品的边际贡献总和}}{\text{各种产品的销售收入总额}}$$

【例3-3】信达有限公司现生产甲、乙、丙三种系列产品，20×9年全厂的固定成本总额为2 400元。其他有关资料见表3-1。

表3-1 信达有限公司生产资料

项目	甲产品	乙产品	丙产品
销售量Q（件）	40	64	80
单价p（元）	200	250	100
单位变动成本b（元）	172	220	90

要求：用加权平均法和总额平均法计算该公司的综合保本销售额和各产品的保本点。

解：根据资料，计算如下：

（1）加权平均法。

①计算各种产品的销售比重。

销售收入总额=200×40+250×64+100×80=8 000+16 000+8 000=32 000（元）

甲产品销售比重=8 000÷32 000×100%=25%

乙产品销售比重=16 000÷32 000×100%=50%

丙产品销售比重=8 000÷32 000×100%=25%

②计算综合边际贡献率。

甲产品边际贡献率=（200−172）÷200×100%=14%（元）

乙产品边际贡献率=（250−220）÷250×100%=12%（元）

丙产品边际贡献率=（100−90）÷100×100%=10%（元）

综合边际贡献率=14%×25%+12%×50%+10%×25%=12%

③计算综合保本销售额。

综合保本销售额=2 400÷12%=20 000（元）

④计算各产品的保本点。

甲产品保本销售额=20 000×25%=5 000（元）

甲产品保本销售量=5 000÷200=25（件）

乙产品保本销售额=20 000×50%=10 000（元）

乙产品保本销售量=10 000÷250=40（件）

丙产品保本销售额=20 000×25%=5 000（元）

丙产品保本销售量=5 000÷100=50（件）

（2）总额平均法。

①计算综合边际贡献率。

甲产品边际贡献=（200−172）×40=1 120（元）

乙产品边际贡献=（250−220）×64=1 920（元）

丙产品边际贡献=（100−90）×80=800（元）

边际贡献总额=1 120+1 920+800=3 840（元）

综合边际贡献率=3 840÷32 000×100%=12%

②计算综合保本销售额。

综合保本销售额=2 400÷12%=20 000（元）

③计算各产品的保本点。

甲产品保本销售额=20 000×25%=5 000（元）

甲产品保本销售量=5 000÷200=25（件）

乙产品保本销售额=20 000×50%=10 000（元）

乙产品保本销售量=10 000÷250=40（件）

丙产品保本销售额=20 000×25%=5 000（元）

丙产品保本销售量=5 000÷100=50（件）

2. 联合单位法

联合单位是指由各产品按其销售比重形成的组合。联合单位法是指在事先掌握多品种产品之间客观存在的相对稳定的产销实物量比例的基础上，确定每一联合单位的单价和单位变动成本，进行多品种条件下本量利分析的一种方法。其具体的计算步骤如下：

（1）确定产品的销售比。

（2）计算联合单位边际贡献。

$$联合单位边际贡献=\sum（单位边际贡献\times产品的销售比）$$

微课3-3

联合单位法

（3）计算联合保本销售量。

$$联合保本销售量=\frac{固定成本}{联合单位边际贡献}$$

（4）计算各种产品的保本销售量。

$$某产品保本销售量=联合保本销售量\times产品的销售比$$

【例3-4】信达公司生产A、B、C三种产品，年固定成本为255 000元，有关资料见表3-2。

表3-2 信达公司生产资料 金额单位：元

品种	销售量（件）	单价	单位变动成本	单位贡献毛益
A	10 000	20	10	10
B	5 000	20	12	8
C	5 000	20	14	6

要求：用联合单位法计算各产品的保本点。

解：根据资料，计算如下：

①确定产品的销售比。

A：B：C＝2：1：1

②计算联合单位边际贡献。

联合单位边际贡献＝10×2+8×1+6×1＝34（元）

③计算联合保本销售量。

$$联合保本销售量=\frac{255\ 000}{34}=7\ 500（联合单位）$$

④计算各种产品保本销售量。

A产品保本销售量＝7 500×2＝15 000（件）

B产品保本销售量＝7 500×1＝7 500（件）

C产品保本销售量＝7 500×1＝7 500（件）

⑤计算各种产品保本销售额。

A产品保本销售额＝15 000×20＝300 000（元）

B产品保本销售额＝7 500×20＝150 000（元）

C产品保本销售额＝7 500×20＝150 000（元）

【想一想3-3】多产品保本点的确定方法有哪些？它们的基本原理有什么区别？

（三）相关因素变动对保本点的影响

如前所述，保本点就是能使企业达到不盈不亏，利润为零时的产品销售量或者销售额。在计算保本点时，实际上是假设了固定成本、单位变动成本、销售单价和销售数量等因素不变的前提。然而，上述诸因素在企业的经营过程中是经常变动的，并且由此引起了保本点的变动。

1. 销售单价变动对保本点的影响

在其他因素不变的情况下，如果产品的售价提高，则单位边际贡献将随之增加，保本点降低，盈亏临界图上的亏损区缩小，而盈利区将会扩大；反之，保本点将会升高，盈亏临界图上的亏损区扩大，而盈利区将会缩小。即保本点与单价呈反方向变动。

2. 单位变动成本变动对保本点的影响

在其他因素不变的情况下，如果产品的单位变动成本提高，则单位边际贡献将随之减少，保本点上升，盈亏临界图上的亏损区扩大，盈利区缩小；反之，保本点将会降低，盈亏临界图上的亏损区缩小，而盈利区将会扩大。即保本点与单位变动成本呈同方向变动。

3. 固定成本变动对保本点的影响

在其他因素不变的情况下，如果固定成本总额增加，保本点将上升，盈亏临界图上的亏损区扩大，而盈利区将会缩小；反之，保本点将会降低，盈亏临界图上的亏损区缩小，而盈利区将会扩大。即保本点与固定成本呈同方向变动。

4. 销售量变动对保本点的影响

在其他因素不变的情况下，销售量的变动不会引起保本点的变动，但销售量的变动会引起利润总额的变动。

5. 产品品种结构变动的影响

在企业产销多种产品的情况下，其保本销售额是根据固定成本和综合边际贡献率来计算的，而综合边际贡献率的高低与产品品种结构有关。边际贡献率高的产品在销售额中占的比重越大，综合边际贡献率则越高，多品种保本销售额将会降低；边际贡献率低的产品在销售额中占的比重越大，综合边际贡献率则越低，多品种保本销售额将会上升。

【例3-5】信达公司生产和销售单一产品，月销售量为30 000件。产品的单位售价是80元，单位变动成本是40元，全年的固定成本是800 000元。企业根据目前市场状况，就以下各不相关的情况分别对各因素进行调整。

要求：按以下不相关情况分别计算保本销售量和保本销售额。

（1）将产品售价提高到90元；

（2）将产品单位变动成本提高到60元；

（3）将固定成本增加到900 000元；

（4）将销售量增加到40 000件。

解：原保本销售量为：

$$保本销售量=\frac{800\ 000}{80-40}=20\ 000（件）$$

（1）如果其他条件不变，只有销售单价由原来的80元提高到90元，则保本销售量由原来的20 000件变为：

$$保本销售量=\frac{800\ 000}{90-40}=16\ 000（件）$$

保本销售额 = 80×16 000 = 1 280 000（元）

可见，由于销售单价提高，导致保本销售量（额）降低了；反之，如果销售单价降低，则会导致保本销售量（额）增加。

（2）如果其他条件不变，只有单位变动成本由原来的40元提高到60元，则保本销售量由原来的20 000件变为：

$$保本销售量=\frac{800\ 000}{80-60}=40\ 000（件）$$

保本销售额 = 80×40 000 = 3 200 000（元）

可见，由于单位变动成本上升，导致保本销售量（额）增加了；反之，如果单位变动成本下降，则会导致保本销售量（额）降低。

（3）如果其他条件不变，只有固定成本由原来的800 000元增加到900 000元，则保本销售量由原来的20 000件变为：

$$保本销售量=\frac{900\ 000}{80-40}=22\ 500（件）$$

保本销售额 = 80×22 500 = 1 800 000（元）

可见，由于固定成本上升，导致保本销售量（额）增加了；反之，如果固定成本下降，则会导致保本销售量（额）降低。

（4）销售量的变动不会引起保本点的变化，但会引起利润的变动。

【例3-6】信达公司每月固定成本为42 000元，生产三种产品的资料见表3-3。

表3-3 信达公司有关生产资料 单位：元

产品	售价	单位变动成本	销售额比重
甲	200	100	50%
乙	100	60	30%
丙	160	120	20%

要求：计算综合边际贡献率和综合保本销售额；若甲、乙、丙三种产品的销售额比重为20%、30%、50%，试计算其综合保本销售额。

解：根据资料，计算如下：

（1）计算综合边际贡献率和综合保本销售额。

$$综合边际贡献率=\frac{200-100}{200}\times 50\%+\frac{100-60}{100}\times 30\%+\frac{160-120}{160}\times 20\%=42\%$$

$$综合保本销售额=\frac{42\ 000}{42\%}=100\ 000（元）$$

（2）产品的销售结构变动后。

$$综合边际贡献率=\frac{200-100}{200}\times 20\%+\frac{100-60}{100}\times 30\%+\frac{160-120}{160}\times 50\%=34.5\%$$

$$综合保本销售额=\frac{42\ 000}{34.5\%}=121\ 739.13（元）$$

根据以上结果可以看出，产品品种结构的变化影响综合边际贡献率的高低，边际贡献率高的产品占的比重越大，综合边际贡献率则越高，保本点越低；反之，则综合边际贡献率越低，保本点越高。

【想一想3-4】品种结构变动为什么会对保本点产生影响？

【练一练3-4】下列各项因素降低时，会导致保本点上升的有（　　）。

A.销售单价　　B.单位变动成本　　C.固定成本　　D.销售量

三、保利分析

保利分析是在本量利分析方法的基础上，计算为达到目标利润所需达到的业务量、收入和成本的一种利润规划方法，该方法应反映市场的变化趋势、企业战略规划目标以及管理层需求等。

保本分析是以企业保本、不盈不亏为前提进行本量利分析的。但实际上，企业不可能以保本为经营目标，而是要以实现一定的利润为目的，在激烈的市场竞争中生存、发展、壮大。所以，本量利分析更重要的是用来预测、规划利润，并为实现目标利润提供各种有关生产、销售和价格的可行性方案。

（一）单一产品的保利分析

所谓保利点是指在单价和成本水平确定的情况下，为实现预先确定的目标利润而应达到的销售量和销售额。

1.实现税前目标利润的销售量和销售额

以本量利分析的基本公式为基础，可以得到确保实现税前利润的销售量和销售额的计算公式：

$$目标利润=（销售单价-单位变动成本）\times 业务量-固定成本$$

$$保利销售量=\frac{固定成本+目标利润}{销售单价-单位变动成本}=\frac{固定成本+目标利润}{单位边际贡献}$$

$$保利销售额=销售单价\times 保利销售量=\frac{固定成本+目标利润}{边际贡献率}$$

2.实现税后目标利润的销售量和销售额

上述根据本量利分析模型计算的目标利润为营业利润。所得税费用对于实现了利润的企业来说，是一项必要的支出，所以从税后利润的角度进行本量利分析，也是非常必要的。

$$税后目标利润=税前目标利润\times（1-所得税税率）$$

$$税前目标利润=税后目标利润\div（1-所得税税率）$$

$$保利销售量=\frac{固定成本+税后目标利润\div(1-所得税税率)}{销售单价-单位变动成本}$$

$$=\frac{固定成本+税后目标利润\div(1-所得税税率)}{单位边际贡献}$$

$$保利销售额=销售单价\times 保利销售量$$

$$=\frac{固定成本+税后目标利润\div(1-所得税税率)}{边际贡献率}$$

【例3-7】信达公司生产和销售单一产品，产品单价为50元，单位变动成本为25元，固定成本为50 000元。

要求：

（1）假定公司税前目标利润为40 000元，计算实现税前目标利润的销售量和销售额。

（2）假定公司税后目标利润为37 500元，所得税税率为25%，计算实现税后目标利润的销售量和销售额。

解：（1）根据资料，计算如下：

$$保利销售量=\frac{50\,000+40\,000}{50-25}=3\,600（件）$$

保利销售额＝50×3 600＝180 000（元）

（2）根据资料，计算如下：

$$保利销售量=\frac{50\,000+37\,500\div(1-25\%)}{50-25}=4\,000（件）$$

保利销售额＝50×4 000＝200 000（元）

（二）多种产品的保利分析

多种产品的保利分析与多种产品的保本分析方法一样，可采用综合边际贡献率法计算保利销售额，然后根据产品的销售比重计算出各种产品的保利销售额。

计算公式为：

$$综合保利销售额=\frac{固定成本+综合目标利润}{综合边际贡献率}$$

如果是税后目标利润，则计算公式为：

$$综合保利销售额=\frac{固定成本+税后综合目标利润\div(1-所得税税率)}{综合边际贡献率}$$

然后按各种产品销售比重计算出各种产品保利销售额，再根据各产品的单价，进一步计算出各种产品保利销售量。

【例3-8】沿用【例3-3】的资料及相关计算结果。

要求：

（1）假设企业的综合目标利润为12 000元，计算综合保利销售额及各产品的保利点。

（2）假设企业税后目标利润为10 800元，所得税税率为25%，计算综合保利销售额及各产品的保利点。

解：

（1）计算综合保利销售额及各产品保利点。

$$综合保利销售额=\frac{2\,400+12\,000}{12\%}=120\,000（元）$$

各种产品保利销售额分别计算如下：

甲产品保利销售额=120 000×25%=30 000（元）

乙产品保利销售额=120 000×50%=60 000（元）

丙产品保利销售额=120 000×25%=30 000（元）

各种产品保利销售量分别计算如下：

甲产品保利销售量=30 000÷200=150（件）

乙产品保利销售量=60 000÷250=240（件）

丙产品保利销售量=30 000÷100=300（件）

（2）计算综合保利销售额及各产品的保利点。

$$综合保利销售额 = \frac{2\ 400 + 10\ 800 \div (1 - 25\%)}{12\%} = 140\ 000（元）$$

各种产品保利销售额分别计算如下：

甲产品保利销售额=140 000×25%=35 000（元）

乙产品保利销售额=140 000×50%=70 000（元）

丙产品保利销售额=140 000×25%=35 000（元）

各种产品保利销售量分别计算如下：

甲产品保利销售量=35 000÷200=175（件）

乙产品保利销售量=70 000÷250=280（件）

丙产品保利销售量=35 000÷100=350（件）

【练一练3-5】假设某企业生产单一产品，当年目标利润为400 000元，固定成本为200 000元，边际贡献率为20%，产品销售单价为10元，则目标销售量为（　　）件。

A.200 000　　B.300 000　　C.100 000　　D.400 000

（三）相关因素变动对保利点的影响

目标利润是本量利分析的核心要素，它既是企业经营的动力和目标，也是本量利分析的中心。企业要实现目标利润，在假定其他因素不变时，通常应提高销售数量或销售价格，降低固定成本或单位变动成本。

【例3-9】信达公司生产和销售单一产品，产品的单价为100元，单位变动成本为75元，固定成本为50 000元。

要求：

（1）如果将税前目标利润定为40 000元，计算保利销售量和销售额。

（2）假定公司将税前目标利润定为58 000元，从单个因素来看，影响目标利润的四个基本要素该做怎样的调整？

解：（1）根据资料，计算如下：

$$保利销售量 = \frac{50\ 000 + 40\ 000}{100 - 75} = 3\ 600（件）$$

$$保利销售额 = \frac{50\ 000 + 40\ 000}{1 - 75 \div 100} = 360\ 000（元）$$

（2）调整措施可选择如下方案中的任意一种：

$$实现目标利润的销售量 = \frac{固定成本 + 目标利润}{单位边际贡献}$$

$$= \frac{50\ 000 + 58\ 000}{100 - 75} = 4\ 320（件）$$

$$实现目标利润的单位变动成本 = 单价 - \frac{固定成本 + 目标利润}{销售量}$$

$$= 100 - \frac{50\,000 + 58\,000}{3\,600} = 70（元）$$

实现目标利润的固定成本=边际贡献−目标利润

=（100−75）×3 600−58 000 =32 000（元）

$$实现目标利润的单价 = 单位变动成本 + \frac{固定成本 + 目标利润}{销售量}$$

$$= 75 + \frac{50\,000 + 58\,000}{3\,600} = 105（元）$$

计算结果表明，该公司目标利润定为58 000元，比原来的目标利润增加18 000元。为确保现行目标利润的实现，从单个因素来看：销售数量上升到4 320件，比原来的销售数量增加720件；或单位变动成本下降到70元，比原来的单位变动成本降低了5元；或固定成本下降到32 000元，比原来的固定成本降低18 000元；或销售单价上升为105元，比原来的售价增加5元。

生产多种产品时，目标利润除可调整销售单价、单位变动成本、固定成本及销售量外，还可以通过调整产品的销售结构来实现。

因为：综合目标利润=各产品销售收入总额×综合边际贡献率−固定成本

$$则：综合边际贡献率 = \frac{固定成本 + 综合目标利润}{全部产品销售收入总额}$$

综合边际贡献率=$\sum$各产品边际贡献率×各产品销售收入比重

由以上分析可知，生产多种产品时，综合边际贡献率除了受各产品的边际贡献率影响外，还受各产品的销售收入所占比重的影响。边际贡献率高的产品所占销售比重越大，则综合边际贡献率越高，在销售收入总额和固定成本总额不变的情况下，目标利润将随之提高；反之，边际贡献率低的产品所占销售比重越大，则综合边际贡献率会降低，在销售收入总额和固定成本总额不变的情况下，目标利润将会随之降低。因此，生产多种产品时，还可以通过调整各产品销售结构实现目标利润。

【例3−10】信达公司目前经营甲、乙、丙三种产品（其中甲产品属指令性产品，不进行调整），固定成本总额是220 000元，下年度目标利润总额为300 000元，本年有关资料见表3−4。

表3−4　**信达公司有关生产成本资料**　单位：元

项目 / 产品	销售收入	变动成本	贡献毛益
甲	400 000	220 000	180 000
乙	300 000	180 000	120 000
丙	300 000	120 000	180 000
合计	1 000 000	520 000	480 000

要求：在产品销售收入总额保持不变的前提下，通过调整乙、丙两种产品的产销结构实现下年度的目标利润。

解：根据资料，计算如下：

由于：目标利润=综合边际贡献率×销售收入总额-固定成本

因此，实现目标利润所需的综合边际贡献率为：

$$综合边际贡献率=\frac{固定成本+综合目标利润}{销售收入总额}=\frac{220\,000+300\,000}{1\,000\,000}\times 100\%=52\%$$

$$甲产品边际贡献率=\frac{180\,000}{400\,000}\times 100\%=45\%$$

$$乙产品边际贡献率=\frac{120\,000}{300\,000}\times 100\%=40\%$$

$$丙产品边际贡献率=\frac{180\,000}{300\,000}\times 100\%=60\%$$

假设调整后乙产品销售比重为x，则丙产品的销售比重为（1-40%-x），根据综合边际贡献率为52%，可得如下方程式：

52%=45%×40%+40%×x+60%×（1-40%-x）

解得x=10%，即乙产品销售比重为10%，则丙产品的销售比重为1-40%-x=50%。

因此，若下年度有300 000元的目标利润，在产品销售收入总额保持不变的前提下，乙产品的销售比重应调整为10%，丙产品的销售比重应调整为50%。

【练一练3-6】影响目标利润的因素有（　　）。

A. 单价　　B. 销售量

C. 固定成本　　D. 变动成本

（四）安全边际分析

安全边际分析是指通过分析正常销售额超过盈亏临界点销售额的差额，衡量企业在保本的前提下，能够承受因销售额下降带来的不利影响的程度和企业抵御营运风险的能力。安全边际分析主要包括安全边际和安全边际率两个指标。

1. 安全边际

安全边际是指实际销售量或预期销售量超过盈亏平衡点销售量的差额，体现企业营运的安全程度。

安全边际有实物量和货币价值量两种表现形式，实物量指标为安全边际量，货币价值量指标为安全边际额。用公式表示为：

安全边际量=实际销售量或预期销售量-保本销售量

安全边际额=实际销售额或预期销售额-保本销售额

或：安全边际额=销售单价×安全边际量

2. 安全边际率

安全边际率，是衡量企业经营安全程度的相对数指标，是指安全边际量（额）与实际销售量（额）或预期销售量（额）的比值。用公式表示为：

$$安全边际率=\frac{安全边际量(额)}{实际销售量(额)或预期销售量(额)}\times 100\%$$

安全边际和安全边际率都是评价企业经营安全程度的正指标，即指标数值越大，企业经营的安全性就越好；反之，越不安全。

评价企业经营安全程度的一般标准见表3-5。

表3-5 安全性经营标准

安全边际率	10% 以下	10% ~ 20%	20% ~ 30%	30% ~ 40%	40% 以上
安全程度	危险	值得注意	比较安全	安全	很安全

3. 保本作业率与安全边际率的关系

保本作业率又称盈亏临界点作业率，是指保本销售量（额）占正常经营情况下的销售量（额）的百分比。其计算公式如下：

$$保本作业率 = \frac{保本销售量(额)}{预计或现有销售量(额)} \times 100\%$$

保本作业率是一个反指标，该指标数值越大说明企业预计或现有的销售量中用来保本的销售量越多，则企业的盈利能力越差，企业越不安全。

保本作业率和安全边际率可用图3-4表示。

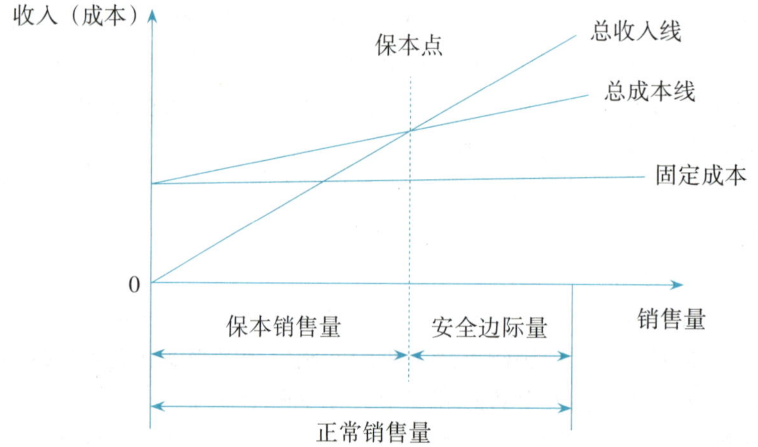

图3-4 保本作业率与安全边际率

从图3-4可以看出，保本点把预计或现有销售量分为两部分：一部分是保本销售量；另一部分是安全边际量。即：

$$保本销售量 + 安全边际量 = 预计或现有销售量$$

上述公式两端除以预计或现有销售量，得到：

$$保本作业率 + 安全边际率 = 1$$

从图3-4还可以看出，只有安全边际才能为企业提供利润，而保本销售额扣除变动成本后只为企业收回固定成本。安全边际销售额减去其自身变动成本后成为企业利润，即安全边际中的边际贡献等于企业利润。这个结论可以通过下式推导出：

$$\begin{aligned}利润 &= 边际贡献 - 固定成本\\ &= 销售收入 \times 边际贡献率 - 保本销售额 \times 边际贡献率\\ &= 安全边际额 \times 边际贡献率\end{aligned}$$

若将上式两端同时除以销售收入，得到：

$$销售利润率 = 安全边际率 \times 边际贡献率$$

从上述关系式可以看出，要提高企业的销售利润率水平主要有两种途径：一是扩大现有销售水平，提高安全边际率；二是降低变动成本水平，提高边际贡献率。

企业在营运管理中，通常在进行本量利分析、敏感性分析的同时运用边际分析工具方法。边际分析工具方法主要有边际贡献分析、安全边际分析等。边际分析方法可有效地分析业务量、变动成本和利润之间的关系，通过定量分析，直观地反映企业营运风险，促进提高企业营运效益。但是由于决策变量与相关结果之间关系较为复杂，所选取的变量直接影响边际分析的实际应用效果。安全边际分析是边际分析法中的一种方法，主要用于衡量企业承受营运风险的能力，尤其是销售量下降时承受风险的能力，也可以用于盈利预测。安全边际或安全边际率的数值越大，企业发生亏损的可能性越小，抵御营运风险的能力越强，盈利能力越大。

【例 3-11】信达公司生产甲产品，相关资料如下：单位变动成本为15元，固定成本为40 000元，销售价格为35元，预计销售量为4 500件。

要求：计算该产品的保本作业率、安全边际、安全边际率及销售利润率。

解：根据资料，计算如下：

$$保本销售量 = \frac{40\,000}{35 - 15} = 2\,000（件）$$

$$保本作业率 = \frac{2\,000}{4\,500} \times 100\% = 44.4\%$$

$$安全边际量 = 4\,500 - 2\,000 = 2\,500（件）$$

$$安全边际率 = \frac{2\,500}{4\,500} \times 100\% = 55.6\%$$

$$边际贡献率 = \frac{20}{35} \times 100\% = 57.1\%$$

$$销售利润率 = 安全边际率 \times 边际贡献率 = 55.6\% \times 57.1\% = 31.7\%$$

【练一练 3-7】某公司生产甲产品，安全边际率为40%，变动成本率为60%，当期销售收入为100 000元，则当期利润额为（　　）元。

A.20 000　　B.40 000　　C.16 000　　D.24 000

四、敏感性分析

敏感性分析是指对影响目标实现的因素变化进行量化分析，以确定各因素变化对实现目标的影响及其敏感程度。

从前面保本分析中可以看出，销售量、单价、单位变动成本、固定成本诸因素中的某个或者某几个因素的变动，都会对保本点和目标利润产生影响，但影响程度不一样。本量利关系中的敏感性分析主要研究两方面的问题：一是有关因素发生多大变化时会使企业由盈利变为亏损；二是利润对有关因素变化的敏感程度。

（一）有关因素临界值的确定

销售量、单价、单位变动成本、固定成本的变化，都会对利润产生影响。当这种影响是消极的且达到一定程度时，就会使企业的利润为零而进入保本状态；如果这种变化超出一定程度，企业就转入了亏损状态，发生质的变化。敏感性分析的目的就是确定能引起这种质变的各因素变化的临界值。简单来说，就是求得达到保本点的销售量和单价的最小允许值以及单位变动成本和固定成本的最大允许值。超越了这些临界值企业就会由盈利变为亏损，所以这种方法也称最大最小法。

根据本量利分析的基本模型，利润=（单价-单位变动成本）×销售量-固定成本，求得最大或最小的允许值的计算公式如下：

$$销售量的临界值即最小允许值=\frac{固定成本}{单价-单位变动成本}$$

$$单价的临界值即最小允许值=单位变动成本+\frac{固定成本}{销售量}$$

$$单位变动成本的临界值即最大允许值=单价-\frac{固定成本}{销售量}$$

$$固定成本的临界值即最大允许值=（单价-单位变动成本）\times 销售量$$

【例3-12】信达公司生产一种产品，年度内预计有关资料如下：销售量为5 000件，单价为50元，单位变动成本为20元，全年固定成本预计为60 000元。

要求：确定相关因素的临界值。

解：根据已知数据，即可求得相关因素的临界值。

（1）销售量的临界值即最小允许值。

$$销售量的最小允许值=\frac{60\,000}{50-20}=2\,000（件）$$

这就是说，销售量的最小允许值是2 000件，这是盈亏的临界点，或者说，实际销量只要完成原计划销量的40%（2 000 ÷ 5 000 × 100%），企业就可以保本。

（2）销售单价的临界值即最小允许值。

$$单价的最小允许值=20+\frac{60\,000}{5\,000}=32（元）$$

也就是说，销售单价不能低于32元这个最小允许值，或者说单价下降的幅度不能高于36%（(32-50) ÷ 50 × 100%)，否则便会发生亏损。

（3）单位变动成本的临界值即最大允许值。

$$单位变动成本的最大允许值=50-\frac{60\,000}{5\,000}=38（元）$$

这就是说，当单位变动成本由20元上升到38元时，企业的目标利润降为零。所以，单位变动成本的最大允许值为38元，其变动率为90%（（38-20）÷20×100%）。

（4）固定成本的临界值即最大允许值。

固定成本的最大允许值=（50-20）×5 000=150 000（元）

这就是说，固定成本的最大允许值为150 000元，超过了该值，公司就会发生亏损。所以公司固定成本的增加幅度不能超过150%（（150 000-60 000）÷60 000 ×100%）。

（二）利润对有关因素变动的敏感程度

销售量、单价、单位变动成本、固定成本的变化，都会对利润产生影响，但在影响程度上存在差别。有些因素只要有较小的变化就会引起利润的较大变化，说明利润对这些因素的变化十分敏感。所以，这些因素被称为敏感性因素；有些因素虽有较大变化，但对利润的影响却不大，说明利润对这些因素的变化并不敏感，这种因素被称为非敏感性因素。企业的决策者需要知道利润对哪些因素的变化比较敏感，对哪些因素的变化不太敏感，以便分清主次，及时采取必要的调整措施确保目标利润的完成。

反映利润敏感程度的指标称为敏感系数，其计算公式为：

$$敏感系数 = \frac{利润变动百分比}{因素变动百分比}$$

【例 3-13】沿用【例 3-12】的资料。假设其中的销售量、单价、单位变动成本和固定成本均分别增长20%。

要求：计算各因素的敏感系数。

解：根据已知资料，各因素的敏感系数计算如下。

（1）销售量的敏感系数。

当销售量增加20%，则有：

销售量=5 000×（1+20%）=6 000（件）

按此销售量计算：

利润=6 000×（50−20）−60 000=120 000（元）

原来的利润是90 000元（（50−20）×5 000−60 000），其变化率为：

$$利润变化百分比 = \frac{120\,000 - 90\,000}{90\,000} \times 100\% = 33.33\%$$

$$销售量的敏感系数 = \frac{33.33\%}{20\%} = 1.67$$

（2）单价的敏感系数。

当单价增加20%时，则有：

单价=50×（1+20%）=60（元）

按此单价计算：

利润=5 000×（60−20）−60 000=140 000（元）

$$利润变化百分比 = \frac{140\,000 - 90\,000}{90\,000} \times 100\% = 55.56\%$$

$$单价的敏感系数 = \frac{55.56\%}{20\%} = 2.78$$

（3）单位变动成本的敏感系数。

当单位变动成本增加20%时，则有：

单位变动成本=20×（1+20%）=24（元）

按此单位变动成本计算：

利润=5 000×（50−24）−60 000=70 000（元）

$$利润变化百分比 = \frac{70\,000 - 90\,000}{90\,000} \times 100\% = -22.22\%$$

$$单位变动成本的敏感系数 = \frac{-22.22\%}{20\%} = -1.11$$

(4) 固定成本的敏感系数。

当固定成本增加20%时，则有：

固定成本=60 000×（1+20%）=72 000（元）

按此固定成本计算：

利润=5 000×（50−20）−72 000=78 000（元）

$$利润变化百分比 = \frac{78\ 000 - 90\ 000}{90\ 000} \times 100\% = -13.33\%$$

$$固定成本的敏感系数 = \frac{-13.33\%}{20\%} = -0.67$$

以上计算结果说明，利润以1.67的速率随销售量的变化而变化，以2.78的速率随单价的变化而变化，以1.11的速率随单位变动成本的变化而变化，以0.67的速率随固定成本的变化而变化。

由此可看出，在影响利润的诸因素中，最敏感的是单价，其次是销售量，再次是单位变动成本，最后是固定成本。其中敏感系数为正值，表示该因素与利润为同向增减变动关系；敏感系数为负值，表示该因素与利润为反向增减变动关系。在进行敏感性分析时，敏感系数的绝对值越大，该因素越敏感。敏感系数的符号只与影响方向有关，与敏感程度无关。

各因素敏感系数也可以依据当期或基期的相应资料按以下简化公式计算：

$$销售量的敏感系数 = \frac{(单价 - 单位变动成本) \times 销售量}{利润}$$

$$单价的敏感系数 = \frac{单价 \times 销售量}{利润}$$

$$单位变动成本的敏感系数 = -\frac{单位变动成本 \times 销售量}{利润}$$

$$固定成本的敏感系数 = -\frac{固定成本}{利润}$$

【例3−14】沿用【例3−13】的资料。

要求：按简化公式计算各因素的敏感系数。

解：根据资料，计算如下：

$$销售量的敏感系数 = \frac{(50 - 20) \times 5\ 000}{90\ 000} = 1.67$$

$$单价的敏感系数 = \frac{50 \times 5\ 000}{90\ 000} = 2.78$$

$$单位变动成本的敏感系数 = -\frac{20 \times 5\ 000}{90\ 000} = -1.11$$

$$固定成本的敏感系数 = -\frac{60\ 000}{90\ 000} = -0.67$$

其计算结果与定义公式完全相同。需要说明的是，上述各因素敏感系数的排序并不是固定不变的，如果条件发生了变化，则各因素敏感系数之间的排列顺序也可能发生变化。尽管如此，各因素的敏感系数的排列还是有一定规律可循的。因为从敏感系数的计算公式可以看出，决定其排列顺序的关键在于各个因素中间变量的大小。因而，在企业正常盈利的条件下，各因素敏感系数的排列有如下规律：

（1）单价的敏感系数总是最高。

（2）销售量的敏感系数不可能最低。

（3）单价的敏感系数与单位变动成本的敏感系数绝对值之差等于销售量的敏感系数。

（4）销售量的敏感系数与固定成本的敏感系数绝对值之差等于1。

【想一想3-5】利润预测的敏感性分析包含哪些内容？如何进行利润敏感性分析？

【练一练3-8】在利润敏感性分析中，最为敏感的因素为（　　）。

A.销售单价　　B.单位变动成本　　C.销售量　　D.固定成本

敏感性分析方法简单易行，分析结果易于理解，能为企业的规划、控制和决策提供参考。但是，对决策模型和预测数据具有依赖性，决策模型的可靠程度和数据的合理性，会影响敏感性分析的可靠性。

同步技能训练

一、单项选择题（每题只有一个正确答案，请将正确答案填在括号内）

1.本量利分析假定在相关的范围内，销售单价和成本费用水平不变，影响利润的唯一因素是（　　）。

A.销售收入　　B.单位变动成本　　C.固定成本　　D.产销量

2.保本销售量等于（　　）。

A.$\dfrac{\text{单位变动成本}}{\text{单位边际贡献}}$　　B.$\dfrac{\text{单位固定成本}}{\text{单位边际贡献}}$

C.$\dfrac{\text{固定成本总额}}{\text{单位边际贡献}}$　　D.$\dfrac{\text{总成本}}{\text{单位边际贡献}}$

3.下列各项不会引起保本点变动的是（　　）。

A.销售量上升　　B.销售单价上升

C.单位变动成本上升　　D.固定成本上升

4.某产品单位售价30元，单位变动成本15元，固定成本10 000元，销售数量1 000件，则销售利润为（　　）元。

A.15 000　　B.20 000　　C.5 000　　D.25 000

5.在本量利分析的利润图中，当产品销售量小于保本销售量时，下列各项表述正确的是（　　）。

A.利润线位于横轴的上方　　B.企业处于盈利状态

C.利润为零　　D.企业处于亏损状态

6.下列各项能使保本点上升的是（　　）。

A.销售单价下降　　B.单位变动成本下降

C.固定成本下降　　D.销售量下降

7.根据本量利分析基本公式，利润、边际贡献总额和固定成本总额三者之间的关系是（　　）。

A.利润＝边际贡献总额＋固定成本总额

B.边际贡献总额＝利润－固定成本总额

C.利润＝边际贡献总额－固定成本总额

D.边际贡献总额＝固定成本总额－利润

8.已知企业只生产一种产品，单位变动成本为45元，固定成本总额为60 000元，产品单价为120元，为使安全边际率达到60%，该企业当期至少应销售的产品为（　　）件。

A.2 000　　B.1 333　　C.800　　D.1 280

9.已知企业只生产一种产品，单价5元，单位变动成本3元，固定成本总额600元，则保本销售量为（　　）件。

A.200　　B.300　　C.120　　D.400

10.根据本量利分析原理，只提高安全边际而不会降低保本点的措施是（　　）。

A.提高单价　　B.增加产量

C.降低单位变动成本　　D.降低固定成本

11.已知产品销售单价为24元，保本销售量为150件，实际销售额为4 800元，则安全边际率为（　　）。

A.33.33%　　B.25%　　C.50%　　D.20%

12.某企业只生产一种产品，月计划销售600件，单位变动成本为6元，月固定成本为1 000元，若要实现利润1 640元，则单价应为（　　）元。

A.16.40　　B.14.60　　C.10.60　　D.10.40

13.销售收入为20万元，边际贡献率为60%，其变动成本总额为（　　）万元。

A.8　　B.12　　C.4　　D.16

14.某企业只生产一种产品，单价为6元，单位变动生产成本为4元，单位销售和管理变动成本为0.5元，销售量为500件，则其产品边际贡献为（　　）元。

A.650　　B.750　　C.850　　D.950

15.保本作业率与安全边际率之间的关系是（　　）。

A.两者相等　　B.前者一般大于后者

C.后者一般大于前者　　D.两者之和等于1

二、多项选择题（每题有两个或两个以上正确答案，请将正确答案填在括号内）

1.保本点的表现形式有（　　）。

A.保本单价　　B.保本销售量　　C.保本销售额　　D.保本生产量

2.当企业处于保本状态时，则（　　）。

A.安全边际量为零　　B.保本作业率等于1

C.利润为零　　D.销售收入线和总成本线相交

3.下列各因素单独变动时能引起保本点变动的有（　　）。

A.销售单价　　B.单位变动成本
C.固定成本总额　　D.销售量

4.下列各项能引起保本销售额增加的有（　　）。
A.销售单价上升　　B.单位变动成本上升
C.销售量增加　　D.固定成本增加

5.下列项目中能引起安全边际提高的有（　　）。
A.固定成本上升　　B.销售单价上升
C.单位变动成本降低　　D.销售量增加

6.影响目标净利润的主要因素包括（　　）。
A.销售单价　　B.单位变动成本
C.固定成本总额　　D.销售量

7.如果销售单价升高，同时单位变动成本和固定成本总额降低，则（　　）。
A.保本销售量增加而保本销售额减少
B.保本销售量和保本销售额同时减少
C.保本销售量和保本销售额同时增加
D.利润增加

8.下列各项中，有可能成立的关系有（　　）。
A.边际贡献率大于变动成本率　　B.边际贡献率小于变动成本率
C.边际贡献率 + 变动成本率 = 1　　D.边际贡献率和变动成本率都大于零

9.某产品单价为8元，固定成本总额为2 000元，单位变动成本为5元，计划产销量为600件，要实现400元的利润，可分别采取的措施有（　　）。
A.减少固定成本600元　　B.提高单价1元
C.提高产销量200件　　D.降低单位变动成本1元

10.下列与安全边际率有关的说法中，正确的有（　　）。
A.安全边际与当年实际销售量的比值
B.安全边际率与保本作业率的和为1
C.安全边际率越大，企业发生亏损的可能性越小
D.安全边际率越小，企业发生亏损的可能性越小

三、判断题（正确的在括号内打“√”，错误的打“×”）

（　　）1.从贡献式本量利分析图中，我们可以直观地看到边际贡献是如何弥补固定成本从而形成利润或亏损的。

（　　）2.如果变动成本率为60%，固定成本总额为30 000元，则保本销售额为50 000元。

（　　）3.安全边际量和安全边际率都是越小越好。

（　　）4.当保本作业率为1时，企业处于盈亏平衡状态。

（　　）5.安全边际率与保本作业率之和等于1。

（　　）6.销售单价变动、单位变动成本变动以及固定成本变动均会引起保本点同方向变动。

（　　）7.保本销售量和销售额会随单位变动成本的升高而增加。

（　　）8.销售量的变动只影响利润的变动，对保本点没有影响。

（　　）9.如果企业的保本销售量为1 000件，当销售量为1 001件时，企业就会盈利；当销售量为999件时，企业就会亏损。

（　　）10.单位变动成本的变动会导致保本点同方向变动，也会导致安全边际同方向变动。

四、业务题

1. L公司生产甲、乙、丙三种产品，有关资料见表3-6。

表3-6 产品生产资料 金额单位：元

项目 \ 产品名称	甲产品	乙产品	丙产品
销售收入总额	120 000	250 000	（　　）
变动成本总额	60 000	（　　）	（　　）
边际贡献率（%）	（　　）	30	40
固定成本总额	30 000	（　　）	25 000
税前利润	（　　）	37 000	25 000

要求：计算并填列表3-6中括号内的相关数据。

2.S公司生产甲产品，销售单价为25元，单位变动成本为15元，固定成本总额为50 000元。

要求：

（1）计算保本销售量和销售额；

（2）若该公司税前目标利润为40 000元，则目标利润销售量和目标利润销售额应为多少？

（3）若该公司税后目标利润为30 000元（所得税税率为25%），则目标利润销售量和目标利润销售额应为多少？

（4）假设变动成本中有50%为人工成本，固定成本中有20%为人工成本。若人工成本上升10%，则保本销售量应为多少？

3.W公司计划期预计产销甲产品120台，每台售价5 000元，单位变动成本3 000元，固定成本总额10万元。

要求：

（1）计算计划期保本销售量及销售额；

（2）计算安全边际量、安全边际额、安全边际率及保本作业率；

（3）计算预计可能实现的利润。

4.Y公司产销甲、乙、丙三种产品，有关资料见表3-7。

表3-7　　产品生产资料

项目＼产品名称	甲产品	乙产品	丙产品
单位售价（元）	30	40	10
单位变动成本（元）	15	32	6
销售量（件）	20 000	15 000	30 000
固定成本总额（元）	72 000		

要求：

（1）计算三种产品的综合边际贡献率；

（2）用加权平均边际贡献率法计算各产品保本销售额和保本销售量；

（3）用联合单位法计算各产品保本销售量和保本销售额。

5.某公司每月固定成本为18 500元，生产三种产品资料见表3-8。

表3-8　　产品生产资料

产品	单价（元）	单位变动成本（元）	销售额所占比重
甲	100	60	50%
乙	50	30	30%
丙	80	60	20%

要求：

（1）计算加权平均边际贡献率和综合保本销售额；

（2）计算各产品的保本销售额和保本销售量；

（3）计算销售额为80 000元时的利润；

（4）若甲、乙、丙三种产品的销售额比重为20%、30%、50%，试计算综合保本销售额，以及销售额为80 000元时的利润。

6.A公司目前产销甲产品40 000件，单位售价为20元，单位变动成本为12元，全年固定成本总额为300 000元。

要求：

（1）计算现有条件下的利润额。

（2）若使目标利润提高50%，在其他条件不变的情况下，计算销售量、单位变动成本、固定成本及售价。

（3）计算各有关因素的敏感系数。

7.甲公司每月产销A产品9 000个，单位售价为8元，单位变动成本为5元，全月固定成本为20 000元。若使目标利润提高3 000元，准备从三方面采取措施：扩大销售量、降低售价、降低单位变动成本。

要求：若销售量提高50%、售价降低20%，计算单位变动成本。

8.F公司产销A产品，单位边际贡献为40元，变动成本率为60%，安全边际率为35%，产品销售量为5 000件。

要求：计算保本销售额、可实现的利润、销售利润率。

9.某地区有甲、乙两个工厂，近几年生产经营情况一直较好，两者销售和盈利水平基本相同。为了扩大再生产，两者分别向银行提出贷款申请，同时向银行递交了相关财务资料，具体见表3-9。

表3-9 甲、乙工厂生产资料

项目	甲工厂	乙工厂
销售收入（元）	400 000	400 000
总成本（元）	340 000	340 000
其中：变动成本（元）	200 000	300 000
利润（元）	60 000	60 000

银行应该给哪个工厂提供贷款，有两种不同的意见：一种意见认为，甲、乙两工厂的销售水平、利润水平和总成本均相同，条件一样，都应该取得贷款；另一种意见认为，甲、乙两个工厂的盈利水平、销售水平和总成本虽然相同，但是成本构成不同，应该运用本量利模型进行成本分析，然后根据盈利条件的优劣来确定贷款对象。

银行经过充分研究后，认为乙工厂的盈利条件优于甲工厂，因此决定为乙工厂提供贷款。

要求：运用本量利模型分析银行把资金贷给乙工厂的决策是否正确。

任务三 短期经营决策分析

经营管理水平的高低是决定企业成败的关键，企业要强化管理，提高经济效益，就必须进行决策分析。因此，利用会计信息进行决策分析就成为管理会计的核心内容之一。所谓管理的重心在经营，经营的重心在决策。企业必须采用科学的决策理论和方法，加强经营决策工作，提高决策的科学水平，从而进一步提高企业的经济效益。

一、决策分析概述

（一）决策分析的含义

决策是指企业为了实现预定的目标，在科学有效的预测基础上对未来经济活动的若干备选方案进行比较和分析，最终做出科学判断的行为。管理会计中的决策分析是指针对企业经营活动所面临的有关未来经营战略、方针、目标、措施与方法等问题，由各级管理人员借助科学的理论和专门的方法，对各种备选方案可能导致的结果，进行测算和比较分析，权衡利弊得失，从中选出最优方案，供企业的决策者参考的整个过程。它是经营管理的核心内容，是关系到企业未来发展兴衰成败的关键所在。

（二）决策的分类

决策可按照如下不同的标志进行分类。

1.按决策的重要程度分类

按决策的重要程度分类，决策可分为战略决策与战术决策。

（1）战略决策是指影响企业全局性的，特别是关系到企业未来发展方向及方针的重大决策。企业经营目标的制定，扩大生产能力，新产品的开发均属于战略决策。这类决策不仅要考虑企业的长期规划还应考虑外部环境的影响，它的正确与否，对企业的兴盛存亡具有决定性的意义。

（2）战术决策是指以战略决策为目标，关系到企业日常经营活动所采用的方法及措施的局部性决策。战术决策包括零部件的自制与外购、资金的短期筹措以及生产计划的安排等。这类决策主要是考虑将企业现有的人力、物力以及资金进行合理的安排以及充分的利用，但它的正确与否，并不会对企业的成败产生决定性影响。

2.按决策条件的肯定程度分类

按决策条件的肯定程度分类，决策可分为确定型决策、风险型决策及不确定型决策。

（1）确定型决策是指各个备选方案中的因素都是已知的，并且通过科学分析这些因素能得出一个确定的结果。这类决策只要进行比较分析即可，是较为简单的一类决策。

（2）风险型决策中，虽然各个备选方案的因素都是已知的，但这些因素会表现出几种变动的趋势。因此，执行每一个方案都有可能出现两种及以上的不同结果，但可以通过有关的数据得出不同结果产生的概率。这类决策由于存在不唯一的结果，因此具有一定的风险性。

（3）不确定型决策需要与风险型决策进行区分，这类决策备选方案中所涉及的各个因素只能以决策者的经验确定的主观概率作为依据。这类决策需要决策者具有丰富的实践经验以及较高的理论知识水平，因此这类决策的难度较大。

3.按决策规划时期的长短分类

按决策规划时期的长短分类，决策可分为短期决策及长期决策。

（1）短期决策也称经营决策，一般是指决策行为的影响期间在一个运营年度或运营周期之内。这类决策行为只对日常生产经营活动产生影响，主要包括定价决策和生产决策等。短期决策的特点是见效快，通常所涉及的资金投入量不大，且能充分利用企业现有资源进行决策。

（2）长期决策亦称投资决策，是指决策行为的影响期间在一个运营年度或运营周期以上。这类决策一般涉及企业的长远发展战略，主要包括重大投资活动决策和企业经营方向变更决策等，一般需要投入大量资金，见效较慢。

（三）决策分析的一般程序

决策分析必须按照科学的顺序进行。

1.确定决策分析目标

决策分析的目标应针对企业经营存在的问题，以经营目标为基础，确定未来努力的方向。除此之外还应处理好以下几点：

（1）目标具体化。确定的目标不应过于笼统抽象，以免被误解。

（2）目标定量化。决策的目标应尽可能地用定量指标来表达。

（3）明确约束条件。有条件约束的目标应充分揭示其约束条件。

（4）目标系统化。对于多目标的决策，应先分清目标的主次，区别对待。如需要区分战略目标与战术目标；短期目标与长期目标；主要目标与从属目标等。将目标按顺序排列，就是目标系统化。

2. 设计备选方案

在明确决策分析的目标前提，充分考虑各种现实与可能条件的基础上，拟订各种可能实现决策目标的备选方案。形成备选方案是一个经过初步设想，做出初步方案，最终形成备选方案的反复补充修改的过程。

3. 评价备选方案可行性

对上一步骤形成的备选方案应采用定性及（或）定量的方法进行可行性研究。对备选方案的先进性、合理性与可能性进行分析评价。

4. 确定最终方案

在比较分析各个备选方案优缺点的基础上，根据企业发展的战略目标，筛选出最优的方案。

5. 组织最优方案的实施，及时跟踪反馈

虽然执行决策结果不包括在决策分析行为的范围内，但它是决策分析行为的延伸，在组织实施最优方案的过程中，一旦发现问题能进行及时的调整以及修改，甚至做出下一轮新的决策，可使决策分析行为处于一个动态良性循环过程。

二、短期经营决策中的相关因素

短期经营决策中需要考虑的相关因素主要是：相关业务量、相关收入和相关成本。

（一）相关业务量

相关业务量是指与特定决策方案相联系的产量或销售量。相关业务量对决策方案的影响往往是通过对相关收入和相关成本的影响而实现的。计算某一产品的相关收入与相关成本所使用的业务量不一定相同，所以，在短期经营决策中必须认真考虑。

（二）相关收入

相关收入是指与特定决策方案相联系的、能对决策产生重大影响的、在短期经营决策中必须予以充分考虑的收入，又称有关收入。如果某项收入只属于某个经营决策方案，即若有这个方案存在，就会发生这项收入；若该方案不存在，就不会发生这项收入，那么，这项收入就是相关收入。相关收入的计算，要以特定决策方案的单价和相关销售量为依据。

与相关收入相对立的概念是无关收入。如果无论是否采纳某决策方案，均会发生某项收入，那么就可以断定该项收入是该方案的无关收入。

（三）相关成本

相关成本是指与特定决策方案相联系的、能对决策产生重大影响的、在短期经营决策中必须予以充分考虑的成本，又称有关成本。

如果某项成本只属于某个经营决策方案，即若有这个方案存在，就会发生这项成本；若该方案不存在，就不会发生这项成本，那么，这项成本就是相关成本。

在生产经营决策分析中，较为常见的相关成本包括差量成本、机会成本、专属成本、付现成本、重置成本等；在定价决策分析中，有时需要考虑边际成本。

1.差量成本

差量成本也称差别成本，有广义与狭义之分。

广义的差量成本是指可供选择的不同备选方案之间相关成本的差额。例如，企业生产所需零部件可自制也可外购，如何在这两个方案中进行选择，需要对两个方案的相关成本进行比较，计算差量成本，作为决策分析的依据。

狭义的差量成本，通常是指由于生产能力利用程度不同而形成的成本差额。在相关范围内，狭义的差量成本表现为变动成本，但当生产能力发生变化时，差量成本也可能包括固定成本。

2.机会成本

机会成本原是经济学术语。它以经济资源的稀缺性和多种选择机会的存在为前提，是指在经济决策中应由中选的最优方案负担的，按所放弃的次优方案潜在收益计算的那部分资源损失，又叫机会损失。

企业在进行经营决策时，必须从多个备选方案中选择一个最优方案，而放弃另外的方案。此时，被放弃的次优方案所可能获得的潜在利益就是已选中的最优方案的机会成本。选择方案时，将机会成本的影响考虑进去，有利于对所选方案的最终效益进行全面评价。但由于机会成本并没有构成企业的实际成本支出，所以，在财务会计中，并不对机会成本进行核算。

3.专属成本

专属成本是指那些能够明确归属于特定决策方案的固定成本。它往往是为了弥补生产能力不足，增加有关设备、工具等长期资产而发生的。专属成本的确认与获得长期资产的方式有关。例如，某企业拟增加设备扩大生产能力，若用租入的方式，则专属成本就是与此相关联的租金成本；若采用购买方式，则专属成本就是设备的全部购买成本。

4.边际成本

从理论上讲，边际成本是指当业务量发生微小变动时所引起的成本变动额。但是在实际经济生活中，业务量的微小变动只能小到一个经济单位，如一件或一台产品等。所以管理会计中的边际成本是指业务量每变动一个单位所引起的成本变动额。应该注意，边际成本和单位变动成本是有区别的。单位变动成本反映的是增加单位业务量所追加的平均变动成本，而边际成本是反映每增加一个单位业务量所追加的成本。所以，只有在相关范围内，单位变动成本才能和边际成本相一致。

5.付现成本

付现成本是指未来需以现金支付的成本。企业在经营决策中，特别是当企业资金处于紧张状态、支付能力受到限制的情况下，往往把付现成本作为考虑的重点，选择付现成本最小的方案代替总成本最小的方案。

6. 重置成本

重置成本又可称为现时成本或现行成本。它是指按照现在的市场价格购买目前所持有的某项资产所需支付的成本。在短期经营决策中，对企业原有的资产，不应按其历史成本决策，而应将其重置成本作为相关成本予以考虑。

7. 可避免成本

可避免成本是指其发生与否及发生金额的多少都会受管理层决策影响的成本。例如，某公司现有一定剩余生产能力，拟接受一批特别订货，需要购买专用设备，预计该设备价值30 000元。这30 000元的专用设备款是否发生，取决于是否接受特别订货，如果拒绝接受这批特别订货，专用设备款就不会发生，所以该专用设备款属于可避免成本。

8. 可延缓成本

可延缓成本是指在短期经营决策中若对其暂缓开支，不会对企业未来生产产生重大不利影响的成本。例如，某公司决定为办公楼购买、安装空调，但因目前资金比较紧张，决定推迟购买时间，则同这一决定相关联的空调购置成本即为可延缓成本。因为，这一方案即使推迟执行，也不会对企业目前生产经营活动的正常进行造成重大影响。

（四）无关成本

与相关成本相对立的是无关成本。无关成本是指不受决策结果影响，已经发生或注定要发生的成本。如果无论是否选择某决策方案，均会发生某项成本，那么就可以断定该项成本是上述方案的无关成本。在短期经营决策中，不能考虑无关成本，否则可能导致决策失误。因此，了解哪些成本是无关成本是十分必要的。

1. 沉没成本

沉没成本也叫沉落成本，属于历史成本范畴，是指过去已经发生并不能由现在或将来的任何决策加以改变的成本。也就是说，沉没成本是由于过去决策所引起并已经实际支付过款项的成本。例如，某公司两年前以30 000元购入车床一台。由于30 000元的设备款已经支付，属于沉没成本，即便现在发现原来购买这台车床是不明智的决策，也不可能改变已经支付的事实。

2. 共同成本

共同成本是与专属成本相对应的成本，是指应当由多个方案共同负担的注定要发生的固定成本，如企业管理部门固定资产的折旧费、管理人员工资等。

变动成本一般都是专属成本，而固定成本才有专属成本和共同成本之分。因此，变动成本没有必要划分为专属成本和共同成本，专属成本和共同成本是针对固定成本而言的。在进行方案选择时，专属成本是与决策有关的成本，必须予以考虑，而共同成本则是与决策无关的成本，不予考虑。

3. 不可避免成本

不可避免成本是与可避免成本相对应的成本，是指在企业经营过程中必然要发生的，企业决策行为不能改变其发生的成本。其发生与否，并不取决于有关方案的取舍。例如，某公司在正常生产能力范围内接受了某项特别订货，如果厂房、设备等固定资产折旧费为48 000元，该折旧费用与是否接受特别订货无关，不会随着特别订货接受与否而发生变化，是不可避免成本。

由于可避免成本与特定备选方案相关，而不可避免成本与特定备选方案无关，在进行方案选择时，对可避免成本必须予以考虑，对不可避免成本则不予考虑。

4. 不可延缓成本

不可延缓成本是与可延缓成本相对应的成本，是指在短期经营决策中，若对其暂缓开支就会对企业未来生产产生重大不利影响的成本。例如，某公司的一台重要机床出现故障，如果不立即修复投入生产，则无法按期完成合同规定的交货任务，将使企业蒙受重大经济损失，则与这一方案相关联的成本就属于不可延缓成本。

由于不可延缓成本在发生时间上具有较强的刚性，即使在企业财力有限的情况下，也必须及时支付，没有选择余地，属于无关成本，所以在短期经营决策中可以不予考虑。如果多个决策方案已经决定实施，但受企业现有资金的限制不可能同时全部付诸实施，则需区分轻重缓急，确定哪些是可延缓的，哪些是不可延缓的，依次付诸实施，才有利于最经济有效地利用现有资源，取得最大经济效益。

【想一想 3-6】在短期决策中，所有固定成本或折旧费都是沉没成本吗？

【练一练 3-9】某企业生产甲产品，有 A、B 两个备选方案，A 方案预计可获得净收益 2 000 万元，B 方案预计可获得净收益 1 200 万元，则 A 方案的机会成本为（　　）万元。

A.2 000　　B.800　　C.1 200　　D.3 200

三、短期经营决策的基本方法

在短期经营决策中，需要采用不同的决策分析方法对各备选方案进行比较和判断，以选择最优方案。从实际工作中看，经常采用的决策方法有边际贡献分析法、差量分析法和成本无差别点分析法。

（一）边际贡献分析法

边际贡献分析法是通过比较各备选方案边际贡献的大小来确定最优方案的分析方法。它可分为单位资源边际贡献分析法和边际贡献总额分析法。

1. 单位资源边际贡献分析法

单位资源边际贡献分析法是指以有关方案的单位资源边际贡献作为决策评价指标的一种方法。

在企业生产只受到某一项资源（如某种原材料、人工工时或机器台时等）的约束，并已知备选方案中各种产品的单位边际贡献和单位产品资源消耗定额（如材料消耗定额、工时定额）的条件下，可按下式计算单位资源所能创造的边际贡献，并以此作为决策评价指标。

$$单位资源边际贡献=\frac{单位边际贡献}{单位产品资源消耗定额}$$

单位资源边际贡献是个正指标，哪个方案的该项指标值大，哪个方案就为优。

2. 边际贡献总额分析法

边际贡献总额分析法是指以有关方案的边际贡献总额作为决策评价指标的一种方

法。边际贡献是销售收入减变动成本后的余额，它首先用来补偿固定成本，余额才是利润。固定成本总额在相关范围内并不随业务量的变动而变动，因此，边际贡献的大小，反映了备选方案对企业利润所做贡献的大小。

边际贡献总额是个正指标，哪个方案的边际贡献总额大，哪个方案就为优。

在运用边际贡献总额分析法进行备选方案的择优决策时，应注意以下几点：

（1）在不存在专属成本的情况下，通过比较不同备选方案的边际贡献总额进行择优决策。

（2）在存在专属成本的情况下，首先应计算备选方案的剩余边际贡献（边际贡献总额减去专属成本后的余额），然后通过比较不同备选方案的剩余边际贡献总额进行择优决策。

（3）不能根据单位边际贡献的大小来择优决策。因为边际贡献总额受到单位边际贡献和业务量两个因素的影响，单位边际贡献大的产品不一定提供多的边际贡献总额。

（二）差量分析法

差量分析法，是指在计算两个备选方案之间产生的差量收入和差量成本的基础上，计算差量损益，以差量损益指标作为评价方案取舍标准的一种方法。差量收入是指两个备选方案之间相关收入之差。差量成本是指两个备选方案之间相关成本之差。差量损益是差量收入与差量成本之差。

当差量收入大于差量成本时，其差异为差量收益；当差量收入小于差量成本时，其差异为差量损失。差量分析过程见表3-10。

表3-10 差量分析过程

A方案	B方案	差异
相关收入	相关收入	差量收入
相关成本	相关成本	差量成本
相关损益	相关损益	差量损益

当差量损益=0时，A、B方案均可取；

当差量损益>0时，A方案较优；

当差量损益<0时，B方案较优。

应该注意的是，计算差量收入和差量成本时，方案排列顺序必须保持一致。

（三）成本无差别点分析法

成本无差别点分析法是指在各备选方案收入相同（收入不变或为零）的前提下，相关业务量为不确定因素时，通过计算不同方案总成本相等时的业务量，即成本无差别点（亦称成本平衡点），作为评价方案取舍标准的一种方法。

成本无差别点分析法要求各方案的业务量单位必须相同，方案之间的相关固定成本与单位变动成本恰好相互矛盾。即如果第一个方案的相关固定成本大于第二个方案的相关固定成本，那么，第一个方案的单位变动成本必须小于第二个方案的单位变动成本，否则无法应用该法。

成本无差别点业务量是指两备选方案总成本相等时的业务量，记为x_0。

设方案Ⅰ的相关总成本方程为：$y_1=a_1+b_1x$

方案Ⅱ的相关总成本方程为：$y_2=a_2+b_2x$

方案Ⅰ和方案Ⅱ的固定成本与单位变动成本分别满足条件：$a_1<a_2$，$b_1>b_2$

令$y_1=y_2$，即$a_1+b_1x=a_2+b_2x$

可得成本无差别点业务量为：

$$x_0=\frac{\text{两方案相关固定成本之差}}{\text{两方案单位变动成本之差}}=\frac{a_1-a_2}{b_2-b_1}$$

根据成本无差别点进行择优决策（如图3-5所示）。

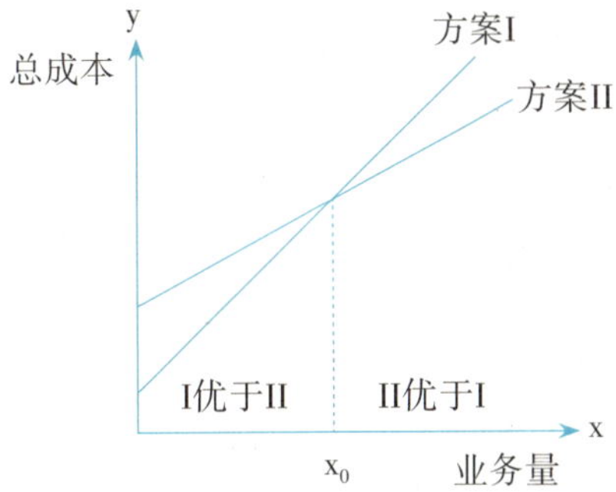

图3-5　成本无差别点图

（1）若业务量$x<x_0$时，则固定成本较低的方案Ⅰ优于方案Ⅱ；

（2）当业务量$x>x_0$时，则固定成本较高的方案Ⅱ优于方案Ⅰ；

（3）若业务量$x=x_0$时，则两方案的成本相等，效益无差别。

业务量不确定的零部件取得方式的决策和生产工艺技术方案的决策，通常应用成本无差别点分析法来选取成本最低的方案。

四、产品生产决策

产品生产决策旨在解决企业是否生产某种产品、生产什么产品及怎样安排产品的生产等问题。本节主要介绍“是否生产”和“生产什么”的问题，如生产何种新产品，亏损产品是否继续生产，是否接受低价追加订货，半成品是否深加工，零部件是自制还是外购等。

（一）生产何种新产品的决策

微课3-4

生产何种新产品的决策

如果企业有剩余的生产能力或放弃生产过时老产品腾出来的生产能力，可利用该生产能力开发某种新产品。

在选择生产何种新产品时，如果多个备选方案均不涉及追加专属成本，可以用单位资源边际贡献分析法或边际贡献总额分析法进行决策。

【例3-15】已知某企业生产能力有剩余，可使用一定数量的甲材料开发一种新产品。生产部门给出A、B新产品的两个备选方案。A产品的预计单价为300元，单位变动成本为260元，每单位A产品需要消耗甲材料的定额为10千克；B产品的预计单价为200元，单位变动成本为170元，每单位B产品需要消耗甲材料的定额为6千克。开发A或B产品不需要追加专属成本。

要求：做出开发何种新产品的决策。

解：根据资料，计算如下：

A产品的单位边际贡献 = 300 - 260 = 40（元）

B产品的单位边际贡献 = 200 - 170 = 30（元）

开发A产品的单位资源边际贡献 $= \frac{40}{10} = 4$（元）

开发B产品的单位资源边际贡献 $= \frac{30}{6} = 5$（元）

如果开发A产品，每消耗1千克甲材料可获得4元的单位边际贡献；开发B产品，则每消耗1千克甲材料可获得5元的单位边际贡献。因此，开发B产品比开发A产品更有利。

【例3-16】沿用【例3-15】的资料，假设企业现有甲材料600 000千克。

要求：

（1）计算使用甲材料分别开发A、B产品方案的相关业务量；

（2）利用边际贡献总额分析法做出开发何种新产品的决策。

解：根据资料，计算如下：

（1）开发A产品的相关业务量 $= \frac{600\,000}{10} = 60\,000$（件）

开发B产品的相关业务量 $= \frac{600\,000}{6} = 100\,000$（件）

（2）开发A产品方案的边际贡献 =（300-260）× 60 000 = 2 400 000（元）

开发B产品方案的边际贡献 =（200-170）× 100 000 = 3 000 000（元）

开发B产品可获得的边际贡献（3 000 000元）大于开发A产品可获得的边际贡献（2 400 000元），因此，开发B产品比开发A产品更有利。

通过上述例子可知，在一定条件下，无论使用单位资源边际贡献分析法，还是使用边际贡献总额分析法进行决策，得出的结论都是相同的。但需要注意的是，在决策时应根据已知条件从两种方法中选择最适合的一种方法进行。

如果生产何种新产品决策方案中涉及追加专属成本，就要通过比较不同方案的剩余边际贡献进行决策。

【例3-17】沿用【例3-16】的资料。假设在开发A、B产品的过程中需要用到新的专用模具，因此开发它们需要分别追加专属成本800 000元和700 000元。

要求：做出开发何种新产品的决策。

解：根据资料，生产A、B产品的剩余边际贡献分别为：

开发A产品方案的剩余边际贡献 =（300 - 260）× 60 000 - 800 000 = 1 600 000（元）

开发B产品方案的剩余边际贡献 $=(200-170)\times 100\,000-700\,000=2\,300\,000$（元）

开发B产品可获得的剩余边际贡献（2 300 000元）大于开发A产品可获得的边际贡献（1 600 000元），因此，开发B产品比开发A产品更有利。

【练一练3-10】某企业准备开发甲产品或乙产品，已知甲产品单位边际贡献为10元，乙产品单位边际贡献为8元，则企业应选择开发（　　）。

A. 甲产品　　　　B. 乙产品

C. 甲产品和乙产品均可　　　　D. 无法判断

（二）亏损产品是否停产或转产的决策

微课3-5 亏损产品的决策

在企业组织多品种生产经营的条件下，其中某种产品亏损是经常遇到的问题。对于亏损产品，不能简单地予以停产，而是要综合考虑企业各种产品的经营状况、生产能力的利用及有关因素的影响，通过比较分析，然后做出最优选择。

亏损产品是否停产或转产的决策一般有两种情形：一种是当生产能力无法转移时，是否停产亏损产品的决策；另一种是当生产能力能够转移时，是否停产亏损产品的决策。

1. 生产能力无法转移，是否停产亏损产品的决策

当亏损产品决定停产后，这些闲置的生产能力也无法被用于其他方面，也就是说既不能转产，也不能对外出租有关的设备，这种情况称为生产能力无法转移。

这类决策备选方案有两个：一是“继续按原规模生产亏损产品”方案；二是“停止生产亏损产品”方案。因为“停止生产亏损产品”方案的边际贡献为零，所以当亏损产品停产后的生产经营能力无法转移（闲置）时，只要该亏损产品提供的边际贡献大于零，就不应该停产。如果停产，不但不会减少亏损，反而会使亏损增加。因为继续生产能够提供边际贡献的亏损产品至少可以为企业补偿一部分固定成本；如果停产，作为沉没成本的固定成本仍然发生，这些固定成本会转由其他产品负担，最终会导致整个企业利润减少，减少的利润相当于该亏损产品所能提供的边际贡献。

【例3-18】某公司原生产A、B、C三种产品，有关资料见表3-11。

表3-11　销售利润表　单位：元

项目	A产品	B产品	C产品	合计
销售收入	100 000	400 000	500 000	1 000 000
销售成本	80 000	280 000	340 000	700 000
毛利	20 000	120 000	160 000	300 000
销售及管理费用	31 000	80 000	120 000	231 000
销售利润	−11 000	40 000	40 000	69 000

要求：做出是否继续生产A产品的决策。

解：根据资料，如果仅就表3-11的资料来看，停止生产A产品是有利的（利润将

上升至80 000元)，但是否真的有利，还应参考其他资料才能确定。假定按变动成本法分解成本见表3-12。

表3-12　　成本分解表　　单位：元

项目	A产品	B产品	C产品
变动生产成本	60 000	200 000	220 000
固定生产成本	20 000	80 000	120 000
合计	80 000	280 000	340 000
变动销售及管理费用	25 000	60 000	95 000
固定销售及管理费用	6 000	20 000	25 000
合计	31 000	80 000	120 000

由表3-12得出，A产品按变动成本法计算的变动成本总额为85 000元（变动生产成本+变动销售及管理费用），因此A产品在可以提供边际贡献15 000元（100 000-85 000）的情况下，停止生产A产品不仅不能增加11 000元的利润，反而会减少15 000元的利润（利润降至54 000元）。具体采用差量分析法对比分析继续生产A产品以及停止生产A产品的影响。有关分析见表3-13。

表3-13　　差量分析表　　单位：元

项目	继续生产A产品	停止生产A产品	差量
销售收入	1 000 000	900 000	100 000
变动生产成本	480 000	420 000	60 000
固定生产成本	220 000	220 000	0
变动销售及管理费用	180 000	155 000	25 000
固定销售及管理费用	51 000	51 000	0
销售利润	69 000	54 000	15 000

由表3-13进一步得出，A产品虽然最终发生11 000元的亏损，但它可以为企业提供15 000元销售利润。固定成本是由整个企业的生产经营产生的，与产品是否生产销售无直接联系，因此无论是否生产A产品，企业的固定成本总额不变。当A产品停止生产时，原来由A产品负担的固定成本转嫁给剩余两种产品，从而使得企业的利润在原有的基础上减少15 000元。所以，从企业全局角度看，仍应继续生产A产品。

2. 生产能力能够转移，是否停产亏损产品的决策

当亏损产品停产后的生产经营能力可以转作他用（如承揽零星加工业务、有关设备对外出租等）时，继续生产亏损产品的方案就会由此而发生相关的机会成本（如承揽零星加工业务可能取得的边际贡献、有关设备对外出租获得的租金收入等）。在这种情况下，只要该亏损产品提供的边际贡献大于其机会成本，就不应该停产。如果停产，企业

将因此而多损失相当于上述边际贡献与机会成本之差那么多的利润。

【例3-19】沿用【例3-18】的资料。假定停产后生产亏损产品的生产能力可用于对外承揽零星加工业务，预计可获得边际贡献25 000元。

要求：做出是否继续生产A产品的决策。

解：根据资料可知，继续生产A产品就会丧失对外承担零星加工业务可获得的边际贡献25 000元，所以对外承揽零星加工业务可获得的25 000元边际贡献就是继续生产A产品这一方案的机会成本。

由【例3-18】计算可知，继续生产A产品获得的边际贡献为15 000元。它小于该方案的机会成本25 000元。如果继续生产，企业将多损失10 000元（25 000−15 000）的利润。所以，应停止生产A产品。

【想一想3-7】亏损产品满足什么条件时应果断停产？

（三）是否接受低价追加订货的决策

追加订货指的是企业在生产经营计划执行的过程中，由其他订货商临时提出的额外订货任务，是正常订货以外的订货任务。正常订货是指企业已纳入生产经营计划中的订货，是企业在生产前已经确定下来的订货。正常订货的售价通常为正常价格，低价追加订货的售价较正常价格要低，一般是客户要求的订货价格低于产品的完全成本，称为特殊价格。

是否接受低价追加订货的决策往往涉及“接受追加订货”和“拒绝接受追加订货”两种选择。其中，拒绝接受追加订货方案的相关收入和相关成本均为零；接受追加订货方案的相关收入根据追加订货价格与追加订货量来确定，其相关成本要根据追加订货的具体条件来确定，一般需考虑变动成本、机会成本和专属成本。

微课3-6

追加订货的决策

1.追加订货不冲击正常生产，剩余生产能力无法转移

在这种情况下，接受追加订货方案的相关成本只有变动成本。只要追加订货方案的相关收入大于其相关成本，即该方案的边际贡献大于零，就可做出接受追加订货的决策。

【例3-20】某企业只生产一种产品，每年最大的生产能力为120 000件甲产品。本年已与其他企业签订了100 000件甲产品的供货合同，价格为120元/件，单位变动成本为80元。开始生产后接到B公司追加订货10 000件甲产品，价格为90元/件，要求在年底前完成生产。假定该企业的绝对剩余生产能力无法转移。

要求：做出是否接受追加订货的决策。

解：根据资料可知，接受追加订货后：

企业接受追加订货的相关收入=90×10 000=900 000（元）

企业接受追加订货的变动成本=80×10 000=800 000（元）

企业接受追加订货的边际贡献=900 000−800 000=100 000（元）

由于接受追加订货后仍可为企业提供100 000元边际贡献，因此，应当接受追加订货。

另外，在这种情况下，也可以通过比较追加订货的单价与该产品的单位变动生产成

本做出决策。

2. 追加订货冲击正常生产

如果追加订货量大于企业的剩余生产能力，接受低价追加订货就会冲击正常生产任务，使正常生产的边际贡献减少。减少的这部分边际贡献就应由“接受低价追加订货”方案来承担，所以是该方案的机会成本。

【例3-21】某企业只生产一种产品，每年最大的生产能力为120 000件甲产品。本年已与其他企业签订了100 000件甲产品的供货合同，价格为120元/件，单位变动成本为80元。开始生产后接到B公司追加订货25 000件甲产品，价格为92元/件，要求在年底前完成生产。假定该企业的绝对剩余生产能力无法转移。

要求：做出是否接受低价追加订货的决策。

解：根据题意，可用差量分析法进行决策。该方案的相关指标计算如下：

企业接受追加订货的相关收入=92×25 000=2 300 000（元）

企业接受追加订货的变动成本=80×25 000=2 000 000（元）

企业接受追加订货的机会成本=（120−80）×5 000=200 000（元）

差量分析过程见表3-14。

表3-14 差量分析表 单位：元

项目	接受追加订货	不接受追加订货	差量
相关收入	2 300 000	0	2 300 000
相关成本	2 200 000	0	2 200 000
变动成本	2 000 000	0	2 000 000
机会成本	200 000	0	200 000
相关损益	100 000	0	100 000

因为差量损益>0，即接受追加订货可使企业多获利100 000元，所以应当接受这项追加订货。

3. 企业的剩余生产能力可以转移

企业剩余生产能力转移出去可以获得相关收益，如果接受这项追加订货，这部分收益就会丧失，所以应当作为接受追加订货方案的机会成本。

【例3-22】某企业只生产一种产品，每年最大的生产能力为120 000件甲产品。本年已与其他企业签订了100 000件甲产品的供货合同，价格为120元/件，单位变动成本为80元。开始生产后一客户追加订货10 000件甲产品，价格为90元/件，追加订货无特殊要求。假定该企业的绝对剩余生产能力可以对外出租，租金收入为150 000元。

要求：做出是否接受低价追加订货的决策。

解：根据资料可知，接受低价追加订货后：

企业接受追加订货的相关收入=90×10 000=900 000（元）

企业接受追加订货的变动成本=80×10 000=800 000（元）

企业接受追加订货的机会成本=150 000元

差量分析过程见表3-15。

表3-15　**差量分析表**　单位：元

项目	接受追加订货	不接受追加订货	差量
相关收入	900 000	0	900 000
相关成本	950 000	0	950 000
变动成本	800 000	0	800 000
机会成本	150 000	0	150 000
相关损益	-50 000	0	-50 000

因为差量损益<0，即如果接受追加订货，企业将损失50 000元，所以不应当接受这项追加订货。

4.追加订货有特殊要求，需追加专属成本

如果追加订货有特殊要求，必须追加专属成本才能完成，则该专属成本应纳入接受追加订货方案的相关成本之中。

【例3-23】某企业只生产一种产品，每年最大的生产能力为120 000件甲产品。本年已与其他企业签订了100 000件甲产品的供货合同，价格为120元/件，单位变动成本为80元。开始生产后一客户追加订货10 000件甲产品，价格为90元/件，追加订货有特殊工艺要求，需要投入180 000元购置专用设备。假定该企业的绝对剩余生产能力无法转移。

要求：做出是否接受低价追加订货的决策。

解：根据题意，可用差量分析法进行决策分析。差量分析过程见表3-16。

表3-16　**差量分析表**　单位：元

项目	接受追加订货	不接受追加订货	差量
相关收入	900 000	0	900 000
相关成本	980 000	0	980 000
变动成本	800 000	0	800 000
专属成本	180 000	0	180 000
相关损益	-80 000	0	-80 000

因为差量损益<0，即如果接受追加订货，企业将损失80 000元，所以不应当接受这项追加订货。

【练一练3-11】若企业有剩余生产能力，则接受追加订货的条件为（　　）。

A.对方给定的价格高于单位变动成本，并能补偿专属成本

B.对方给定的价格高于单位变动成本

C.对方给定的价格高于单位产品完全成本

D.对方给定的价格略低于单位产品完全成本

（四）半成品是否深加工的决策

进行半成品是否深加工的决策适合用差量分析法。半成品是否深加工，是对于既可以直接出售、又可以经过深加工为产成品再出售的半成品而言的。这种决策涉及“将半成品深加工为产成品”和“直接出售半成品”两个备选方案。在“将半成品深加工为产成品”的方案中，需要考虑的相关成本包括，将半成品深加工为产成品而追加的变动成本，为了形成深加工能力而追加的专属成本或与可以转移的深加工能力有关的机会成本；在“直接出售半成品”方案中，相关成本为零。因为半成品的成本（无论是固定成本还是变动成本）是已经发生了的共同成本，属于与决策方案无关的沉没成本，故不予考虑。相关收入则需要按照产成品和半成品的单价及其相关业务量来确定。

微课3-7

半成品是否深加工的决策

【例3-24】某企业每年生产、销售A产品10 000件，A产品的单位变动成本为80元，单位固定成本为30元，单位售价为120元。如果把A产品进一步加工成B产品，B产品的单位售价可达到220元，但单位变动成本需增加90元，还需要购置一台230 000元的专用设备。

要求：做出是否深加工的决策。

解：根据资料，分析如下：

半成品深加工为产成品方案：

相关收入=220×10 000=2 200 000（元）

变动成本=90×10 000=900 000（元）

专属成本=230 000元

直接出售半成品方案：

相关收入=120×10 000=1 200 000（元）

相关成本=0

差量分析过程见表3-17。

表3-17 差量分析表 单位：元

项目	深加工	直接出售	差量
相关收入	2 200 000	1 200 000	1 000 000
相关成本	1 130 000	0	1 130 000
变动成本	900 000	0	900 000
专属成本	230 000	0	230 000
相关损益	1 070 000	1 200 000	-130 000

因为差量损益<0，所以应当直接出售A产品，否则企业将损失130 000元。

【例3-25】某企业每年生产、销售A产品10 000件，A产品的单位变动成本为80元，单位固定成本为30元，单位售价为120元。如果把A产品进一步加工成B产品，B产品的单位售价可达到220元，但单位变动成本需增加90元，企业已具备将A产品深加工成为B产品的能力，但如果将与此有关的设备对外出租，预计一年可获得150 000元的租金收入，该设备年折旧为60 000元。

要求：做出是否深加工的决策。

解：根据上述资料分析如下：

半成品深加工为产成品方案：

相关收入=220×10 000=2 200 000（元）

变动成本=90×10 000=900 000（元）

机会成本=150 000元

直接出售半成品方案：

相关收入=120×10 000=1 200 000（元）

相关成本=0

差量分析过程见表3-18。

表3-18 差量分析表 单位：元

项目	深加工	直接出售	差量
相关收入	2 200 000	1 200 000	1 000 000
相关成本	1 050 000	0	1 050 000
变动成本	900 000	0	900 000
机会成本	150 000	0	150 000
相关损益	1 150 000	1 200 000	−50 000

因为差量损益<0，所以应当将A产品直接出售，这样企业可多获利50 000元。

【想一想3-8】在半成品是否进一步加工的决策中，原半成品成本属于决策相关成本吗？

【练一练3-12】半成品立即出售或继续加工的决策，可将继续加工的收入与继续加工追加的成本进行比较，若前者（ ）后者，说明进一步加工的方案较优。

A.大于 B.小于 C.等于 D.小于或等于

（五）零部件自制或外购的决策

微课3-8 自制或外购决策

具有机械加工能力的企业常常面临所需零部件是自制还是外购的决策问题，这类决策通常涉及“自制零部件”和“外购零部件”两个备选方案。由于所需零配件的数量对两个方案都是一样的，所以这些方案不涉及相关收入，只涉及相关成本因素，相关成本低者即为最优方案。

1.零部件的需要量已确定

如果企业已经具备自制能力，且自制能力无法转移，也就是说企业如果选择外购零部件，则自制零部件的生产能力以及生产的设备无法用于生产其他零部件或出租。在这种情况下，自制零部件的相关成本为零部件自制的变动成本，外购零部件的相关成本为零部件的外购成本。由于零部件的需要量已经确定，决策时只需比较自制的单位变动成本与外购的单价孰低来选优。当自制单位变动成本>外购单价时，应该外购；当自制单位变动成本<外购单价时，应该自制；当自制单位变动成本=外购单价时，两方案均可。

【例3-26】某企业只生产甲产品，每年需要用到A零件100 000件。已知企业自制A零件的直接材料成本为20元/件，直接人工成本为4元/件，变动制造费用为1元/件，固定生产成本为500 000元。经过市场调查，企业得知外购A零件的单价为27元。假设自制A零件的生产能力无法转移。

要求：做出企业是自制还是外购的决策。

解：根据资料，分析如下：

（1）自制A零件的单位变动成本=20+4+1=25（元）

（2）因为自制A零件的单位变动成本为25元，小于外购A零件的单价27元，因此，企业应当自制A零件。

（3）因为自制A零件的生产能力无法转移，也就是说无论是否自制A零件，固定成本500 000元也不会消失，因此，固定成本500 000元为无关成本，在决策中无须考虑。

自制比外购节约的成本=（27-25）×100 000=200 000（元）

如果自制能力可以转移，自制方案的相关成本除了包括自制零部件的变动成本外，还包括与自制能力转移有关的机会成本，此时可通过比较两个备选方案的相关成本来进行决策。

【例3-27】沿用【例3-26】的资料。假定自制A零件的生产能力若闲置时，可用于承揽零星加工业务，每年可获得加工业务收入300 000元。

要求：做出企业是自制还是外购的决策。

解：根据资料可知，如果自制，企业将不能每年获得300 000元加工业务收入，所以加工业务收入应是自制方案的机会成本。相关成本分析过程见表3-19。

表3-19 相关成本分析表 单位：元

项目	自制A零件	外购A零件
变动成本	25×100 000=2 500 000	27×100 000=2 700 000
机会成本	300 000	—
相关成本合计	2 800 000	2 700 000

根据表3-19，外购A零件的相关成本2 700 000元小于自制A零件的相关成本2 800 000元，因此应外购A零件。

2. 零部件的需要量不确定

企业在尚不具备自制能力且零部件的全年需要量不确定的情况下，不能直接通过比较两个方案的相关成本来选优，可采用成本无差别点分析法进行决策。

【例3-28】某企业只生产甲产品，需要使用B零件，但企业不具备自制B零件的能力，经过市场调查后，企业得知B零件的市场价格为20元/件。如果安排自制，则需要每年增加相关的固定成本30 000元，单位变动成本为14元。

要求：做出自制或外购B零件的决策。

解：根据资料，分析如下：

设自制方案的固定成本为a_1，单位变动成本为b_1；

外购方案的固定成本为a_2，单位变动成本为b_2。

则a_1=30 000，b_1=14，a_2 =0，b_2 =20

因为 $a_1>a_2$，$b_1<b_2$，所以符合应用成本无差别点分析法进行决策的条件。

$y_{自制}=a_1+b_1x=30\,000+14x$

$y_{外购}=a_2+b_2x=0+20x$

$$成本无差别点业务量=\frac{a_1-a_2}{b_2-b_1}=\frac{30\,000-0}{20-14}=5\,000（件）$$

当B零件的需用量在0~5 000件之间时，应当安排外购；当需用量超过5 000件时，应安排自制；当需用量为5 000件时，外购、自制均可。

【练一练3-13】某企业全年需用甲零件2 500件，外购单价为25元，自制单位变动成本为15元，同时需发生专属成本20 000元，则该企业应选择（　　）。

A. 自制　　B. 外购　　C. 自制与外购均可　　D. 无法判断

五、定价决策

（一）成本加成定价法

成本加成定价法是以企业单位产品成本为基础，并依照预定加成率来确定单位产品售价的方法。其计算公式为：

$$单位售价=单位产品成本\times（1+成本加成率）$$

$$成本加成率=\frac{加成额}{单位产品成本}$$

由于按完全成本法和变动成本法计算的单位产品成本内容不同，因而成本加成定价法具体又包括完全成本加成定价法和变动成本加成定价法。

1. 完全成本加成定价法

在完全成本法下，采用单位产品生产成本进行计算，具体包括直接材料、直接人工、变动制造费用、固定制造费用。而成本加成率就是成本毛利率。其计算公式为：

$$单位售价=单位产品成本\times（1+成本毛利率）$$

$$成本毛利率=\frac{毛利}{生产成本}=\frac{利润+非生产成本}{生产成本}$$

【例3-29】某公司拟采用完全成本加成定价法制定甲产品单位售价。甲产品单位成本的有关资料见表3-20。该公司甲产品成本毛利率为50%。

表3-20　甲产品单位成本构成表　单位：元

项目	金额
直接材料	55
直接人工	45
变动制造费用	25
固定制造费用	35
变动推销及管理费用	29
固定推销及管理费用	26
合计	215

要求：采用完全成本加成定价法计算甲产品的单位售价。

解：根据资料，计算如下：

甲产品单位生产成本=55+45+25+35=160（元）

甲产品的单位售价=160×（1+50%）=240（元）

完全成本加成定价法简便易行，资料容易取得，是企业较常用的定价方法。

【练一练3-14】完全成本法的成本加成内容包括（　　）。

A.制造成本　　B.非制造成本　　C.目标利润　　D.直接成本

2.变动成本加成定价法

在变动成本法下，采用单位产品变动生产成本进行计算，具体包括直接材料、直接人工、变动制造费用、变动推销及管理费用。成本加成率就是变动成本贡献率。其计算公式为：

$$单位售价=单位产品变动成本\times（1+变动成本贡献率）$$

$$变动成本贡献率=\frac{边际贡献}{变动成本}=\frac{利润+固定成本}{变动成本}$$

【例3-30】沿用【例3-29】资料，假设该公司希望甲产品的变动成本贡献率为60%。

要求：采用变动成本加成定价法计算甲产品的单位售价。

解：根据资料，计算如下：

甲产品单位变动成本=55+45+25+29=154（元）

甲产品单位售价=154×（1+60%）=246.4（元）

【练一练3-15】变动成本法的成本加成内容包括（　　）。

A.制造成本　　B.非制造成本　　C.固定成本　　D.目标利润

（二）保本保利定价法

保本保利定价法是根据保本分析、保利分析原理建立的一种以保本、保利为目的的定价法。

1.保本定价法

保本定价法是在已知成本指标和预计销售量的基础上计算以保本为目的的保本价格的定价方法。保本价格的计算公式为：

$$保本价格=单位变动成本+\frac{固定成本}{预计销售量}$$

在激烈竞争的市场经济条件下，企业为了维护、扩大市场占有率，有些产品可按保本价格销售，只要定价不低于保本价格，企业就不会亏损。

2.保利定价法

保利定价法是在已知目标利润、预计销售量和相关成本指标的基础上计算以保利为目的的保利价格的定价方法。保利价格的计算公式为：

$$保利价格=单位变动成本+\frac{固定成本+目标利润}{预计销售量}$$

【例3-31】某公司生产乙产品，其单位变动成本为100元，有A或B两个销售方案可供选择。若采用方案A，预计年销售量为40万件，相关固定成本为15万元；若采用方案B，预计年销售量为25万件，相关固定成本为10万元；乙产品的目标利润为65万元。

要求：用保利定价法做出销售方案决策。

解：根据资料，计算如下：

$$方案A下的保利价格 = 100 + \frac{150\ 000 + 650\ 000}{400\ 000} = 102（元）$$

$$方案B下的保利价格 = 100 + \frac{100\ 000 + 650\ 000}{250\ 000} = 103（元）$$

由于销售方案A下的保利价格小于销售方案B下的保利价格，更有市场竞争力，所以企业应采用销售方案A。

（三）利润最大化定价法

利润最大化定价法是一种在预测各种价格可能的销售量的基础上，选择利润最大的备选方案的定价方法。

【例3-32】某公司生产A产品准备投放市场。A产品单位变动成本为60元，该企业现时年最大生产能力为2万件，年固定成本为30万元，如果把年最大生产能力扩大到3万件，年固定成本将增加到40万元。A产品在各种价格下的预测销售量资料见表3-21。

要求：采用利润最大化定价法计算该公司A产品的销售价格。

表3-21 A产品预测资料及利润计算表 单位：元

销售价格（元/件）	预测销售量（件）	销售收入	变动成本	固定成本	总成本	利润
200	10 000	2 000 000	600 000	300 000	900 000	1 100 000
180	14 000	2 520 000	840 000	300 000	1 140 000	1 380 000
160	20 000	3 200 000	1 200 000	300 000	1 500 000	1 700 000
140	25 000	3 500 000	1 500 000	400 000	1 900 000	1 600 000
120	28 000	3 360 000	1 680 000	400 000	2 080 000	1 280 000
100	30 000	3 000 000	1 800 000	400 000	2 200 000	800 000

解：根据表3-21中的计算结果可知，A产品价格在160元/件时获得的利润最大，为170万元，所以应把A产品销售价格定为160元/件。

（四）利润无差别点法

利润无差别点法，也称价格无差别点法，是利用调价后预计销售量与利润无差别点销售量之间的关系进行调价决策的方法。所谓利润无差别点销售量，就是指某种产品为确保原有盈利能力，在调价后应至少达到的销售量。其计算公式为：

$$利润无差别点销售量 = \frac{固定成本 + 调价前可获利润}{拟调单价 - 单位变动成本}$$

利润无差别点法进行调价决策的原则为：若调价后预计销售量大于利润无差别点销售量，意味着调价后利润能够有所增加，则可以考虑调价；若调价后预计销售量小于利润无差别点销售量，意味着调价后利润会有所减少，则不能调价；若调价后预计销售量等于利润无差别点销售量，意味着调价前后利润相等，则调价与否效益相同。

在此类决策中，需要综合考虑最大生产能力、调价后预计销售量等因素，以及是否追加专属成本投入、绝对剩余生产能力能否转移等条件。若专属成本不增加，调价后预计销售量超过企业的最大生产能力时，则只能按现有最大生产能力确定调价后的预计销售量；若追加专属成本，在计算利润无差别点销售量时，公式中的固定成本应采用包含追加专属成本在内的固定成本；若调价后预计销售量减少而剩余生产能力能够转移，则其可获得的边际贡献应作为调价后可获利润的扣减数额。

【例3-33】某公司生产A产品，现行售价120元/件，可销售10 000件，固定成本为30万元，单位变动成本为80元，实现利润20万元。企业现有最大生产能力为24 000件。

要求：利用利润无差别点定价法评价以下各不相关条件下的调价方案的可行性。

（1）若将售价调低为105元/件，预计销售量可达到21 000件。

（2）若将售价调低为100元/件，预计销售量可达到25 000件以上。

（3）若将售价调低为100元/件，预计最大销售量可达到29 000件，但企业必须追加6万元固定成本才能具备生产29 000件产品的能力。

（4）若将售价调高为130元/件，只能争取到8 500件订货，且企业剩余生产能力无法转移。

（5）若将售价调高为130元/件，只能争取到8 500件订货，但企业剩余生产能力能够转移，可获得100 000元贡献毛益。

解：根据资料，分析如下：

（1）$利润无差别点销售量=\frac{300\,000+200\,000}{105-80}=20\,000$（件）

调价后预计销售量可达到21 000件，在最大生产能力范围内，且大于利润无差别点销售量20 000件，所以应考虑调价。

（2）$利润无差别点销售量=\frac{300\,000+200\,000}{100-80}=25\,000$（件）

调价后预计销售量可达到25 000件以上，超过最大生产能力范围，则调价后预计销售量只能按现有最大生产能力24 000件计算，小于利润无差别点销售量25 000件，所以不应考虑调价。

（3）$利润无差别点销售量=\frac{300\,000+200\,000+60\,000}{100-80}=28\,000$（件）

调价后预计销售量可达到29 000件，在追加专属成本后最大生产能力范围内，且大于利润无差别点销售量28 000件，所以应考虑调价。

（4）$利润无差别点销售量=\frac{300\,000+200\,000}{130-80}=10\,000$（件）

调价后预计销售量为8 500件，在最大生产能力范围内，但小于利润无差别点销售量10 000件，所以不应考虑调价。

（5）$利润无差别点销售量=\frac{300\,000+(200\,000-100\,000)}{130-80}=8\,000$（件）

调价后预计销售量为8 500件，在最大生产能力范围内，且大于利润无差别点销售量8 000件，所以应考虑调价。

同步技能训练

一、单项选择题（每题只有一个正确答案，请将正确答案填在括号内）

1.在管理会计中，将决策划分为确定型决策、风险型决策和不确定型决策的分类标志是（　　）。

A.决策的重要程度　　B.决策条件的肯定程度

C.决策规划时期的长短　　D.决策解决的问题内容

2.在经济决策中应由中选的最优方案负担的、按所放弃的次优方案潜在收益计算的那部分资源损失，就是（　　）。

A.增量成本　　B.机会成本　　C.专属成本　　D.沉没成本

3.企业去年生产某亏损产品的边际贡献为4 000元，固定成本为1 000元，假定今年其他条件不变，但生产该产品的设备可对外出租，一年的出租收入至少增加为（　　）元时，应停产该种产品。

A.2 001　　B.1 001　　C.4 001　　D.3 001

4.下列决策方法中，能够直接揭示中选的方案比放弃的方案多获得的利润或少发生损失的方法是（　　）。

A.单位资源边际贡献分析法　　B.边际贡献总额分析法

C.差别损益分析法　　D.相关损益分析法

5.下列各项属于无关成本的是（　　）。

A.沉没成本　　B.可避免成本　　C.机会成本　　D.专属成本

6.在零部件自制或外购的决策中，如果零部件的需用量尚不确定，应当采用的决策方法是（　　）。

A.相关损益分析法　　B.差别损益分析法

C.相关成本分析法　　D.成本无差别点法

7.在短期经营决策中，企业不接受特殊价格追加订货的原因是买方出价低于（　　）。

A.正常价格　　B.单位产品成本

C.单位变动生产成本　　D.单位固定成本

8.某企业需要一种零部件，经过市场调查，发现外购单价比自制单位变动成本高出2.5元，另外自制该零部件每年需追加固定成本6 000元，则企业在每年该零部件需求量为3 000件时，应（　　）。

A.外购　　B.自制　　C.两者均可　　D.不能确定

9.对亏损产品甲产品是否停产，应根据下面方法来决策（　　）。

A.看甲产品亏损数是否能由盈利产品来弥补，如能弥补，继续生产

B.甲产品的亏损数如能由盈利产品来弥补，也停止生产

C. 甲产品的边际贡献如为正数，不应停止生产

D. 甲产品的边际贡献如为正数，应停止生产

10. 在管理会计的定价决策中，利润无差别点法属于（　　）。

A. 以成本为导向的定价方法　　B. 以需求为导向的定价方法

C. 以特殊要求为导向的定价方法　　D. 定价策略

11. 有关产品是否进行深加工的决策中，深加工前的产品成本属于（　　）。

A. 估算成本　　B. 重置成本　　C. 机会成本　　D. 沉没成本

12. 有关亏损产品是否停产或转产的决策分析，一般可采用（　　）进行。

A. 图解法　　B. 边际贡献法　　C. 边际分析法　　D. 线性规划法

13. 有关接受低价追加订货的决策分析，一般可采用（　　）进行。

A. 差量分析法　　B. 经济订货量法　　C. 线性规划法　　D. 边际分析法

14. 当企业现有生产能力尚有剩余时，以获利为目的的确定追加订货价格的最低要求是（　　）。

A. 单位产品售价大于单位产品完全成本　B. 单位产品售价大于单位产品变动成本

C. 单位产品售价大于单位产品固定成本　D. 单位产品售价大于单位产品平均成本

15. 在经济决策中，应由中选的最优方案负担的、按所放弃的次优方案潜在收益计算的资源损失为（　　）。

A. 增量成本　　B. 加工成本　　C. 机会成本　　D. 专属成本

二、多项选择题（每题有两个或两个以上正确答案，请将正确答案填在括号内）

1. 下列各项中，属于生产经营决策相关成本的有（　　）。

A. 增量成本　　B. 加工成本　　C. 不可避免成本　　D. 沉没成本

2. 决策按重要程度可分为（　　）。

A. 短期决策　　B. 长期决策　　C. 战略决策　　D. 战术决策

3. 在是否接受低价追加订货的决策中，如果发生了追加订货冲击正常任务的现象，就意味着（　　）。

A. 会因此带来机会成本

B. 追加订货量大于正常订货量

C. 追加订货量大于绝对剩余生产能力

D. 因追加订货有特殊要求必须追加专属成本

4. 当剩余生产能力无法转移时，亏损产品不应停产的条件有（　　）。

A. 该亏损产品的边际贡献率大于零　　B. 该亏损产品的变动成本率小于1

C. 该亏损产品的边际贡献大于零　　D. 该亏损产品的单位边际贡献大于零

5. 下列各种符合最优售价条件的有（　　）。

A. 边际收入等于边际成本时的价格　　B. 边际利润等于零时的价格

C. 收入最多时的价格　　D. 利润最大时的价格

6. 在进行生产决策时，针对不同的生产决策可采用（　　）等方法。

A. 边际贡献总额分析法　　B. 单位资源边际贡献分析法

C. 成本无差别点法　　D. 差量分析法

7.产品定价常用的方法有（ ）。

A.完全成本法 B.变动成本法

C.完全成本加成定价法 D.变动成本加成定价法

8.在进行零部件外购或自制的决策分析时，（ ）。

A.自制成本包括变动成本

B.自制成本包括变动成本和不可避免的固定成本

C.将自制与外购中的非相关成本进行对比

D.自制与外购中的非相关成本将不予考虑

9.下列各项与决策无关的成本有（ ）。

A.沉没成本 B.历史成本 C.不可避免成本 D.共同成本

10.某企业生产A产品，其正常的单位成本包括直接材料、直接人工、单位变动制造费用，企业目前尚有剩余生产能力，在追加订货决策分析中，应考虑的项目有（ ）。

A.直接材料 B.直接人工

C.单位变动制造费用 D.客户出价

三、判断题（正确的在括号内打“√”，错误的打“×”）

（ ）1.决策分析的实质就是从各个备选方案中做出选择，并一定要选出未来活动的最优方案。

（ ）2.增量成本是指由于产销量不同而引起的成本之差，是一种特殊的差量成本。

（ ）3.在短期经营决策中，所有的固定成本或折旧费都属于沉没成本。

（ ）4.对于那些应当停止生产的亏损产品来说，不存在是否应当增产的问题。

（ ）5.在“是否接受低价追加订货的决策”中，如果追加订货量大于剩余生产能力，必然会出现与冲击正常生产任务相联系的机会成本。

（ ）6.在生产经营决策中，必须考虑相关业务量、相关收入和相关成本等因素。

（ ）7.“薄利多销”是市场经济的一般原则，不受商品的价格弹性大小的制约。

（ ）8.当企业拟利用一部分剩余生产能力来扩大某种产品的生产量时，可根据有关产品每单位生产能力所提供的边际贡献来进行分析、评价，以正确选择增产哪种产品为宜。

（ ）9.在管理会计的调价决策中，如果调高价格后预计销售量超过利润无差别点销售量，那么就应当进行调价。

（ ）10.在追加订货的决策中，接受低价追加订货需要追加的固定成本为无关成本。

四、业务题

1.某企业每年生产1 000件甲半成品。其单位变动成本为16元，单位完全生产成本为18元，出售的单价为20元。企业目前已具备将80%的甲半成品深加工为乙产成品的能力，但每深加工1件甲半成品需要追加5元变动加工成本。乙产成品的单价为30元。

假定乙产成品的废品率为1%。

要求：分别根据以下三种情况，做出企业是否深加工甲半成品的决策，并说明理由。

（1）假定企业深加工能力无法转移；

（2）假定企业深加工能力可用于承揽零星加工业务，预计可获得边际贡献4 000元；

（3）同（1），如果追加投入5 000元专属成本，可使企业深加工能力达到100%，并使废品率降低为零。

2. 某企业每年需要A零件2 000件，由企业车间组织生产，年总成本为19 000元，其中：固定生产成本为7 000元。经过市场调查，如果从市场上采购该零件，单价为8元，同时将剩余生产能力用于加工B零件，可节约外购成本2 000元。

要求：做出自制或外购A零件的决策，并说明理由。

3. 某企业生产需用的A部件之前一直通过市场采购。当A部件的采购量在5 000件以下时，单价为8元；达到或超过5 000件时，单价为7元。如果追加投入12 000元专属成本，就可以自行制造该部件，预计单位变动成本为5元。

要求：用成本无差别点法为企业做出自制或外购A部件的决策，并说明理由。

4. 某企业只生产A产品，全年最大生产能力为1 200件。年初已按100元/件的价格接受正常任务1 000件，该产品的单位完全生产成本为80元，包括单位固定生产成本25元。在生产初期，甲公司以70元/件的价格追加订货。

要求：请考虑以下情况，做出企业是否接受低价追加订货的决策，并说明理由。

（1）剩余生产能力无法转移，追加订货量为200件，不追加专属成本；

（2）剩余生产能力无法转移，追加订货量为200件，但因有特殊要求，企业需追加1 000元专属成本；

（3）同（1），但剩余生产能力可用于对外出租，可获租金收入5 000元；

（4）剩余生产能力无法转移，追加订货量为300件，因有特殊要求，企业需追加900元专属成本。

5. 某产品按每件10元的价格出售时，可获得8 000元贡献毛益，边际贡献率为20%，企业最大生产能力为7 000件。

要求：分别根据以下不相关条件做出是否调价的决策。

（1）将价格调低为9元/件时，预计可实现销售9 000件；

（2）将价格调高为12元/件时，预计可实现销售3 000件。

6. 某企业尚有一定闲置设备台时，拟用于开发一种新产品，现有A、B两个品种可供选择。A品种的单价为100元，单位变动成本为60元，单位产品台时消耗定额为2小时；B品种的单价为120元，单位变动成本为40元，单位产品台时消耗定额为8小时。

要求：用单位资源边际贡献分析法做出开发哪个品种的决策，并说明理由。

7. 某公司生产甲产品，甲产品产量为500件时的有关成本费用资料如下：直接材料20 000元，直接人工11 000元，变动制造费用12 000元，固定制造费用10 000元，销售及管理费用1 800元。已知该公司计划实现30 000元的目标利润。

要求：采用成本加成定价法分别按完全成本法和变动成本法确定甲产品的目标售价。

项目三

拓展阅读

思政园地

2012年1月，胶卷行业巨头柯达依据《美国破产法》提出了破产保护申请，宣告经营破产。这一消息，触动了行内行外所有人。这是凝聚了一代人记忆的柯达啊！而同行的富士胶片2013年度销售额却达到了2.215万亿日元，交了一张漂亮的成绩单。

面对数码化风暴的巨大冲击，同为胶卷行业巨头，同样面对胶卷市场需求大幅萎缩的行业危机，富士胶片是如何起死回生、扭转局面的呢？富士胶片株式会社全球总裁兼CEO古森重隆在《灵魂经营》中回顾了富士胶片在危机中推行的整个改革过程，解析了企业改革中发挥巨大作用的三大基本战略，总结了企业决策人在面对危机挑战时应坚守的原则。从后人眼光来看，这些改革措施预判准确、方案正确、实施坚决。

根据波士顿矩阵，胶卷生产曾经是富士胶片的“现金牛业务”，胶卷的市场需求缩小后，逐渐转变为“瘦狗业务”。但古森重隆并不打算彻底放弃原有的核心业务。他对胶片行业附带的人文关怀和社会责任始终诚心守护。为了适应市场需求衰退的变化，他削减了胶卷生产项目的规模，谨慎地进行了裁员，使其能够符合变化后的市场需求。

同时，古森重隆对比了富士胶片的核心技术和市场需求，完成了一份清晰的四象限定位图。这份定位图把现有技术、新兴技术和现有市场、新兴市场做交叉整理，把公司的技术优势和潜在的市场明确地展示出来。正是在这份定位图的研究基础上，富士胶片确定了将技术强项应用到数码影像、光学元器件、生物医药、化妆品、高性能材料等新领域的发展方向，选定了六大行业板块，实施了“强化现有收益项目”和“开拓新市场”两手抓的新成长战略。这些选择都是经过充分调研做出的合理决策，是把自身的技术优势发挥到新领域的良好范例。

资料来源：雾凇．当柯达破产时，富士胶片如何做到盈利持续增长？[EB/OL]．[2021-11-12]．https：//www.jianshu.com/p/df31a129cc58.

思考：预测分析直接影响企业的经营状况乃至国计民生的各方面，“工匠精神”是社会文明进步的重要尺度。“工匠精神”作为一种职业精神，其基本内涵包括哪些？

项目小结

通过本项目学习，应当把握的要点是：

（1）营运管理是为了实现企业战略和营运目标，各级管理者通过计划、组织、指挥、协调、控制、激励等活动，实现对企业生产经营过程中的物料供应、产品生产和销售等环节的价值增值管理。企业营运管理工作的主要内容包括：营运计划的制订、营运计划的执行、营运计划的调整、营运监控分析与报告、营运绩效管理等。营运管理工具方法，包括但不限于本量利分析、敏感性分析、边际分析等。

（2）本量利分析是指在成本性态分析的基础上，研究成本、业务量和利润三者之间相互依存关系的一种分析方法。本量利分析原理以下列假设为前提：成本性态分析假设、变动成本法假设、相关范围及线性假设、产销量一致和品种结构不变假设、目标利润假设。本量利分析需了解三个基本概念：边际贡献、边际贡献率、变动成本率。本量利分析的基本公式是：营业利润=（单价-单位变动成本）×业务量-固定成本。本量利分析的基本内容保本点、保利点的分析计算均是建立在上述基本公式基础上的。

（3）保本分析就是研究企业恰好处于保本状态（即保本点）的本量利分析的一种定量分析。保本点是指企业达到保本状态（不盈不亏、收支相等、利润为零的状态）的销售量或销售额。保本分析包括单一产品和多种产品的保本分析。单一产品保本点的确定方法主要有公式法和图示法；多种产品保本点的确定方法主要有加权平均贡献毛益率法、联合单位法等。

（4）保利分析是在本量利分析方法的基础上，计算为达到目标利润所需达到的业务量、收入和成本的一种利润规划方法。保利分析的关键就是计算保利点，即在单价和成本水平不变的情况下，为确保企业目标利润实现应达到的销售量或销售额。保利分析包括单一产品和多种产品的保利分析，其分析方法同保本分析。

（5）安全边际分析主要包括安全边际量、安全边际额和安全边际率。安全边际指标是评价企业经营安全程度的正指标，即指标数值越大，企业经营的安全性就越好；反之，越不安全。保本作业率从另一个角度反映了企业的经营状况，是评价企业经营安全程度的逆指标，即指标数值越大，企业经营的安全性就越差；反之，该指标数值越小，企业经营的安全性就越好。保本作业率和安全边际率具有互补关系，即：保本作业率+安全边际率=1。

（6）敏感性分析是对影响目标实现的因素变化进行量化分析，以确定各因素变化对实现目标的影响及其敏感程度。本量利关系中的敏感性分析主要研究两方面的问题：一是有关因素发生多大变化时会使企业由盈利变为亏损，即确定各相关因素的临界值；二是利润对有关因素变化的敏感程度，即确定各相关因素的敏感系数。敏感系数是以利润的变动率与某因素的变动率的比值来表示的，即当某因素变动1%时所引起的利润变动的百分比，进而反映各因素变动引起利润的变动程度。

（7）在短期经营决策中必须予以充分考虑的相关成本主要包括：增量成本、机会成本、专属成本、边际成本、付现成本、重置成本、可延缓成本、可避免成本等。短期经营决策分析的内容主要包括生产决策和定价决策。其分析方法主要有：边际贡献分析法、差量分析法和成本无差别点分析法。这些方法可用于进行以下生产决策：生产何种新产品的决策、亏损产品是否停产或转产的决策、是否接受低价追加订货的决策、半成品是否深加工的决策、零部件自制或外购的决策。定价决策采用的主要方法包括：成本加成定价法、保本保利定价法、利润最大化定价法和利润无差别点法。

综合案例分析

华夏电动车有限公司，成立于2004年，是一家专业以锂电电动车研发为主，集设计、制造、销售、服务为一体的高科技集团化企业，现有生产能力75万辆，公司所得税税率为25%。电动自行车是适用于个人短途使用的交通工具，具有低排放、低噪声、低能耗、低使用费、安全易骑的优点，符合节能、环保的发展潮流。但2019年公司的产销量逐月下降，2020年下半年经济有止跌企稳的迹象。公司的财务经理李浩已经编制了2021年预算利润表见表3-22。

表3-22　华夏电动车有限公司预算利润表

2021年　单位：万元

项　目	金　额
销售额（60万辆×1 900元）	114 000
制造成本	
变动制造成本（60万辆×950元）	57 000
固定制造成本	6 000
制造成本合计	63 000
销售毛利	51 000
变动销售及管理费用（60万辆×150元）	9 000
固定销售及管理费用	12 000
销售及管理费用合计	21 000
税前利润	30 000
减：所得税	7 500
净利润	22 500

财务经理李浩把这份报告呈送给华夏电动车有限公司的总经理张强先生，并进一步解释说："我是按照2020年1—12月的平均月产销5万辆以及销售价格1 900元不变来编制预算的。但据我们了解，2021年市场竞争将更加激烈，如果我们不把售价调低，估计2021年的销售量将下降，那么目标利润将无法实现。"总经理张强说："是啊，电动自行车的出口数量逐月下降，很多电动自行车生产企业将增加在国内市场的供应量，国内电动车市场必然有更激烈的竞争，而且一说竞争，就是降价。"财务经理李浩说："那我们也应该降价应对，以便使销售量不至于降低，并力争有所增加。"总经理说："从2020年下半年来看，经济止跌企稳，估计2021年市场总量将会有所增加。那你让市场部经理黄良诚先生将调价与销售量的有关数据提供给我看看。"黄良诚根据公司以及市

场情况提供了售价与销售量关系预测表，见表3-23。

表3-23 售价与销售量关系预测表

每辆售价（元）	销售量（万辆）
1 900	58
1 850	62
1 800	70
1 750	75

总经理看了这些数据，还是无法判定该降价多少才能实现目标利润，对财务经理张浩说："那你根据这些数据，分析一下降价多少最佳，并分析一下保本量是多少。"

资料来源：原创力文档. 本量利分析案例［EB/OL］.［2021-11-12］. https://max.book118.com/html/2021/1112/5343331222004104.shtm

要求：请你帮财务经理李浩对2021年的情况进行如下分析：

（1）若不降价，预计可以实现税后利润多少？

（2）计算售价下降后保本量和可实现的税后利润为多少？

（3）计算售价下降后销售量应达到多少才能实现目标利润？

项目四

投融资管理

学习目标

知识目标

1. 了解投融资管理的含义、原则、程序；

2. 理解投融资管理基本方法的适用环境和流程；

3. 掌握投融资管理基本方法的应用。

能力目标

1. 能运用贴现现金流法、项目管理、情景分析、约束资源优化方法对企业投融资进行分析和决策；

2. 能根据企业的实际情况选择适合的投融资方法。

课程思政目标

1. 通过投融资管理的学习，引导学生充分认识到“投融资管理”对于企业工作过程的重要意义。

2. 通过投融资方法的学习，引导学生正确认识、感悟工匠精神，培养学生践行工匠精神的积极情感和自觉意识。

案例导入

大部分企业在营运管理中最主要的目标就是提高经济效益。投融资项目虽然能够为企业赚取大量的经济收益，但也会对企业现金流产生重大影响。因此，投融资管理工作对于企业的经济发展有着不可忽视的影响。而企业要想使投融资管理工作顺利有序进行，提升投融资管理工作质量，就需要对管理会计工作有更好的了解，充分发挥管理会计在企业投融资管理中的应用价值。

在投融资管理过程中运用管理会计，能够完善企业投融资成本结构，并及时有效地控制企业投融资方案的落实情况，全面有效地发挥管理会计在企业投融资管理中的指导意义。

首先，运用管理会计可以提升企业投融资管理的有效性。企业在开展投资以及筹集资金管理工作过程中，运用管理会计进行科学分析，可以有效提升企业投资和筹集资金项目的有效性，给企业带来更多的经济收益。

其次，企业充分运用管理会计工作手段，可以帮助企业规划投融资项目，制订更加科学有效的投融资方案，并通过全面多样的数据分析，研究该投融资项目的可行程度，预估项目各时期的现金流量，从而有效减少企业营运管理风险和财务资金风险，避免决策失误给企业带来不必要的经济损失。

再次，企业运用管理会计，能够对自身投资或者筹集资金项目所有流程进行实时的监督管控，并在第一时间发现投融资项目中的风险以及问题，从而及时制订相应的解决方案。同时企业也可以根据投融资项目种类的不同，划分更加详细的任务，并且进行精细化管理，这样有利于高效管控企业投融资项目过程中的成本费用，完善其成本结构，使投融资项目在开展过程中更加有效，为企业赢得更多的经济收益。

最后，企业外部市场环境在不断变化，这对于企业投融资工作也有着重要影响。企业运用管理会计可以对这些变化进行研究分析，并且和企业实际的工作结果作比较，分析其中的差异及原因，实现对工作结果的有效检验。

你认为在投融资管理过程中如何运用管理会计？

资料来源：房敏．探析管理会计在企业投融资管理中的运用［J］．投资与创业，2021，32（17）：101-103.

通过本项目的学习，我们将了解什么是投融资管理，投融资管理的原则、投融资管理的程序、投融资管理的基本方法与应用等。

任务一　投融资管理认知

一、投融资管理的含义

投融资管理包括投资管理和融资管理。

（一）投资管理

投资管理是指企业根据自身战略发展规划，以企业价值最大化为目标，对资金投入到营运过程进行的管理活动。投资管理的对象包括权益性投资和非权益性投资。

在投资过程中，企业需要考虑投资规模、投资方向、投资方式、投资收益和投资风险，不同的投资方案涉及的投资成本、风险和收益都可能不相同，企业财务人员必须在风险和收益之间进行权衡，确定合理的投资结构，提高投资效益，控制投资风险。

（二）融资管理

融资管理是指企业为实现既定的战略目标，在风险匹配的原则下，对通过一定的融资方式和渠道筹集的资金进行的管理活动。

融资管理的对象包括权益性融资和债务性融资。通过银行借款、发行债券、利用商业信用及融资租赁等方式可以取得债务性融资，债务资金需要按时还本付息，具有融资成本低、财务风险高的特点。通过向投资者吸收直接投资、发行股票、内部留存收益等方式可以取得权益性融资，权益资金不需要还本，向投资人支付的股利也不固定，具有融资成本高、财务风险小的特点。

企业融资的规模、渠道、方式、成本和风险等应与经营活动、投资活动等的需要相匹配。不同规模、不同来源、不同方式的融资具有不同的成本、不同的期限和不同的附加条件，从而给企业带来的风险也不相同。企业财务人员必须在风险和成本之间进行权衡，确定合理的资本结构，降低融资成本，控制融资风险。

（三）投融资的工具方法

投融资管理领域应用的工具方法，主要包括贴现现金流法、项目管理、资本成本分析、情景分析、约束资源优化等。

【想一想4-1】投资管理与融资管理有何关系？连接投资决策与融资决策的桥梁是什么？

【练一练4-1】投资管理，是指企业根据自身战略发展规划，以（　　）为目标，对资金投入到营运过程进行的管理活动。

A.企业利润最大化　　B.相关者利益最大化

C.股东财富最大化　　D.企业价值最大化

二、投融资管理的原则

企业进行投融资管理时，一般应遵循以下原则：

（一）价值创造原则

投融资管理应以持续创造社会价值和经济价值为核心。

（二）战略导向原则

投融资管理应符合企业发展战略与规划，与企业战略布局和结构调整方向相一致。

（三）风险匹配原则

投融资管理应确保投融资对象的风险评级与企业的风险综合承受能力相匹配。

三、投融资管理程序

（一）投资管理程序

企业应建立健全投资管理的制度体系，根据组织架构特点，设置能够满足投资管理活动所需的，由业务、财务、法律及审计等相关人员组成的投资委员会或类似决策机构，对重大投资事项和投资制度建设等进行审核，有条件的企业可以设置投资管理机构，组织开展投资管理工作。

投资管理的程序一般包括投资计划制订、可行性分析、实施过程控制和投资后评价等。

1.投资计划制订

企业投资管理机构应根据战略需要，定期编制中长期投资规划，并据此编制年度投资计划。

（1）中长期投资规划一般应明确指导思想、战略目标、投资规模、投资结构等。

（2）年度投资计划一般包括编制依据、年度投资任务、年度投资任务执行计划、投资项目的类别及名称、各项目投资额的估算及资金来源构成等，并纳入企业预算管理。

2.可行性分析

企业可以自行组织开展投资可行性分析，也可委托具有相应资质的投资咨询机构执行。投资可行性分析的内容一般包括该投资在技术和经济上的可行性、可能产生的经济效益和社会效益、可以预测的投资风险、投资落实的各项保障条件等。

3.实施过程控制

企业进行投资管理，应当将投资控制贯穿于投资的实施全过程。投资控制的主要内容一般包括进度控制、财务控制、变更控制等。

进度控制是指对投资实际执行进度方面的规范与控制，主要由投资执行部门负责；财务控制是指对投资过程中资金使用、成本控制等方面的规范与控制，主要由财务部门负责；变更控制，是指对投资变更方面的规范与控制，主要由投资管理部门负责。

4. 投资后评价

投资项目实施完成后，企业应对照项目可行性分析和投资计划组织开展投资后评价。投资后评价的主要内容一般包括投资过程回顾、投资绩效和影响评价、投资目标实现程度和持续能力评价、经验教训和对策建议等。

企业可定期编制投资报告，反映一定期间内投资管理的总体情况，一般至少应于每个会计年度出具一份；也可根据需要编制不定期报告，主要用于反映特殊事项和特定项目的投资管理情况。投资报告应根据投资管理的执行结果编制，反映企业投资管理的实施情况。投资报告主要包括以下两部分内容：

（1）投资管理的情况说明，一般包括投资对象、投资额度、投资结构、投资进度、投资效益、投资风险、需要说明的其他重大事项等。

（2）投资管理建议，可以根据需要以附件形式提供支持性文档。

投资报告是重要的管理会计报告，应确保内容真实、数据可靠、分析客观、结论清楚，为报告使用者提供满足决策需要的信息。企业应及时进行回顾和分析，检查和评估投资管理的实施效果，不断优化投资管理流程，改进投资管理工作。

（二）融资管理程序

企业应建立健全融资管理的制度体系，融资管理一般采取审批制，根据企业的战略需要，实施分级授信、逐级上报。

企业应设置满足融资管理所需的，由业务、财务、法律及审计等相关人员组成的融资委员会或类似决策机构，对重大融资事项和融资管理制度等进行审批，融资管理一般由企业财务部门负责归口管理工作。

融资管理的程序一般包括融资计划制订、融资决策分析、融资方案的实施与调整、融资管理分析等。

1. 融资计划制订

企业对融资安排应实行年度统筹、季度平衡、月度执行的管理方式，根据战略需要、业务计划和经营进展情况，预测现金流量，统筹各项收支，编制年度融资计划，并据此分解为季度和月度融资计划。必要时根据特定项目的需要，编制专项融资计划。

年度融资计划的内容一般包括编制依据、融资规模、融资方式、资金成本等；季度和月度融资计划的内容一般包括年度经营计划、企业经营情况和项目进展水平、资金周转水平、融资方式、资金成本等。企业融资计划可作为预算管理的一部分，纳入企业预算管理。

2. 融资决策分析

企业应根据融资决策分析的结果编制融资方案，融资决策分析的内容一般包括融资规模、融资方式、资本成本、融资机构的选择依据、融资用途、偿付能力、融资潜在风险和应对措施、还款计划等。

3.融资方案的实施与调整

融资方案经审批通过后，进入实施阶段，一般由财务部门具体负责落实。如果融资活动受限或者融资量无法达到融资需求目标，财务部门应对融资方案进行及时调整，数额较大时应按照融资管理程序重新报请融资委员会或类似决策机构审批。

4.融资管理分析

企业融资完成后，应对融资进行统一管理，必要时应建立融资管理台账，一般由财务部门负责执行。企业应定期进行融资管理分析，内容一般包括还款计划、还款期限、资本成本、偿付能力、融资潜在风险和应对措施等。还款计划应纳入预算管理，以确保按期偿还融资。

企业可定期编制融资报告，反映一定期间内融资管理的总体情况，一般至少应于每个会计年度出具一份；也可根据需要编制不定期报告，主要用于反映特殊事项和特定项目的融资管理情况。融资报告应根据融资管理的执行结果编制，反映企业融资管理的实施情况。融资报告主要包括以下两部分内容：

（1）融资管理的情况说明，一般包括融资需求测算、融资渠道、融资方式、融资成本、融资程序、融资风险及应对措施、需要说明的重大事项等；

（2）融资管理建议，可以根据需要以附件形式提供支持性文档。

融资报告是重要的管理会计报告，应确保内容真实、数据可靠、分析客观、结论清楚，为报告使用者提供满足决策需要的信息。企业应及时进行回顾和分析，检查和评估融资管理的实施效果，不断优化融资管理流程，改进融资管理工作。

【想一想4-2】投资管理的程序包括哪些？融资管理的程序包括哪些？

同步技能训练

一、单项选择题（每题只有一个正确答案，请将正确答案填在括号内）

1.企业根据自身战略发展规划，以企业价值最大化为目标，对将资金投入营运过程进行的管理活动是（　　）。

A.投资管理　　B.融资管理　　C.投融资管理　　D.风险管理

2.企业为实现既定的战略目标，在风险匹配的原则下，对通过一定的融资方式和渠道筹集的资金进行的管理活动是（　　）。

A.投资管理　　B.融资管理　　C.投融资管理　　D.风险管理

3.通过向银行借款、发行债券、利用商业信用及融资租赁等方式可以取得债务性融资，债务资金需要按时还本付息，具有融资成本（　　）、财务风险（　　）的特点。

A.高、低　　B.低、高　　C.高、高　　D.低、低

4.下列各项不属于投融资管理领域应用的管理会计工具方法是（　　）。

A.贴现现金流法　　B.项目管理

C.情景分析　　　　D.本量利分析

5.投融资管理应符合企业发展战略与规划，与企业战略布局和结构调整方向相一致，是企业投融资管理原则中的（　　）。

A.价值创造原则　　　　B.风险匹配原则

C.战略导向原则　　　　D.利润最大化原则

6.企业投资管理机构应根据战略需要，定期编制中长期投资规划，并据此编制年度投资计划。这是企业投资管理程序中的（　　）。

A.实施过程控制　　　　B.投资后评价

C.可行性分析　　　　D.计划制订

7.企业年度投资计划一般包括编制依据、年度投资任务、年度投资任务执行计划、投资项目的类别及名称、各项目投资额的估算及资金来源构成等，并纳入企业（　　）。

A.预算管理　　　　B.成本管理

C.资金管理　　　　D.财务管理

8.企业进行投资管理，应当将投资控制贯穿于投资的实施全过程。其中，对投资变更方面的规范与控制指的是（　　）。

A.进度控制　　　　B.财务控制

C.变更控制　　　　D.流程控制

9.企业投资管理程序的实施过程控制中，变更控制，是指对投资变更方面的规范与控制，主要由（　　）负责。

A.财务部门　　　　B.投资管理部门

C.投资执行部门　　　　D.投资决策部门

10.通过向投资者吸收直接投资、发行股票、内部留存收益等方式可以取得权益性融资，权益资金不需要还本，向投资人支付的股利也不固定，具有融资成本（　　）、财务风险（　　）的特点。

A.高、高　　　　B.低、低　　　　C.高、低　　　　D.低、高

11.企业应建立健全融资管理的制度体系，融资管理一般采取（　　）。

A.审批制　　　　B.核准制　　　　C.审核制　　　　D.批准制

12.融资方案经审批通过后，进入实施阶段，一般由（　　）具体负责落实。

A.融资管理机构　　　　B.财务部门

C.融资委员会　　　　D.融资决策部门

13.企业应定期进行融资管理分析，下列各项不属于分析内容的是（　　）。

A.还款计划　　　　B.还款期限

C.偿付能力　　　　D.投资效益

二、多项选择题（每题有两个或以上正确答案，请将正确答案填在括号内）

1.企业进行投融资管理，一般应遵循的原则有（　　）。

A.价值创造原则　　　　B.战略导向原则

C.风险匹配原则　　　　D.利润最大化原则

2.投资管理的程序一般包括（　　）。

A.计划制订　　　　　　　　　　　　B.可行性分析

C.实施过程控制　　　　　　　　　　D.投资后评价

3.企业投资管理机构应根据战略需要，定期编制中长期投资规划，中长期投资规划一般应明确的事项有（　　）。

A.指导思想　　B.战略目标　　C.投资规模　　D.投资结构

4.投资可行性分析的内容一般包括（　　）。

A.该投资在技术和经济上的可行性　　B.可能产生的经济效益和社会效益

C.可以预测的投资风险　　　　　　　D.投资落实的各项保障条件

5.投资项目实施完成后，企业应对照项目可行性分析和投资计划组织开展投资后评价。投资后评价的主要内容一般包括（　　）。

A.投资过程回顾　　　　　　　　　　B.投资绩效和影响评价

C.投资目标实现程度和持续能力评价　D.经验教训和对策建议

6.融资管理的程序一般包括（　　）。

A.融资计划制订　　　　　　　　　　B.融资决策分析

C.融资方案的实施与调整　　　　　　D.融资管理分析

7.企业年度融资计划的内容一般包括（　　）。

A.编制依据　　　　　　　　　　　　B.融资规模

C.融资方式　　　　　　　　　　　　D.项目进展水平

8.企业融资报告内容主要包括（　　）。

A.融资管理的情况说明　　　　　　　B.投资管理的情况说明

C.融资管理建议　　　　　　　　　　D.投资管理建议

9.融资报告是重要的管理会计报告，应确保（　　），为报告使用者提供满足决策需要的信息。

A.内容真实　　B.数据可靠　　C.分析客观　　D.结论清楚

三、判断题（正确的在括号内打“√”，错误的打“×”）

（　　）1.在投资过程中，企业财务人员必须在风险和收益之间进行权衡，确定合理的投资结构，提高投资效益，控制投资风险。

（　　）2.投融资管理应确保投融资对象的风险评级与企业的风险综合承受能力相匹配，是投融资管理原则中的战略导向原则。

（　　）3.企业应用投资管理工具方法，一般按照制订投资计划、进行可行性分析、实施过程控制和投资后评价等程序进行。

（　　）4.企业可定期编制投资报告，反映一定期间内投资管理的总体情况，一般至少应于每个季度编制一份。

（　　）5.融资决策分析的内容一般包括融资规模、融资方式、资本成本、融资机构的选择依据、融资用途、偿付能力、融资潜在风险和应对措施、还款计划等。

（　　）6.如果企业融资活动受限或者融资量无法达到融资需求目标，归口管理部门应及时对融资方案进行调整，无论数额大小。

（　　）7.企业融资完成后，应对融资进行统一管理，必要时应建立融资管理台账，一般由融资委员会负责执行。

（ ）8.企业可根据需要编制定期报告，主要用于反映特殊事项和特定项目的融资管理情况。

任务二 投融资管理的基本方法与应用

一、贴现现金流法

贴现现金流法是以明确的假设为基础，选择恰当的贴现率对预期的各期现金流入和各期现金流出进行贴现，通过贴现值的计算和比较，为财务合理性提供判断依据的价值估算方法。

贴现现金流法是建立在一定假设前提基础上的一种估值方法，其有两个基本的输入变量，分别是各期的现金流量和贴现率。其中各期的现金流量包括流入量和流出量，估值时需要根据一定的假设前提和具体情况，合理预期得到相应数据。贴现率则需要根据一定的假设前提进行选择。贴现现金流法的核心是计算贴现值，通过贴现值的计算和比较，达到判断财务合理性的目的。

$$P = \sum_{t=1}^{n} \frac{CF_t}{(1+r)^t}$$

式中：P为贴现值，n为贴现期，r为贴现率，CF为各期的预期现金流量。

贴现现金流法一般适用于在企业日常经营过程中，与投融资管理相关的资产价值估算、企业估值和项目投资决策等，也适用于其他价值评估方法不适用的企业，包括正在经历巨大变化的企业，如处于债务重组、重大转型、战略性重新定位、亏损或者开办期的企业等。

（一）贴现现金流法的应用环境

企业应用贴现现金流法开展投融资管理决策时，应对企业战略、行业特征、外部信息等进行充分了解。

1.从战略层面明确贴现现金流法开展的可行性

企业应用贴现现金流法时，应从战略层面明确贴现现金流法开展的可行性，并根据实际情况，建立适宜贴现现金流法开展的沟通协调程序和操作制度，明确信息提供的责任主体、基本程序和方式，确保信息提供的充分性和可靠性。同时，企业应考虑估算标的未来将采取的会计政策和企业在估算基准日所采用的会计政策在重要方面是否基本一致。

2.确认内外部环境对贴现现金流法的应用是否可提供充分支持

企业应用贴现现金流法时，应确认内外部环境对贴现现金流法的应用可提供充分支持，如现金流入和现金流出的可预测性、折现率的可获取性，以及所有数据的可计量特征等。通常需要考虑以下内容：

（1）国家现行的有关法律法规及政策、国家宏观经济形势有无重大变化，各方所处地区的政治、经济和社会环境有无重大变化。

（2）有关利率、汇率、税基及税率、政策性征收费用等是否发生重大变化。

（3）估算标的的所有者和使用者是否完全遵守各有关法律法规，估算标的在现有的管理方式和管理水平的基础上，经营范围、方式与目前方向是否保持一致。

（4）有无其他不可抗力及不可预见因素对企业造成重大不利影响。

（二）贴现现金流法的应用程序

企业应用贴现现金流法时，一般应采取以下程序：

1. 估计贴现期、现金流、贴现率

贴现现金流法的三个要素包括：贴现期、现金流、贴现率。

（1）估计贴现期

企业应充分考虑标的特点、所处市场因素波动的影响，以及有关法律法规的规定，合理确定贴现期限，确保贴现期与现金流发生期间相匹配。

贴现期可采用项目已有期限，亦可采用分段式，如以5年作为一个时间段。企业在进行资产价值估算时，尤其要注意标的资产的技术寿命期限对合同约定期限或者法定使用期限的影响。

（2）估计现金流

企业应用贴现现金流法时，应当说明和反映影响现金流入和现金流出的事项和因素，既应反映现金流的变化总趋势，也应反映某些重要项目的具体趋势。

（3）估计贴现率

贴现率是反映当前市场货币时间价值和标的风险的回报率的指标。贴现率的设定要充分体现标的特点，通常应当反映评估基准日类似地区同类标的平均回报水平和评估对象的特定风险。同时，应用贴现现金流法时，贴现率应当与贴现期、现金流相匹配，当使用非年度的时间间隔（比如按月或按日）进行分析时，年度贴现率必须调整为一个与时间间隔相符合的贴现率。

微课4-1

现金净流量的计算

2. 现金流贴现

在贴现期内，企业应根据与投融资管理相关的资产价值估算、企业估值和项目投资决策等情况，采用合理的贴现率对现金流进行贴现。

（1）资产价值估算

进行资产价值估算时，通常可以在与资产使用寿命相匹配的无风险报酬率基础上进行风险调整，以此确定贴现率。无风险报酬率通常可选择对应期限的国债利率，进行风险调整时可以从政治风险、市场风险、技术风险、经营风险和财务风险等角度进行综合考量。

（2）企业估值

进行企业估值时，首先要确定贴现率。贴现率的确定，需要区分是以企业整体或以所有者权益作为企业价值估算的基础。

通常，企业整体价值估算采用股权资本成本和债务资本成本的加权平均资本成本作为贴现率的确定依据；企业所有者权益价值估算采用股权资本成本作为贴现率的确定依据。

资本成本是指筹集和使用资金的成本率，或进行投资时所要求的必要报酬率，一般用相对数即资本成本率表达。

股权资本成本和债务资本成本的加权平均资本成本公式如下：

$$R_W = R_B\left(\frac{B}{B+S}\right)(1-T) + R_S\left(\frac{S}{B+S}\right)$$

其中，R_W为加权平均资本成本；$\frac{B}{B+S}$为负债占总资本的比重；$\frac{S}{B+S}$为股权占总资本的比重，R_B为税前债务资本成本；R_S为股权资本成本；T为所得税税率。

企业的股权资本成本通常以资本资产定价模型为基础进行估计，综合考虑控制权程度、股权流动性、企业经营情况、历史业绩、发展前景和影响标的企业生产经营的宏观经济因素、标的企业所在行业发展状况与前景等调整因素。

以资本资产定价模型为基础的股权资本成本公式如下：

$$R_S = R_F + \beta(R_M - R_F)$$

其中，R_S为股权资本成本；R_F为无风险报酬率；β为公司股票的贝塔系数；R_M为所有股票的市场报酬率。

（3）项目投资决策

进行项目投资决策时，贴现率应根据市场回报率和标的项目本身的预期风险来确定。一般地，可以按照标的项目本身的特点，使用资产价值估算和企业估值的贴现率确定方法，但要注意区分标的项目与其他项目，或者作为企业组成部分所产生的风险影响，对贴现率进行调整。

3. 进行合理性判断

企业应用贴现现金流法进行价值评估，一般从以下方面进行合理性判断：

（1）客户要求

当客户提出的特殊要求不符合以市场价值为基础的评估对有关贴现期、现金流或贴现率的相关规定时，其估值结果是基于客户特殊要求下的投资价值而不是市场价值。

（2）评判标准

贴现现金流法作为一项预测技术，评判标准不在于贴现现金流预测最终是否完全实现，而应关注预测时的数据对贴现现金流预测的支持程度。

4. 形成分析报告

贴现现金流法分析报告的形式可以根据业务的性质、服务对象的需求等确定，也可以在资产评估报告中整体呈现。当企业需要单独提供贴现现金流法分析报告时，应确保内容的客观与翔实。贴现现金流法分析报告一般包括以下内容：

（1）假设条件。贴现现金流法分析报告应当对贴现现金流法应用过程中的所有假设进行披露。

（2）数据来源。贴现现金流法分析报告应当清楚地说明并提供分析中所使用的有关数据及来源。

（3）实施程序。编制贴现现金流法分析报告一般按照以下程序进行：合理选择评估方法；评估方法的运用和逻辑推理；主要参数的来源、分析、比较和测算；对评估结论进行分析，形成评估结论。

（4）评估者身份。当以内部评估人员身份开展评估工作时，评估人员与控制资产的实体之间的关系应当在评估报告中披露；当以外部评估人员身份开展评估工作且以营利为目的为委托方工作时，评估人员应当对这种关系予以披露。

（三）贴现现金流法的评价

贴现现金流法的主要优点是，结合历史情况进行预测，并将未来经营战略融入模型，有助于更全面地反映企业价值。

贴现现金流法的主要缺点是：测算过程较为复杂，对数据采集和假设的验证要求繁复，资本成本、增长率、未来现金流量的性质等变量很难得到准确的预测、计算，往往会使实务中的评估精度大大降低。

（四）贴现现金流法的应用

贴现现金流法在资产评估实践中的具体运用通常有以下方法：净现值法、现值指数法、内含报酬率法。

1.净现值法

净现值法是把项目在整个寿命期内的净现金流量按预定的目标收益率全部换算为等值的现值之和。净现值之和亦等于所有现金流入的现值与所有现金流出的现值的代数和。

净现值的基本公式是：

$$净现值（NPV）=\sum_{t=0}^{n}\frac{NCF_t}{(1+i_c)^t}=\sum_{t=0}^{n}(NCF_t\times(P/F,\ i_c,\ t))$$

计算净现值时，使用的贴现率通常为投资者所期望的最低投资报酬率。若净现值为正，说明方案的实际报酬率高于所要求的报酬率，方案可行；若净现值为负，说明方案的实际报酬率低于所要求的报酬率，方案不可行；若净现值为零，则表示方案的实际报酬率等于所要求的报酬率。

净现值计算的一般方法主要包括公式法和列表法。公式法是指根据净现值的定义，直接利用公式来完成该指标计算的方法。列表法是指通过现金流量表计算净现值指标的方法，即在现金流量表上，根据已知的各年净现金流量，分别乘以各年的复利现值系数，从而计算出各年折现的净现金流量，最后求出项目计算期内折现的净现金流量的代数和，即为所求的净现值指标。

【例4-1】某企业拟投资建设一个固定资产项目，需要一次性投入110万元，该项固定资产使用寿命为10年。企业所得税的税率为25%，资本成本为10%，各年的现金流量见表4-1。

表4-1　某企业固定资产投资项目现金流量

项目计算期	0	1	2	3	4	5	6	7	8	9	10
现金流量（万元）	-110	33	33	33	33	33	33	33	19	19	49

要求：计算净现值，分析该项目是否值得投资。

解：通过查年金现值系数表及复利现值系数表，找出相关现值系数（见表4-2）。

表4-2 相关现值系数表

n（期数）	7	8	9	10
(P/A，10%，n)	4.868	—	—	—
(P/F，10%，n)	—	0.467	0.421	0.386

$$NPV = 33\times(P/A,10\%,7)+19\times(P/F,10\%,8)+19\times(P/F,10\%,9)+49\times(P/F,10\%,10)-110$$
$$=160.64+8.87+8+18.91-110$$
$$=86.42\text{（万元）}$$

该项目净现值大于零，说明该项目的报酬率高于10%，若企业要求的最低报酬率为10%，则该项目值得投资。

2. 现值指数法

现值指数是指投产后按行业基准收益率或设定折现率折算的各年净现金流量的现值合计与原始投资的现值合计之比。

现值指数的基本公式是：

$$\text{现值指数(PI)}=\frac{\text{投产后各年净现金流量的现值合计}}{\text{原始投资的现值合计}}$$

若现值指数大于或等于1，说明该投资项目的投资报酬率高于或等于预定的贴现率，方案可行；若现值指数小于1，说明该投资项目的投资报酬率低于预定的贴现率，方案不可行。现值指数越大，方案越好。

【例4-2】沿用【例4-1】的资料。

要求：计算该投资项目的现值指数，分析该项目是否值得投资。

解：通过查年金现值系数表及复利现值系数表，找出相关系数的值见表4-2：

$$PI=\frac{33\times(P/A,10\%,7)+19\times(P/F,10\%,8)+19\times(P/F,10\%,9)+49\times(P/F,10\%,10)}{110}$$
$$=\frac{160.64+8.87+8+18.91}{110}$$
$$=1.79$$

该投资项目现值指数大于1，表示该项目投资报酬率高于10%，值得投资。

3. 内含报酬率法

内含报酬率（IRR）是指项目投资实际可望达到的收益率，亦可将其定义为能使投资项目的净现值等于零的折现率。内含报酬率的基本公式为：

$$\text{未来每年现金净流量}\times\text{年金现值系数}-\text{原始投资额现值}=0$$

即：

$$\sum_{t=0}^{n}\left[NCF_t\times(P/F,IRR,t)\right]=0$$

计算出净现值等于零时的年金现值系数后，通过查年金现值系数表，可找出或算出相应的贴现率，该贴现率为方案的内含报酬率。当该指标大于或等于企业要求的最低报酬率时，投资项目才具有财务可行性。

【例4-3】某企业计划购入一台新型设备，购入的价格为40万元，在期初一次性付款，该设备使用年限为5年，使用该设备后预期每年能产生现金净流量12万元，该项目要求的最低报酬率为14%。

要求：计算内含报酬率，分析该方案是否值得投资。

解：根据内含报酬率公式可得：

$$12 \times 年金现值系数 - 40 = 0$$

$$年金现值系数 = \frac{40}{12} = 3.3333$$

通过查年金现值系数表，找出n=5时，相邻的两个贴现率为15%、16%，对应的年金现值系数为(P/A，15%，5) = 3.3522，(P/A，16%，5) = 3.2743，采用插值法，计算该方案的内含报酬率：

$$\frac{IRR - 15\%}{16\% - 15\%} = \frac{3.3333 - 3.3522}{3.2743 - 3.3522}$$

$$IRR = 15\% + (16\% - 15\%) \times \frac{3.3333 - 3.3522}{3.2743 - 3.3522} = 15.24\%$$

该项目的内含报酬率为15.24%，高于要求的最低报酬率，该项目值得投资。

【想一想4-3】净现值法、现值指数法、内含报酬率法的优缺点分别是什么？

【练一练4-2】假设投资者要求的最低报酬率为10%，下列指标中表示项目不可行的是（　　）。

A. NPV = 56.3　　B. PI = 1.93　　C. IRR = 9.8%　　D. PI = 0.8

二、项目管理

项目管理是指通过项目各参与方的合作，运用专门的知识、工具和方法，对各项资源进行计划、组织、协调、控制，使项目能够在规定的时间、预算和质量范围内，实现或超过既定目标的管理活动。

项目管理的适用范围主要是以一次性活动为主要特征的项目活动，如一项工程、服务、研究课题、研发项目、赛事、会展或活动演出等；也可以适用于以项目为主要经营单元的各类经济主体。

（一）项目管理的原则

企业进行项目管理时，一般应遵循以下原则：

1. 注重实效，协同创新

项目应围绕项目管理的目标，强调成本效益原则，实现项目各责任主体间的协同发展、自主创新。

2. 按级负责，分工管理

项目各责任主体，应当根据管理层次和任务分工的不同，有效行使管理职责，履行管理义务，确保项目取得实效。

3. 科学安排，合理配置

项目各责任主体严格按照项目的目标和任务，科学合理编制预算，严格执行预算。

（二）项目管理的基本程序

企业应用项目管理工具方法一般按照可行性研究、项目立项、项目计划、项目实施、项目验收和项目后评价等程序进行。

1. 可行性研究

可行性研究是指通过对项目在技术上是否可行、经济上是否合理、社会和环境影响是否积极等进行科学分析和论证，以最终确定项目投资建设是否进入启动程序的过程。企业一般可以从投资必要性、技术可行性、财务可行性、组织可行性、经济可行性、环境可行性、社会可行性、风险因素及对策等方面开展项目的可行性研究。

2. 项目立项

项目立项是指对项目可行性研究进行批复，并确认列入项目实施计划的过程。经批复的可行性研究报告是项目立项的依据，项目立项一般应在批复的有效期内完成。

3. 项目计划

项目计划是指项目立项后，在符合项目可行性报告批复相关要求的基础上，明确项目的实施内容、实施规模、实施标准、实施技术等计划实施方案，并据此编制项目执行预算的书面文件。

通常情况下，项目执行预算超过可行性研究报告项目预算的 10% 时，或者项目实施内容、实施规模、实施地点、实施技术方案等发生重大变更时，应重新组织编制和报批可行性报告。经批复的项目计划及项目执行预算应作为项目实施的依据。

项目可行性报告的内容一般包括项目概况、市场预测、产品方案与生产规模、厂址选择、工艺与组织方案设计、财务评价、项目风险分析，以及项目可行性研究结论与建议等。

4. 项目实施

项目实施是指按照项目计划，在一定的预算范围内，保质保量按时完成项目任务的过程。通常，应重点从质量、成本、进度等方面，有效控制项目的实施过程。

（1）企业应遵循国家规定及行业标准，建立质量监督管理组织、健全质量管理制度、形成质量考核评价体系和反馈机制等，实现对项目实施过程的质量控制。

（2）成本控制应贯穿于项目实施的全过程。企业可以通过加强项目实施阶段的投资控制，监督合同执行，有效控制设计变更，监督和控制合同价款的支付，实现对项目实施过程的成本控制。

（3）企业应通过建立进度控制管理制度，编制项目实施进度计划，制定项目实施节点；实行动态检测，完善动态控制手段，定期检查进度计划，收集实际进度数据；加强项日进度偏差原因分析，及时采取纠偏措施等，实现对项目实施过程的进度控制。

5. 项目验收

项目验收是指项目完成后，进行的综合评价、移交使用、形成资产的整个过程。

项目验收一般应由可行性研究报告的批复部门组织开展，可以从项目内容的完成情况、目标的实现情况、经费的使用情况、问题的整改情况、项目成果的意义和应用情况等方面进行。

6. 项目后评价

项目后评价是指通过对项目实施过程、结果及其影响进行调查研究和全面系统回顾，与项目决策时确定的目标以及技术、经济、环境、社会指标进行对比，找出差别和变化，据以分析原因、总结经验、提出对策建议，并通过信息反馈，改善项目管理决策，提高项目管理效益的过程。企业应比对项目可行性报告的主要内容和批复文件开展项目后评价，必要时应参照项目计划的相关内容进行对比分析，进一步加强项目管理，不断提高决策水平和投资效益。

（三）项目财务管理

项目财务管理是指基于项目全生命周期的项目财务活动的归口管理工作，是对项目营运过程中财务资源使用的全流程管理活动。

在项目营运过程中，企业应当重视并严格执行项目预算管理、项目执行成本控制、项目会计核算、资金管理与项目结算、项目决算和项目经济后评价等。企业可根据项目规模、周期、经费额度等指定专人负责上述工作，并参与项目论证与评估等工作。

1.项目预算管理

企业进行项目预算管理，一般应从项目预算编制、预算执行控制、项目预算调整等方面开展。

（1）项目预算编制

企业应基于项目的重要性和成本效益考虑，制定项目预算管理制度，可以指定项目预算管理分管领导、设置项目概预算专职人员。

企业应依据总量控制、分项预算的总体框架，按照需要与可能、局部与全局、重点与一般、当前与长远相结合的编制原则，编制项目预算。

企业应在充分调研和论证的基础上，强调项目预算编制的明细化和标准化，明确预算的编制内容、编制依据和编制方法，实现项目预算与会计核算科目的匹配性。

（2）预算执行控制

企业应分解落实项目实施各阶段的预算执行计划，明确项目各阶段的预算控制目标。

在项目执行过程中，企业应以项目预算执行计划和目标为依据，定期对项目预算执行情况进行核查、比对、分析。

（3）项目预算调整

企业应依据外部环境变化、项目实施进展和项目方案优化要求等，不断修正和完善项目各阶段的预算执行计划和预算控制目标。

在项目预算管理中，企业可采用滚动预算方式，以项目执行前一阶段的预算调整作为下一阶段项目预算控制的目标，按照时间（如年、月、日）或项目单元编制，依次分解，滚动预算。

2.项目执行成本控制

企业进行项目执行成本控制，一般应从项目费用定额管理、项目合同管理、项目执行成本变更管理等方面开展。

（1）项目费用定额管理

企业应根据项目自身特点，制定项目费用定额表，如物资消耗定额、工时定额等，形成项目执行成本控制的依据。

（2）项目合同管理

项目执行过程中涉及合同管理时，财务管理人员一般可以参与合同的论证、签订、审查和履行、变更、解除等，负责审查并履行合同支付职能，定期了解合同方的资信和履约能力，建立合同管理台账。

（3）项目执行成本变更管理

项目执行成本原则上不得随意变更，因特殊情况需要调整时，需根据相应的报批程序，报原审核部门核定，按照先批准、后变更的原则进行处理。

3. 项目会计核算

项目执行过程中，应按照国家统一的会计制度进行会计核算。项目收支应分项目、分要素进行明细核算，确保会计核算制度与项目预算管理相衔接。

4. 资金管理与项目结算

企业应建立健全资金管理和项目结算制度，设立项目专款账户对资金的使用进行管理，正确区分会计期间，规范成本列支，统一对项目进行收支与结算。项目结算一般包括项目月度结算、年度结算和完工结算。

5. 项目决算

企业应建立项目决算审计制度，明确项目决算报表内容、格式要求和填报口径，严格执行项目决算数据材料的收集、审核、汇总，形成项目决算报告，同时提交审计部门进行项目审计。

项目决算报告一般包括项目决算说明书、项目决算报表、项目成果和费用支出的对比分析等。项目决算报告和项目审计意见应作为项目验收的依据。

6. 项目经济后评价

企业应在对比项目可行性研究的基础上进行项目经济后评价，并编制项目经济后评价报告。项目经济后评价报告一般包括项目资金收入和使用情况，重新测算项目的财务评价指标、经济评价指标等。项目经济后评价应通过投资增量效益的分析，突出项目对经济价值和社会价值的作用和影响。

（四）项目管理的工具方法

项目管理的工具方法一般包括挣值法、成本效益法、价值工程法等。

1. 挣值法

挣值（BCWP）是指项目实施过程中已完成工作的价值，即实际完成的工作量及其相应的预算成本，反映了满足质量标准的工程实际进度和工作绩效，体现了投资额到工程成果的转化。

挣值法也称偏差分析法，是通过分析项目目标实施与项目目标期望之间的差异，从而判断项目实施的费用进度绩效的一种方法。这种方法的特点是将费用与进度综合起来衡量，通过预算和费用来度量项目的进度。

（1）挣值法的原理

①挣值法的三个关键中间变量。

挣值法广泛适用于项目管理中的项目实施、项目后评价等阶段。挣值法有三个关键的中间变量：挣值、计划成本和实际成本。

挣值（BCWP）表示按照预算价格计算出的实际已完成工作量的成本。

挣值(BCWP) = 已完成工作量 × 预算成本单价

计划成本（BCWS）是指根据批准的进度计划或预算，到某一时点应当完成的工作所需投入资金的累计值。企业应用挣值法进行项目管理，应当把项目预算分配至项目计划的各个时点。

计划成本(BCWS) = 计划工程量 × 预算成本单价

实际成本（ACWP）是指按实际进度完成的成本支出量。企业应用挣值法开展项目管理时，实际成本的计算口径必须与计划成本和挣值的计算口径保持一致。

实际成本(ACWP) = 已完成工作实际成本

②挣值法的评价指标。

挣值法的评价基准包括成本基准和进度基准，通常可以用于检测实际绩效与评价基准之间的偏差。挣值法的评价指标分别是两个绝对差异分析变量（进度偏差和成本偏差）以及两个指数变量（进度绩效指数和成本绩效指数）。

进度偏差（SV）是指在某个给定时点上，测量并反映项目提前或落后的进度绩效指标。企业应用挣值法开展项目管理时，既要监测挣值的增量，以判断当前的绩效状态；又要监测挣值的累计值，以判断长期的绩效趋势。当进度偏差为负值时，表示进度落后，实际进度落后于计划进度；当进度偏差为零时，表示实际完成工作量等于计划预算值，符合计划进度；当进度偏差为正值时，表示进度提前，实际进度提前于计划进度。

进度偏差(SV) = 挣值(BCWP) - 计划成本(BCWS)

成本偏差（CV）是指在某个给定时点上，测量并反映项目预算亏空或预算盈余的成本绩效指标。当成本偏差为负值时，表示超支，项目运行成本超出预算成本；当成本偏差为零时，表示完成某工作量时，实际成本等于预算成本；当成本偏差为正值时，表示节约，项目运行成本节支。

成本偏差(CV) = 挣值(BCWP) - 实际成本(ACWP)

进度绩效指数（SPI）是衡量进度绩效的一种指标，也就是实际完成的工作量与计划完成工作量之比。当进度绩效指数小于1时，表示进度拖延，实际进度比计划进度滞后；等于1时，表示实际进度等于计划进度；大于1时，表示进度提前，实际进度提前了计划进度。

进度绩效指数(SPI) = 挣值(BCWP) ÷ 计划成本(BCWS)

成本绩效指数（CPI）是衡量成本绩效的一种指标，即预算单价与实际单价之比。当成本绩效指数小于1时，表示成本超支，项目实际成本超出预算成本；等于1时，表示实际成本与预算成本相符；大于1时，表示成本节约，表示项目实际成本低于预算成本。

成本绩效指数(CPI) = 挣值(BCWP) ÷ 实际成本(ACWP)

【练一练4-3】下列指标表示项目实际进度比计划进度落后的是（　　）。

A. SV < 0　　B. SPI < 1　　C. CPI < 1　　D. CV < 0

（2）挣值法的应用

【例4-4】假设某装饰公司承接了一项写字楼装修改造工程，项目经理部对项目进行成本管理过程中，统计了各月的费用（见表4-3）。

表4-3 工程各月的预算费用、完成情况及实际费用

月份	计划完成工作预算费用（万元）	已完成工作量（%）	实际发生费用（万元）
1	180	100	170
2	200	90	180
3	260	105	280
4	200	85	180
5	180	110	180
6	350	120	380
7	300	50	175
8	280	100	265
9	220	90	170
10	160	95	180
11	250	60	120
12	280	100	300

要求：

（1）计算每个月的挣值、12个月的合计挣值、实际成本和计划成本；

（2）计算12个月的成本偏差和进度偏差；

（3）计算12个月的成本绩效指数和进度绩效指数。

解：（1）根据表4-2中的资料，计算相关指标见表4-4。

表4-4 挣值法计算表 单位：万元

月份	挣值（BCWP）	实际成本（ACWP）	计划成本（BCWS）
1	180	170	180
2	180	180	200
3	273	280	260
4	170	180	200
5	198	180	180
6	420	380	350
7	150	175	300
8	280	265	280
9	198	170	220
10	152	180	160
11	150	120	250
12	280	300	280
合计	2 631	2 580	2 860

（2）成本偏差 = 挣值 - 实际成本 = 2 631 - 2 580 = 51（万元）

进度偏差 = 挣值 - 计划成本 = 2 631 - 2 860 = -229（万元）

由于成本偏差为正值，说明成本节约；进度偏差为负值，说明进度拖延。因此项目需要加快进度。

（3）成本绩效指数 = 挣值 ÷ 实际成本 = 2 631 ÷ 2 580 = 1.0198

进度绩效指数 = 挣值 ÷ 计划成本 = 2 631 ÷ 2 860 = 0.9199

由于成本绩效指数 > 1，说明成本节约，进度绩效指数 < 1，说明进度拖延。因此项目需要加快进度。

【例4-5】某项目包括3个工作包A、B、C，每个工作包对应的预算成本为22万元、38万元、26万元。项目每期预算成本见表4-5。

表4-5 项目每期预算成本 单位：万元

工作包	总预算成本	时间（周）											
		1	2	3	4	5	6	7	8	9	10	11	12
A	22	3	5	6	8								
B	38					9	5	6	10	8			
C	26										7	10	9
累计		3	8	14	22	31	36	42	52	60	67	77	86

假设第8周周末，工作包A已全部完成，工作包B已完成70%，工作包C还未开始，累计完工情况见表4-6，每期累计挣值见表4-7。

表4-6 各工作包累计完工情况 单位：万元

工作包	时间（周）							
	1	2	3	4	5	6	7	8
A	30	60	80	85	100	100	100	100
B				25	40	70	80	85
C								

表4-7 项目每期累计挣值 单位：万元

工作包	总预算成本	时间（周）							
		1	2	3	4	5	6	7	8
A	22	6.6	13.2	17.6	18.7	22	22	22	22
B	38				9.5	15.2	26.6	30.4	32.3
C	26								
合计		6.6	13.2	17.6	28.2	37.2	48.6	52.4	54.3

根据成本报告，到第8周周末，各时期的已完工实际成本见表4-8。

表4-8　项目每期已完工的实际成本　单位：万元

工作包	时间（周）								实际总成本
	1	2	3	4	5	6	7	8	
A	5	8	9	10	5				37
B				3	6	6	12	10	37
C									
合计	5	8	9	13	11	6	12	10	
累计	5	13	22	35	46	52	64	74	74

要求：根据资料采用挣值法计算进度偏差、成本偏差、进度绩效指数、成本绩效指数。

解：根据表4-6、表4-7和表4-8，得出挣值分析图（如图4-1所示）。

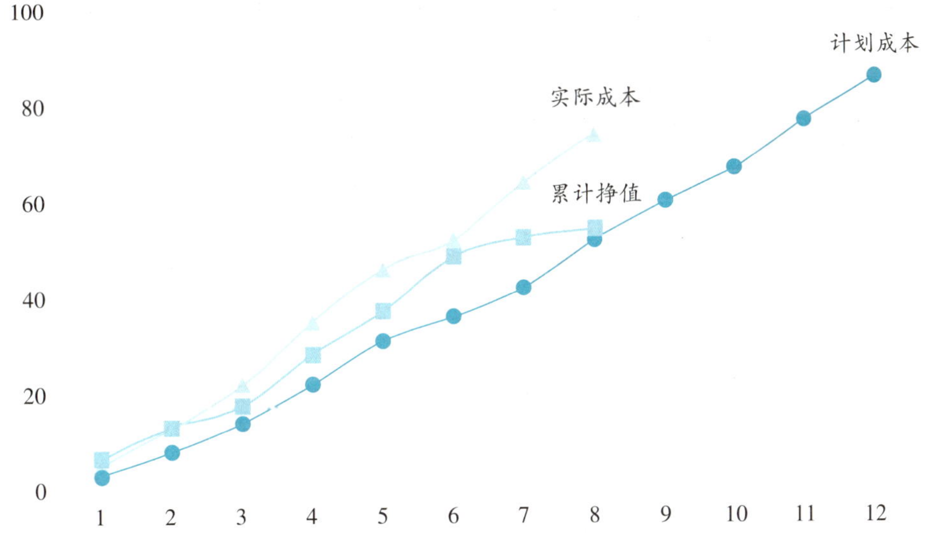

图4-1　挣值分析图

根据上面的资料，第8周周末成本绩效情况的总体分析如下：

所有计划工作的计划成本为52万元，实际成本为74万元，实际工作的累计挣值为54.3万元。

进度偏差SV = BCWP − BCWS = 54.3 − 52 = 2.3(万元)，即进度超前2.3万元；

成本偏差CV = BCWP − ACWP = 54.3 − 74 = −19.7(万元)，即成本超支19.7万元；

进度绩效指数SPI = BCWP ÷ BCWS = 54.3 ÷ 52 = 1.0442，由于SPI大于1，说明截至第8周周末进度提前了；

成本绩效指数CPI = BCWP ÷ ACWP = 54.3 ÷ 74 = 0.7338，由于CPI小于1，说明截至第8周周末成本超支了。

应用挣值法时需要注意的事项：一是由于对整个项目使用了累计数据，因此，当整个项目成本与进度无偏差时不代表各工作包没有问题；二是各工作包之间的数据可能会互相抵消，导致难以发现真正的问题。

（3）挣值法的优缺点

挣值法的主要优点：通过对项目当前运行状态的分析，可以有效地预测出项目的未来发展趋势，严格地控制项目的进度和成本；在出现不利偏差时，能够较快地检测出问题所在，留有充足的时间对问题进行处理和对项目进行调整。

挣值法的主要缺点：片面注重用财权的执行情况判断事权的实施效益；属于事后控制方法，不利于事前控制；存在用项目非关键路径上取得的挣值掩盖关键路径上进度落后的可能性，影响项目绩效判断的准确性。

2. 成本效益法

成本效益法是指通过比较项目不同实现方案的全部成本和效益，以寻求最优投资决策的一种项目管理工具方法。其中，成本指标可以包括项目的执行成本、社会成本等；效益指标可以包括项目的经济效益、社会效益等。成本效益法属于事前控制方法，适用于项目可行性研究阶段。

确定成本与效益应结合项目的目标，只要有利于目标实现的就是效益，而为了实现目标付出的代价则是成本。不同的投资主体其目标各有特点，如国家项目，比较关注的目标是增加国民收入、增加就业、改善环境、促进发展、维持稳定等；非国有经济项目，比较关注微观的经济效益，社会和生态效益次之。

（1）成本效益法的步骤

企业应用成本效益法，一般按照以下程序进行：

① 确定项目中的收入和成本；

② 确定项目不同实现方案的差额收入；

③ 确定项目不同实现方案的差额费用；

④ 制定项目不同实现方案的预期成本和预期收入的实现时间表；

⑤ 评估难以量化的社会效益和成本。

（2）成本效益法的应用

【例4-6】某企业通过将自有资金、银行贷款组合，承包了三百万亩耕地，若保留原耕地的使用方式，种植玉米，可通过出售玉米获取收益，每年的销售收入为405万元，种子、化肥、农药、水电费、人工的投入为200万元；若对耕地进行鱼塘改造，改造费用为2 000万元，改造期为1年，企业通过出售养殖鱼获取收益，每年销售收入为1 000万元，每年鱼苗、饲料、水电费等投入为500万元，假定鱼塘可使用10年。

要求：采用成本效益法分析方案并给出决策。

解：根据资料进行成本效益分析（见表4-9）。

表4-9 成本效益分析表 单位：万元

年份	1	2	3	4~11
有项目（鱼塘改造）				
销售收入	0	1 000	1 000	1 000
运营成本	2 000	500	500	500
利润	-2 000	500	500	500
无项目（保留玉米种植）：				
销售收入	405	405	405	405
运营成本	200	200	200	200
利润	205	205	205	205
增量效益	-2 205	295	295	295

通过对比“有项目”与“无项目”，可得出第1年的增量效益为-2 205万元，第2~11年的增量效益均为295万元，总体来说，“有项目”要比“无项目”实现的收益更多，因此企业选择鱼塘改造项目收益更大。

（3）成本效益法的优缺点

成本效益法的主要优点：一是普适性较强，是衡量管理决策可行性的基本依据；二是需考虑评估标的经济与社会、直接与间接、内在与外在、短期与长期等各个维度的成本和收益，具有较强的综合性。

成本效益法的主要缺点：一是属于事前评价，评价方法存在的不确定性因素较多；二是综合考虑了项目的经济效益、社会效益等各方面，除了经济效益以外的其他效益存在较大的量化难度。

3. 价值工程法

价值工程法是指对研究对象的功能和成本进行系统分析，比较为获取某功能而发生的成本，以提高研究对象价值的管理方法。价值工程的公式为：

$$价值(V)=\frac{产品功能系数(F)}{全寿命周期成本系数(C)}$$

本方法下的功能，是指对象满足某种需求的效用或属性；本方法下的成本，是指按功能计算的全部成本费用；本方法下的价值，是指对象所具有的功能与获得该功能所发生的费用之比。

价值工程法提供了提高工程价值的5种基本途径：①提高功能，降低成本；②功能不变，降低成本；③提高功能，成本不变；④功能略有下降，成本大幅度降低；⑤功能大幅度提高，成本略有提高。该方法着眼于全寿命周期成本，将产品价值、成本、功能作为整体考虑，适用于项目设计与改造、项目实施等阶段。

【想一想4-4】为什么“功能略有下降，成本大幅度降低”能提高工程价值？

（1）价值工程法的步骤

企业应用价值工程法，一般按照以下程序进行：

① 准备阶段。选择价值工程的对象并明确目标、限制条件和分析范围；根据价值工程对象的特点，组成价值工程工作小组；制订工作计划，包括具体执行人、执行日期、工作目标等。

② 分析阶段。收集整理与对象有关的全部信息资料；通过分析信息资料，简明准确地表述对象的功能、明确功能的特征要求，并绘制功能系统图；运用某种数量形式表达原有对象各功能的大小，求出原有对象各功能的当前成本，并依据对功能大小与功能当前成本之间关系的研究，确定应当在哪些功能区域改进原有对象，并确定功能的目标成本。

③ 创新阶段。依据功能系统图、功能特性和功能目标成本，通过创新性的思维和活动，提出实现功能的各种不同方案；从技术、经济和社会等方面评价所提出的方案，看其是否能实现规定的目标，从中选择最佳方案；将选出的方案及有关的经济资料和预测的效益编写成正式的提案。

④ 实施阶段。组织提案审查，并根据审查结果签署是否实施的意见；根据具体条件及内容，制订实施计划，组织实施，并指定专人在实施过程中跟踪检查，记录全程的有关数据资料，必要时，可再次召集价值工程工作小组提出新的方案；根据提案实施后的技术经济效果，进行成果鉴定。

价值工程法步骤如图4-2所示。

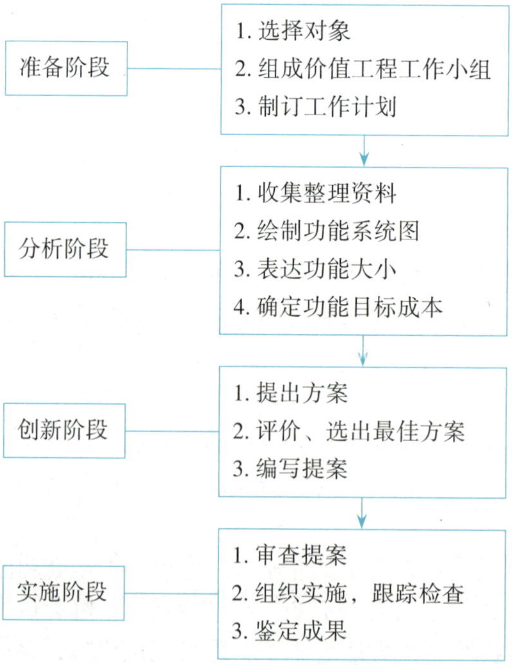

图4-2 价值工程法步骤

（2）价值工程法的优缺点

价值工程法的主要优点：一是把项目的功能和成本联系起来，通过削减过剩功能、补充不足功能使项目的功能结构更加合理化；二是着眼于项目成本的整体分析，注重有效利用资源，有助于实现项目整体成本的最优化。

价值工程法的主要缺点：要求具有较全面的知识储备，不同性质的价值工程分析对象涉及的其他领域的学科性质，以及其他领域的广度和深度等都存在很大差别，导致功能的内涵、结构和系统特征必然具有实质性区别。

（3）价值工程法的应用

【例4-7】某市开发区在两栋科研楼和一栋综合楼的设计工作中采用价值工程法对其设计方案进行分析。现有A、B、C三个方案，进行技术经济和专家分析论证后，得出数据见表4-10。

表4-10 方案相关数据

方案功能	方案功能重要程度	方案功能得分		
		A	B	C
F1	0.10	9	8	9
F2	0.25	8	10	9
F3	0.35	10	9	8
F4	0.05	7	10	9
F5	0.25	9	9	10
单方造价（元/平方米）	1	1 425	1 580	1 365

要求：

（1）计算A、B、C方案的功能系数；

（2）计算A、B、C方案的成本系数；

（3）计算A、B、C方案的价值系数，并确定最优方案。

解：（1）各方案功能系数计算如下：

各方案的功能得分计算如下：

$F_A = 9 \times 0.10 + 8 \times 0.25 + 10 \times 0.35 + 7 \times 0.05 + 9 \times 0.25 = 9$

$F_B = 8 \times 0.10 + 10 \times 0.25 + 9 \times 0.35 + 10 \times 0.05 + 9 \times 0.25 = 9.2$

$F_C = 9 \times 0.10 + 9 \times 0.25 + 8 \times 0.35 + 9 \times 0.05 + 10 \times 0.25 = 8.9$

功能总得分：$9 + 9.2 + 8.9 = 27.1$

各方案功能系数如下：

$\overline{F_A} = 9 \div 27.1 = 0.332$

$\overline{F_B} = 9.2 \div 27.1 = 0.340$

$\overline{F_C} = 8.9 \div 27.1 = 0.328$

（2）各方案的成本系数计算如下：

$C_A = 1\,425 \div (1\,425 + 1\,580 + 1\,365) = 0.326$

$C_B = 1\,580 \div (1\,425 + 1\,580 + 1\,365) = 0.362$

$C_C = 1\,365 \div (1\,425 + 1\,580 + 1\,365) = 0.312$

(3) 各方案的价值系数计算如下：

$V_A = 0.332 \div 0.326 = 1.018$

$V_B = 0.340 \div 0.362 = 0.939$

$V_C = 0.328 \div 0.312 = 1.051$

C方案的价值系数最高，为1.051，因此C方案为最优方案。

【例4-8】某开发公司的一栋公寓正在建设，为控制工程造价、降低费用，目前对该方案的土建工程部分采用价值工程法进行分析，各功能项目评分及目前成本见表4-11。

表4-11 功能项目评分及成本 单位：万元

功能项目	功能得分	成本
F1	36	4 860
F2	10	1 500
F3	12	1 385
F4	28	3 768
F5	10	1 754
合计	96	13 267

要求：若目标成本额控制为12 250万元，试分析各功能项目的目标成本及可降低的额度，并确定改进的顺序。

解：根据目标成本限额，计算各功能项目的功能系数、成本系数、价值系数、目标成本及成本降低额见表4-12。

表4-12 计算结果汇总表

功能项目	功能得分	功能系数 ①	目前成本	成本系数 ②	价值系数 ③	目标成本 (12 250 ×①)	成本降低额
F1	39	0.39	5 313	0.385	1.013	4 777.5	535.5
F2	12	0.12	1 794	0.130	0.923	1 470	324
F3	14	0.14	1 794	0.130	1.077	1 715	79
F4	25	0.25	3 657	0.265	0.943	3 062.5	594.5
F5	10	0.10	1 242	0.090	1.111	1 225	17
合计	100	1	13 800	1		12 250	1 550

由表4-11计算结果可知，功能F1、F2、F3、F4、F5都需要通过适当方式降低成本，根据成本降低额的大小，改进的顺序依次为F4、F1、F2、F3、F5。

三、情景分析

情景分析是指在对企业经营管理中未来可能出现的相关事件情景进行假设的基础

上，结合企业管理要求，通过模拟等技术，分析相关方案发生的可能性、相应后果和影响，以做出最佳决策的方法。

情景分析可用来预计威胁和机遇可能发生的方式，以及如何将威胁和机遇用于各类长期及短期风险。在周期较短及数据充分的情况下，可以从现有的情景中推断出未来可能出现的情景。对于周期较长或数据不充分的情况，情景分析法的有效性更依赖于合乎情理的想象力。

（一）情景分析的适用范围

情景分析一般适用于企业的投融资决策，也可用于战略目标制定、风险评估等。

情景分析法适用于资金密集、产品或技术开发的前导期长、战略调整所需投入大、风险高的产业，如石油、钢铁等产业。该方法还适用于不确定因素太多，无法进行唯一准确预测的情况，如制药业、金融业，以及相关的股市等。

（二）情景分析应用环境

1.企业应用情景分析工具方法，应重点考虑对决策事项有重大影响的事件情景，评价事件情景与分析方案、决策事项的关联程度，并将情景分析建立在合理假设的基础上。

2.企业应用情景分析工具方法，应考虑与决策事项有关的参数、边界条件等的完整性及可获取性，尤其应考虑宏观环境因素的可测性，如产业政策、行业状况等。

（三）情景分析的应用程序

企业应用情景分析工具方法，一般按照以下程序进行：

1.确认决策事项

企业应用情景分析工具方法时，应根据决策目标和决策需求确定决策事项。同时，决策事项应存在多种可量化的影响因素及不同的实现路径。

确定决策事项就是要根据决策目标和决策需求明确分析目的和主要任务，包括涉及的时间范围、区域、具体对象等。例如，“未来五年全球智能手机行业的发展状况”，其中“全球”就是区域，“未来五年”就是时间范围，“智能手机行业”就是具体对象。

2.确认影响因素

企业应用情景分析工具方法时，应对决策事项的影响因素进行全面分析，并根据重要性原则明确决策事项的主要影响因素，以此作为设置情景的主要内外部影响因素。

（1）在进行投融资决策时，通常应考虑投资额、资本成本等影响因素；

（2）在进行战略目标制定时，通常应考虑消费者信心指数、市场占有率等影响因素；

（3）在进行风险评估时，通常应考虑利率、汇率变动等产生可承受最大损失的影响因素。

影响因素的选择主要集中在那些未来不确定性强、影响程度大的因素方面，在提交最初影响因素列表的基础上，可以利用“头脑风暴法”让所有参与的企业人员和专家人士各抒己见，对影响因素进行选择。然后，对讨论内容进行汇总，选出企业所在领域10个左右因素作为主要影响因素。最后，对主要影响因素提炼压缩，进行重要性排序，选出最重要的关键影响因素，一般来说不超过5个。例如，针对上面的“未来五年全球智能手机行业的发展状况”的问题，假设主要影响因素有：政策支持、收入水平、技术发展、消费心理、竞争程度等。

3.设定情景

企业通常应根据决策事项设定不同的情景，这些情景应能提供有意义的测试环境，以便后续制订多个可选择方案。

（1）根据历史情况设定情景时，通常可以选取最优、最差或基准的历史情况作为情景，或者以历史特殊事件作为情景，如重复进行的标准历史事件；

（2）根据其他假设设定情景时，通常使用人为假设、专家认定或者数据模拟等方法来设定情景。

将关键影响因素的具体描述进行组合，形成多个初步的未来情景描述方案。由于企业在选择方案时往往从其发生概率以及战略重要性两个角度出发考虑，所以将各种方案按照“战略重要性”和“发生概率”横纵坐标进行归类。情景设定筛选如图4-3所示。

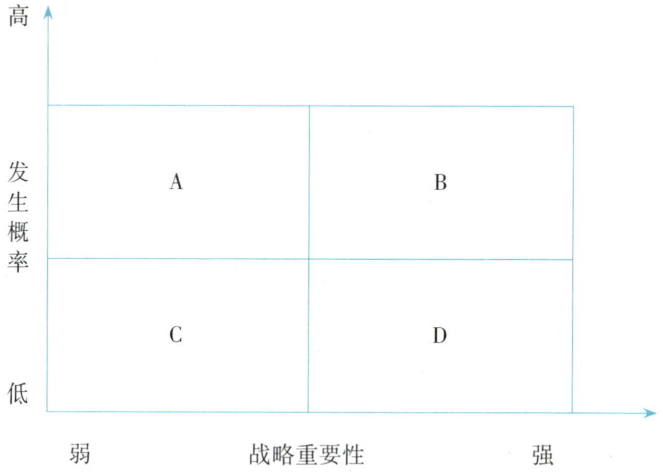

图4-3 情景设定筛选

在图4-3中，A区域内的方案表示拥有相对较高的发生概率和较弱的战略重要性，适合于追求稳定发展的企业。B区域内的方案与A区域相比，在战略重要性上明显增强，如果预测准确，该区域中的方案往往不仅是众多企业制定战略的重要依据，还是企业创造竞争优势的有力武器。C区域内的方案因其低发生率以及较弱的重要性，通常会被忽视。D区域内的方案虽然战略重要性增强但发生率较低，因此该区域内的方案不如B区域内的方案受重视。

4.分析方案

企业应在情景设定的基础上，建立影响因素与决策目标之间的逻辑关系。通过搜集相关数据，对不同情景下决策事项的总体发展状况进行分析，或对不同情景下决策事项可能产生的经济后果进行测算，制定出各种情景下的对策和实施方案。企业应建立情景变化监测机制，及时调整情景分析中的主要影响因素，修正对策和实施方案。

5.分析实施后果

企业在应用情景分析工具方法后，通过梳理总结决策事项、影响因素、情景设定、情景分析结果、应对措施设置等，并考虑情景假设设定的基本原则及理由，不断完善情景分析工具方法。

（四）情景分析法的评价

情景分析法的主要优点：注重情景发展的多种可能性，降低决策失误对企业造成的影响，对决策事项的可参考性较强。

情景分析法的主要缺点：情景假设的主观性较强，对情景数据的准确性、逻辑性及因果关系的建立要求较高。

（五）情景分析法的应用

【例4-9】一家企业在评估一项投资项目的风险时所进行的情景分析见表4-13。

表4-13　某投资项目未来情景分析

项目	因素	最佳情景	基准情景	最差情景
影响因素	市场需求	不断提升	不变	下降
	经济增长	增长5%~10%	增长小于5%	负增长
发生概率		20%	45%	35%
结果		投资项目可在5年内达到收支平衡	投资项目可在10~15年达到收支平衡	不确定

四、约束资源优化

约束资源优化是指企业通过识别制约其实现生产经营目标的瓶颈资源，并对相关资源进行改善和调整，以优化企业资源配置、提高企业资源使用效率的方法。

约束资源是指企业拥有的实际资源能力小于需要的资源能力的资源，即制约企业实现生产经营目标的瓶颈资源，如流动资金、原材料、劳动力、生产设备、技术等要素及要素投入的时间安排等。

约束资源优化一般适用于企业的投融资管理和营运管理等领域。

（一）约束资源优化的应用环境

企业应用约束资源优化工具方法时，约束资源的缺口一般应相对稳定。一方面有助于管理者对“瓶颈”的识别；另一方面保证了优化方法的持续与效果。任何管理会计方法的有效利用均依赖于基础数据的完整性、准确性、及时性。企业应用约束资源优化工具方法时，相关数据一般应完整并可获取，并尽量借助信息技术保持数据获得的持续性与低成本。

（二）约束资源优化的应用程序

企业应用约束资源优化工具方法，一般按照识别约束资源、寻找突破方法、协同非约束资源、评价实施效果等程序进行。

1.识别约束资源

企业应用约束资源优化工具方法对，应识别出管理过程中制约既定目标实现的约束资源，并对约束资源进行定量分析。在对约束资源难以进行定量分析时，可以通过内部评审法、专家评价法等，识别出管理过程中的约束资源。

（1）内部评审法

内部评审法是指企业通过内部组织开展评议、审查识别约束资源的方法。企业通常应组建满足约束资源识别所需的，由财务部门、生产部门和其他相关部门人员组成的内部评审小组或类似评审组织，通过集中研讨等方式，识别出管理过程中的约束资源。

（2）专家评价法

专家评价法是指利用专家的经验、知识等识别约束资源的方法。对于企业既定目标的实现形成重大制约影响的约束资源，企业通常采用此方法进行综合评判。

2. 寻找突破方法

在识别约束资源的基础上，企业应比较约束资源的资源能力差距，搜集约束资源的相关数据等信息，系统分析约束资源形成的原因和涉及的实施责任主体，制订约束资源优化的实施方案，建立实现约束资源优化的长效机制，促进约束资源的资源能力提升。

（1）当约束资源是流动资金时，通常采取企业资金内部调剂、缩短应收账款回收周期、加快存货周转、延长付款周期等方法消除流动资金缺口，也可以通过外部融资扩大企业的资金来源，如债务融资、权益融资等。

（2）当约束资源是原材料时，通常采取设置库存缓冲，确保原材料的及时供应等方法消除原材料缺口。

（3）当约束资源是劳动力时，通常采取招聘新员工、增设新岗位、其他岗位借调等方法消除劳动力瓶颈。

（4）当约束资源是生产设备时，通常采取提前安排设备购置计划或寻找委托加工方式补充产能的不足。

（5）当约束资源是技术时，通常采取技术研发、引进新技术等方法来消除技术瓶颈。

（6）当约束资源是要素投入的时间时，通常在明确各项作业的关键路线和关键工序的基础上，重新安排各项作业的工作流程，利用时间缓冲进行优化，确保要素投入的时间不受影响。

3. 协同非约束资源

企业应根据约束资源优化的解决方法和解决方案，重新安排其他资源和活动，确保非约束资源的协同利用。通常情况下，企业需要根据约束资源的运作节奏，调整和改变原有的管理政策和其他资源的配置，利用倒排的方法对其他资源进行调整，确保非约束资源的运作与约束资源同步，实现各个环节的衔接，协调整个管理流程。

4. 评价实施效果

企业应评价并确认原有约束资源的资源能力得到改善，确保原有约束资源不再制约企业实现既定目标，重新梳理各项作业流程，识别新的约束资源，寻找相应的突破方法，进一步实现资源优化配置。

（三）约束资源优化的评价

约束资源优化的主要优点：促进企业不断地发现、分析和解决企业发展的关键瓶颈，提高企业资源配置效率。

约束资源优化的主要缺点：涉及多个部门、多个责任主体，协调沟通难度大；对相关数据的量化要求较高。

（四）约束资源优化的应用

【例4–10】每年秋天，志愿者们在当地的一个超市为人们注射流感疫苗，该过程包括4个步骤，目前你有4位志愿者，每人完成一项流程。流程时间见表4–14。

表4–14　注射疫苗的作业流程及时间

作业流程	平均时间（秒）
1.接待	30
2.询问药物过敏史	60
3.填写表格、签署弃权说明书	40
4.注射疫苗	90

要求：

（1）进行工作流程排列；

（2）找出“瓶颈”；

（3）假如第5个志愿者被安排来注射疫苗，该项目可以如何优化？

（题目根据中山大学公共卫生学院匡莉的《约束理论》讲义整理）

解：（1）进行工作流程排列，如图4–4所示。

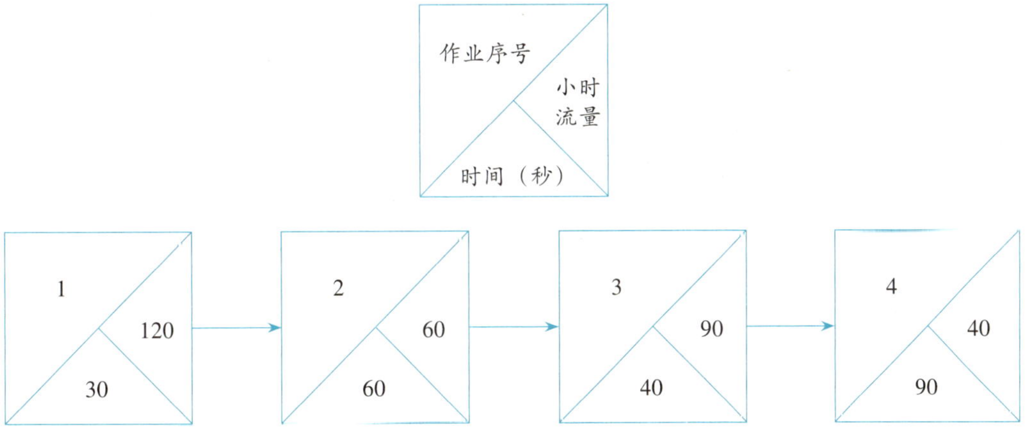

图4–4　当前工作流程

（2）找出“瓶颈”。

从工作流程排列可知，该项工作的“瓶颈”是第4步骤，导致每小时最多能注射40人。

（3）重新安排工作流程。

假如第5个志愿者被安排来注射疫苗，该项目优化后的工作流程如图4–5所示，此时流程的“瓶颈”为第2步骤，导致每小时最多能注射60人。

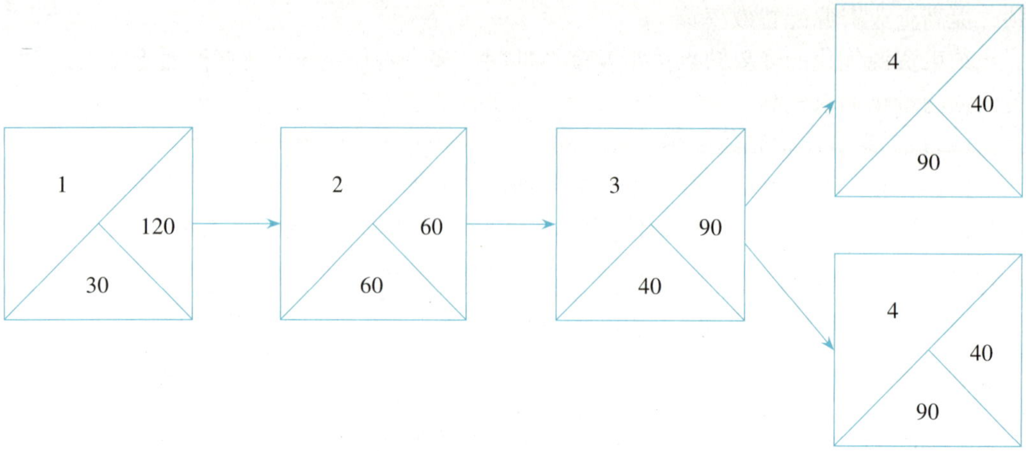

图4-5 优化的工作流程

【想一想4-5】例4-10的方案，还能作进一步优化吗？

同步技能训练

一、单项选择题（每题只有一个正确答案，请将正确答案填在括号内）

1.贴现现金流法的核心是计算（　　）。

A.贴现现金流　　B.贴现值

C.贴现率　　D.贴现期

2.反映当前市场货币时间价值和标的风险的回报率是（　　）。

A.贴现现金流　　B.贴现值

C.贴现率　　D.贴现期

3.已知某投资项目按14%折现率计算的净现值大于零，按16%折现率计算的净现值小于零，则该项目的内含报酬率肯定（　　）。

A.大于14%，小于16%　　B.小于14%

C.等于15%　　D.大于16%

4.若某投资项目的建设期为0，则直接利用年金现值系数计算该项目内含报酬率指标所要求的前提条件是（　　）。

A.投产后净现金流量为普通年金形式

B.投产后净现金流量为递延年金形式

C.投产后各年的净现金流量不相等

D.在建设起点没有发生任何投资

5.有一个投资项目，原始投资为300万元，全部投资均于投资起点一次性投入，投资期为0，营业期为6年，每年可获得现金净流量70万元，则此项目的内含报酬率为（　　）。

已知：（P/A，10%，6）=4.3553，（P/A，12%，6）=4.1114。

A.12%　　B.11.68%　　C.10.57%　　D.10.36%

6. 已知某投资项目于期初一次投入现金100万元，项目资本成本为10%，项目建设期为0，项目投产后每年可以产生等额的永续现金流量。如果该项目的内含报酬率为20%，则其净现值为（　　）万元。

A.10　　B.50　　C.100　　D.200

7. 某投资项目各年现金净流量按13%折现时，净现值大于0；按15%折现时，净现值小于0。则该项目的内含报酬率一定（　　）。

A. 大于14%　　B. 小于14%　　C. 小于13%　　D. 小于15%

8. 企业进行项目管理时，项目应围绕项目管理的目标，强调成本效益原则，实现项目各责任主体间的协同发展、自主创新，这属于项目管理中的（　　）原则。

A. 科学安排，合理配置　　B. 注重实效，协同创新

C. 按级负责，分工管理　　D. 以上都是

9. 项目管理中的项目计划，是指项目立项后，在符合（　　）相关要求的基础上，明确项目的实施内容、实施规模、实施标准、实施技术等计划实施方案，并据此编制项目执行预算的书面文件。

A. 项目财务管理　　B. 项目预算

C. 项目计划　　D. 项目可行性报告批复

10. 在项目管理中，项目执行预算超过可行性研究报告项目预算的10%时，或者项目实施内容、实施规模、实施地点、实施技术方案等发生重大变更时，应重新组织（　　）。

A. 编制和报批可行性报告　　B. 编制和报批项目计划

C. 编制和报批项目预算　　D. 编制和报批项目后评价

11. 企业在项目预算编制时，应基于（　　）考虑，制定项目预算管理制度，可以指定项目预算管理分管领导、设置项目概预算专职人员。

A. 项目技术和成本效益　　B. 项目的重要性和成本效益

C. 项目进度和成本效益　　D. 项目预算和成本效益

12. 在挣值法的评价指标中，表示项目运行成本超出预算成本的是（　　）。

A.SV < 0　　B.SPI > 1　　C.CPI > 1　　D.CV < 0

13. 在挣值法的评价指标中，表示项目实际进度落后于计划进度的是（　　）。

A.SV < 0　　B.SPI > 1　　C.CPI > 1　　D.CV < 0

14. 成本效益法属于（　　）。

A. 事前控制方法　　B. 事中控制方法　　C. 事后控制方法　　D. 以上都是

15. 企业应用情景分析工具方法，应对决策事项的影响因素进行全面分析，并根据（　　）原则明确决策事项的主要影响因素，以此作为设置情景的主要内外部影响因素。

A. 成本效益　　B. 风险匹配

C. 重要性　　D. 长期与短期相结合

二、多项选择题（每题有两个或以上正确答案，请将正确答案填在括号内）

1. 估计贴现现金流法的要素有（　　）。

A. 贴现期　　B. 现金流　　C. 贴现率　　D. 贴现值

2. 贴现现金流法分析报告一般包括（　　）。

A.假设条件　B.数据来源　C.实施程序　D.评估者身份

3.贴现现金流法的主要优点有（　　）。

A.对数据采集要求低　B.结合历史情况进行预测

C.将未来经营战略融入模型　D.测算过程简单

4.下列各项中，其计算结果等于项目投资方案现金净流量的有（　　）。

A.该方案净现值×资本回收系数

B.该方案净现值×年金现值系数的倒数

C.该方案每年相等的净现金流量×年金现值系数

D.该方案每年相等的净现金流量×年金现值系数的倒数

5.项目管理的可行性研究程序是指通过对项目（　　）等进行科学分析和论证，以最终确定项目投资建设是否进入启动程序的过程。

A.在技术上是否可行　B.在经济上是否合理

C.社会和环境影响是否积极　D.以上都是

6.项目财务管理中，企业进行项目执行成本控制，一般应开展管理的内容包括（　　）。

A.项目预算管理　B.项目合同管理

C.项目执行成本变更　D.项目费用定额表

7.项目经济后评价报告一般包括（　　）。

A.项目资金收入和使用情况　B.重新测算项目的财务评价指标

C.项目成果和费用支出的对比分析　D.经济评价指标

8.项目管理的工具方法一般包括（　　）。

A.内含报酬率法　B.挣值法　C.成本效益法　D.价值工程法

9.下列各项属于挣值法主要优点的有（　　）。

A.需考虑评估标的经济与社会、直接与间接、内在与外在、短期与长期等各个维度的成本和收益，具有较强的综合性

B.通过对项目当前运行状态的分析，可以有效地预测出项目的未来发展趋势，严格地控制项目的进度和成本

C.普适性较强，是衡量管理决策可行性的基本依据

D.在出现不利偏差时，能够较快地检测出问题所在，留有充足的时间对问题进行处理，并对项目进行调整

10.挣值法的关键中间变量有（　　）。

A.挣值　B.现金流　C.计划成本　D.实际成本

11.在挣值法的评价指标中，表示项目实际进度比计划进度提前的有（　　）。

A.SV > 0　B.SPI > 1　C.CPI > 1　D.CV > 0

12.在挣值法的评价指标中，表示项目运行成本低于预算成本的有（　　）。

A.SV > 0　B.SPI > 1　C.CPI > 1　D.CV > 0

13.价值工程法中，提高工程价值的途径有（　　）。

A.功能大幅度提高，成本略有提高　B.提高功能，成本不变

C.功能略有下降，成本大幅度降低　　D.提高功能，降低成本

14.企业使用情景分析法，根据历史情况设定情景时，通常可以选取（　　）作为情景。

A.最优历史情况　　B.最差历史情况　　C.历史特殊事件　　D.基准历史情况

15.企业使用情景分析法，根据其他假设设定情景时，通常可以选取（　　）等方法来设定情景。

A.专家认定　　B.基准历史情况　　C.人为假设　　D.数据模拟

16.企业应用约束资源优化工具方法，当约束资源是流动资金时，通常采取（　　）等方法消除流动资金缺口。

A.企业资金内部调剂　　B.缩短应收账款回收周期

C.延长付款周期　　D.通过外部融资扩大企业的资金来源

三、判断题（正确的在括号内打"√"，错误的打"×"）

（　　）1.进行资产价值估算时，只需要考虑与资产使用寿命相匹配的无风险报酬率，确定货币时间价值，不需要考虑风险调整。

（　　）2.在进行贴现现金流分析报告时，当以内部评估人员身份开展评估工作时，评估人员与控制资产的实体之间的关系应当在评估报告中披露；当以外部评估人员身份开展评估工作且以营利为目的为委托方工作时，则不需要披露。

（　　）3.项目各责任主体，应当根据管理层次和任务分工的不同，有效行使管理职责，履行管理义务，确保项目取得实效，是项目管理的"科学安排，合理配置"原则。

（　　）4.企业一般可以从投资必要性、技术可行性、财务可行性、组织可行性、经济可行性、环境可行性、社会可行性、风险因素及对策等方面开展项目的可行性研究。

（　　）5.通常情况下，项目执行预算无论是否超过可行性研究报告项目预算，都应重新组织编制和报批可行性报告。

（　　）6.在项目执行过程中，企业应以项目预算执行计划和目标为依据，定期对项目预算执行情况进行核查、比对、分析。

（　　）7.项目执行成本原则上不得随意变更，因特殊情况需要调整时，需根据相应的报批程序，报原审核部门核定，按照先批准、后变更的原则进行处理。

（　　）8.企业应用挣值法，当进度偏差为负值时，表示进度提前，实际进度提前于计划进度。

（　　）9.使用成本效益法时，应结合项目的目标确定成本与效益，只要有利于目标实现的就是效益，而为了实现目标付出的代价则是成本。

（　　）10.在价值工程法中，通过功能不变，降低成本能提高工程价值。

（　　）11.企业应用情景分析工具方法，不需要考虑宏观环境因素。

（　　）12.企业应用情景分析工具方法，由于企业在选择方案时往往从其发生概率以及战略重要性两个角度出发考虑，所以将各种方案按照"战略重要性"和"发生概率"横纵坐标进行归类。

（　　）13. 在约束资源难以进行定量分析时，可以通过内部评审法、专家评价法等，识别出管理过程中的约束资源。

四、计算题

1. 某企业准备投资一个新项目，资本成本为10%，项目的有关资料见表4–15。

表4–15 净现金流量 单位：元

项目寿命期	0	1	2	3	4	5
净现金流量	-60 000	-5 000	30 000	30 000	20 000	20 000

要求：计算项目的净现值，并评价项目财务可行性。

2. 有两个投资方案，净现值计算表见表4–16。

表4–16 净现值计算表 单位：元

项目	方案A	方案B
原始投资额现值	30 000	3 000
未来现金净流量现值	31 500	4 200
净现值	1 500	1 200

从净现值的绝对数来看，方案A大于方案B，似乎应采用方案A；但从投资额来看，方案A的原始投资额现值大大超过了方案B。

要求：分析在这种情况下，应采取的计算方法。

3. 项目部对基坑围护提出了三个方案：A方案成本为8 750.00万元，功能系数为0.33；B方案成本为8 640.00万元，功能系数为0.35；C方案成本为8 525.00万元，功能系数为0.32。最终运用价值工程法确定了实施方案。

要求：计算三个基坑围护方案的成本系数、价值系数（保留小数点后3位），并确定选择哪个方案。

4. 某装饰工程公司承接一项酒店装修改造工程，前5个月各月完成费用情况的检查记录见表4–17。合同总价1 500万元，总工期6个月。

表4–17 检查记录表

月份	计划完成工作预算费用 BCWS（万元）	已经完成工作量（%）	实际发生费用 ACWP（万元）	挣值（万元）
1	180	95	185	
2	220	100	205	
3	240	110	250	
4	300	105	310	
5	280	100	275	

要求：

（1）计算各月的已完工程预算费用BCWP及5个月的BCWP；

（2）计算5个月累计的计划完成预算费用BCWS、实际完成预算费用ACWP；

（3）计算5个月的费用偏差CV、进度偏差SV，并分析成本和进度状况；

（4）计算5个月的费用绩效指数CPI、进度绩效指数SPI，并分析成本和进度状况。

项目四

拓展阅读

思政园地

在全球缺芯的大潮之下，全球各国对于半导体产业的发展越发重视，中国大陆也是如此，近两年在半导体领域的投资明显增长，半导体制造厂商也迎来了新的发展机遇。在这样的大背景下，晶圆代工厂台积电和三星均迎来了大幅增长，中国大陆本土企业中芯国际也在2021年交出了一份亮眼的答卷，创下历史新高。

数据显示，2021年中芯国际未经审计的营业收入为356.31亿元，同比增长39.2%，这份成绩让中芯国际稳居全球第四名，并且成为前四名中增长最快的晶圆代工厂。更为关键的是，中芯国际的增长还在持续加速中，光是2021年第四季度的营收就突破了百亿，高达102.6亿元，同比增长53.8%。按此发展下去，中芯国际成为全球前三指日可待。而中芯国际能够取得今天这番成绩，在外界看来主要有三方面原因。

首先是积极地扩建扩产。在营收快速增长的背景下，中芯国际也持续加大投资，2021年在对工厂进行的三次大规模扩建过程中，投入的资金就达到了45亿美元，超过中芯国际2021年前三季度的营收总和。同时，中芯国际高管还明确表示，2022年将继续加大资本投入，预计开支达到50亿美元，用于扩建老工厂以及推进3个新项目，接下来中芯国际的产能还会达到新的高度。

其次是持续不断地攻克技术难题。据中芯国际联合CEO梁孟松的介绍，中芯国际仅用了3年时间，就完成了28nm到7nm芯片的跨越，而且能够量产的芯片中，良品率能够与国际大厂比较。由于良品率的提升，中芯国际的28nm等制程工艺给中芯国际贡献的营收已经提升到了18%左右，虽然这对台积电而言不值一谈，但对于整个中国大陆半导体产业来说，却是希望之火。

最后是长期坚持的正确方向。其实在先进制程芯片的制造技术上，中芯国际已经完成了7nm芯片的研发任务，5nm芯片的多项工作也在有序开展中。但在梁孟松的带领下，中芯国际并没有过于膨胀，而是脚踏实地坚持提升28nm等工艺的良品率，没有强行突破更先进的7nm甚至5nm工艺。

资料来源：搜狐科技. 中芯国际成绩“亮眼”，营收创下新高度，长期的坚持果然没错！[EB/OL]. [2022-02-27]. https：//www.sohu.com/a/525725187_100271852.

思考：中芯国际的投资策略是什么？中芯国际如何将工匠精神融入企业发展？

项目小结

通过本项目的学习，应当把握的要点是：

（1）投融资管理包括投资管理和融资管理。投资管理，是指企业根据自身战略发展规划，在价值最大化的前提下，将资金投入到营运过程中的管理活动。投资管理的对象包括权益性投资和非权益性投资。融资管理，是指企业为实现既定的战略目标，在风险匹配的原则下，以信用为基础筹集资金的管理活动。投融资管理领域应用的工具方法，主要包括贴现现金流法、项目管理、情景分析、约束资源优化等。

（2）贴现现金流法，是以明确的假设为基础，选择恰当的贴现率对预期的各期流入和各期流出进行贴现，通过贴现值的计算和比较，为财务合理性提供判断依据的价值估算方法。企业应用贴现现金流法开展投融资管理决策时，应对企业战略、行业特征、外部信息等进行充分了解。企业应用贴现现金流法时，一般应采取以下程序：估计贴现现金流法的三个要素，即贴现期、现金流、贴现率；在贴现期内，采用合理的贴现率对现金流进行贴现；进行合理性判断；形成分析报告。贴现现金流法在资产评估实践中的具体运用通常有以下方法：净现值法、现值指数法、内含报酬率法。

（3）项目管理，是指通过项目各参与方的合作，运用专门的知识、工具和方法，对各项资源进行计划、组织、协调、控制，使项目能够在规定的时间、预算和质量范围内，实现或超过既定目标的管理活动。企业应用项目管理工具方法一般按照可行性研究、项目立项、项目计划、项目实施、项目验收和项目后评价等程序进行。在项目营运过程中，企业应当重视并严格执行项目预算管理、项目执行成本控制、项目会计核算、资金管理与项目结算、项目决算和项目经济后评价等。企业可根据项目规模、周期、经费额度等指定专人负责上述工作，并参与项目论证与评估等工作。项目管理的工具方法一般包括挣值法、成本效益法、价值工程法等。

（4）情景分析，是指在对企业经营管理中未来可能出现的相关事件情景进行假设的基础上，结合企业管理要求，通过模拟等技术，分析相关方案发生的可能性、相应后果和影响，以做出最佳决策的方法。企业应用情景分析工具方法，一般按照以下程序进行：确认决策事项；确认影响因素；设定情景；分析方案；分析实施后果。

（5）约束资源优化，是指企业通过识别制约其实现生产经营目标的瓶颈资源，并对相关资源进行改善和调整，以优化企业资源配置、提高企业资源使用效率的方法。约束资源，是指企业拥有的实际资源能力小于需要的资源能力的资源，即制约企业实现生产经营目标的瓶颈资源，如流动资金、原材料、劳动力、生产设备、技术等要素及要素投入的时间安排等。企业应用约束资源优化工具方法，一般按照识别约束资源、寻找突破方法、协同非约束资源、评价实施效果等程序进行。

综合案例分析

某房地产公司拟开发建设集科研和办公于一体的综合大楼，其主体工程结构设计方案对比如下。

方案A：结构设计方案主要包括框架剪力墙轻墙体系，楼板设定为叠合楼板，多孔砖为主要墙体材料，中空玻璃断桥铝窗为窗户材料，该设计的面积利用系数设定为95%，单方造价计为1 428元/平方米。

方案B：结构设计方案与方案A所提结构相似，墙体采用内浇外砌，窗户材料为双玻璃塑钢窗，该设计的面积利用系数设定为89%，单方造价计为1 103元/平方米。

方案C：结构设计方案采用框架结构，以现浇楼板作为楼板材料，标准黏土砖作为墙体主要材料，双玻铝合金窗为窗户材料，该设计的面积利用系数设定为79%，单方造价计为1 076元/平方米。

利用价值工程法选择最优设计方案，首先，决定选择结构体系（F1）、楼板类型（F2）、墙体材料（F3）、面积系数（F4）、窗户类型（F5）五个方面对不同方案的功能进行评价，功能得分见表4-18，并对各功能的重要性达成以下共识：F4>F3=F1>F5>F2，利用0～4评分法对各功能权重计算（见表4-18和表4-19）。

表4-18　各方案功能得分表

功能项目	各方案功能得分		
	A	B	C
F1	10	10	8
F2	10	10	9
F3	8	9	7
F4	9	8	7
F5	9	7	8

表4-19　功能权重计算表

功能项目	F1	F2	F3	F4	F5	得分	权重
F1	—	4	2	1	3	10	10/40=0.2500
F2	0	—	0	0	1	1	1/40=0.0250
F3	2	4	—	1	3	10	10/40=0.2500
F4	3	4	3	—	4	14	14/40=0.3500
F5	1	3	1	0	—	5	5/40=0.1250

要求：

（1）对各方案得分进行加权计算得出功能系数；

（2）计算各方案成本系数；价值系数；

（3）根据价值系数做出决策。

项目五

预算管理

学习目标

知识目标

1. 了解预算管理的含义、内容；
2. 理解预算管理原则、应用环境及预算编制程序；
3. 掌握预算的编制方法。

能力目标

1. 能区别各种预算编制方法的不同特点；
2. 能运用各种预算编制方法进行全面预算的编制。

课程思政目标

1. 通过学习预算管理原则，培养学生的规则意识；
2. 通过预算的编制，培养学生的工匠精神和团队精神。

案例导入

企业价值经营的抓手是什么？是预算！很多企业忽略这一点，把预算管理简单地当成了例行性的财务活动。在华为的预算理念里，客户价值在哪里，预算就在哪里，经营以全面预算管理为综合管理工具和重要抓手。

华为的全面预算管理包括计划、预算和核算。它是一个闭环系统，即以目标为纲，以计划为目，弹性控制，并通过核算来评价，通过激励来闭环。全面预算管理是华为年度全部经营活动的依据，也是驾驭外部环境不确定性、减少决策盲目性和随意性、提升公司整体绩效和管理水平的重要途径。通过全面预算管理，企业就能牢牢地把握住价值创造的方向性和有效性，切实落地企业的战略诉求。任正非有个非常著名的管理思想，就是“让听得见炮声的人来呼唤炮火”。同时，华为内部也都很清楚任正非的另一句话，即“谁呼唤炮火，谁就对炮火的成本负责”。企业产品销售过程中的财务控制、责任经营等，对很多企业来说都是大难题，对华为也不例外。因此，从2003年起，华为便建立了全球统一的财务组织。2007年，华为又实施了集成财经服务的变革项目(IFS)，旨在为各级经营组织提供更加完善、准确而有价值的财务数据，从而帮助华为持续为客户提供更高品质的服务和综合解决问题的方案。

通过一系列的财务变革，华为的责任经营制逐渐成熟起来，也逐渐将各种资源分配到前线，由负责利润的单位来承担发生的费用和成本。

在预算方面，华为也逐渐以项目和客户价值作为预算的基础核算单元，因为项目和客户价值才是企业经营管理的基础。项目和客户价值有了预算，就有了指挥中心，拥有了指挥作战的权利。以项目和客户价值为中心的预算机制，通常要围绕着“计划-预算-核算-评价”的闭环管理，实现责任中心与项目预算的衔接。

此外，在以项目和客户价值为中心的预算生成过程中，企业还要考虑与客户投资相匹配的各种线索和机会点等，以便实现预算生成从项目和客户中来，继而再向企业内部各部门延伸。为此，任正非还特别强调："我们要让每一个数字都是打出来的，绝对不是做出来的。我们一定要将主要精力放在分析市场、关注客户上。"

以这种方式来生成预算，华为的预算管理整体框架逐渐清晰，财务经营也在企业经营过程中发挥着越来越重要的作用。

你认为华为的预算管理体系是否科学合理？

资料来源：搜狐财经. 华为全面预算管理理念：客户价值在哪里，预算就在哪里［EB/OL］.［2020-09-07］. https：//www.sohu.com/a/416841401_494793.

通过本项目的学习，我们将了解什么是预算管理，预算管理应遵循哪些原则、包括哪些内容，预算管理的应用环境有哪些，预算编制的流程是什么，有哪些方法，如何编制预算等。

任务一　预算管理认知

一、预算管理的含义

俗话说："凡事预则立，不预则废。"对于追求主体价值最大化的经济组织而言，资源的稀缺性特质要求企业以尽可能少的资源投入获得尽可能多的产出。而企业想以有限的资源取得尽可能多的经济效益，就必须事先编制预算。

预算管理是指企业以战略目标为导向，通过对未来一定期间内的经营活动和相应的财务结果进行全面预测和筹划，科学、合理配置企业各项财务和非财务资源，并对执行过程进行监督和分析，对执行结果进行评价和反馈，指导经营活动的改善和调整，进而推动实现企业战略目标的管理活动。

一家企业，无论是长期决策还是短期决策，为了实现既定目标，都必须研究相应的途径和方法，同时要求企业所有的部门相互配合、协调行动，通过编制预算来对企业未来的经济活动进行计划、协调和控制，实行全面预算管理。

二、预算管理的作用

（一）明确工作目标

通过编制预算，明确企业总体战略目标和各部门的具体目标。战略目标虽然是由企业高管层制定的，但战略目标是企业全体职工共同努力才能实现的。所以，战略目标要让全体职工都清楚。预算管理在企业未来整体战略目标的基础上，将其分解落实，使各部门了解本部门与企业整体目标之间的关系，明确各自的目标和任务，有利于各部门安排各自的经营活动，确保企业总目标的实现。

（二）协调各职能部门的关系

预算管理绝对不是财务部门一个部门的事情，也不是企业领导少数人的事情，必须要各职能部门及全体员工共同参与，预算管理将企业各方面的工作均纳入统一的计划之中，使各部门的预算相互配合，协调一致，合理地安排人力、物力、财力，使企业的经济资源得到合理配置，在保证企业总体目标优化的前提下，实现各自的平衡。

（三）考核各职能部门的工作业绩

通过编制预算，将企业各项目标分解为各个部门的责任和指标，这些细分的责任指标就成为衡量各部门工作业绩的具体标准。所以，预算管理和企业的绩效考核、薪酬制度是完全统一的，可以说预算管理是绩效考核、薪酬制度的基础，没有预算管理的指标体系，薪酬制度、绩效考核就是无源之水、无根之木。

（四）控制各职能部门的经济活动

预算的各项内容是一种控制标准，在预算执行过程中，各部门可以通过计量对比，及时发现实际脱离预算的差异并分析原因，及时采取措施，从而保证生产经营活动顺利进行。

所以，预算管理在整个经营管理中，起到明确目标、协调部门的关系、明确考核标准、控制经济活动的作用。预算编制出来以后，企业各部门就清楚，应该干什么，应该达到什么标准，达到什么要求，管理就有了依据。

三、预算管理的内容

预算管理的内容主要包括经营预算、专门决策预算和财务预算。

经营预算（也称业务预算），是指与企业日常业务直接相关的一系列预算，包括销售预算、生产预算、采购预算、费用预算、人力资源预算等。

专门决策预算，是指企业重大的或不经常发生的、需要根据特定决策编制的预算，包括投融资决策预算等。

财务预算，是指与企业资金收支、财务状况或经营成果等有关的预算，包括资金预算（亦称现金预算）、预计资产负债表、预计利润表等。

各种预算之间的关系如图5-1所示。

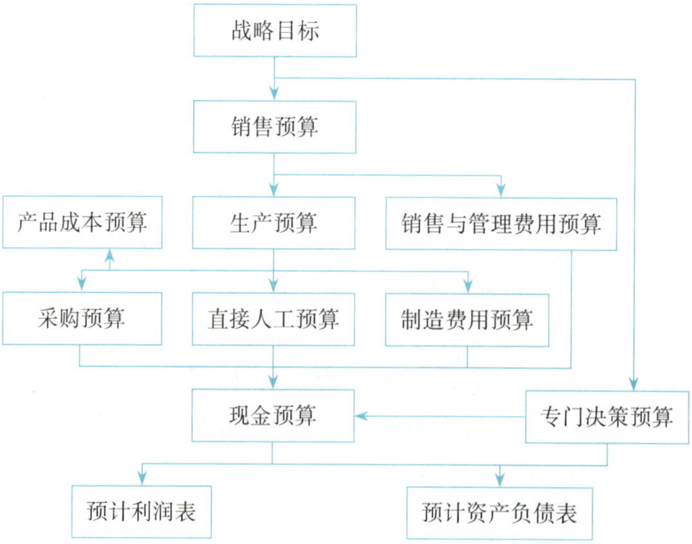

图5-1　预算管理内容体系

在图5-1中，我们不难发现，企业的全面预算是以销售预算为起点并延伸到生产、成本、费用和资金收支等方面，最后以编制预计财务报表为总结的一种预算体系。经营预算、财务预算和专门决策预算在全面预算的编制中各有侧重，但它们是密不可分、互为条件的。经营预算和专门决策预算是财务预算的基础，财务预算是经营预算和专门决策预算的现金流量总结。由于各种预计财务报表只有等其他预算提供数据后才能完成，所以各种预计财务报表最后才编制。

【想一想5-1】预算管理的内容主要包括哪些？各种预算之间有什么关系？

【练一练5-1】下列各项属于财务预算的是（　　）。

A.业务预算　　B.生产预算　　C.专门决策预算　　D.现金预算

四、预算管理的原则

企业进行预算管理，一般应遵循以下原则：

（一）战略导向原则

预算管理应围绕企业的战略目标和业务计划有序开展，引导各预算责任主体聚焦战略、专注执行、达成绩效。

（二）过程控制原则

预算管理应通过及时监控、分析等把握预算目标的实现进度并实施有效评价，为企业经营决策提供有效支撑。

（三）融合性原则

预算管理应以业务为先导、以财务为协同，将预算管理嵌入企业经营管理活动的各个领域、层次、环节。

（四）平衡管理原则

预算管理应平衡长期目标与短期目标、整体利益与局部利益、收入与支出、结果与动因等关系，促进企业可持续发展。

（五）权变性原则

预算管理应刚性与柔性相结合，强调预算对经营管理的刚性约束，又可根据内外环境的重大变化调整预算，并针对例外事项进行特殊处理。

五、预算管理的应用环境

企业实施预算管理的基础环境包括战略目标、业务计划、组织架构、内部管理制度和信息系统等。

（一）战略目标

企业应按照战略目标，确立预算管理的方向、重点和目标。企业应将战略目标和业务计划具体化、数量化作为预算目标，促进战略目标落地。

（二）业务计划

业务计划是指按照战略目标对业务活动的具体描述和详细计划。

（三）组织架构

企业可设置预算管理委员会等专门机构组织、监督预算管理工作。该机构的主要职责包括：审批公司预算管理制度、政策，审议年度预算草案或预算调整草案并报董事会等机构审批，监控、考核本单位的预算执行情况并向董事会报告，协调预算编制、预算调整及预算执行中的有关问题等。

预算管理的机构设置、职责权限和工作程序应与企业的组织架构和管理体制互相协调，保障预算管理各环节职能衔接，流程顺畅。

（四）内部管理制度

企业应建立健全预算管理制度、会计核算制度、定额标准制度、内部控制制度、内部审计制度、绩效考核和激励制度等内部管理制度，夯实预算管理的制度基础。

（五）信息系统

企业应充分利用现代信息技术，规范预算管理流程，提高预算管理效率。

【想一想5-2】预算管理为什么坚持战略导向？

【练一练5-2】企业应按照（　　），确立预算管理的方向、重点和目标。

A.业务计划　　B.战略目标　　C.利润目标　　D.财务计划

六、预算编制

企业应建立和完善预算编制的工作流程，明确预算编制依据、编制内容、编制程序和编制方法，确保预算编制依据合理、内容全面、程序规范、方法科学，确保形成各层级广泛接受的、符合业务假设的、可实现的预算控制目标。

（一）确定预算的编制期

预算一般在下年度到来之前3个月着手编制，经营预算与财务预算的编制期一致，编制期通常为1年，与会计年度相一致，这样便于对预算执行结果进行分析、评价和考核。通常，年度预算中，还需编制分季预算。专门决策预算的编制期灵活，应根据长期投资决策的要求及结果及时编制。

（二）确定预算的编制方式

企业一般按照分级编制、逐级汇总的方式，采用自上而下、自下而上、上下结合或多维度相协调的流程编制预算。预算编制流程与编制方法的选择应与企业现有管理模式相适应。采取自下而上的方式编制全面预算有助于调动各方面的积极性，使所定目标更切合实际，但这种预算未能与企业的经营目标相联系；采取自上而下的方式编制全面预算属硬性摊派，因此，所定目标不易为人们所接受。因此，两者可以结合应用，先自下而上，再自上而下，不断反复修正，这样既可以调动各方面的积极性，又可以实现企业的经营目标。

（三）预算的编制程序

预算的具体编制程序如下：

1.下达目标

企业董事会或经理办公会根据企业发展战略，在预算期经济形势预测和决策基础上，一般于每年9月底以前提出下一年度企业预算目标，确定预算编制的政策，由预算管理委员会下达各预算执行单位。

2.编制上报

各预算执行单位结合自身特点以及预算的执行条件，提出详细的本单位预算方案，于10月底前上报企业财务管理部门。

3.审查平衡

企业财务管理部门对各预算执行单位上报的预算方案进行审查、汇总，提出综合平衡建议。在这个过程中，预算管理委员会应当进行充分协调，对发现的问题提出初步调整意见，并反馈给有关预算执行单位予以修正。

4.审议批准

预算编制完成后，应按照相关法律法规及企业章程的规定报经企业预算管理决策机构审议批准。预算审批包括预算内审批、超预算审批、预算外审批等。预算内审批事项，应简化流程，提高效率；超预算审批事项，应执行额外的审批流程；预算外审批事项，应严格控制，防范风险。

5.下达执行

企业财务管理部门对董事会或经理办公会审议批准的年度预算，一般在次年3月底以前，分解成一系列的指标体系，由预算管理委员会以正式文件形式逐级下达各预算执行单位执行。

七、预算的执行与考核

（一）预算执行

预算执行一般按照预算控制、预算调整等程序进行。

1.预算控制

预算控制是指企业以预算为标准，通过预算分解、过程监督、差异分析等促使日常经营不偏离预算标准的管理活动。企业应建立预算授权控制制度，强化预算责任，严格预算控制，建立预算执行的监督、分析制度，提高预算管理对业务的控制能力，预算分解应按各责任中心权、责、利相匹配的原则进行，将预算目标层层分解至各预算责任中心，既公平合理，又有利于企业实现预算目标。企业应通过信息系统展示、会议、报告、调研等多种途径及形式，及时监督、分析预算执行情况，分析预算执行差异的原因，提出对策建议。

2.预算调整

年度预算经批准后，原则上不作调整。企业应在制度中严格明确预算调整的条件、主体、权限和程序等事宜，当内外战略环境发生重大变化或突发重大事件等，导致预算编制的基本假设发生重大变化时，可进行预算调整。

（二）预算考核

预算考核主要针对定量指标进行，是企业绩效考核的重要组成部分。企业应按照公开、公平、公正的原则实施预算考核，建立健全预算考核制度，并将预算考核结果纳入绩效考核体系，切实做到有奖有惩、奖惩分明。预算考核主体和考核对象的界定应坚持上级考核下级、逐级考核、预算执行与预算考核职务相分离的原则。预算考核以预算完成情况为考核核心，通过预算执行情况与预算目标的比较，确定差异并查明产生差异的原因，进而据以评价各责任中心的工作业绩，并通过与相应的激励制度挂钩，促进其与预算目标相一致。

同步技能训练

一、单项选择题（每题只有一个正确答案，请将正确答案填在括号内）

1.专门反映企业未来一定预算期内财务状况、经营成果和现金收支的一系列预算是（　　）。

A.全面预算　　B.经营预算　　C.专门决策预算　　D.财务预算

2.企业全面预算的编制起点一般是（　　）。

A.销售预算　　B.专门决策预算　　C.生产预算　　D.现金预算

3.既可以调动各方面的积极性，又可以联系企业经营目标的预算编制方式是（　　）。

A.自上而下式　　B.自下而上式　　C.上下结合式　　D.上下并行式

4.下列各项不属于财务预算的是（　　）。

A.预计利润表　　B.现金预算

C.预计资产负债表　　D.专门决策预算

5.编制经营预算与财务预算的期间通常是（　　）。

A.1个月　　B.1个季度　　C.半年　　D.1年

6.下列各项属于全面预算体系最后环节的是（　　）。

A.日常业务预算　　B.专门决策预算

C.财务预算　　D.销售预算

7.下列各项关于预算执行的表述，不正确的是（　　）。

A.企业应建立预算执行的监督、分析制度，提高预算管理对业务的控制能力

B.企业应将预算目标层层分解至各预算责任中心

C.预算分解应按各责任中心权、责、利相匹配的原则进行

D.预算分解不利于实现企业预算目标

8.下列各项不属于企业预算管理原则的是（　　）。

A.战略导向原则　　B.融合性原则　　C.一致性原则　　D.权变性原则

二、多项选择题（每题有两个或两个以上正确答案，请将正确答案填在括号内）

1.全面预算管理的主要作用有（　　）。

A.明确目标　　B.协调部门关系

C.控制部门业务活动　　D.考核部门业绩

2.企业进行预算管理，一般应遵循的原则有（　　）。

A.战略导向原则　　B.过程控制原则

C.融合性原则　　D.平衡管理及权变性原则

3.与生产预算有直接联系的预算有（　　）。

A.直接材料预算 B.变动制造费用预算

C.销售预算 D.直接人工预算

4.下列各项属于财务预算的有（ ）。

A.预计利润表 B.现金预算 C.预计资产负债表 D.专门决策预算

5.预算考核主体和考核对象的界定应坚持的原则有（ ）。

A.上级考核下级 B.逐级考核

C.下级考核上级 D.预算执行与预算考核职务相分离

6.预算审批包括（ ）。

A.预算内审批 B.超预算审批 C.预算外审批 D.定额内审批

7.企业一般按照分级编制、逐级汇总的方式，采用（ ）的流程编制预算。

A.自上而下 B.自下而上 C.上下结合 D.多维度相协调

8.企业实施预算考核的原则有（ ）。

A.公开 B.公平 C.自由 D.公正

三、判断题（正确的在括号内打"√"，错误的打"×"）

（ ）1.预算管理是企业以战略目标为导向，通过科学、合理配置企业各项财务资源，指导经营活动的改善和调整，进而推动实现企业战略目标的管理活动。

（ ）2.企业应按照战略目标，确立预算管理的方向、重点和目标。

（ ）3.企业可设置财务管理委员会等专门机构组织、监督预算管理工作。

（ ）4.预算管理的机构设置、职责权限和工作程序应与企业的组织架构和管理体制互相协调，保障预算管理各环节职能衔接，流程顺畅。

（ ）5.业务计划是按照定额目标对业务活动的具体描述和详细计划。

（ ）6.预算控制是企业依据战略目标，通过预算分解、过程监督、差异分析等促使日常经营不偏离预算标准的管理活动。

（ ）7.预算的重点在于通过对资源的优化配置达到价值最大增值的目的。

（ ）8.预算管理应以财务为先导、以业务为协同，将预算管理嵌入企业经营管理活动的各个领域、层次、环节。

（ ）9.预算管理应平衡计划目标与实际目标、整体利益与局部利益、收入与支出、结果与动因等关系，促进企业可持续发展。

（ ）10.预算管理应围绕企业的经营目标和财务计划有序开展，引导各预算责任主体聚焦战略、专注执行、达成绩效。

（ ）11.预算内审批事项，应严格控制，防范风险；超预算审批事项，应执行额外的审批流程；预算外审批事项，应简化流程，提高效率。

（ ）12.年度预算经批准后，企业应根据经营环境的变化随时进行预算调整。

（ ）13.预算考核主体和考核对象的界定应坚持下级考核上级、逐级考核、预算执行与预算考核职务相分离的原则。

（ ）14.预算分解应按各责任中心权、责、利相匹配的原则进行，将预算目标层层分解至各预算责任中心。

（ ）15.预算管理应刚性与柔性相结合，强调预算对经营管理的刚性约束，又可根据内外环境的重大变化调整预算，并针对例外事项进行特殊处理。

任务二 预算的编制

一、经营预算的编制

编制各经营预算时，应首先编制销售预算，然后顺次编制生产预算、直接材料预算、直接人工预算、制造费用预算、产品成本预算、销售及管理费用预算等。

（一）销售预算

销售预算是为规划预算期内由于企业销售活动而产生的预计销售收入而编制的一种经营预算。销售预算反映了预算期内各季度的销售规模。它是编制全面预算的关键和起点，其他预算均以销售预算为基础。

微课 5-1

销售预算编制

编制销售预算主要依据销售预测等资料，分别按产品的名称，确定未来会计期间产品的销售量、单价和销售收入。

在实际工作中，许多产品的销售是通过赊销实现的，这样销售收入就形成了应收账款和现金两部分内容，为了满足编制财务预算的需要，还应在编制销售预算的同时，编制与销售收入有关的现金收入预算表。

【例 5-1】光华公司生产的甲产品，根据销售预测，预计下一年度销售量可达到 4 600 件，各季度的预计销售量分别为 800 件、1 100 件、1 500 件和 1 200 件，单价是 1 200 元，根据以往的销售资料，各季度的货款应在当季收取 60%，其余 40% 在下季收讫。预计光华公司年初有 50 万元货款，将在 2022 年第一季度收到。

要求：根据上述资料编制光华公司 2022 年度销售预算及预计现金收入表。

解：根据资料，编制光华公司 2022 年度销售预算及预计现金收入表见表 5-1。

表5-1 销售预算 金额单位：元

项目		第一季度	第二季度	第三季度	第四季度	全年
预计销售量（件）		800	1 100	1 500	1 200	4 600
预计单价		1 200	1 200	1 200	1 200	1 200
销售收入		960 000	1 320 000	1 800 000	1 440 000	5 520 000
预计现金收入	期初应收账款	500 000				500 000
	第一季度	576 000	384 000			960 000
	第二季度		792 000	528 000		1 320 000
	第三季度			1 080 000	720 000	1 800 000
	第四季度				864 000	864 000
	现金收入合计	1 076 000	1 176 000	1 608 000	1 584 000	5 444 000

（二）生产预算

生产预算是为规划预算期内预计生产量水平而编制的一种日常业务预算。它是在销售预算的基础上分产品编制的，通常以实物量计量。

由于企业的生产和销售不能做到“同步同量”，因此预计生产量时必须考虑期初、期末存货量，各季度预计生产量的计算公式如下：

预计生产量 = 预计销售量 + 预计期末存货量 − 预计期初存货量

【例5-2】光华公司预计预算期内各季度的期末产品存货量应达到下期销售量的20%，公司预算年度末的产品存货量与年初一致，预计为200件左右。

要求：根据上述资料编制光华公司2022年度生产预算。

解：根据资料，编制光华公司2022年度生产预算见表5-2。

表5-2　　生产预算　　单位：件

项目	第一季度	第二季度	第三季度	第四季度	全年
预计销售量	800	1 100	1 500	1 200	4 600
加：预计期末产品存货	220	300	240	200	200
减：预计期初产品存货	200	220	300	240	200
预计生产量	820	1 180	1 440	1 160	4 600

（三）直接材料预算

直接材料预算是为规划预算期内材料采购成本和直接材料消耗情况而编制的一种经营预算。直接材料预算主要用于反映预算期内材料采购数量、采购成本以及直接材料的生产需用量等信息，为编制产品成本预算提供资料。直接材料预算是在编制完生产预算以后，以预计的生产量为基础，并考虑期初、期末材料的存货水平而编制的预算。预计材料采购量可按下列公式计算：

预计材料采购量 = 预计生产需用量 + 预计期末材料存货量 − 预计期初材料存货量

预计生产需用量 = 预计生产量 × 单位产品材料用量

微课5-2

直接材料预算编制

公式中“单位产品材料用量”可以根据单位产品标准耗用量或消耗定额来确定；“预计期末材料存货量”可根据下季度生产需要量的一定比例加以确定。

预计材料采购成本 = 预计材料采购量 × 预计材料单价

在实际工作中，许多材料的采购是通过赊购实现的，这样采购货款就形成了应付账款和现金支付两部分内容，为了满足编制财务预算的需要，还应在编制预算的同时，编制与材料采购有关的现金支出预算表。

【例5-3】光华公司生产甲产品主要使用一种A材料，单位产品需用量5千克，材料单价为200元，材料购货款在购货当季和下季各付50%。目前，光华公司尚欠该材料供应商货款400 000元，预计将在2022年第一季度付清。公司为保证生产的连续性，规定预算期内各期末的材料库存量应达到下期生产需要量的10%，同时规定各年年末的预计材料库存应维持在600千克左右。

要求：根据上述资料编制光华公司2022年度直接材料预算及预计现金支出表。

解：根据资料，编制光华公司2022年度直接材料预算及预计现金支出表见表5-3。

表5-3 直接材料预算 金额单位：元

项目		第一季度	第二季度	第三季度	第四季度	全年
预计生产量（件）		820	1 180	1 440	1 160	4 600
单位产品材料用量（千克）		5	5	5	5	5
生产需用量（千克）		4 100	5 900	7 200	5 800	23 000
加：预计期末材料存货量（千克）		590	720	580	600	600
减：预计期初材料存货量（千克）		600	590	720	580	600
预计材料采购量（千克）		4 090	6 030	7 060	5 820	23 000
材料单价		200	200	200	200	200
预计采购金额		818 000	1 206 000	1 412 000	1 164 000	4 600 000
预计现金支出	期初应付账款	400 000				400 000
	第一季度	409 000	409 000			818 000
	第二季度		603 000	603 000		1 206 000
	第三季度			706 000	706 000	1 412 000
	第四季度				582 000	582 000
	合　计	809 000	1 012 000	1 309 000	1 288 000	4 418 000

（四）直接人工预算

直接人工预算是为规划预算期内人工工时的消耗水平和人工成本水平而编制的一种经营预算。

微课5-3 直接人工预算编制

直接人工预算也是以生产预算为基础，根据生产预算中的预计生产量及单位产品所需的直接人工小时数和每小时的工资率进行编制的。其计算公式为：

$$预计人工总工时 = 预计生产量 \times 单位产品工时$$

$$预计人工总成本 = 预计人工总工时 \times 每小时人工成本$$

由于人工工资一般均由现金支付，通常不单独编制列示与此相关的预计现金支出，可直接参加现金预算的汇总。

【例5-4】光华公司预计生产甲产品单位工时定额为7小时，直接人工小时工资率为10元。

要求：根据上述资料编制光华公司2022年度直接人工预算。

解：根据资料，编制光华公司2022年度直接人工预算见表5-4。

表5-4 直接人工预算

项目	第一季度	第二季度	第三季度	第四季度	全年
预计生产量（件）	820	1 180	1 440	1 160	4 600
单位产品工时（小时）	7	7	7	7	7
人工总工时（小时）	5 740	8 260	10 080	8 120	32 200
每小时人工成本（元）	10	10	10	10	10
人工总成本（元）	57 400	82 600	100 800	81 200	322 000

（五）制造费用预算

制造费用预算是为规划预算期内应列入产品成本的除直接材料和直接人工预算以外的其他各项间接生产费用而编制的一种经营预算。该预算应按成本习性分变动制造费用预算和固定制造费用预算两部分内容编制，变动制造费用是以生产预算为基础编制的，即根据预计的生产量或预计的直接人工工时总数和预计的变动制造费用分配率来计算编制。固定制造费用因与生产量无关，其预算通常是根据上年的实际水平，经过适当的调整而编制的。

微课5-4 制造费用预算编制

编制制造费用预算时应根据预计的制造费用扣除折旧等非现金支付的费用项目，确定以现金支付的制造费用。

【例5-5】光华公司预计下年度会发生以下制造费用：辅助材料与水电费为变动费用，每工时的费用分别是3元和2元，车间管理人员工资和设备折旧费为固定费用，预计每季度的费用分别为10 000元和15 250元，设备维护费为混合成本，每季度要进行一次基本维护，预计每季度费用为15 000元，日常维护费用则与工时有关，预计每工时的维护费为2元，各项制造费用中，除折旧以外的其他制造费用均需要以现金支付。

要求：根据上述资料编制光华公司2022年度制造费用及现金支出表。

解：根据资料，编制光华公司2022年度制造费用预算及预计现金支出表（见表5-5）。

表5-5 制造费用预算 金额单位：元

项目		第一季度	第二季度	第三季度	第四季度	全年
变动制造费用	人工总工时（小时）	5 740	8 260	10 080	8 120	32 200
	辅助材料（3元/小时）	17 220	24 780	30 240	24 360	96 600
	水电费（2元/小时）	11 480	16 520	20 160	16 240	64 400
	设备维护费（2元/小时）	11 480	16 520	20 160	16 240	64 400
	小计	40 180	57 820	70 560	56 840	225 400
固定制造费用	管理人员工资	10 000	10 000	10 000	10 000	40 000
	设备折旧费	15 250	15 250	15 250	15 250	61 000
	设备维护费	15 000	15 000	15 000	15 000	60 000
	小计	40 250	40 250	40 250	40 250	161 000

续表

项目		第一季度	第二季度	第三季度	第四季度	全年
预计现金支出	制造费用合计	80 430	98 070	110 810	97 090	386 400
	减：设备折旧费	15 250	15 250	15 250	15 250	61 000
	现金支出额	65 180	82 820	95 560	81 840	325 400

（六）产品成本预算

产品成本预算是为规划预算期内各种产品的单位产品成本、生产成本、销售成本等内容而编制的一种经营预算。产品成本预算是在生产预算、直接材料预算、直接人工预算、制造费用预算基础上编制的，为编制预计利润表、预计资产负债表提供资料。

【例5-6】沿用【例5-2】至【例5-5】的资料。该公司预计生产甲产品单位工时定额为7小时，产品成本由直接材料、直接人工、变动制造费用、固定制造费用构成。

要求：根据上述资料编制光华公司2022年度产品成本预算。

解：根据资料，编制光华公司2022年度产品成本预算见表5-6。

表5-6 产品成本预算 金额单位：元

成本项目	单位产品成本			生产成本（4 600件）	期末存货（200件）	销售成本（4 600件）
	价格标准	用量标准	成本			
直接材料	200	5	1 000	4 600 000	200 000	4 600 000
直接人工	10	7	70	322 000	14 000	322 000
变动制造费用	7	7	49	225 400	9 800	225 400
变动成本小计	—	—	1 119	5 147 400	223 800	5 147 400
固定制造费用	5	7	35	161 000	7 000	161 000
合　计	—	—	1 154	5 308 400	230 800	5 308 400

微课5-5

销售及管理费用预算编制

（七）销售及管理费用预算

销售及管理费用预算是为规划预算期内除制造费用以外的企业日常销售和经营管理活动所发生的各项费用而编制的一种经营预算。

销售及管理费用属于期间费用，其预算编制方法与制造费用基本相同，也需按成本习性分为变动费用和固定费用分别进行列示，并确定以现金支付的销售及管理费用。

【例5-7】光华公司的销售费用按成本习性分为变动销售费用和固定销售费用，预计2022年度变动销售费用包括：销售佣金、运输费；管理费用包括管理人员工资、办公费和房租，均属于固定成本，每季度的费用分别为6 000元、4 000元和8 000元，除折旧以外的其他各项费用均需要以现金支付。其他资料见表5-7。

要求：根据上述资料编制光华公司2022年度销售及管理费用预算。

解：根据资料，编制光华公司2022年度销售及管理费用预算见表5-7。

表5-7 销售及管理费用预算 单位：元

项目 \ 季度		第一季度	第二季度	第三季度	第四季度	全年
预计销售量（件）		800	1 100	1 500	1 200	4 600
变动销售费用	销售佣金（1元/件）	800	1 100	1 500	1 200	4 600
	运输费（2元/件）	1 600	2 200	3 000	2 400	9 200
	小计	2 400	3 300	4 500	3 600	13 800
固定销售费用	宣传广告费	4 000	4 000	4 000	4 000	16 000
	办公费	3 000	3 000	3 000	3 000	12 000
	折旧费	2 000	2 000	2 000	2 000	8 000
	其他	1 000	1 000	1 000	1 000	4 000
	小计	10 000	10 000	10 000	10 000	40 000
销售费用合计		12 400	13 300	14 500	13 600	53 800
管理费用	管理人员工资	6 000	6 000	6 000	6 000	24 000
	办公费	4 000	4 000	4 000	4 000	16 000
	房租	8 000	8 000	8 000	8 000	32 000
	折旧费	2 000	2 000	2 000	2 000	8 000
	小计	20 000	20 000	20 000	20 000	80 000
销售及管理费用总计		32 400	33 300	34 500	33 600	133 800
减：折旧费		4 000	4 000	4 000	4 000	16 000
预计现金支出合计		28 400	29 300	30 500	29 600	117 800

【想一想5-3】预算编制为什么以销售预算为起点？

【练一练5-3】在编制制造费用预算时，计算现金支出应予剔除的项目是（　　）。

A. 维修费　　　　B. 间接人工费用

C. 管理人员工资　　　　D. 折旧费

二、专门决策预算的编制

专门决策预算是指企业重大的或不经常发生的、需要根据特定决策编制的预算，包括投融资决策预算等。

【例5-8】光华公司决定2022年度投资一条新的生产线并于年末交付使用，以开发形成B产品（新产品）的生产能力；该项目投资决策的投资额为141 000元。

要求：根据上述资料编制光华公司2022年度投资预算。

解：光华公司财务及有关人员根据工程进度等资料编制的公司2022年度B产品生

产线投资预算见表5-8。

表5-8 B产品生产线投资预算 单位：元

项　目	第一季度	第二季度	第三季度	第四季度	全年
设备购置费	80 000		11 000		91 000
设备安装费	20 000				20 000
其他	30 000				30 000
固定资产投资合计	130 000	0	11 000	0	141 000

三、财务预算的编制

编制经营预算和专门决策预算后，需要进一步汇总编制财务预算。财务预算是指与企业资金收支、财务状况或经营成果等有关的预算，包括资金预算、预计资产负债表、预计利润表等。财务预算是全面预算体系中的最后环节，它可以从价值方面总括地反映经营预算的结果，所以被称为总预算，其他预算被称为分预算或辅助预算。

（一）资金预算

资金预算亦称现金预算，是以经营预算和专门决策预算为基础编制的反映企业预算期间现金收支情况的财务预算。现金预算主要包括现金收入、现金支出、现金多余或不足、现金筹措及运用四个部分。

"现金收入"部分包括期初的现金余额和预算期内发生的现金收入。现金收入的主要来源是销售收入和应收账款的收回。

"现金支出"部分包括预算期内预计可能发生的一切现金支出，如采购材料支出、直接人工支出、制造费用支出、销售及管理费用支出，这些数据分别来自前述各有关预算。此外还包括所得税、购置设备、股息支出等现金支出。

微课5-6

现金预算编制

"现金多余或不足"部分列示现金收入合计与现金支出合计的差额。差额为正，说明收大于支，现金有多余；差额为负，说明支大于收，现金不足。

"现金筹措及运用"部分根据预算期内现金收支的差额和企业有关资金管理的各项政策，确定筹集或运用资金的数额，包括向银行借款、发放短期债券、还本付息以及偿还借款和购买有价证券等事项。

【例5-9】沿用【例5-1】至【例5-8】的资料。光华公司财务部门根据公司的经营特点和现金流转状况，确定公司的最佳现金持有量是10 000元。当预计现金收支净额不足10 000元时，通过变现有价证券及申请银行短期借款来补足；预计现金收支净额超过10 000元时，超出部分用于归还借款和购入有价证券。光华公司估计，2022年年初公司大约会有23 000元的有价证券储备。此外，公司已和银行商定了为期1年的信贷额度，公司随时可按6%的年利率向银行申请借款，借款为1 000元的整数倍。

除了日常经营活动和投资活动所引起的各项现金收支外，光华公司估计2022年还会发生如下现金支付业务：

（1）将在2022年年初向股东派发上年度的现金股利20 000元。

（2）每个季度需要缴纳所得税税款5 600元。

要求：根据上述资料编制光华公司2022年度现金预算。

解：根据资料，编制光华公司2022年度现金预算见表5-9。

表5-9　现金预算　单位：元

项目＼季度	第一季度	第二季度	第三季度	第四季度	全年
期初现金余额	10 000	10 420	10 100	10 795	10 000
加：销售现金收入	1 076 000	1 176 000	1 608 000	1 584 000	5 444 000
减：各项现金支出					
材料采购	809 000	1 012 000	1 309 000	1 288 000	4 418 000
直接人工	57 400	82 600	100 800	81 200	322 000
制造费用	65 180	82 820	95 560	81 840	325 400
销售及管理费用	28 400	29 300	30 500	29 600	117 800
所得税	5 600	5 600	5 600	5 600	22 400
购置设备	130 000		11 000		141 000
支付股利	20 000				20 000
支出合计	1 115 580	1 212 320	1 552 460	1 486 240	5 366 600
现金收支净额	−29 580	−25 900	65 640	108 555	87 400
现金筹集和运用					
出售有价证券	23 000				23 000
购入有价证券				95 000	95 000
申请银行借款	17 000	36 000			53 000
归还银行借款			53 000		53 000
短期借款利息			1 845		1 845
期末现金余额	10 420	10 100	10 795	13 555	13 555

短期借款利息＝（17 000×6%/12）×9+36 000×6%/12×6＝765＋1 080＝1 845（元）

（二）预计利润表

预计利润表是以货币形式综合反映预算期内企业经营活动成果计划水平的一种财务预算。它是在上述各项经营预算和现金预算的基础上，根据权责发生制原则编制的。

预计的利润表与实际的利润表内容、格式相同，只不过数据是根据预算期的各项预算活动生成的，通过编制该表，可以了解企业的预期盈利能力和水平。

【例5-10】沿用【例5-1】至【例5-9】的资料。

要求：根据上述资料编制光华公司2022年度预计利润表。

解：根据资料，编制光华公司2022年度预计利润表见表5-10。

表5-10 预计利润表 单位：元

项目	金额	资料来源
销售收入	5 520 000	销售预算
减：变动成本		
变动生产成本	5 147 400	产品成本预算
变动销售及管理费用	13 800	销售及管理费用预算
变动成本总额	5 161 200	
边际贡献	358 800	
减：固定成本		
固定制造费用	161 000	制造费用预算
固定销售及管理费用	120 000	销售及管理费用预算
利息费用	1 845	现金预算
固定成本总额	282 845	
利润总额	75 955	
所得税	22 400	现金预算
净利润	53 555	

（三）预计资产负债表

预计资产负债表是总括反映企业预算期期末财务状况的一种财务预算。预计资产负债表中除上年期末数已知外，其余项目都是根据经营预算、专门决策预算、现金预算等相关预算的数据加以调整编制的。

编制预计资产负债表的目的在于判断预算期财务状况的稳定性和流动性。如果通过对预计资产负债表的分析发现某些财务比率不佳，必须及时修改有关预算。其中，年末未分配利润根据下列公式计算：

年末未分配利润 = 年初未分配利润 + 本年净利润 − 本年分配的股利

【例5-11】沿用【例5-1】至【例5-10】的资料。光华公司年初未分配利润为580 800元，本年应分配股利20 000元。其他资料见表5-11。

要求：根据上述资料编制光华公司2022年年末预计资产负债表。

解：根据资料，编制光华公司2022年年末预计资产负债表见表5-11。

表5-11　　预计资产负债表　　单位：元

资　产	年初数	年末数	资料来源
现金	10 000	13 555	现金预算
短期投资	23 000	95 000	现金预算
应收账款	500 000	576 000	销售预算
材料存货	120 000	120 000	直接材料预算
产品存货	230 800	230 800	产品成本预算
固定资产	1 100 000	1 241 000	预计购置 141 000元
累计折旧	183 000	260 000	制造费用预算、销售及管理费用预算
资产合计	1 800 800	2 016 355	
负债及所有者权益	年初数	年末数	资料来源
应付账款	400 000	582 000	直接材料预算
应付股利	20 000	20 000	预计利润表
实收资本	800 000	800 000	
未分配利润	580 800	614 355	580 800+ 53 555-20 000=614 355
负债及所有者权益合计	1 800 800	2 016 355	

【想一想5-4】企业编制的预算期预计财务报表与会计期末编制的财务报表有何不同？

【练一练5-4】下列项目中，可以总括反映企业在预算期间盈利能力的预算是（　　）。

A.专门决策预算　　B.现金预算

C.预计利润表　　D.预计资产负债表

同步技能训练

一、单项选择题（每题只有一个正确答案，请将正确答案填在括号内）

1.编制制造费用预算时，计算现金支出时应剔除的项目是（　　）。

A.租赁费　　B.保险费　　C.管理人员工资　　D.折旧费

2.星海公司预计2022年第三、四季度产品销售量分别为220件、350件，单价分别为2元、2.5元，各季度销售收现率为60%，其余部分下季度收回，则星海公司第四季度现金收入为（　　）元。

A.437.5　　B.440　　C.875　　D.701

3.编制生产预算的依据是（　　）。

A.销售预算　　B.直接人工预算

C.管理费用预算　　D.现金预算

4.现金预算属于（　　）。

A.业务预算　　B.财务预算　　C.专门决策预算　　D.生产预算

5.企业的直接材料、直接人工和制造费用预算编制的根据是（　　）。

A.销售预算　　B.现金预算

C.销售费用预算　　D.生产预算

6.下列项目中，可以总括反映企业在预算期间盈利能力的预算是（　　）。

A.专门决策预算　　B.现金预算

C.预计利润表　　D.预计资产负债表

7.某企业编制“直接材料预算”，预计第四季度期初存货量为456千克，该季度生产需用量2 120千克，预计期末存货量为350千克，材料单价为10元，预计材料采购货款50%在本季度付清，另外50%在下季度付清，则该企业预计资产负债表年末“应付账款”项目为（　　）元。

A.11 130　　B.10 070　　C.14 630　　D.13 560

8.为规划和控制未来时期的生产、销售等经常性业务以及与此相关的各项收入和成本而编制的预算是（　　）。

A.全面预算　　B.经营预算　　C.专门决策预算　　D.财务预算

9.下列各项不属于财务预算的是（　　）。

A.预计利润表　　B.现金收支预算

C.预计资产负债表　　D.专门决策预算

10.不需要另外预计现金支出和收入，直接参加现金预算汇总的预算是（　　）。

A.材料预算　　B.销售预算

C.直接人工预算　　D.期间费用预算

二、多项选择题（每题有两个或两个以上正确答案，请将正确答案填在括号内）

1.下列各项是在生产预算的基础上编制的有（　　）。

A.直接材料预算　　B.直接人工预算

C.产品成本预算　　D.销售预算

2.编制直接人工预算需要考虑的因素有（　　）。

A.预计销售量　　B.预计生产量

C.标准单位直接人工工时　　D.标准工资率

3.财务预算是一系列专门反映企业未来一定预算期内预计财务状况和经营成果，以及现金收支等价值指标的各种预算的总称，具体包括（　　）。

A.预计资产负债表　　B.预计利润表

C.现金预算　　D.销售预算

4.下列各项属于日常业务预算的有（　　）。

A.销售预算　　B.生产预算

C.预计利润表

D.销售及管理费用预算

5.下列各项可以作为现金预算编制依据的有（ ）。

A.销售预算

B.生产预算

C.直接材料预算

D.直接人工预算

6.生产预算的编制需考虑的因素有（ ）。

A.预计生产量

B.预计销售量

C.预计期末存货量

D.预计期初存货量

7.现金预算包括的主要内容有（ ）。

A.现金收入

B.现金支出

C.现金多余与不足

D.现金的筹集与运用

8.下列各项可以作为产品成本预算编制依据的有（ ）。

A.管理费用预算

B.直接材料预算

C.直接人工预算

D.制造费用预算

三、判断题（正确的在括号内打“√”，错误的打“×”）

（ ）1.财务预算是指反映企业预算期现金支出的预算。

（ ）2.全面预算体系中，预算编制的起点是财务预算。

（ ）3.销售预算是以生产预算为依据编制的。

（ ）4.各种经营预算的编制，均同时使用实物量和价值量作为计量单位。

（ ）5.销售与管理费用预算是以制造费用预算为基础编制的。

（ ）6.产品成本预算需要在生产预算、直接材料预算、直接人工预算和制造费用预算的基础上编制。

（ ）7.财务预算由预计资产负债表和预计利润表构成。

（ ）8.在编制生产预算时，应以销售预算为依据，还应考虑预算期预计期初存货水平和预计期末存货水平。

（ ）9.直接材料预算的编制依据主要是生产需要量。

（ ）10.制造费用预算的编制只需按照费用项目分别确定费用预算额。

四、业务题

1.星海公司2023年度预计销售情况见表5-12，若销售当季度收回货款60%，次季度收款35%，第三个季度收款5%，预算年度期初应收账款金额为22 000元，其中包括上年度第三季度销售的应收款4 000元，第四季度销售的应收账款18 000元。

表5-12 预计销售量

季度	第一季度	第二季度	第三季度	第四季度
预计销售量（件）	2 500	3 750	4 500	3 000
销售单价（元）	20	20	20	20

要求：根据上述资料计算填列表5-13中的（1）~（8）各项数据。

表5-13 销售预算表 金额单位：元

项目	第一季度	第二季度	第三季度	第四季度
预计销售量（件）	2 500	3 750	4 500	3 000
销售单价	20	20	20	20
预计销售金额	（1）	（2）	（3）	（4）
本年期初应收账款	（5）	（6）		
第一季度销售收现	（7）	17 500	2 500	
第二季度销售收现		45 000	（8）	3 750
第三季度销售收现			54 000	31 500
第四季度销售收现				36 000

2. 利达公司生产甲产品，2023年第一季度至第四季度的预计销售量分别为1 000件、800件、900件、850件，为了保证供货的连续性，每个季度末的产成品存货数量按下一季度销售量的10%确定，产品年初存货量为80件，年末存货量与年初存货量一致。

要求：根据上述资料编制生产预算，见表5-14。

表5-14 生产预算 单位：件

项目	第一季度	第二季度	第三季度	第四季度
预计销售量	1 000	800	900	850
加：产品期末存货量				
减：产品期初存货量				
预计生产量				

3. 利达公司生产甲产品，2023年第一季度至第四季度的预计生产量见上题资料，生产每件甲产品需要2千克A材料，材料单价10元，材料采购货款当季和下季度各付一半，每个季度末的材料存货量按下一季度生产需要量的20%确定，材料年初存货量为300千克，年末存货量与年初存货量一致，年初应付账款为8 000元。

要求：根据上述资料编制直接材料预算，见表5-15。

表5-15 直接材料预算 金额单位：元

项目	第一季度	第二季度	第三季度	第四季度
预计生产量（件）	1 000	810	895	845
生产需用材料数量（千克）				
加：材料期末存货量（千克）				
减：材料期初存货量（千克）				

续表

项目		第一季度	第二季度	第三季度	第四季度
材料采购量（千克）					
材料单价					
预计材料采购金额					
预计现金支出	期初应付账款				
	第一季度				
	第二季度				
	第三季度				
	第四季度				
	现金支出合计				

4.利达公司生产甲产品的单位产品工时定额为2小时，单位工时工资率为10元，预计生产量有关资料见第2题。

要求：根据上述资料编制直接人工预算，见表5-16。

表5-16　直接人工预算

项目	第一季度	第二季度	第三季度	第四季度
预计生产量（件）	1 000	810	895	845
单位产品工时（小时）				
直接人工总工时（小时）				
小时工资率（元）				
直接人工总成本（元）				

5.利达公司变动制造费用预算按预计直接人工工时和变动制造费用分配率计算，变动制造费用标准分配率分别为：辅助材料1元/小时、设备维护费1元/小时、水电费1元/小时。固定制造费用与工时无关，每个季度的费用为71 000元，其中：技术管理人员工资50 000元，设备维护费3 000元，折旧费18 000元，除折旧费以外的各项制造费用均于当季付款，其他有关资料见第4题。

要求：

（1）根据上述资料编制制造费用预算（见表5-17）。

（2）依据第2题至第4题有关预算资料，编制产品成本预算（见表5-18）。

表5-17 制造费用预算 金额单位：元

项目		第一季度	第二季度	第三季度	第四季度
预计生产量（件）		1 000	810	895	845
直接人工总工时（小时）					
变动制造费用	辅助材料（1元/小时）				
	设备维护费（1元/小时）				
	水电费（1元/小时）				
	小计				
固定制造费用	技术管理人员工资				
	设备维护费				
	折旧费				
	小计				
预计现金支出	制造费用合计				
	减：折旧费				
	预计现金支出				

表5-18 产品成本预算 金额单位：元

成本项目	单位产品成本			生产成本（3 550件）	期末存货（80件）	销售成本（3 550件）
	价格标准	用量标准	成本			
直接材料						
直接人工						
变动制造费用						
固定制造费用						
合　计						

6. 星海公司预计2023年4月期初现金余额为10 000元，期初应收账款为5 000元，预计当月收回80%；4月份销售货款为62 500元，当期收现50%，当期采购材料10 000元，当期付款70%，期初应付账款余额为6 250元，需在月内付清，当月直接人工工资为10 500元，制造费用为62 500元，其中：折旧费5 000元；预交所得税为1 125元，购买设备支付现金25 000元。现金不足时，向银行借款金额为1 000元的倍数，现金余额最低为3 750元。

要求：根据上述资料计算填列表5-19中的（1）~（10）各项数据。

表5-19　现金预算　单位：元

项目	金额
期初现金余额	10 000
加：现销收入	(1)
可供使用现金	(2)
减：各项支出现金合计	(3)
材料采购支出	(4)
工资支出	(5)
制造费用支出	(6)
所得税支出	(7)
设备支出	25 000
现金多余或不足	(8)
向银行借款	(9)
期末现金余额	(10)

7. 伟新公司2023年的现金预算简表见表5-20，预计2023年年末的现金余额为7 000万元。

要求：根据表中资料填写表5-20中用字母表示的部分。

表5-20　现金预算　单位：万元

项目	第一季度	第二季度	第三季度	第四季度
期初现金余额	6 000			
本期现金流入	45 000	48 000	E	50 000
本期现金支出	42 000	C	40 000	41 000
现金余缺	A	4 600	(1 800)	G
资金筹措与运用	(2 000)	1 800	6 000	H
取得借款		1 800	6 000	
归还借款	(2 000)			
期末现金余额	B	D	F	I

任务三　预算编制方法

全面预算是企业对一定期间经营活动、投资活动、财务活动等做出的预算安排，是企业利用与战略相匹配的计划对财务资源及非财务资源进行分配、控制和考核的过程，以便有效地组织和协调企业的生产经营活动，完成既定的战略目标。全面预算作为一种全方位、全过程、全员参与编制实施的预算管理模式，也是企业内部管理控制的一种主要方法。全面预算主要包括经营预算、专门决策预算和财务预算等，构成内容比较复杂，企业可根据其战略目标、业务特点和管理需要，结合不同工具方法的特征及适用范围，选择恰当的工具方法综合运用，其方法主要包括固定预算、弹性预算、增量预算、零基预算、定期预算、滚动预算、作业预算等。企业应用预算管理工具方法，一般按照预算编制、预算控制、预算调整、预算考核等程序进行。

一、固定预算与弹性预算

编制预算的方法按其业务量的数量特征不同，可分为固定预算和弹性预算。

（一）固定预算

1.固定预算的含义

固定预算又称静态预算，是指以预算期内正常的、最可能实现的某一业务量水平为固定基础，不考虑可能发生的变动的预算编制方法。这是最传统的、也是最基本的预算编制方法。

2.固定预算的缺点

固定预算的缺点有两个：第一是过于机械呆板。由于编制预算的业务量是事先假定的某个业务量，因此在预算期内无论业务量水平有何变化，都只能按事先确定的某一业务量水平作为编制预算的基础。第二是可比性差。此种预算的编制，一旦预计业务量与实际业务量相差甚远，必然导致有关成本费用及利润的实际水平与预算水平因基础不同而失去可比性，不利于开展控制和考核。

固定预算只适用于业务量水平较为稳定的企业或非营利组织采用。

（二）弹性预算

1.弹性预算的含义

弹性预算是指企业在分析业务量与预算项目之间数量依存关系的基础上，分别确定不同业务量及其相应预算项目所消耗资源的预算编制方法。

业务量是指企业销售量、产量、作业量等与预算项目相关的弹性变量。弹性预算是相对于固定预算的一种预算编制方法。

弹性预算适用于企业各项预算的编制，特别是市场、产能等存在较大不确定性，且其预算项目与业务量之间存在明显的数量依存关系的预算项目。

2.弹性预算的应用环境

企业应用弹性预算工具方法，除应遵循《管理会计应用指引第200号——预算管理》中对应用环境的一般要求外，还应遵循以下要求：

（1）企业编制弹性预算，应合理识别与预算项目相关的业务量，长期跟踪、完整记录预算项目与业务量的变化情况，并对两者的相关性进行深入分析。

（2）企业编制弹性预算，应成立由财务、战略和有关业务部门组成的跨部门团队。

（3）企业应借助信息系统或其他编制工具，合理预测预算期间的可能业务量，科学匹配和及时修订弹性定额，完成弹性预算的编制。

3. 弹性预算的应用程序

企业应用弹性预算工具方法，一般按照以下程序进行：

（1）确定弹性预算适用项目，识别相关的业务量并预测业务量在预算期内可能存在的不同水平和弹性幅度；分析预算项目与业务量之间的数量依存关系，确定弹性定额；构建弹性预算模型，形成预算方案；审定预算方案。

（2）企业选择的弹性预算适用项目一般应与业务量有明显的数量依存关系，且企业能有效分析该数量依存关系，并积累了一定的分析数据。企业在选择成本费用类弹性预算适用项目时，还要考虑该预算项目是否具备较好的成本性态分析基础。

（3）企业应分析、确定与预算项目变动直接相关的业务量指标，确定其计量标准和方法，作为预算编制的起点。

（4）企业应深入分析市场需求、价格走势、企业产能等内外因素的变化，预测预算期可能的不同业务量水平，编制销售计划、生产计划等各项业务计划。

（5）企业应逐项分析、认定预算项目和业务量之间的数量依存关系、依存关系的合理范围及变化趋势，确定弹性定额。确定弹性定额后，企业应不断强化弹性差异分析，修正和完善预算项目和业务量之间的数量依存关系；并根据企业管理需要增补新的弹性定额，形成企业弹性定额库。

（6）企业通常采用公式法或列表法构建具体的弹性预算模型，形成基于不同业务量的多套预算方案。

企业预算管理责任部门应审核、评价和修正各预算方案，根据预算期最可能实现的业务量水平确定预算控制标准，并上报企业预算管理委员会等专门机构审议后报董事会等机构审批。

4. 弹性预算的编制

从理论上说，弹性预算适用于编制全面预算中所有与业务量有关的各种预算，但实际工作中企业主要用于编制弹性成本费用预算和弹性利润预算。编制弹性预算，关键是进行成本性态分析，将全部成本最终区分为变动成本和固定成本两大类。变动成本主要根据单位业务量来控制，固定成本则按总额控制。具体步骤如下：

（1）选择业务量计量单位

业务量计量单位应根据企业的具体情况进行选择。一般来说，生产单一产品的部门，可以选用产品实物量；生产多品种产品的部门，可以选用人工工时、机器工时等；修理部门可以选用修理工时等。

（2）确定业务量变动范围

业务量变动范围是指弹性预算所适用的业务量变动区间。业务量变动范围的选择应根据企业的具体情况而定。一般来说，可定在正常生产能力的70%~120%，或以历史上最高业务量或最低业务量为其上下限。

（3）进行成本性态分析

依据成本与业务量之间的依存关系，将企业的成本划分为固定成本、变动成本和混合成本。对混合成本进行成本性态分析，将其分解为固定成本和变动成本，最终，企业的全部成本被划分为固定成本和变动成本两大类。

（4）确定预算期内不同业务量水平的预算额

按照确定的业务量范围以及业务量间隔区间，计算不同业务量水平的预算额。企业通常采用公式法或列表法编制基于不同业务量水平的多套预算方案。

①公式法

公式法是指运用成本性态模型，测算预算期的成本费用数额，并编制弹性预算的方法。

根据成本性态模型，成本与业务量之间的数量关系可以用公式表示为：y =a + bx。其中，y表示某项预算成本总额，a表示该项成本中的预算固定成本额，b表示该项成本中的预算单位变动成本额，x表示预计业务量。公式法下弹性预算的基本公式为：

$$预算总额 = 固定基数 + \sum（与业务量相关的弹性定额 \times 预计业务量）$$

应用公式法编制预算时，相关弹性定额可能仅适用于一定业务量范围内，当业务量变动超出该适用范围时，应及时修正、更新弹性定额，或改为列表法编制。

【例5-12】和兴公司财务人员对2022年制造费用进行的成本性态分析见表5-21。

表5-21　制造费用成本性态分析

直接人工工时：21 000～36 000小时　　单位：元

项目	a	b	项目	a	b
管理人员工资	8 000		辅助材料		0.15
保险费	4 500		检验员工资	400	0.25
设备折旧费	3 000		维修费	200	0.10
水电费	620		辅助工人工资		0.40

要求：按公式法确定弹性制造费用预算。

解：根据表5-21，计算固定成本预算额a =16 720，单位变动成本预算额b=0.90。

利用成本性态模型y =a + bx，可得到公司弹性制造费用的预算模型y =16 720 + 0.90x，根据该模型可计算出人工工时在21 000～36 000小时内，任一业务量水平的制造费用预算总额，也可计算出在该业务量变动范围内，任一业务量水平的制造费用中某一费用项目的预算额，如维修费y =200 + 0.10x，辅助工人工资y = 0.40x等。

公式法的优点是在一定范围内不受业务量波动的影响，编制预算的工作量较小；缺点是在进行预算控制和考核时，不能直接查出特定业务量下的总成本预算额，而且按细目分解成本比较麻烦，同时有一定误差。在实际工作中，通常将公式法和列表法结合运用来编制弹性预算。

②列表法

列表法是指企业通过列表的方式，在业务量范围内依据已划分出的若干不同等级，分别计算并列示该预算项目与业务量相关的不同可能预算方案的方法。

【例5-13】和兴公司2022年生产能力利用程度为100%时的直接人工工时为8 000工时，预计发生的制造费用项目包括管理人员工资、保险费、折旧费、间接材料等九项，各项费用预算见表5-22。

表5-22 制造费用预算 单位：元

固定成本项目	预算额	变动成本项目	预算额	混合成本项目	预算额
管理人员工资	800	间接材料	800	修理费	840
保险费	80	动力费	480	间接人工工资	900
折旧费	720	运输费	640	设备租金	170

要求：按列表法编制业务量预算范围为6 800~8 400人工小时的弹性制造费用预算。

解：依照上述资料，编制的业务量预算范围为6 800~8 400人工小时的弹性制造费用预算（见表5-23）。

表5-23 弹性制造费用预算（列表法） 金额单位：元

业务量（小时）	6 800	7 200	7 600	8 000	8 400
生产能力利用程度（%）	85	90	95	100	105
固定成本项目					
管理人员工资	800	800	800	800	800
保险费	80	80	80	80	80
折旧费	720	720	720	720	720
变动成本项目					
间接材料	680	720	760	800	840
动力费	408	432	456	480	504
运输费	544	576	608	640	672
混合成本项目					
修理费	744	776	808	840	872
间接人工工资	828	852	876	900	924
设备租金	158	162	166	170	174
制造费用合计	4 962	5 118	5 274	5 430	5 586

【例5-14】和兴公司预算年度的销售业务量达到100%时的销售收入为1 600 000元，变动成本为1 168 000元，固定成本为300 000元。

要求：根据上述资料按列表法以10%的间隔确定的销售收入编制弹性利润预算。

解：根据上述资料按列表法编制弹性利润预算，见表5-24。

表5-24 弹性利润预算 金额单位：元

销售收入百分比	80%	90%	100%	110%	120%
销售收入	1 280 000	1 440 000	1 600 000	1 760 000	1 920 000
减：变动成本	934 400	1 051 200	1 168 000	1 284 800	1 401 600
边际贡献	345 600	388 800	432 000	475 200	518 400
减：固定成本	300 000	300 000	300 000	300 000	300 000
营业利润	45 600	88 800	132 000	175 200	218 400

表5-24中的业务量间距为10%，在实际工作中可选择更小的间距（如5%）。显然，业务量的间距越小，实际业务量水平出现在预算表中的可能性就越大，但工作量也就越大。

列表法的主要优点是可以直接从表中查得各种业务量条件下的成本预算，便于对预算的控制和考核，但这种方法工作量较大，且不能包括所有业务量条件下的费用预算，故适用面较窄。

5.弹性预算的优缺点

弹性预算的主要优点：考虑了预算期可能的不同业务量水平，更贴近企业经营管理实际情况，从而扩展了预算管理的适用范围，有利于企业进行经营管理。

弹性预算的主要缺点：一是编制工作量大；二是企业很难对市场及其变动趋势做出准确预测，对预算项目与业务量之间依存关系的判断还受数据积累、分析深度等的制约，这些因素都会对弹性预算编制的合理性造成较大影响。

【想一想5-5】弹性预算的业务量变动范围应如何确定？

【练一练5-5】变动成本主要根据单位业务量来控制，固定成本则按（　　）。

A.单位固定成本控制　　B.总额控制

C.业务量控制　　D.预算控制

二、增量预算与零基预算

编制预算的方法按其编制所依据的基数特征不同，可分为增量预算和零基预算。

（一）增量预算

1.增量预算的含义

增量预算是指以历史期实际经济活动及其预算为基础，结合预算期经济活动及相关影响因素的变动情况，通过调整历史期经济活动项目及金额形成预算的预算编制方法。

增量预算以基期成本费用水平为基础，实际上是承认过去的费用开支是合理的，无须改进，这样一方面可能使原来不合理的费用开支继续存在下去，造成预算的浪费；另一方面也可能造成预算的不足。

2. 增量预算的优缺点

（1）增量预算的优点

增量预算的优点是简单易行，因为该方法编制预算以过去的成本费用水平为基础，实际上是承认过去是合理的，无须改进，不主张在预算内容上做较大改进，而是因循沿袭之前的预算项目。

（2）增量预算的缺点

① 受到原有预算的限制。由于按增量预算方法编制预算，往往直接保留或接受原有的成本费用项目，因此可能导致原有不合理的费用开支继续存在，把不必要的开支合理化，在预算上造成浪费，甚至会导致保护落后的情况发生。

② 容易使预算出现“平均主义”和“简单化”。采用此法编制预算，会鼓励预算编制人凭主观臆断按成本费用项目平均削减预算或只增不减，降低各部门降低费用的积极性。

③ 不利于企业长远发展。对于企业未来实际需要开支的项目，按照增量预算编制的费用预算，可能因没有考虑未来情况的变化而导致预算不够准确。

（二）零基预算

1. 零基预算的含义

零基预算是指企业不以历史期经济活动及其预算为基础，以零为起点，从实际需要出发分析预算期经济活动的合理性，经综合平衡，形成预算的预算编制方法。

2. 零基预算的适用范围

零基预算适用于企业各项预算的编制，特别是不经常发生的预算项目或编制基础变化较大的预算项目。

3. 零基预算的应用环境

企业应用零基预算工具方法，除应遵循《管理会计应用指引第200号——预算管理》中对应用环境的一般要求外，还应遵循以下要求：

（1）企业应结合预算项目实际情况、预算管理要求和应用成本，选择使用零基预算工具方法。

（2）企业应用零基预算工具方法，应明确预算管理责任部门和预算编制责任部门。预算管理责任部门负责组织各部门确定和维护各预算项目的编制标准，组织各具体预算项目的编制。预算编制责任部门具体负责本部门业务计划和预算的编制。

4. 零基预算的应用程序

企业应用零基预算工具方法编制预算时，一般按照明确预算编制标准、制订业务计划、编制预算草案、审定预算方案等程序进行。

（1）明确预算编制标准

企业应搜集和分析对标单位、行业等外部信息，结合内部管理需要形成企业各预算项目的编制标准，并在预算管理过程中根据实际情况不断分析评价、修订完善预算编制标准。

（2）制订业务计划

预算编制责任部门应依据企业战略、年度经营目标和内外环境变化等安排预算期经济活动，在分析预算期各项经济活动合理性的基础上制订详细、具体的业务计划，作为预算编制的基础。

（3）编制预算草案

预算编制责任部门应以相关业务计划为基础，根据预算编制标准编制本部门相关预算项目，并报预算管理责任部门审核。

（4）审定预算方案

预算管理责任部门应在审核相关业务计划合理性的基础上，逐项评价各预算项目的目标、作用、标准和金额等，按战略相关性、资源限额和效益性等进行综合分析和平衡，汇总形成企业预算草案，上报企业预算管理委员会等专门机构审议后报董事会等机构审批。

5. 零基预算的编制

零基预算打破了传统的预算编制观念，不再以历史资料为基础进行调整，而是一切以零为基础，通过讨论分析确定各费用项目是否应该存在，然后按项目的轻重缓急，安排企业的费用预算。具体步骤如下：

（1）动员与讨论

动员企业内部各有关部门，在充分讨论的基础上提出本部门在预算期内应当发生的费用项目，并确定其预算数额，而不考虑这些费用项目以往是否发生以及发生额是多少。

（2）划分不可避免项目和可避免项目

将全部费用划分为不可避免项目和可避免项目。对前者必须保证资金供应；对后者需要逐项进行成本–效益分析，按照各项目开支必要性的大小确定各项费用预算的优先顺序。

（3）划分不可延缓项目和可延缓项目

将纳入预算的各项费用进一步划分为不可延缓项目和可延缓项目。在预算期内将可供支配的全部资金在各费用项目之间进行分配。即首先保证满足不可延缓项目的开支，然后根据需要和可能，按照项目的轻重缓急选择可延缓项目的开支标准。

【例 5–15】和兴公司销售及管理费用预算按照零基预算方法编制，该公司计划年度可用于销售及管理费用方面的支出，经各方认真研究后确定为 1 000 000 元。全年约束性固定成本预算项目及金额为：管理人员薪金 210 000 元、劳动保护费 240 000 元、保险费 80 000 元。酌量性固定成本预算项目为：销售费、运杂费和广告费，视资金及成本效益情况酌情分配。

要求：根据上述资料按零基预算方法编制销售及管理费用预算。

解：公司预算管理委员会对上述各项费用开支进行分析讨论，根据轻重缓急排出如下层次和顺序：

第一层次，管理人员薪金、劳动保护费和保险费属于不可避免的约束性固定成本，在预算期必不可少，需要全额得到保证。

不可避免项目金额 = 210 000 + 240 000 + 80 000 = 530 000（元）

第二层次，销售费、运杂费和广告费属于可避免的酌量性固定成本，视资金及成本效益情况酌情分配（见表5-25）。

表5-25 成本-效益表 单位：元

费用	成本金额	收益金额
销售费	1	30
运杂费	1	20
广告费	1	14

可分配的资金数额=1 000 000－530 000＝470 000（元）

销售费、运杂费和广告费三个项目按成本-效益情况分配剩余资金如下：

$$销售费 = 470\,000 \times \frac{30}{30+20+14} = 220\,312.50\text{（元）}$$

$$运杂费 = 470\,000 \times \frac{20}{30+20+14} = 146\,875\text{（元）}$$

$$广告费 = 470\,000 \times \frac{14}{30+20+14} = 102\,812.50\text{（元）}$$

销售费、运杂费和广告费的资金缺口应通过提高工作效率、精打细算等措施加以解决。

在实际工作中，费用项目的成本-效益关系不容易确定，采用零基预算方法编制预算时，应根据企业的实际情况来确定预算项目，安排预算资金。

6. 零基预算的优缺点

零基预算的主要优点：一是以零为起点编制预算，剔除历史期经济活动中的不合理因素，科学分析预算期经济活动的合理性，预算编制更贴近预算期企业经济活动需要；二是有助于增加预算编制的透明度，有利于进行预算控制。

零基预算的主要缺点：一是预算编制工作量较大、成本较高；二是预算编制的准确性受企业管理水平和相关数据标准的准确性影响较大。

实际中，为了克服零基预算的缺点，简化预算编制工作，不需要每年都按零基预算的方法编制预算，而是每隔几年才按此方法编制一次预算。

【想一想5-6】哪些预算适合采用零基预算方法编制？

【练一练5-6】预算编制责任部门应依据（ ）等安排预算期经济活动。

A. 企业战略　　B. 年度经营目标

C. 业务量　　D. 内外环境变化

三、定期预算与滚动预算

预算按其预算期的时间特征不同，可分为定期预算与滚动预算。

（一）定期预算

1. 定期预算的含义

定期预算是指在编制预算时以不变的会计期间（如日历年度）作为预算期的一种编制预算的方法。这种预算通常一年编制一次。

2. 定期预算的优缺点

定期预算的唯一优点是能够使预算期间与会计年度相配合，便于考核和评价预算的执行结果。

按照定期预算方法编制的预算主要有以下缺点：

（1）盲目性。定期预算往往是在年初甚至提前两三个月编制的，难以预测预算期内的整个活动，尤其是对预算后期的预算只能进行笼统的估算，从而给预算的执行带来很多困难。

（2）滞后性。定期预算不能随情况的变化及时调整，当预算中所规划的经营活动在预算期内发生重大变化时，就会造成预算的滞后性，使之成为虚假的或过时的预算。

（3）间断性。由于受预算期间的限制，经营管理者们的决策视野局限于本期规划的经营活动，从而不利于企业的长远发展。

（二）滚动预算

1. 滚动预算的含义

滚动预算是指企业根据上一期预算执行情况和新的预测结果，按既定的预算编制周期和滚动频率，对原有的预算方案进行调整和补充，逐期滚动，持续推进的预算编制方法。

预算编制周期是指每次预算编制所涵盖的时间跨度。滚动频率，是指调整和补充预算的时间间隔，一般以月度、季度、年度等为滚动频率。

这种预算的基本特点是，在编制预算时，将预算期与会计年度脱离，预算执行过1个月后，即根据前1个月的经营成果结合执行中发生的变化等新信息，对剩余11个月加以修订，并自动后续1个月，重新编制新一年的预算，从而使总预算始终保持12个月的预算期。也可以季度、年度为滚动频率，随着预算的执行不断延伸补充预算，逐期向后滚动，使预算包括的期间永远保持为一个固定的期间，从而以连续不断的预算，规划企业未来的经营活动。

2. 滚动预算的类型

滚动预算按其滚动的时间单位不同，分为中期滚动预算和短期滚动预算。

中期滚动预算的编制周期通常为3年或5年，以年度作为预算滚动频率。短期滚动预算通常以1年为预算编制周期，以月度、季度作为预算滚动频率。

以月度作为预算滚动频率即逐月滚动，是指在预算编制过程中，以月份为预算的编制和滚动单位，每个月调整一次预算的方法。如在2022年1月至12月的预算执行过程中，需要在1月末根据当月预算的执行情况，修订2月至12月的预算，同时补充2023年1月份的预算；到2月末再根据当月预算的执行情况，修订3月至2023年1月的预算，同时补充2023年2月的预算，以此类推。逐月滚动预算示意图如图5-2所示。

以季度作为滚动预算频率即逐季滚动，是指在预算编制过程中，以季度为预算的编制和滚动单位，每个季度调整一次预算的方法。如2022年第一季度至第四季度的预算执行过程中，需要在第一季度末根据当季预算的执行情况，修订第二季度至第四季度的预算，同时补充2023年第一季度的预算；第二季度末根据当季预算的执行情况，修订第三季度至2023年第一季度的预算，同时补充2023年第二季度的预算，以此类推。逐季滚动预算如图5-3所示。

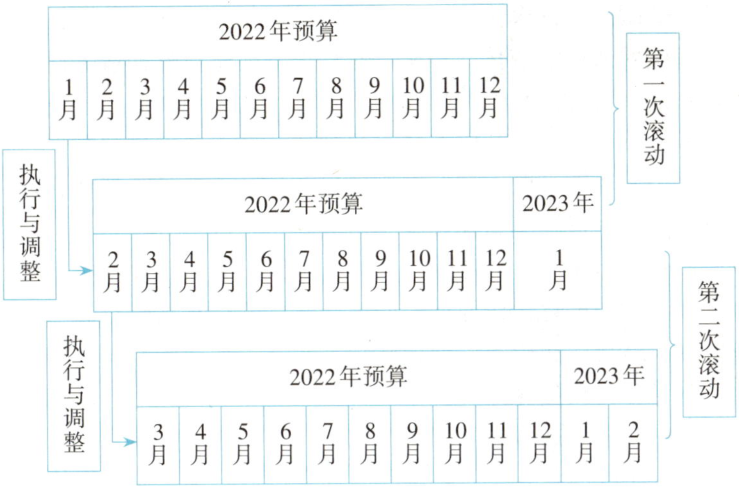

图5-2　逐月滚动预算示意图

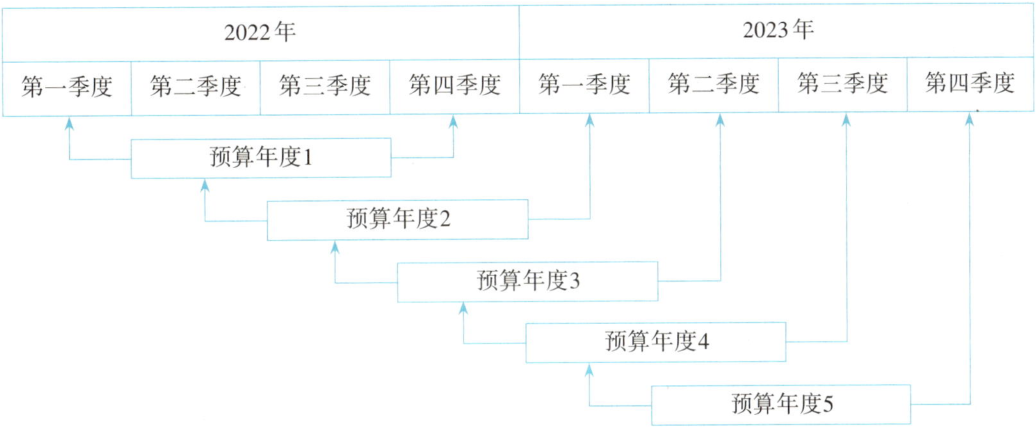

图5-3　逐季滚动预算示意图

逐季滚动预算的编制工作量比逐月滚动预算小，但预算精确度较差。

编制滚动预算时，一年中头几个月的预算要详细完整，后几个月可以粗略一些，随着时间的推移，原来较粗的预算逐渐变细，后面随之又补充新的较粗的预算，如此不断滚动。在实际工作中，采用哪一种滚动预算方式应视企业的实际需要而定。

3.滚动预算的应用环境

企业应用滚动预算工具方法时，除应遵循《管理会计应用指引第200号——预算管理》中对应用环境的一般要求外，还应遵循以下要求：

（1）企业应用滚动预算工具方法，应具备丰富的预算管理经验和能力。

（2）企业应建立先进、科学的信息系统，及时获取充足、可靠的外部市场数据和企业内部数据，以满足编制滚动预算的需要。

（3）企业应重视预算编制基础数据，统一财务和非财务信息标准，确保预算编制以可靠、翔实、完整的基础数据为依据。

4.滚动预算的应用程序

企业除应遵循《管理会计应用指引第200号——预算管理》中的应用程序实施滚动

预算管理外，还应遵循以下程序：

（1）企业应研究外部环境变化，分析行业特点、战略目标和业务性质，结合企业管理基础和信息化水平，确定预算编制的周期和预算滚动的频率。

（2）企业应遵循重要性原则和成本效益原则，结合业务性质和管理要求，确定滚动预算的编制内容。企业通常可以选择编制业务滚动预算，对于管理基础好、信息化程度高的企业，还可选择编制资本滚动预算和财务滚动预算。

（3）企业应以战略目标和业务计划为依据，并根据上一期预算执行情况和新的预测信息，经综合平衡和结构优化，作为下一期滚动预算的编制基础。

（4）企业应以战略目标和业务计划为基础，研究滚动预算所涉及的外部环境变化和内部重要事项，测算并提出预算方案。

（5）企业实行中期滚动预算的，应在中期预算方案的框架内滚动编制年度预算。第一年的预算约束对应年度的预算，后续期间的预算指引后续对应年度的预算。

（6）短期滚动预算服务于年度预算目标的实施，企业实行短期滚动预算的，应以年度预算为基础，分解编制短期滚动预算。

（7）企业应分析影响预算目标的各种动因之间的关系，建立预算模型，生成预算编制方案。

（8）企业应对比分析上一期的预算信息和预算执行情况，结合新的内外部环境预测信息，对下一期预算进行调整和修正，持续进行预算的滚动编制。

（9）企业可借助数据仓库等信息技术的支撑，实现预算编制方案的快速生成，减少预算滚动编制的工作量。

（10）企业应根据预算滚动编制结果，调整资源配置和管理要求。

5.滚动预算的优缺点

滚动预算的主要优点：通过持续滚动预算编制、逐期滚动管理，实现动态反映市场、建立跨期综合平衡，从而有效指导企业营运，强化预算的决策与控制职能。

滚动预算的主要缺点：一是预算滚动的频率越高，对预算沟通的要求越高，预算编制的工作量越大；二是过高的滚动频率容易增加管理层的不稳定感，导致预算执行者无所适从。

【想一想5-7】应如何确定滚动预算编制的周期和预算滚动的频率？

【练一练5-7】企业应（　　）确定滚动预算的编制内容。

A.遵循重要性原则　　B.遵循成本效益原则

C.结合业务性质　　D.结合管理要求

四、作业预算

（一）作业预算的含义

作业预算是指基于“作业消耗资源、产出消耗作业”的原理，以作业管理为基础的预算管理方法。作业预算主要适用于具有作业类型较多且作业链较长、管理层对预算编制的准确性要求较高、生产过程多样化程度较高，以及间接或辅助资源费用所占比重较大等特点的企业。

（二）作业预算的应用环境

企业应用作业预算工具方法时，应遵循《管理会计应用指引第200号——预算管理》《管理会计应用指引第304号——作业成本法》中对应用环境的一般要求。

企业应具有满足作业管理、资源费用管理要求的信息系统，能通过外部市场和企业内部可靠、完整、及时地获取作业消耗标准、资源费用标准等基础数据。

（三）作业预算的应用程序

企业编制作业预算一般按照确定作业需求量、确定资源费用需求量、平衡资源费用需求量与供给量、按照作业类别编制资源费用预算、作业预算评审、作业预算控制和作业预算分析等程序进行。

1.确定作业需求量

企业应根据预测期销售量和销售收入预测各相关作业中心的产出量（或服务量），进而按照作业与产出量（或服务量）之间的关系，分别按产量级作业、批别级作业、品种级作业、客户级作业、设施级作业等计算各类作业的需求量。有关计算公式如下：

$$\text{产量级作业需求量}=\sum\text{各产品（或服务）预测的产出量（或服务量）}\times\text{该产品（或服务）}$$

$$\text{批别级作业需求量}=\sum\text{各产品（或服务）预测的批次数}\times\text{该批次作业消耗率}$$

$$\text{品种级作业需求量}=\sum\text{各产品（或服务）预测的品种类别数}\times\text{该品种类别作业消耗率}$$

$$\text{客户级作业需求量}=\sum\text{预测的每类特定客户数}\times\text{该类客户作业消耗率}$$

$$\text{设施级作业需求量}=\sum\text{预测的每类设施能力投入量}\times\text{该类设施作业消耗率}$$

作业消耗率是指单位产品（或服务）、批次、品种类别、客户、设施等消耗的作业数量。

2.确定资源费用需求量

企业应依据作业消耗资源的因果关系确定作业对资源费用的需求量。有关计算公式如下：

$$\text{资源费用需求量}=\sum\text{各类作业需求量}\times\text{资源消耗率}$$

资源消耗率是指单位作业消耗的资源费用数量。

3.平衡资源费用需求量与供给量

企业应检查资源费用需求量与供给量是否平衡，如果没有达到基本平衡，需要通过增加或减少资源费用供给量或降低资源消耗率等方式，使两者的差额处于可接受的区间内。

资源费用供给量是指企业目前经营期间所拥有并能投入作业的资源费用数量。

4.按照作业类别编制资源费用预算

企业一般以作业中心为对象，按照作业类别编制资源费用预算。有关计算公式如下：

$$\text{资源费用预算}=\sum\text{各类资源需求量}\times\text{该资源费用预算价格}$$

资源费用的预算价格一般来源于企业建立的资源费用价格库。企业应收集、积累多个历史期间的资源费用成本价、行业标杆价、预期市场价等，建立企业的资源费用价格库。

5. 作业预算评审

作业预算初步编制完成后，企业应组织相关人员进行预算评审。预算评审小组一般应由企业预算管理部门、营运与生产管理部门、作业及流程管理部门、技术定额管理部门等组成。评审小组应从业绩要求、作业效率要求、资源效益要求等多个方面对作业预算进行评审，评审通过后上报企业预算管理决策机构进行审批。

6. 作业预算控制

企业应按照作业中心和作业进度进行作业预算控制，通过把预算执行的过程控制精细化到作业管理层次，把控制重点放在作业活动驱动的资源上，实现生产经营全过程的预算控制。

7. 作业预算分析

企业作业预算分析主要包括资源动因分析和作业动因分析。资源动因分析主要揭示作业消耗资源的必要性和合理性，发现减少资源浪费、降低资源消耗成本的机会，提高资源利用效率；作业动因分析主要揭示作业的有效性和增值性，减少无效作业和不增值作业，不断地进行作业改进和流程优化，提高作业产出效果。

【例5-16】和兴公司编制研究开发部门的预算，2022年预计的作业、成本动因及分配率见表5-26。

表5-26　研究开发费的作业、成本动因及分配率

作业	成本动因及分配率
电脑辅助设计——利用软件设计零件	设计时间，80元/小时
手工设计——手工设计零件	设计时间，50元/小时
开发模型——制作模型	制作时间，60元/小时
测试模型——检验模型的功能	检验次数，40元/次
采购——实验材料的采购	采购次数，20元/次

要求：根据上述资料和预计的作业量，编制研究开发费作业预算。

解：根据上述资料和预计的作业量，可编制2022年的研究开发费作业预算（见表5-27）。

表5-27　研究开发费作业预算　金额单位：元

作业	预计作业量	预算动因分配率	预算费用额
电脑辅助设计	100小时	80	8 000
手工设计	50小时	50	2 500
开发模型	80小时	60	4 800
测试模型	250次	40	10 000
采购	120次	20	2 400
合计	—	—	27 700

（四）作业预算的优缺点

作业预算的主要优点：一是基于作业需求量配置资源，避免了资源配置的盲目性；二是通过总体作业优化实现最低的资源费用耗费，创造最大的产出成果；三是作业预算可以促进员工对业务和预算的支持，有利于预算的执行。

作业预算的主要缺点：预算的建立过程复杂，需要详细地估算生产和销售对作业和资源费用的需求量，并测定作业消耗率和资源消耗率，数据收集成本较高。

【想一想5-8】企业应如何进行作业预算分析？

【练一练5-8】企业应按照（　　）进行作业预算控制。

A.作业中心　　B.责任中心　　C.生产部门　　D.作业进度

同步技能训练

一、单项选择题（每题只有一个正确答案，请将正确答案填在括号内）

1.以预算期内正常的、可实现的某一固定业务量水平作为唯一基础编制的预算是（　　）。

A.弹性预算　　B.零基预算

C.固定预算　　D.定期预算

2.根据预算编制所依据的业务量的数量特征，预算编制方法可分为（　　）。

A.固定预算和弹性预算　　B.增量预算和零基预算

C.经营预算和财务预算　　D.定期预算和滚动预算

3.以不变的会计期间作为预算期的预算编制方法是（　　）。

A.固定预算　　B.弹性预算　　C.零基预算　　D.定期预算

4.下列各项中，属于零基预算应用程序第一步的是（　　）。

A.制订业务计划　　B.明确预算编制标准

C.编制预算草案　　D.审定预算方案

5.弹性预算的编制方法中的（　　）在一定业务量范围内不受业务量波动的影响。

A.列表法　　B.公式法　　C.百分比法　　D.因素法

6.根据上一期预算执行情况和新的预测结果，按既定的预算编制周期和滚动频率，对原有的预算方案进行调整和补充，逐期滚动，持续推进的预算编制方法是（　　）。

A.滚动预算　　B.弹性预算　　C.零基预算　　D.定期预算

7.下列各项说法正确的是（　　）。

A.零基预算以基期成本费用水平为基础进行编制

B.增量预算不考虑以往会计期间发生的费用

C.增量预算适用于产出较难辨认的服务性部门费用预算

D.增量预算是假设原有各项开支都是合理的

8.滚动预算一般由（　　）组成。

A.中期滚动预算和长期滚动预算　　B.中期滚动预算和短期滚动预算

C.中长期滚动预算和短期滚动预算　　D.短期滚动预算和长期滚动预算

9.中期滚动预算的编制周期通常为（　　）。

A.4年或5年　　B.2年或4年

C.1年或3年　　D.3年或5年

10.短期滚动预算通常以（　　）为预算编制周期。

A.1年　　B.2年　　C.3年　　D.4年

二、多项选择题（每题有两个或两个以上正确答案，请将正确答案填在括号内）

1.企业应用预算管理工具方法时，一般按照（　　）等程序进行。

A.预算编制　　B.预算控制

C.预算调整　　D.预算考核

2.预算编制的方法包括（　　）。

A.固定预算与弹性预算　　B.增量预算与零基预算

C.滚动预算与定期预算　　D.经营预算与全面预算

3.滚动频率是调整和补充预算的时间间隔，一般以（　　）等为滚动频率。

A.月度　　B.季度　　C.年度　　D.半年度

4.短期滚动预算通常以（　　）作为预算滚动频率。

A.月度　　B.季度　　C.年度　　D.半年度

5.固定预算方法的缺点有（　　）。

A.过于机械呆板　　B.工作量大　　C.可比性差　　D.编制时间较长

6.作业预算按以下应用程序编制（　　）。

A.确定作业需求量　　B.确定资源费用需求量

C.平衡资源费用需求量与供给量　　D.审核最终预算

7.下列各项关于滚动预算的说法中，正确的有（　　）。

A.滚动预算一般由中期滚动预算和短期滚动预算组成

B.预算滚动的频率越高，对预算沟通的要求越低，预算编制的工作量越小

C.预算编制周期是每次预算编制所涵盖的时间跨度

D.滚动频率是调整和补充预算的时间间隔

8.企业作业预算分析主要包括（　　）。

A.成本费用项目分析　　B.资源动因分析

C.作业动因分析　　D.利润结构分析

9.与零基预算相比，增量预算的缺点主要包括（　　）。

A.增量预算受原有费用水平的限制，可能导致保护落后

B.增量预算不利于企业未来的发展

C.增量预算容易滋长预算中的“平均主义”

D.增量预算能调动企业各部门降低费用的积极性

10.相对于固定预算而言，弹性预算的优点有（　　）。

A.预算成本低　　B.预算工作量小

C.预算可比性强，贴近实际经营情况　　D.预算适用范围广

三、判断题（正确的在括号内打“√”，错误的打“×”）

（　　）1.弹性预算方法适用于各项预算的编制。

（　　）2.增量预算与零基预算相比能够调动各部门降低费用的积极性。

（　　）3.企业通常可以选择编制财务滚动预算，对于管理基础好、信息化程度高的企业，还可选择编制业务滚动预算和资本滚动预算。

（　　）4.编制弹性预算，关键是进行成本性态分析，将全部成本最终区分为变动成本和固定成本两大类。

（　　）5.企业应研究外部环境变化，分析行业特点、战略目标和业务性质，结合企业管理基础和信息化水平，确定预算编制的周期和预算滚动的频率。

（　　）6.企业应遵循重要性原则和历史成本原则，结合业务性质和管理要求，确定滚动预算的编制内容。

（　　）7.企业实行中期滚动预算的，应以年度预算为基础，滚动编制年度预算。

（　　）8.预算滚动的频率越高，对预算沟通的要求越低，预算编制的工作量越小。

（　　）9.作业预算是基于“作业消耗资源、产出消耗作业”的原理，以作业管理为基础的预算管理方法。

（　　）10.企业确定作业需求量时，一般应先计算主要作业的需求量，再计算次要作业的需求量。

四、业务题

1.某企业的一车间，甲产品的年正常生产能力为30 000件，每件产品工时定额为2小时，2022年实际产量为33 000件，有关制造费用的预算资料及实际费用见表5-28。

表5-28　制造费用的预算资料

项　目	每小时变动费（元）	全年预算固定成本（元）	全年实际费用（元）
间接材料	0.50	11 000	26 340
间接人工	0.30	3 000	15 050
电　力	0.18	2 000	8 800
修 理 费	0.12	4 000	7 200
折　旧		9 000	10 000
其　他		5 000	6 000
合　计	1.10	34 000	73 390

如果年产量达到正常生产能力的110%，则固定成本中的间接材料将增加1%，修理费用将增加5%，折旧将增加10%。

要求：根据上述资料，按生产能力编制制造费用弹性预算（见表5-29）。

表5-29 制造费用弹性预算 金额单位：元

项目		每小时变动费	生产能力（定额工时）			
			90%	100%	110%	120%
变动制造费用	间接材料					
	间接人工					
	电力					
	修理费					
	合计					
固定制造费用	间接材料					
	间接人工					
	电力					
	修理费					
	折旧					
	其他					
	合计					
制造费用合计						

2. 信和公司预计2022年甲产品单位变动成本为6万元，固定成本为2 000万元，当年生产的产品当年销售，销售业务量的有效变动范围为700～1 000台，同一业务量下其售价分别为10万元和11万元。

要求：以100台为业务量间隔，采用列表法编制该企业2022年甲产品利润弹性预算（见表5-30）。

表5-30 利润弹性预算 金额单位：万元

项目	700台		800台		900台		1 000台	
售价	10	11	10	11	10	11	10	11
销售收入								
变动成本								
边际贡献								
固定成本								
利润总额								

3. 红星公司为降低费用开支水平，拟对历年来超支严重的业务招待费、劳动保护费、办公费、广告费、保险费等费用按照零基预算方法编制预算。经过讨论研究，预算

编制人员确定各项费用在预算年度的开支水平见表5-31，其中除业务招待费和广告费以外都不能压缩，必须全额保证开支，业务招待费和广告费属于可避免项目，其费用可根据预算期间企业财力情况，结合成本-效益分析（见表5-32），酌情开支。

表5-31 预计费用项目及开支金额 单位：元

费用项目	开支金额
1.业务招待费	150 000
2.劳动保护费	120 000
3.办公费	100 000
4.广告费	250 000
5.保险费	110 000
合 计	730 000

表5-32 成本-效益分析表 金额单位：元

成本项目	成本金额	收益金额
业务招待费	1	3
广告费	1	6

要求：根据上述资料，采用零基预算方法计算各项费用预算额。

项目五

拓展阅读

思政园地

欣泰电气全称为丹东欣泰电气股份有限公司。欣泰电气的历史最早可以追溯到1960年成立的丹东整流器厂，是丹东市民政局所属的小型国企，经过长期的发展，于2007年7月25日，公司整体改制后，变更为丹东欣泰电气股份有限公司，主要生产制造、加工和销售节能型输变电设备。2011年11月份，欣泰电气向证监会提交首次公开发行股票并在创业板上市（以下简称IPO）申请。2014年1月3日，欣泰电气取得证监会的发行上市批复，欣泰电气于2014年1月27日首次公开发行新股登陆深交所创业板。

然而就在上市以后，欣泰电气的财务报告被发现有诸多不实。随后，证监会对欣泰电气展开了详细调查，调查结果显示，欣泰电气为实现发行上市目的，解决公司应收账款余额过大问题，2011年12月份至2013年6月份，通过外部借款、使用自有资金或伪造银行单据的方式虚构应收账款的收回，在年末、半年末等会计期末冲减应收款项（大部分在下一会计期期初冲回），致使在向证监会报送的IPO申请文件中相关财务数据存在虚假记载。在2013年12月份至2014年12月份期间，欣泰电气继续通过外部借款或者伪造银行单据的方式虚构应收账款的收回，在年末、半年末等会计期期末冲减应收款项

（大部分在下一会计期期初冲回），虚构了应收款项后，欣泰电气账面上的应收款项比实际要大幅减少，连带着计提的坏账准备也相应减少。此外，对于某些有极大可能无法偿债的企业，欣泰电气并没有谨慎估计坏账的可能性，反而故意减少提坏账的比例，用以营造应收账款易于收回的假象，导致其披露的相关年度和半年度报告财务数据存在虚假记载。同时，欣泰电气实际控制人温德乙还以员工名义从公司借款供其个人使用，欣泰电气在“2014年年度报告”中未披露该关联方交易事项，导致“2014年年度报告”存在重大遗漏。

2016年7月8日，证监会发出公告，对欣泰电气欺诈发行正式做出处罚，启动强制退市程序，欣泰电气将成为创业板第一家终止上市的公司和中国第一家因欺诈发行被退市的上市公司，直接负责人也都受到了刑事处罚。

资料来源：鸦舒颜. 欣泰电气财务舞弊案例分析［EB/OL］.［2018-07-28］. https://www.fx361.com/page/2018/0728/3914313.shtml.

要求：根据案例资料分析企业应如何加强内部监管和财务人员诚信道德建设？企业应承担哪些社会责任？

项目小结

通过本项目的学习，应当把握的要点是：

（1）预算是面向未来，围绕资源配置，对业务活动、经营管理进行的规划。预算管理是企业以战略目标为导向，通过对未来一定期间内的经营活动和财务结果进行全面预测和筹划，科学、合理配置企业各项财务和非财务资源，并对执行过程进行监督和分析，对执行结果进行评价和反馈，指导经营活动的改善和调整，进而推动实现企业战略目标的管理活动。

（2）预算管理的内容主要包括经营预算、专门决策预算和财务预算三部分。企业进行预算管理，一般应遵循战略导向原则、过程控制原则、融合性原则、平衡管理原则和权变性原则。企业实施预算管理的基础环境包括战略目标、业务计划、组织架构、内部管理制度、信息系统等。企业应建立和完善预算编制的工作流程，合理确定预算编制期。企业一般按照分级编制、逐级汇总的方式，采用自上而下、自下而上、上下结合或多维度相协调的流程编制预算。

（3）预算执行一般按照预算控制、预算调整等程序进行。预算控制是企业以预算为标准，通过预算分解、过程监督、差异分析等促使日常经营不偏离预算标准。年度预算经批准后，原则上不作调整，当内外战略环境发生重大变化或突发重大事件等，导致预算编制的基本假设发生重大变化时，可进行预算调整。预算考核主要针对定量指标进行，企业应按照公开、公平、公正的原则实施预算考核，预算考核主体和考核对象的界定应坚持上级考核下级、逐级考核、预算执行与预算考核职务相分离的原则。

（4）编制经营预算时，应首先编制销售预算，然后顺次编制生产预算、直接材料预算、直接人工预算、制造费用预算、产品成本预算、销售及管理费用预算等。在完成经营预算和专门决策预算的编制工作后，还需要进一步汇总编制财务预算，包括现金预算、预计利润表和预计资产负债表，以综合反映各项预算对企业财务状况和经营成果的影响。

（5）编制全面预算的工具方法很多，企业可根据其战略目标、业务特点和管理需要，结合不同工具方法的特征及适用范围，选择恰当的工具方法综合运用。其方法主要包括固定预算、弹性预算、增量预算、零基预算、定期预算、滚动预算、作业预算等。企业应用预算管理工具方法时，一般按照预算编制、预算控制、预算调整、预算考核等程序进行。

综合案例分析

重庆市涪陵榨菜集团股份有限公司（以下简称“涪陵榨菜”）是一家以榨菜为根本，立足于佐餐开胃菜领域快速发展的农业产业化企业集团，是农业产业化国家重点龙头企业。2020年，面对新冠肺炎疫情和严峻复杂的国内外经济形势，公司紧紧围绕“适应变化，主动改变，突破发展”的战略目标，带领全体员工攻坚克难，积极采取多种措施，全面协同开展销售、生产、供应、项目发展、管理等核心业务工作，保持了公司业绩的稳定增长，为公司后续发展打下了坚实的基础。

榨菜属于酱腌菜行业，实际需求量逐年增长但并不十分明显。在需求总量提升不大的情况下，企业的成长主要来自消费的增长和占有率的提高。涪陵榨菜拥有一支拥有远见卓识的管理团队。在业绩开始受阻的2019年，公司已全面推动渠道改革。一方面，通过渠道下沉和渠道扩张，办事处从34家增长到67家，销售人员从近400人增长到600人左右，并且新开拓600多个县级市场经销商，有望推动县级市场增长20%以上。同时，公司积极开拓新零售渠道，布局外卖、餐饮等。另一方面，稳步改革渠道管理，增设针对销售人员的过程考核指标，并将薪酬、晋升严格与考核相挂钩，充分发挥销售人员的主观能动性。渠道改革带来的销量增长叠加疫情反复带来的需求改善，使涪陵榨菜迅速迎来系统变革后的首个基本面拐点。

强大的渠道要爆发出强大的威力，需要强大的管理给予支持。伴随公司的一系列渠道变革，涪陵榨菜的管理信息化变革也加快了步伐。2020年2月，涪陵榨菜开始启动全面预算管控项目，根据集团关注程度首先在各销售大区实现全面预算及费用管控，逐渐覆盖各生产厂、生产车间、各机关部门及子公司。全面预算系统建设在第一阶段即将目标锁定在销售的预算编制及预算管控上。

销售预算系统主要可分为四大内容：一是标准建设，即建立标准产品结构、标准品类、标准品牌、标准产品名称、标准产品单价、标准折吨率、标准费用分类、统一系统业务语言和集团政策标准。二是收入预算，即区分经销商和不区分经销商的销售明细预算。三是费用预算，包括费用明细预算和人力成本预算。四是付款控制费用预算。

公司年度目标按照“战略导向、上下协同”的思路进行制定。由涪陵榨菜编制年初总销量，并分解到大区，由业务人员编制各经销商的销售目标，汇总到大区，在大区层面进行对比分析。集团财务人员编制公司政策标准，由大区财务经理、事务代表编制具体经销商考核得分等，与ERP系统集成，获取经销商实际调货额、调货量。

系统根据经销商对应关系表进行数据合并，以获取经销商调货及年度返利。同时，根据集团对费用的管控需求，在系统中设置并执行科学的审批程序，并将实际费用传至费控系统进行费用管控，同时将执行数据返回预算系统进行滚动计算。例如，在发生产品推广费时，业务人员需首先在系统中填报费用申请单进行费用申请，并提交审批，待省区经理审批后，流程再次到达业务人员，在举办完活动后在申请单中才允许填报验收金额。

预算系统给涪陵榨菜的销售业务带来了迅速而显著的改变。随着涪陵榨菜渠道变革的开展，经销商数量越来越多，对销售返利的计算和管理也越来越重要。过去，集团在销售返利管理中问题重重：一是计算不及时，各办事处对公司政策理解不一致，导致计算出来的返利费用、渠道建设费用、商超推广费用等口径不一致，扣减逻辑、计提逻辑不统一，前一季度的返利额往往要到下一季度才能计算出来。二是兑现不及时。公司费用报销采用线下报销，报销情况由财务人员手工记录，工作量巨大，导致公司无法实时获取各经销商的报销情况，费控流程和指标控制也无法做到及时和准确。这些都使得销售返利的计算、兑现滞后，不仅在一定程度上影响了渠道商的主观能动性，而且随着渠道的日益丰富，管理难度也随之上升。三是基于以上第一点，由于各办事处对返利的扣减逻辑、计提逻辑不一致，且各办事处销售返利管理的工作量巨大，经常都是到了第二季度中后期才计算出上一季度的执行情况，公司无法监控各大区销售的实际情况。

通过构建和应用全面预算系统，集团所有返利的计算都在系统的标准假设模块中有明确的计算标准，只要录入销售金额，系统可自动形成计算结果；在返利的兑现上，其流程从线下手工流程升级为线上电子流程，有效加快了返利兑现速度，返利计算和考核以月度为周期，返利兑现以季度兑现计算并发放完毕；在业务管控上，系统统一计算，统一统计，不需要财务人员线下记录预算情况和实际执行情况，系统可以根据设计的管控方式进行预算管控，并实时获取执行数据，可以直接查看执行数据，提高计算效率，一旦ERP系统统计出调货额，预算系统便可以立刻计算出相关的费用指标。

此外，对于销售返利中存在的一些较为复杂的业务逻辑，系统亦贴合公司需求系统设计了两种模式的返利报账单以应对不同的情况：一是发票兑现，二是折让兑现。由业务人员自行选择是报销还是折扣，有效满足了公司的管理需求。

在数字化推动各行各业变革的当下，涪陵榨菜的实践进一步印证了预算管理发展的趋势与方向，也为更多转型中的中国企业提供了一个管理后台支撑业务前台变革的成功案例。

资料来源：元年．集团案例．涪陵榨菜靓丽业绩的背后：预算控制护航巨头高飞［EB/OL］．［2022-06-24］．https：//www.yuanian.com/gz/algs/jtal/.

要求：结合案例分析数字化时代企业应如何做好预算管理？

项目六

绩效管理

学习目标

知识目标

1.理解绩效管理的含义；

2.熟悉绩效管理的原则及应用环境；

3.掌握关键绩效指标法的计算和应用；

4.掌握经济增加值的基本原理；

5.掌握平衡计分卡的基本原理。

能力目标

1.通过对绩效管理基本知识的学习，充分认识绩效管理对企业发展的重要意义；

2.通过对关键绩效指标法的学习，能够运用财务和非财务指标考核企业绩效管理；

3.通过对经济增加值的学习，能够运用经济增加值考核企业绩效管理；

4.通过对平衡计分卡的学习，能够运用平衡计分卡进行绩效考核的设计与管理。

课程思政目标

1.通过绩效管理知识学习，让学生深刻理解个人利益与集体发展的关系，培养学生的大局观和团队精神。

2.通过绩效管理知识学习，引导学生具备开拓创新的职业品格，具有设计合理的绩效考核评价体系能力。

3.通过绩效管理知识学习，培养学生爱岗敬业精神、增强社会责任感和担当意识。

案例导入

华为集团作为全球五大通信企业之一，不仅技术水平走在世界前列，也是国内较早在企业管理中运用平衡计分卡指标体系的集团之一。以下以华为集团运用平衡计分卡指标体系的经验，分析四个维度指标的运用与关联，为以后企业运用平衡计分卡进行绩效管理提供借鉴。

研究华为集团的资料，可以发现企业处于不同的生命周期，其平衡计分卡关注的财务指标是不同的。当企业处于成长期时，现金流可以是负的，投资回报率也很低，其财务指标以收入增长率、目标市场增长率、客户群体增长率、地区销售增长率为主。当企业处于维持期时，一般比较关注获利能力的财务指标，如经常收入和毛利、资本回报率、投资回报率、现金流最大化等指标。当企业处于收获期时，其财务目标注重现金流，一般重点关注投资回报率、经营收入和经济增加值等指标。

在平衡计分卡的客户维度，华为集团通过市场份额反映了业务部门销售市场的业务比例（以客户数量、销售额、销售量的单位来计量）；通过客户获得率，即从绝对或相对意义上，评估业务部门吸引或赢得新客户或业务的比例；通过客户维持率从绝对或相对意义上，记录业务部门保留客户现有关系的比例；根据价值范围内的具体业绩标准来评价客户满意程度，从而达到较高地从客户处获得利润率的目的。

华为集团的内部业务流程维度，主要关注创新流程、营运流程和售后服务流程。其中第一阶段的长期创新流程中，根据前端客户的反馈或者市场调研，发觉客户新产生的需求或者潜在的需求，后端进行创造或者提供服务来满足这些需求，主要关注成果量度、绩效驱动因素、收支平衡时间等指标。第二阶段的短期营运流程需要根据第一阶段的反馈制造产品推广到市场以及提供配套服务给客户，主要关注良品率、废料率、废品率、退货率等指标。第三阶段售后服务流程，需要继续为客户提供配合产品的服务，主要关注故障回应速度周期时间、一次成功率、流程效率等指标。

华为集团的员工学习与成长维度，不仅根据不同的岗位设定不同的指标，还有一条配套的员工升职通道。例如，对于知识工作者的成果度量指标包括员工满意度、员工留任率、员工生产能力；对于技术改造工作者的成果度量指标包括策略职位适任率、成果创新率等。华为集团为了激励员工还制定了由生手到半熟手、熟手、资深大师级的升职通道。这都不同程度促进了员工在企业中学习进步、在工作中成长。

通过华为集团运用平衡计分卡的例子可以看出，从财务、客户、内部业务流程、学习与成长这四个维度进行绩效管理的确十分专业、全面，其本身具有先进性，但并不是每家企业都能适用。

你认为，华为集团的绩效管理方法是什么？华为集团在绩效管理方面还有哪些需要改进和完善的地方？

资料来源：王志敏．企业绩效管理与平衡计分卡运用研究［J］．财会研究，2018（11）．

通过本项目的学习，我们将了解什么是绩效管理，企业为什么需要进行绩效管理，企业绩效管理应遵循哪些基本原则，企业绩效管理工具方法有哪些。

任务一　绩效管理认知

一、绩效管理的含义

绩效管理是指企业与所属单位（部门）、员工之间就绩效目标及如何实现绩效目标达成共识，并帮助和激励员工取得优异绩效，从而实现企业目标的管理过程。

绩效管理的核心是绩效评价和激励管理。绩效评价是指企业运用系统的工具方法，对一定时期内企业营运效率与效果进行综合评判的管理活动。绩效评价是企业实施激励管理的重要依据。激励管理是指企业运用系统的工具方法，调动企业员工的积极性、主动性和创造性，激发企业员工工作动力的管理活动。激励管理是促进企业绩效提升的重要手段。

二、绩效管理的原则

企业进行绩效管理，一般应遵循以下原则：

（一）战略导向原则

绩效管理应为企业实现战略目标服务，支持价值创造能力提升。绩效评价指标设计要体现企业的战略导向才可以引导企业、部门和个人在努力实现绩效目标的过程中合力完成企业的战略目标。

（二）客观公正原则

绩效管理应实事求是，评价过程应客观公正，激励实施应公平合理。绩效管理要客观公正才能起到激励和约束作用，才能体现绩效管理的真正作用。

（三）规范统一原则

绩效管理的政策和制度应统一明确，并严格执行规定的程序和流程。绩效评价指标对企业、部门和员工具有引导作用，因而规范、统一的制度可以使企业、部门和员工明确努力的目标和内容，从而更好地予以实施。

（四）科学有效原则

绩效管理应做到目标符合实际，方法科学有效，激励与约束并重，操作简便易行。

三、绩效管理的应用环境

（一）设置绩效管理机构

企业进行绩效管理时，应设立薪酬与考核委员会或类似机构，主要负责审核绩效管理的政策和制度、绩效计划与激励计划、绩效评价结果与激励实施方案、绩效评价与激励管理报告等，协调解决绩效管理工作中的重大问题。薪酬与考核委员会或类似机构下设绩效管理工作机构，主要负责制定绩效管理的政策和制度、绩效计划与激励计划，组织绩效计划与激励计划的执行与实施，编制绩效评价与激励管理报告等，协调解决绩效管理工作中的日常问题。

（二）建立制度体系

企业应建立健全绩效管理的制度体系，明确绩效管理的工作目标、职责分工、工作程序、工具方法、信息报告等内容。

（三）建立信息系统

企业应建立有助于绩效管理实施的信息系统，为绩效管理工作提供信息支持。

四、绩效管理的应用程序

绩效管理领域应用的管理会计工具方法，一般包括关键绩效指标法、经济增加值法、平衡计分卡、股权激励等。企业可根据自身战略目标、业务特点和管理需要，结合不同工具方法的特征及适用范围，选择一种适合的绩效管理工具方法单独使用，也可选择两种或两种以上的工具方法综合运用。企业应用绩效管理工具方法时，一般按照如下程序进行。

（一）绩效计划与激励计划的制订

企业应根据战略目标，综合考虑绩效评价期间宏观经济政策、外部市场环境、内部管理需要等因素，结合业务计划与预算，按照上下结合、分级编制、逐级分解的程序，在沟通反馈的基础上，编制各层级的绩效计划与激励计划。

1. 制订绩效计划

绩效计划是企业开展绩效评价工作的行动方案，包括构建指标体系、分配指标权重、确定绩效目标值、选择计分方法和评价周期、签订绩效责任书等一系列管理活动。制订绩效计划通常从企业级开始，层层分解到所属单位（部门），最终落实到具体岗位和员工。

（1）构建指标体系

企业可单独或综合运用关键绩效指标法、经济增加值法、平衡计分卡等工具方法构建指标体系。指标体系应反映企业战略目标实现的关键成功因素，具体指标应含义明确、可度量。

（2）确定指标权重

指标权重的确定可选择运用主观赋权法和客观赋权法，也可综合运用这两种方法。

主观赋权法是利用专家或个人的知识与经验来确定指标权重的方法，如德尔菲法、层次分析法等。

客观赋权法是从指标的统计性质入手，由调查数据确定指标权重的方法，如主成分分析法、均方差法等。

德尔菲法又称专家调查法，是指邀请专家对各项指标进行权重设置，将汇总平均后的结果反馈给专家，再次征询意见，经过多次反复，逐步取得比较一致的结果的方法。

层次分析法，是指将绩效指标分解成多个层次，通过下层元素对上层元素相对重要性的两两比较，构成两两比较的判断矩阵，以求出的判断矩阵最大特征值所对应的特征向量作为指标权重值的方法。

主成分分析法，是指将多个变量重新组合成一组新的相互无关的综合变量，根据实际需要从中挑选出尽可能多地反映原来变量信息的少数综合变量，进一步求出各变量的方差贡献率，以确定指标权重的方法。

均方差法，是指将各项指标定为随机变量，指标在不同方案下的数值为该随机变量的取值，首先求出这些随机变量（各指标）的均方差，然后根据不同随机变量的离散程度确定指标权重的方法。

（3）确定绩效目标值

绩效目标值的确定可参考内部标准与外部标准。内部标准有预算标准、历史标准、经验标准等；外部标准有行业标准、竞争对手标准、标杆标准等。

（4）选择绩效评价计分方法

绩效评价计分方法可分为定量法和定性法。定量法主要有功效系数法和综合指数法等；定性法主要有素质法和行为法等。

①功效系数法

功效系数法是指根据多目标规划原理，将所要评价的各项指标分别对照各自的标准，并根据各项指标权重，通过功效函数转化为可以度量的评价分数，再对各项指标的单项评价分数进行加总，得出综合评价分数的一种方法。该方法的优点是从不同侧面对评价对象进行计算评分，满足了企业多目标、多层次、多因素的绩效评价要求；缺点是标准值确定难度较大，比较复杂。功效系数法的计算公式如下：

$$绩效指标总得分 = \sum 单项指标评价得分$$

$$单项指标得分 = 本档基础分 + 调整分$$

$$本档基础分 = 指标权重 \times 本档标准系数$$

$$调整分 = 功效系数 \times （上档基础分 - 本档基础分）$$

$$上档基础分 = 指标权重 \times 上档标准系数$$

$$功效系数 = \frac{实际值 - 本档标准值}{上档标准值 - 本档标准值}$$

当然，对评价标准值的选用，应结合评价的目的、范围、企业所处行业、企业规模等具体情况，参考国家相关部门或研究机构发布的标准值确定。

【例6-1】兴华公司设计了甲、乙、丙、丁四项绩效指标，其相关资料见表6-1。

表6-1 绩效评价基本指标情况表

项目	权数（1）	指标实际值（2）	本档标准值（3）	上档标准值（4）	本档标准系数（5）	上档标准系数（6）
甲	25	4.5	2.7	8.0	0.6	0.8
乙	15	2.5	1.0	1.0	1.0	1.0
丙	35	4.7	2.4	5.3	0.6	0.8
丁	25	4.2	1.5	3.2	0.9	0.8

要求：用功效系数法计算该公司绩效得分。

解：根据资料，绩效得分计算见表6-2。

表6-2 绩效得分

项目	A本档基础分（1）×（5）	B上档基础分（1）×（6）	C功效系数[(2)-(3)]÷[(4)-(3)]	单项指标得分A+C×(B-A)
甲	15	20	0.34	16.70
乙	15	15		15
丙	21	28	0.79	26.53
丁	22.5	20	1.59	18.53
绩效指标总得分				76.76

②综合指数法

综合指数法是指根据指数分析的基本原理，计算各项绩效指标的单项评价指数和加权平均指数，据以进行综合评价的方法。其优点是操作简单，容易理解；缺点是在标准值存在异常时影响结果的准确性。综合指数法的计算公式为：

$$业绩指标总得分 = \sum （单项指标评价指数 \times 该项评价指标的权重）$$

③素质法

素质法是指评估员工个人或团队在多大程度上具有组织所要求的某种基本素质、关键技能和主要特质的方法。

④行为法

行为法是指专注于描述与业绩有关的行为状态，考核员工在多大程度上采取了管理者所期望的或工作角色所要求的组织行为的方法。

（5）确定绩效评价周期

绩效评价周期一般可分为月度、季度、半年度、年度、任期。月度、季度绩效评价一般适用于企业基层员工和管理人员，半年度绩效评价一般适用于企业中高层管理人员，年度绩效评价适用于企业所有被评价对象，任期绩效评价主要适用于企业负责人。

（6）签订绩效责任书

绩效计划制订后，评价主体与评价对象一般应签订绩效责任书，明确各自的权利和义务，并作为绩效评价与激励管理的依据。绩效责任书的主要内容包括绩效指标、目标值及权重、评价计分方法、特别约定事项、有效期限、签订日期等。绩效责任书一般按年度或任期签订。

2. 制订激励计划

激励计划是企业为激励评价对象而采取的行动方案，包括激励对象、激励形式、激励条件、激励周期等内容。

（1）激励计划的形式

激励计划按激励形式可分为薪酬激励计划、能力开发激励计划、职业发展激励计划和其他激励计划。能力开发激励计划主要包括对员工知识、技能等方面的提升计划。职业发展激励计划主要是对员工职业发展做出的规划。其他激励计划包括良好的工作环境、晋升与降职、表扬与批评等。

薪酬激励计划按期限可分为短期薪酬激励计划和中长期薪酬激励计划。短期薪酬激励计划主要包括绩效工资、绩效奖金、绩效福利等。中长期薪酬激励计划主要包括股票期权、股票增值权、限制性股票以及虚拟股票等。

（2）激励计划的制订

激励计划的制订应以绩效计划为基础，采用多元化的激励形式，兼顾内在激励与外在激励、短期激励与长期激励、现金激励与非现金激励、个人激励与团队激励、正向激励与负向激励，充分发挥各种激励形式的综合作用。

3. 绩效计划与激励计划的审批

绩效计划与激励计划制订完成后，应经薪酬与考核委员会或类似机构审核，报董事会或类似机构审批。经审批的绩效计划与激励计划应保持稳定，一般不予调整，若受国家政策、市场环境、不可抗力等客观因素影响，确需调整的，应严格履行规定的审批程序。

【想一想6-1】如何制订绩效计划与激励计划？

【练一练6-1】下列各项中，不属于绩效管理领域应用的管理会计工具方法的是（　　）。

A. 关键绩效指标法　　　　B. 经济增加值法

C.股权激励　　　　　　　　　　D.股票激励

（二）执行绩效计划与激励计划

1.下达计划

审批后的绩效计划与激励计划，应以正式文件的形式下达执行，确保与计划相关的评价对象能够了解计划的具体内容和要求。

2.落实计划

绩效计划与激励计划下达后，各计划执行单位（部门）应认真组织实施，从横向和纵向两方面落实到各所属单位（部门）、各岗位员工，形成全方位的绩效计划与激励计划执行责任体系。

3.监督执行

在绩效计划与激励计划的执行过程中，企业应建立配套的监督控制机制，及时记录执行情况，进行差异分析与纠偏，持续优化业务流程，确保绩效计划与激励计划的有效执行。

（1）监控与记录

企业可借助信息系统或其他信息支持手段，监控和记录指标完成情况、重大事项、员工的工作表现、激励措施执行情况等内容。收集信息的方法主要有观察法、工作记录法、他人反馈法等。

（2）分析与纠偏

根据监控与记录的结果，重点分析指标完成值与目标值的偏差、激励效果与预期目标的偏差，提出相应整改建议并采取必要的改进措施。

（3）编制分析报告

分析报告主要反映绩效计划与激励计划的执行情况及分析结果，其频率可以是月度、季度、年度，也可根据需要编制。

在绩效计划与激励计划的执行过程中，绩效管理工作机构应通过会议、培训、网络、公告栏等形式，进行多渠道、多样化、持续不断的沟通与辅导，使绩效计划与激励计划得到充分理解和有效执行。

（三）实施绩效评价与激励

绩效管理工作机构应根据计划的执行情况定期实施绩效评价与激励，按照绩效计划与激励计划的约定，对评价对象的绩效表现进行系统、全面、公正、客观的评价，并根据评价结果实施相应的激励。

评价主体应按照绩效计划收集相关信息，获取评价对象的绩效指标实际值，对照目标值，应用选定的计分方法，计算评价分值，并进一步形成对评价对象的综合评价结果。

绩效评价过程及结果应有完整的记录，结果应得到评价主体和评价对象的确认，并进行公开发布或非公开告知。公开发布的主要方式有召开绩效发布会、企业网站绩效公示、面板绩效公告等；非公开告知一般采用一对一书面、电子邮件函告或面谈告知等方式进行。

评价主体应及时向评价对象进行绩效反馈，反馈内容包括评价结果、差距分析、改进建议及措施等，可采取反馈报告、反馈面谈、反馈报告会等形式进行。

绩效结果发布后，企业应依据绩效评价的结果，组织兑现激励计划，综合运用绩效薪酬激励、能力开发激励、职业发展激励等多种方式，逐级兑现激励承诺。

（四）编制绩效评价与激励管理报告

绩效管理工作机构应定期或根据需要编制绩效评价与激励管理报告，对绩效评价和激励管理的结果进行反映。

绩效评价与激励管理报告是企业管理会计报告的重要组成部分，应确保内容真实、数据可靠、分析客观、结论清楚，为报告使用者提供满足决策需要的信息。

1.绩效评价与激励管理报告的分类

绩效评价与激励管理报告可分为定期报告、不定期报告。定期报告主要反映一定期间评价对象的绩效评价与激励管理情况。每个会计年度至少出具一份定期报告。不定期报告根据需要编制，反映部分特殊事项或特定项目的绩效评价与激励管理情况。

2.编制绩效评价报告

绩效评价报告根据评价结果编制，反映评价对象的绩效计划完成情况，通常由报告正文和附件构成。

正文主要包括以下两部分：①评价情况说明，包括评价对象、评价依据、评价过程、评价结果、需要说明的重大事项等；②管理建议。

报告附件包括评价计分表、问卷调查结果分析、专家咨询意见等报告正文的支持性文档。

3.编制激励管理报告

激励管理报告根据激励计划的执行结果编制，反映激励对象的激励计划实施情况。

激励管理报告主要包括以下两部分：①激励情况说明，包括激励对象、激励依据、激励措施、激励执行结果、需要说明的重大事项等；②管理建议。可以根据需要以附件形式提供其他有关支持性文档。

4.报告的审批

绩效评价与激励管理报告应根据需要及时报送薪酬与考核委员会或类似机构审批。企业应定期通过回顾和分析，检查和评估绩效评价与激励管理的实施效果，不断优化绩效计划和激励计划，改进未来绩效管理工作。

同步技能训练

一、单项选择题（每题只有一个正确答案，请将正确答案填在括号内）

1.绩效管理的最终目的是（　　）。

A.确定员工奖金　　B.决定员工升迁

C.确定人员培训　　D.提高员工绩效

2.下列各项属于绩效管理核心的是（　　）。

A.规范统一　　B.科学有效

C.战略导向　　D.绩效评价和激励管理

3.绩效计划的内容不包括（　　）。

A.构建指标体系　　B.分配指标权重

C.选择绩效目标值　　D.签订绩效责任书

4.下列各项属于指标权重确定方法的是（　　）。

A.主观赋权法　　B.功效系数法

C.素质法　　D.行为法

5.应根据战略目标综合考虑绩效评价期间宏观经济政策、外部市场环境等因素，结合业务计划与预算，按照相应的程序，在沟通反馈的基础上编制各层级的绩效计划与激励计划。下列各项不属于相应的程序的是（　　）。

A.上下结合　　B.分级编制　　C.逐级分解　　D.逐级编制

6.下列各项不属于绩效评价与激励管理报告附件的是（　　）。

A.评价计分表　　B.管理建议

C.问卷调查结果分析　　D.专家咨询意见

7.绩效管理的应用环境不包括（　　）。

A.设置绩效管理机构　　B.建立制度体系

C.建立信息化系统　　D.确定考核人员

8.各部门在绩效管理中的主要责任是（　　）。

A.及时对员工进行绩效反馈

B.对绩效考核提供培训和咨询

C.处理员工绩效考核的申诉

D.确保绩效考核制度符合法律要求

9.绩效管理体系中，首要环节是（　　）。

A.绩效计划　　B.绩效反馈　　C.绩效考核　　D.绩效辅导

10.绩效评价计分方法可以分为定量法和（　　）。

A.定性法　　B.定额法　　C.定值法　　D.定标法

11.薪酬激励计划按期限可分为短期薪酬激励计划和中长期薪酬激励计划。短期薪酬激励计划主要包括绩效工资、绩效奖金、（　　）等。

A.股票期权　　B.限制性股票　　C.绩效福利　　D.虚拟股票

12.绩效评价周期一般可分为月度、季度、半年度、年度和（　　）。

A.每旬　　B.任期　　C.两年　　D.五年

二、多项选择题（每题有两个或两个以上正确答案，请将正确答案填在括号内）

1.绩效管理的原则有（　　）。

A.战略导向原则　　B.客观公正原则

C.规范统一原则　　D.科学有效原则

2.绩效管理的主要方法有（　　）。

A.平衡计分卡　　B.关键绩效指标法

C.经济增加值法　　D.股票激励

3.绩效评价的层次包括（ ）。

A.企业层次 B.部门层次 C.个人层次 D.客户层次

4.激励计划包括（ ）。

A.激励对象 B.激励形式 C.激励条件 D.激励周期

5.激励计划按形式可以分为（ ）。

A.薪酬激励计划 B.能力开发激励计划

C.职业发展激励计划 D.其他激励计划

6.在绩效管理的制度体系中，应明确绩效管理的（ ）。

A.工作目标 B.职责分工 C.工作程序 D.工具方法

7.下列各项中，属于主观赋权法的有（ ）。

A.主成分分析法 B.均方差法 C.德尔菲法 D.层次分析法

8.绩效计划和激励计划执行过程应包括（ ）。

A.监控与记录 B.分析与纠偏 C.核算与管理 D.编制分析报告

9.下列各项，属于绩效目标值可参考的外部标准的有（ ）。

A.行业标准 B.预算标准 C.竞争对手标准 D.标杆标准

10.下列各项属于绩效评价周期的有（ ）。

A.年度 B.每日 C.季度 D.月度

三、判断题（正确的在括号内打“√”，错误的打“×”）

（ ）1.绩效评价是企业运用系统的工具方法，对一定时期内企业营运效率与效果进行综合评判的管理活动。

（ ）2.绩效计划与激励计划制订完成后，应经薪酬与考核委员会或类似机构审核，报董事会或类似机构审批。

（ ）3.激励计划是企业开展绩效评价工作的行动方案，通常从企业级开始制订，层层分解到所属单位或部门，最终落到具体岗位和员工。

（ ）4.绩效指标体系应反映企业战略目标实现的关键成功因素，具体指标应含义明确、可度量。

（ ）5.绩效管理总则是为了促进企业加强绩效管理，激发和调动员工积极性，增强价值创造力，根据《管理会计基本指引》制定的。

（ ）6.指标权重确定方法的客观赋权法是指利用专家或个人的知识与经验来确定指标权重的方法。

（ ）7.半年度绩效评价一般适用于企业基层员工和管理人员。

（ ）8.审批后的绩效计划和激励计划，可以正式文件的形式下达执行，也可以口头的形式下达执行。

（ ）9.功效系数法和综合指数法属于绩效评价计分方法中的定量法。

（ ）10.薪酬与考核委员会的主要职责是制定绩效管理的政策和制度，审核绩效计划与激励计划、绩效评价结果与激励实施方案、绩效评价与激励管理报告等，协调解决绩效管理工作中的重大问题。

任务二 关键绩效指标法

绩效管理领域应用的管理会计工具方法，一般包括关键绩效指标法、经济增加值法、平衡计分卡、股权激励等。企业可根据自身战略目标、业务特点和管理需要，结合不同工具方法的特征及适用范围，选择一种适合的绩效管理工具方法单独使用，也可选择两种或两种以上的工具方法综合运用。本任务主要介绍关键绩效指标法。

一、关键绩效指标法的概念

关键绩效指标法是指基于企业战略目标，通过建立关键绩效指标（Key Performance Indicator，KPI）体系，将价值创造活动与战略规划目标有效联系，并据此进行绩效管理的方法。

关键绩效指标是对企业绩效产生关键影响力的指标，是通过对企业战略目标、关键成果领域的绩效特征分析，识别和提炼出的最能有效驱动企业价值创造的指标。关键绩效指标法可单独使用，也可与经济增加值法、平衡计分卡等其他方法结合使用。其应用对象可为企业、所属单位（部门）和员工。

二、关键绩效指标法的应用环境

企业应用关键绩效指标法时，应遵循《管理会计应用指引第600号——绩效管理》中对应用环境的一般要求。此外，还应考虑以下因素：

（1）企业应综合考虑绩效评价期间宏观经济政策、外部市场环境、内部管理需要等因素，构建指标体系。

（2）企业应有明确的战略目标。战略目标是确定关键绩效指标体系的基础，关键绩效指标反映战略目标，对战略目标实施效果进行衡量和监控。

（3）企业应清晰识别价值创造模式，按照价值创造路径识别出关键驱动因素，科学地选择和设置关键绩效指标。

三、关键绩效指标法的应用程序

企业应用关键绩效指标法，一般包括以下程序：制订以关键绩效指标为核心的绩效计划、制订激励计划、执行绩效计划与激励计划、实施绩效评价与激励、编制绩效评价与激励管理报告等。其中，与其他业绩评价方法的关键不同点是制订和实施以关键绩效指标为核心的绩效计划。

制订绩效计划，包括构建指标体系、分配指标权重、确定绩效指标目标值、选择计分方法和评价周期、签订绩效责任书等。

（一）构建关键绩效指标体系

一般而言，企业可以按照以下三个层级来构建关键绩效指标体系。

1.设定企业级关键绩效指标

企业应根据战略目标，结合价值创造模式，综合考虑内外部环境等因素，设定企业级关键绩效指标。

2.设定所属单位（部门）级关键绩效指标

企业应根据企业级关键绩效指标，结合所属单位（部门）关键业务流程，按照上下结合、分级编制、逐级分解的程序，在沟通反馈的基础上，设定所属单位（部门）级关键绩效指标。

3.设定岗位（员工）级关键绩效指标

企业应根据所属单位（部门）级关键绩效指标，结合员工岗位职责和关键工作价值贡献，设定岗位（员工）级关键绩效指标。

关键绩效指标应含义明确、可度量、与战略目标高度相关。指标的数量不宜过多，每一层级的关键绩效指标一般不超过10个。

（二）分配关键绩效指标权重

关键绩效指标的权重分配应以企业战略目标为导向，反映评价对象对企业价值贡献或支持的程度，以及各指标之间的重要性水平。

单项关键绩效指标权重一般设定在5%～30%，对特别重要的指标可适当提高权重。对特别关键、影响企业整体价值的指标可设立“一票否决”制度，即如果某项关键绩效指标未完成，无论其他指标是否完成，均视为未完成绩效目标。

（三）确定关键绩效指标目标值

确定关键绩效指标目标值，一般参考以下标准：

（1）依据国家有关部门或权威机构发布的行业标准或参考竞争对手标准。

（2）参照企业内部标准，包括企业战略目标、年度生产经营计划目标、年度预算目标、历年指标水平等。

（3）不能按前两项方法确定的，可根据企业历史经验值确定。

关键绩效指标的目标值确定后，应规定因内外部环境发生重大变化、自然灾害等不可抗力因素对绩效完成结果产生重大影响时，对目标值进行调整的办法和程序。一般情况下，由评价对象或评价主体测算确定影响额度，向相应的绩效管理工作机构提出调整申请，报薪酬与考核委员会或类似机构审批。

【想一想6-2】关键绩效指标法的核心工作是什么？

四、关键绩效指标的类型

企业的关键绩效指标一般可分为结果类和动因类两类指标。

结果类指标是反映企业绩效的价值指标，主要包括投资资本回报率、净资产收益率、经济增加值、息税前利润、自由现金流、资产负债率等综合指标；动因类指标是反映企业价值关键驱动因素的指标，主要包括资本性支出、单位生产成本、产量、销售量、客户满意度、员工满意度等。

（一）结果类指标

1. 投资资本回报率

投资资本回报率是指企业在一定会计期间内取得的息前税后利润占其所使用的全部投资资本的比例，反映企业在该会计期间内有效利用投资资本创造回报的能力。其计算公式如下：

$$投资资本回报率=\frac{利润\times(1-所得税税率)+利息支出}{投资资本平均余额}\times 100\%$$

$$投资资本余额=\frac{期初投资资本+期末投资资本}{2}$$

$$投资资本=有息债务+所有者（股东）权益$$

2. 净资产收益率

净资产收益率，也称权益净利率，是指反映企业在一定会计期间内取得的净利润占其所使用的净资产平均数的比例，反映企业全部资产的获利能力。其计算公式如下：

$$净资产收益率=\frac{净利润}{平均净资产}\times 100\%$$

3. 经济增加值

经济增加值是指税后净营业利润扣除全部投入资本的成本后的剩余收益。其计算公式如下：

$$经济增加值=税后净营业利润-平均资本占用\times加权平均资本成本$$

4. 息税前利润

息税前利润是指企业当年实现税前利润与利息支出的合计数。其计算公式如下：

$$息税前利润=税前利润+利息支出$$

5. 自由现金流

自由现金流是指企业在一定会计期间内经营活动产生的净现金流超过付现资本性支出的金额，反映企业可动用的现金。其一般计算公式如下：

$$自由现金流=经营活动净现金流-付现资本性支出$$

6. 资产负债率

资产负债率是指企业负债总额与资产总额的比值，反映企业整体财务风险程度。其计算公式如下：

$$资产负债率=\frac{负债总额}{资产总额}\times 100\%$$

【例6-2】某企业2021年有关财务指标和资料见表6-3。

表6-3 财务指标资料 单位：万元

项目名称	年初数	年末数
无息债务	280	360
有息债务	470	580
所有者权益	1 400	1 500

已知企业所得税税率为25%。税前利润总额为450万元，其中财务费用利息支出为50万元。

要求：计算投资资本回报率、净资产收益率、息税前利润、资产负债率等结果类指标值。

解：根据资料，计算如下：

投资资本平均余额=（1 400+470+1 500+580）÷2=1 975（万元）

投资资本回报率=［450×（1−25%）+50］÷1 975×100%=19.62%

净资产收益率=450×（1−25%）÷［（1 400+1 500）÷2］×100% =23.28%

息税前利润=450+50=500（万元）

年初资产负债率=（280+470）÷（280+470+1 400）×100%= 34.88%

年末资产负债率=（360+580）÷（360+580+1 500）×100% =38.52%

（二）动因类指标

（1）资本性支出，是指企业发生的、其效益涉及两个或两个以上会计年度的各项支出。

（2）单位生产成本，是指生产单位产品平均耗费的成本。

（3）产量，是指企业在一定时期内生产出来的产品数量。

（4）销售量，是指企业在一定时期内销售商品的数量。

（5）客户满意度，是指客户期望值与客户体验的匹配程度，即客户通过对某项产品或服务的实际感知与其期望值相比较后得出的指数。客户满意度指标收集渠道主要包括问卷调查、客户投诉、与客户的直接沟通、消费者组织的报告、各种媒体的报告和行业研究的结果等。

（6）员工满意度，是指员工对企业的实际感知与其期望值相比较后得出的指数。员工满意度指标收集渠道主要包括问卷调查、访谈调查等方式，从工作环境、工作关系、工作内容、薪酬福利、职业发展等方面进行调查。

【练一练6−2】企业应根据（　　）结合价值创造模式，综合考虑内外部环境等因素，设定企业级关键绩效指标。

A.价值目标　　B.战略目标　　C.企业愿景　　D.业务特点

五、关键绩效指标选取的方法

关键绩效指标选取的方法主要有关键成果领域分析法、组织功能分解法和工作流程分解法。

（一）关键成果领域分析法

关键成果领域分析法是基于对企业价值创造模式的分析，确定企业的关键成果领域，并在此基础上进一步识别关键成功要素，确定关键绩效指标的方法。

（二）组织功能分解法

组织功能分解法是基于组织功能定位，按照各所属单位（部门）对企业总目标所承担的职责，逐级分解和确定关键绩效指标的方法。

（三）工作流程分解法

工作流程分解法是按照工作流程各环节对企业价值贡献程度，识别出关键业务流程，将企业总目标层层分解至关键业务流程相关所属单位（部门）或岗位（员工），确定关键绩效指标的方法。

六、关键绩效指标法的主要作用

关键绩效指标法在绩效管理中发挥着不可或缺的作用，主要表现在以下两个方面：

（一）关键绩效指标具有指导和激励作用

关键绩效指标体系的建立，将企业目标落实到员工个体，帮助员工在繁杂的工作任务中找出重点方向，员工通过对关键绩效指标的掌握，方便在企业的实际工作中明确工作重点，约束自己的行为，提高工作效率，朝着完成企业宏观战略目标的方向努力。管理层能够依据关键绩效指标进行战略管理，更有效地实施资源配置。通过关键绩效指标的指导和激励作用，关键绩效指标法有效地将企业整体目标与内部人员利益联系起来。

（二）关键绩效指标具有降低管理成本、提高管理效率的作用

关键绩效指标能够方便企业内部员工进行实时沟通。通过事前和事中控制，员工能够有效明确自身的工作职责，及时发现日常工作中出现的问题和不足，方便业务管理人员及时采取改进措施。

为了充分发挥关键绩效指标法的作用，该工具经常与后面将要学习的平衡计分卡配合使用。关键绩效指标法能将企业战略目标落地，激励员工完成目前工作任务以实现企业的中短期战略目标，而平衡计分卡结合企业短期利益目标与长期发展目标，使企业平衡眼前利益与长远利益，满足企业长远发展的需要。

七、关键绩效指标法的应用评价

（一）关键绩效指标法的优点

关键绩效指标法的主要优点：一是使企业业绩评价与战略目标密切相关，有利于战略目标的实现；二是通过识别的价值创造模式把握关键价值驱动因素，能够更有效地实现企业价值增值目标；三是评价指标数量相对较少，易于理解和使用，实施成本相对较低，有利于推广实施。

（二）关键绩效指标法的缺点

关键绩效指标法的主要缺点：评价经营者有效使用资本和为企业创造关键绩效的指标的选取需要透彻理解企业价值创造模式和战略目标，有效识别核心业务流程和关键价值驱动因素，指标体系设计不当将导致错误的价值导向或管理缺失。

同步技能训练

一、单项选择题（每题只有一个正确答案，请将正确答案填在括号内）

1.（　　）是对企业绩效产生关键影响力的指标，是通过对企业战略目标、关键成果领域的绩效特征分析，识别和提炼出的最能有效驱动企业价值创造的指标。

A.关键绩效指标　　　　B.次要绩效指标

C.激励指标　　D.目标管理

2.企业应根据所属单位（部门）级关键绩效指标，结合员工岗位职责和关键工作价值贡献，设定（　　）关键绩效指标。

A.岗位（员工）级　　B.所属部门级

C.中层级别　　D.高层级别

3.关键绩效指标应含义明确、可度量、与战略目标高度相关。指标的数量不宜过多，每一层级的关键绩效指标一般不超过（　　）个。

A.8　　B.9　　C.10　　D.12

4.下列各项不属于关键绩效指标选取方法的是（　　）。

A.关键成果领域分析法　　B.组织功能分解法

C.量化分析法　　D.工作流程分解法

5.（　　）是基于对企业价值创造模式的分析，确定企业的关键成果领域，并在此基础上进一步识别关键成功要素，确定关键绩效指标的方法。

A.关键成果领域分析法　　B.组织功能分解法

C.量化分析法　　D.工作流程分解法

6.下列各项不属于关键绩效指标法的主要优点的是（　　）。

A.使企业业绩评价与战略目标密切相关

B.指标体系设计不当将导致错误的价值导向或管理缺失

C.通过识别的价值创造模式把握关键价值驱动因素

D.评价指标数量相对较少，易于理解和使用

7.关键绩效指标法的核心是（　　）。

A.考评标准的确定　　B.新型激励机制的构建

C.KPI指标的提取　　D.企业战略目标的明确

8.下列各项属于动因类指标的是（　　）。

A.经济增加值　　B.销售量

C.息税前利润　　D.自由现金流

9.绩效管理领域应用的管理会计工具方法，不包括（　　）。

A.关键绩效指标法　　B.经济增加值法

C.平衡计分卡　　D.SWOT分析

10.单项关键绩效指标权重一般设定在（　　），对特别重要的指标可适当提高权重。

A.5%～20%　　B.5%～30%　　C.10%～20%　　D.10%～30%

二、多项选择题（每题有两个或两个以上正确答案，请将正确答案填在括号内）

1.关键绩效指标法的应用对象可为（　　）。

A.企业　　B.所属单位（部门）

C.员工　　D.单个项目

2.关键绩效指标法应综合考虑绩效评价期间（　　）等因素，构建指标体系。

A.宏观经济政策　　B.外部市场环境

C.内部管理需要
D.微观经济政策

3.关键绩效指标法一般按照制订以关键绩效指标为核心的（　　）等程序进行。

A.绩效计划
B.制订激励计划
C.执行绩效计划与激励计划
D.实施绩效评价与激励

4.企业通常按《管理会计应用指引第600号——绩效管理》第十条所规定的管理活动制订绩效计划，包括（　　）等。

A.构建指标体系
B.分配指标权重
C.确定绩效目标值
D.选择计分方法和评价周期

5.企业应根据（　　）等因素，设定企业级关键绩效指标。

A.战略目标
B.结合价值创造模式
C.综合考虑内外部环境
D.只考虑内部因素不考虑外部因素

6.公司级的关键绩效指标制定一定要经过（　　）相适应。

A.深入调查
B.分析及论证
C.保证与公司的现实状况
D.发展战略

7.下列各项关于关键绩效指标法的说法，正确的有（　　）。

A.关键绩效指标是对企业战略目标的分解
B.关键绩效指标是由上级制定的，无须员工认可
C.关键绩效指标是对重点经营活动的反映
D.关键绩效指标无法量化

8.选取关键绩效指标的方法包括（　　）。

A.综合指标法
B.关键成果领域分析法
C.组织功能分解法
D.工作流程分解法

9.下列各项属于动因类关键绩效指标的有（　　）。

A.资本性支出
B.客户满意度
C.投资报酬率
D.员工满意度

10.下列各项属于结果类关键绩效指标的有（　　）。

A.资本性支出
B.客户满意度
C.投资报酬率
D.自由现金流

三、判断题（正确的在括号内打“√”，错误的打“×”）

（　　）1.关键绩效指标考核法，就是要对所有与员工工作绩效有关的指标都进行考核。

（　　）2.关键绩效指标法只能单独使用，不可以与经济增加值法、平衡计分卡等其他方法结合使用。

（　　）3.关键绩效指标应含义明确、可度量、与战略目标高度相关，指标数量越多越好。

（　　）4.工作流程分解法，是按照工作流程各环节对企业价值贡献程度，识别出关键业务流程，将企业总目标层层分解至关键业务流程相关所属单位（部门）或岗位（员工），确定关键绩效指标的方法。

（ ）5. 企业的关键绩效指标一般可分为结果类和动因类两类指标。

任务三 经济增加值法

一、经济增加值法的含义

经济增加值法是指以经济增加值（Economic Value Added，EVA）为核心，建立绩效指标体系，引导企业注重价值创造，并据此进行绩效管理的方法。

经济增加值是指税后净营业利润扣除全部投入资本的成本后的剩余收益。经济增加值及其改善值是全面评价经营者有效使用资本和为企业创造价值的重要指标。经济增加值为正，表明经营者在为企业创造价值；经济增加值为负，表明经营者在损毁企业价值。

经济增加值法较少单独应用，一般与关键绩效指标法、平衡计分卡等其他方法结合使用。企业应用经济增加值法进行绩效管理的对象，可为企业及其所属单位（部门）（可单独计算经济增加值）和高级管理人员。

二、经济增加值法的应用环境

企业应用经济增加值法时，除应遵循《管理会计应用指引第600号——绩效管理》中对应用环境的一般要求外，还应符合下列条件：

（1）企业应用经济增加值法，应树立价值管理理念，明确以价值创造为中心的战略目标，建立以经济增加值为核心的价值管理体系，使价值管理成为企业的核心管理制度。

（2）企业应综合考虑宏观环境、行业特点和企业的实际情况，通过对价值创造模式的识别，确定关键价值驱动因素，构建以经济增加值为核心的指标体系。

（3）企业应建立清晰的资本资产管理责任体系，确定不同评价对象的资本资产管理责任。

（4）企业应建立健全会计核算体系，确保会计数据真实可靠、内容完整，并及时获取与经济增加值计算相关的会计数据。

（5）企业应加强筹资管理，关注筹资来源与渠道，及时获取债务资本成本、股权资本成本等相关信息，合理确定资本成本。

（6）企业应加强投资管理，把能否增加价值作为新增投资项目决策的主要评判标准，以保持持续的价值创造能力。

【想一想6-3】企业应用经济增加值法的前提是什么？

三、经济增加值法的应用程序

企业应用经济增加值法，是按照制订以经济增加值指标为核心的绩效计划、制订激励计划、执行绩效计划与激励计划、实施绩效评价与激励、编制绩效评价与激励管理报告等程序进行的。其中，与其他绩效评价方法的关键不同点是制订和实施以经济增加值指标为核心的绩效计划。

经济增加值法指标体系通常包括经济增加值、经济增加值改善值、经济增加值回报率、资本周转率、产量、销售量、单位生产成本等。应用经济增加值法建立的绩效指标评价体系，应赋予经济增加值指标较高的权重。

构建经济增加值指标体系，一般按照以下程序进行：

（一）制定企业级经济增加值指标体系

企业应结合行业竞争优势、组织结构、业务特点、会计政策等情况，确定企业级经济增加值指标的计算公式、调整项目、资本成本等，并围绕经济增加值的关键驱动因素，制定企业级经济增加值指标体系。

（二）制定所属单位（部门）级经济增加值指标体系

企业应根据企业级经济增加值指标体系，结合所属单位（部门）所处行业、业务特点、资产规模等因素，在充分沟通的基础上，设定所属单位（部门）级经济增加值指标的计算公式、调整项目、资本成本等，并围绕所属单位（部门）经济增加值的关键驱动因素，细化制定所属单位（部门）的经济增加值指标体系。

（三）制定高级管理人员的经济增加值指标体系

企业应根据企业级、所属单位（部门）级经济增加值指标体系，结合高级管理人员的岗位职责，制定高级管理人员的经济增加值指标体系。

四、经济增加值的计算

（一）经济增加值的一般计算方法

$$经济增加值 = 税后净营业利润 - 平均资本占用 \times 加权平均资本成本$$

式中：

（1）税后净营业利润衡量的是企业的经营盈利情况。税后净营业利润等于会计上的税后净利润加上利息支出等会计调整项目后得到的税后利润。

（2）平均资本占用反映的是企业持续投入的各种债务资本和股权资本。其中债务资本包括融资活动产生的各类有息负债，不包括经营活动产生的无息流动负债；股权资本应包含少数股东权益。

（3）加权平均资本成本反映的是企业各种资本的平均成本率，反映了投资者所要求的必要报酬率。

【例6-3】兴华公司税后营业净利润为3 380 000元，资产平均余额为23 000 000元，负债平均余额为8 500 000元（假定全部为无息负债）。假设加权平均税前资本成本为12%，且没有需要调整的项目。公司适用的所得税税率为25%。

要求：计算该公司的经济增加值。

解：根据资料，计算如下：

经济增加值EVA=3 380 000−（23 000 000−8 500 000）×12%×（1−25%）=2 075 000（元）

（二）税后净营业利润的调整对经济增加值的影响

计算经济增加值时，需要进行相应的会计项目调整，以消除财务报表中不能准确反映企业价值创造的部分。会计调整项目的选择应遵循价值导向性、重要性、可控性、可操作性与行业可比性等原则，根据企业实际情况确定。常见的调整项目有：

（1）研究开发费、大型广告费等一次性支出但收益期较长的费用，应予以资本化处理，不计入当期费用。

（2）反映付息债务成本的利息支出，不作为期间费用扣除，计算税后净营业利润时扣除所得税影响后予以加回。

（3）营业外收入、营业外支出具有偶发性，将当期发生的营业外收支从税后净营业利润中扣除。

（4）将当期减值损失扣除所得税影响后予以加回，并在计算资本占用时相应调整资产减值准备发生额。

（5）递延税金不反映实际支付的税款情况，将递延所得税资产及递延所得税负债变动影响的企业所得税从税后净营业利润中扣除，相应调整资本占用。

（6）其他非经常性损益调整项目，如股权转让收益。

经过调整的税后净营业利润为：

$$税后净营业利润=净利润+（利息支出\pm其他调整项）\times（1-25\%）$$

（三）平均资本占用的调整对经济增加值的影响

平均资本占用是所有投资者投入企业经营的全部资本，包括债务资本和股权资本。

其中：

（1）债务资本包括融资活动产生的各类有息负债，不包括经营活动产生的无息流动负债。无息流动负债是指企业财务报表中“应付票据”、“应付账款”、“预收款项”、“应交税费”、“应付职工薪酬”、“其他应付款”和“其他流动负债（不含其他带息流动负债）”。“专项应付款”可视同无息流动负债予以扣除。

（2）股权资本应包含少数股东权益。

（3）资本占用除根据经济业务实质相应调整资产减值损失、递延所得税等，还可根据管理需要调减研发支出、在建工程等项目，引导企业注重长期价值创造。

【例6-4】丰华公司2021年税后营业净利润为400万元，全年资产平均余额为8 000万元，负债平均余额为2 800万元（全部为无息债务）。假设加权平均税前资本成本为12%。2021年有下列需要调整的项目：

（1）本年年初大型广告费支出250万元，预计受益期5年。

（2）财务费用项目本年发生额20万元，其中借款利息支出18万元。

（3）营业外收入项目本年发生额5万元。

（4）资产减值损失项目本年发生额10万元，属于年末计提的存货跌价准备。

（5）投资收益项目本年发生额8万元，其中股权转让收益5万元。

（6）在建工程项目年初余额为200万元，年末余额为150万元。

除此以外，企业无其他会计调整项目。

要求：计算该公司的经济增加值。

解：根据资料，计算如下：

（1）广告费支出在本年度摊销之后的余额，即250÷5×4=200（万元）

税后净营业利润=400+（200+18−5+10−5）×（1−25%）=563.5（万元）

（2）平均资产占用=8 000−（200+150）÷2+10÷2=7 830（万元）

平均资本占用=7 830−2 800=5 030（万元）

（3）经济增加值=563.5−5 030×12%×（1−25%）=110.8（万元）

（四）加权平均资本成本的确定

加权平均资本成本是债务资本成本和股权资本成本的加权平均，反映了投资者所要求的必要报酬率。加权平均资本成本的计算公式如下：

$$K_{WACC} = K_D\frac{DC}{TC}(1 - T) + K_S\frac{EC}{TC}$$

式中：TC代表资本占用，EC代表股权资本，DC代表债务资本；T代表所得税税率；K_{WACC}代表加权平均资本成本，K_D代表债务资本成本，K_S代表股权资本成本。

债务资本成本是企业实际支付给债权人的税前利率，反映的是企业在资本市场中债务融资的成本率。如果企业存在不同利率的融资来源，债务资本成本应使用加权平均值。

股权资本成本是在不同风险下，所有者对投资者要求的最低回报率，通常根据资本资产定价模型确定。其计算公式为：

$$K_S = R_f + \beta(R_m - R_f)$$

式中：R_f为无风险收益率，R_m为市场预期回报率，$R_m - R_f$为市场风险溢价；β是企业股票相对于整个市场的风险指数。

上市企业的β值，可采用回归分析法或单独使用最小二乘法等方法测算确定，也可以直接采用证券机构等提供或发布的β值；非上市企业的β值，可采用类比法，参考同类上市企业的β值确定。

【例6−5】兴南公司2021年度债务资本为3 000万元，债务资本成本为9.6%。股权资本为5 000万元。无风险收益率为5%，市场预期回报率为13%，股票β系数为1.5。

要求：计算其加权平均资本成本。

解：根据资料，计算如下：

债务资本成本K_D=9.6%×（1−25%）=7.2%

债务资本比重=3 000÷（3 000+5 000）×100%=37.5%

股权资本成本K_S=5%+1.5×（13%−5%）=17%

股权资本比重=5 000÷（3 000+5 000）×100%=62.5%

加权平均资本成本=7.2%×37.5%+17%×62.5%=13.325%

企业级加权平均资本成本确定后，应结合行业情况、不同所属单位（部门）的特点，通过计算（能单独计算的）或指定（不能单独计算的）方式确定所属单位（部门）的资本成本。

通常情况下，企业对所属单位（部门）所投入资本即股权资本的成本率是相同的，为简化资本成本的计算，所属单位（部门）的加权平均资本成本一般与企业保持一致。

（五）经济增加值目标值

经济增加值目标值（EVA目标值）根据经济增加值基准值（EVA基准值）和期望的经济增加值改善值（期望的ΔEVA）确定。经济增加值及其改善值是全面评价经营者有效使用资本和为企业创造价值的重要指标。

$$\text{EVA 目标值} = \text{EVA 基准值} + \text{期望的}\Delta\text{EVA}$$

企业在确定EVA基准值和期望的ΔEVA时，要充分考虑企业规模、发展阶段、行业特点等因素。

其中，EVA基准值可参照上年实际完成值、上年实际完成值与目标值的平均值、近几年（比如前3年）实际完成值的平均值等确定。期望的ΔEVA，根据企业战略目标、年度生产经营计划、年度预算安排、投资者期望等因素，结合价值创造能力改善等要求综合确定。

【例6-6】已知东兴公司计算EVA的相关基础数据见表6-4。

表6-4　EVA计算表

项目	2017年	2018年	2019年	2020年	2021年
调整后的净营业利润（万元）	61 165	53 351	72 128	73 532	67 679
调整后的资本总额（万元）	452 463	468 361	54 019	609 239	710 163
加权平均资本成本（%）	7.0	7.6	8.19	8.75	9.6

要求：根据以上数据，计算东兴公司2017—2021年的经济增加值，并据以对该公司的绩效进行评判。

解：根据资料，计算如下：

2017年的EVA = 61 165 − 452 463 × 7% = 29 492.59（万元）

2018年的EVA = 53 351 − 468 361 × 7.6% = 17 755.56（万元）

2019年的EVA = 72 128 − 54 019 × 8.19% = 67 703.84（万元）

2020年的EVA = 73 532 − 609 239 × 8.75% = 20 223.59（万元）

2021年的EVA = 67 679 − 710 163 × 9.6% = −496.65（万元）

分析：可以看到2017—2020年间，东兴公司连续4年的EVA均为正数，说明在此期间公司能够持续地为股东创造财富，公司的价值创造能力持续增强。然而到了2021年情况出现逆转，公司的EVA仅为−496.65万元，说明该公司当年不仅没有继续为股东创造财富，而且还使公司价值下降496.65万元。仔细观察后可以发现，这主要是因为公司在出现调整后净营业利润下滑这一不利局面的同时，加权平均资本成本也从2020年的8.75%增加到2021年的9.6%。为此下一步需结合影响公司会计利润创造能力的因素，以及影响加权平均资本成本的债务融资、股权融资成本的内外部环境等因素，进行详细且全面的分析，以便了解公司2017—2021年财务绩效出现上述波动的深层次原因，并采取有效措施提升公司的价值创造能力。

【练一练6-3】在计算披露经济增加值时，需要调整的支出项目是（　　）。

A. 货币资金　　　　B. 存货

C.应收及预付款项　　　　　　　　　　D.在建工程

五、经济增加值法的激励计划类型

经济增加值法的激励计划按激励形式可分为薪酬激励计划、能力开发激励计划、职业发展激励计划和其他激励计划。应用经济增加值法建立的激励体系，应以经济增加值的改善值为基础。

（1）薪酬激励计划，主要包括目标奖金、奖金库和基于经济增加值的股票期权。

① 目标奖金。目标奖金是指达到经济增加值目标值所获得的奖金，只对经济增加值增量部分实施奖励。

② 奖金库。奖金库是基于对企业经济增加值长期增长目标实施的奖励。企业设立专门的账户管理奖金，将以经济增加值为基准计算的奖金额存入专门账户中，以递延奖金形式发放。

③ 股票期权。根据经济增加值确定股票期权的行权价格和数量，行权价格每年以相当于企业资本成本的比例上升，授予数量由当年所获得的奖金确定。

（2）能力开发激励计划，主要包括对员工知识、技能等方面的提升计划。

（3）职业发展激励计划，主要是对员工职业发展做出的规划。

（4）其他激励计划，包括良好的工作环境、晋升与降职、表扬与批评等。

六、经济增加值法的主要作用

（一）激励企业形成以价值创造为核心的绩效考核体系

运用经济增加值法进行绩效管理，可以激励企业形成以价值创造为核心的绩效考核体系。企业运用经济增加值法设计完整的激励机制，该套激励机制以 EVA 为核心。相较于传统的激励机制，经济增加值法将企业关键价值驱动因素进行分解，将价值创造落实到每一个岗位，渗透到每一位员工，这种方法能够使企业价值创造能力得以最大化。

（二）加强审计与监督的力度

运用经济增加值法进行绩效管理对打击做假账的违法犯罪行为具有积极作用。在计算 EVA 的过程中，需要对财务报表进行调整，这一过程加强了审计与监督的力度。同时，经济增加值法是以经济增加值为核心建立指标评价体系，在该方法下，绩效考核不再只注重于传统的会计利润，而是将决策指标变成 EVA。这样一来，经营者操纵利润的可能性将随之下降。

（三）有助于进行全面成本管理

运用经济增加值法进行绩效管理有助于进行全面成本管理。在传统绩效管理办法下，企业经营者在衡量企业成本时，更加看重企业财务报表上的经营成本，对财务报表上难以反映的权益资本成本和债务资本成本很难有敏锐的洞察。而运用经济增加值法可以将企业资本成本这一项在经济增加值计算公式中体现出来，有助于企业敏锐地洞察到企业全部资本成本，从而可以对成本进行全面管理。

为了建立完善的绩效考核体系，充分考虑到利益相关者利益，增强企业的可持续发展动力，经济增加值法也经常与后面将要介绍的平衡计分卡配合使用，其中，经济增加值法确定了企业业绩考核的最终指标，能够有效地避免平衡计分卡多种指标混乱的情况，能够使管理者更加清晰地明确绩效管理的核心价值因素。

七、经济增加值法的应用评价

（一）经济增加值法的优点

经济增加值法的主要优点是：一是经济增加值考虑了所有资本的成本，更真实地反映了企业的价值创造能力；二是实现了企业利益、经营者利益和员工利益的统一，激励经营者和所有员工为企业创造更多价值；三是能有效遏制企业盲目扩张规模以追求利润总量和增长率的倾向，引导企业注重长期价值创造。

（二）经济增加值法的缺点

经济增加值法的主要缺点是：一是经济增加值仅是对企业当期或未来1~3年价值创造情况的衡量和预判，无法衡量企业长远发展战略的价值创造情况；二是经济增加值计算主要基于财务指标，无法对企业的营运效率与效果进行综合评价；三是不同行业、不同发展阶段、不同规模的企业，其会计调整项和加权平均资本成本各不相同，计算比较复杂，影响指标的可比性。此外，由于经济增加值是绝对数指标，不便于比较不同规模公司的业绩。

经济增加值法也有许多和投资报酬率法一样误导使用人的缺点。例如，处于成长阶段的公司经济增加值较小，而处于衰退阶段的公司经济增加值可能较大。

在计算经济增加值时，对于净收益应作哪些调整以及资本成本如何确定等问题，尚存在许多争议。这些争议不利于建立一个统一的规范，而缺乏统一性的业绩评价指标，只能在一家公司的历史分析以及内部评价中使用。

同步技能训练

一、单项选择题（每题只有一个正确答案，请将正确答案填在括号内）

1. 下列各项中，关于经济增加值的计算公式正确的是（　　）。

A. 经济增加值 = 税后净营业利润 − 营业成本

B. 经济增加值 = 税后净营业利润 − 调整后资本 × 平均资本成本

C. 经济增加值 = 营业利润 − 资本成本

D. 经济增加值 = 净利润 − 资本成本

2. 下列各项中，不属于经济增加值法的优点的是（　　）。

A. 经济增加值直接与股东财富的创造相联系

B. 经济增加值法的吸引力主要在于它把资本预算、业绩评价和激励报酬结合起来了

C. 经济增加值不仅是一种业绩评价指标，还是全面财务管理和薪金激励制度的框架

D. 采用经济增加值法，可以比较不同规模公司的业绩

3. 下列各项关于经济增加值与剩余收益的关系表述，不正确的是（　　）。

A. 经济增加值是剩余经营收益的计算方法之一

B.在计算经济增加值时，需要对经营利润进行调整

C.剩余收益都是根据投资者要求的报酬率计算的，带有一定的主观性

D.计算经济增加值时不需要对投资资本进行调整

4.在计算披露经济增加值时，需要调整的支出项目是（　　）。

A.货币资金　　B.存货

C.应收及预付款项　　D.在建工程

5.丙公司为军工企业，税后净利润为200万元，平均资产为100万元，平均无息流动负债占平均资产的比例为5%，平均在建工程为6万元，该企业的简化的经济增加值为（　　）万元。

A.196.351　　B.197.105　　C.198.105　　D.199.775

二、多项选择题（每题有两个或两个以上正确答案，请将正确答案填在括号内）

1.（　　）是全面评价经营者有效使用资本和为企业创造价值的重要指标。

A.经济增加值　　B.经济增加值改善值

C.经济优化值　　D.经济减少值

2.在计算披露经济增加值时，下列各项中，需要进行调整的有（　　）。

A.研究费用　　B.争取客户的营销费用

C.资本化利息支出　　D.企业并购重组费用

3.下列选项中，关于经济增加值与剩余收益的关系，表述正确的有（　　）。

A.经济增加值是剩余收益的计算方法之一，或者说是剩余收益的一个“版本”

B.在计算经济增加值时，需要对会计数据进行一系列调整

C.经济增加值需要根据资本市场的机会成本计算资本成本，以实现经济增加值与资本市场的衔接

D.剩余收益是根据投资者要求的报酬率计算的，带有一定的主观性

4.下列各项关于经济增加值法特点的表述，正确的有（　　）。

A.经济增加值直接与股东财富的创造相联系

B.经济增加值法的吸引力主要在于它把资本预算、业绩评价和激励报酬结合起来

C.经济增加值法克服了投资报酬率处于成长阶段较低，而处于衰退阶段可能较高的缺点

D.经济增加值法便于比较不同企业股东财富创造力的大小

5.下列各项中，影响经济增加值的有（　　）。

A.税后净营业利润　　B.平均资本占用

C.资产总额　　D.加权平均资本成本

三、判断题（正确的在括号内打“√”，错误的打“×”）

（　　）1.经济增加值为正，表明经营者在为企业创造价值。

（　　）2.经济增加值为负，表明经营者在损毁企业价值。

（　　）3.企业应用经济增加值法，应树立价值管理理念，明确以价值创造为中心的战略目标，建立以经济增加值为核心的价值管理体系，使价值管理成为企业的核心管理制度。

（　　）4.经济增加值法可以用于比较不同规模公司的业绩。

（　　）5.经济增加值旨在设定部门投资的最低报酬率，防止部门损害整体利益。

任务四 平衡计分卡

平衡计分卡是由美国学者罗伯特·S.卡普兰（Robert S. KaPlan）和大卫·P.诺顿（David P. Norton）于20世纪90年代开始倡导和提出的绩效管理工具方法，主要用于解决企业业绩评价和战略实施的相关问题，发展至今已经形成了平衡计分卡、战略核心组织和战略地图三大成果。平衡计分卡一建立就引起了欧美国家理论界和实业界的极大兴趣和响应，被拥有发展眼光的管理者迅速用于企业绩效管理中，并取得不错的效果。平衡计分卡通常与战略地图等其他工具结合使用。

一、平衡计分卡的概念

平衡计分卡（BSC）是指基于企业战略，从财务、客户、内部业务流程、学习与成长四个维度，将战略目标逐层分解转化为具体的、相互平衡的绩效指标体系，并据此进行绩效管理的方法。

平衡计分卡适用于战略目标明确、管理制度比较完善、管理水平相对较高的企业。其应用对象可为企业、所属单位（部门）和员工。

平衡计分卡与经济增加值法最大的不同在于，它弥补了经济增加值法只考虑财务指标的缺陷，它从财务、客户、内部业务流程、学习与成长等维度实施绩效管理，除了财务指标之外，其余三者均为非财务指标。将经济增加值法与平衡计分卡两个工具配合使用，可以将财务指标与非财务指标结合起来，将员工的发展和无形资产的开发利用纳入考核体系，有助于企业建立全面完整的绩效管理体系。

关键绩效指标法也经常与平衡计分卡配合使用。关键绩效指标法能将企业战略目标落地，激励员工完成目前工作任务以实现企业的中短期战略目标，而平衡计分卡结合企业短期利益目标与长期发展目标，使企业平衡眼前利益与长远利益，满足企业长远发展的需要。

【想一想6-4】平衡计分卡与战略地图有什么关系？

二、平衡计分卡的主要内容

平衡计分卡是从财务、客户、内部业务流程、学习与成长四个维度，将组织的战略目标落实为可操作的衡量指标和目标值的一种新型绩效管理体系。平衡计分卡中的衡量指标和目标设计基于企业战略，它把组织的使命和战略转化为有形的目标和衡量指标，建立以“战略目标”为主导的绩效管理系统，从而保证企业战略得到有效的执行。它将企业绩效考核由以往的仅仅依靠对收益的考核提升到对企业整体业务管理水平的考核上，对企业在组织运作、业务流程及资源分配等方面加强管理，制定最优战略目标具有重大意义。

平衡计分卡模型通过分析确定实现战略目标的动因以及能够代表该动因的指标等，在指标与指标之间建立一种驱动关系。比如，员工素质是内部业务流程方面的指标，客户满意度是客户方面的指标，两者之间就存在着驱动关系：员工素质高，服务质量就高，客户满意度也会相应提高，而客户满意度的提高又可以促使产品销售利润率的提高，从而提高企业投入资本的回报率，进而良性循环下去，实现公司长远的、可持续发展的目标。

因此平衡计分卡通常被视为加强企业战略执行力的最有效的战略管理工具和绩效管理工具。财务、客户、内部业务流程、学习与成长，这四个维度组成了平衡计分卡的框架。为了更好地进行绩效评价，并助推战略的实行，平衡计分卡的每一个维度都由目标、评价指标、评价标准和行动方案组成，共同组建成一个周密完备的业绩评价体系（如图6-1所示）。

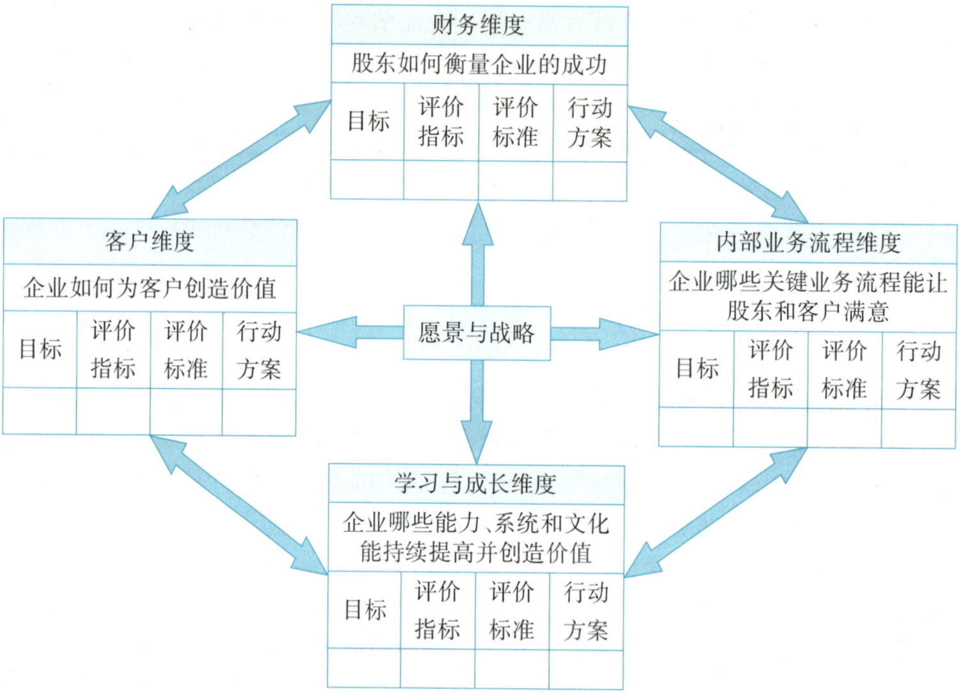

图6-1 平衡计分卡模型的基本框架

（一）财务维度

财务维度的目标是解决“股东（投资者）如何看待企业”的问题。财务维度可以显示企业的战略及其实施和执行是否对企业盈利做出贡献。众所周知，现代企业财务管理目标是企业价值最大化，而对企业价值目标的计量是离不开相关财务指标的。通过财务指标可以直观反映企业的各部门绩效是否促进企业的发展。财务维度指标通常包括投资资本回报率、权益净利率、经济增加值回报率、息税前利润、自由现金流、资产负债率、总资产周转率等。

（二）客户维度

这一维度回答“客户如何看待企业”的问题。客户是企业之本，是现代企业的利润来源。重视客户体验的企业，员工才能在与客户沟通的过程中更好地进行服务，企业也可以在商业活动中收获客户的口碑，进行免费的广告宣传。客户感受理应成为企业关注的焦点，应当从时间、质量、服务效率以及成本等方面，了解客户需求、客户满意程度、客户意见，进而对自身的产品做出改进和调整，增加产品的市场份额。管理者确认了企业将要参与竞争的客户和市场，并将目标转换成一组指标。常用的客户维度指标有市场份额、客户满意度、客户获得率、客户保持率、单一客户获利率、战略客户数量等。

（三）内部业务流程维度

这一维度着眼于企业的核心竞争力，解决“企业的优势是什么”的问题。企业要想吸引和留住目标市场上的客户，提高企业的核心竞争力，满足股东对财务回报的要求，必须以优化企业的内部业务流程为前提。因此，内部业务流程维度以对客户满意度和实现财务目标影响最大的业务流程为核心。反映内部业务流程维度的常用指标有交货及时率、生产负荷率、产品合格率、存货周转率、单位生产成本等。

（四）学习与成长维度

这一维度的目标是解决“企业是否能够继续提高并创造价值”的问题。企业的发展离不开员工的持续学习与成长，员工水平技能的提高为产品创新、企业竞争力的提高提供了可能。同时，只有持续不断地开发新产品，提高经营效率，为客户创造更多的价值，企业才能继续开拓新市场，赢得客户的信任，从而增加股东价值。企业的学习与成长来自员工、信息系统和企业程序等。根据企业经营不同的产品，所处不同的市场，可以制定不同的指标。反映学习与成长维度的常用指标有员工生产率、员工保持率、员工满意度、培训计划完成率等。

综上所述，财务视角是整个平衡计分卡的出发点和归宿点，企业仍以谋取企业价值最大化为出发点，但以满足客户需要（如价格、质量、功能、品牌、服务等）为前提条件，从客户需要出发优化内部业务流程（如营运流程、客户管理流程、创新流程、行政管理流程等），内部业务流程的优化则取决于学习与成长方面，也就是人力资源、信息资源和组织资源的状况能否创造出优化的内部业务流程。反之，企业拥有优良的人力资源、信息资源和组织资源是为获得优化内部业务流程，满足客户需要，进而谋取企业价值最大化。平衡计分卡的四个视角连接成一个“闭路循环”。平衡计分卡四个维度之间的关系如图6-2所示。

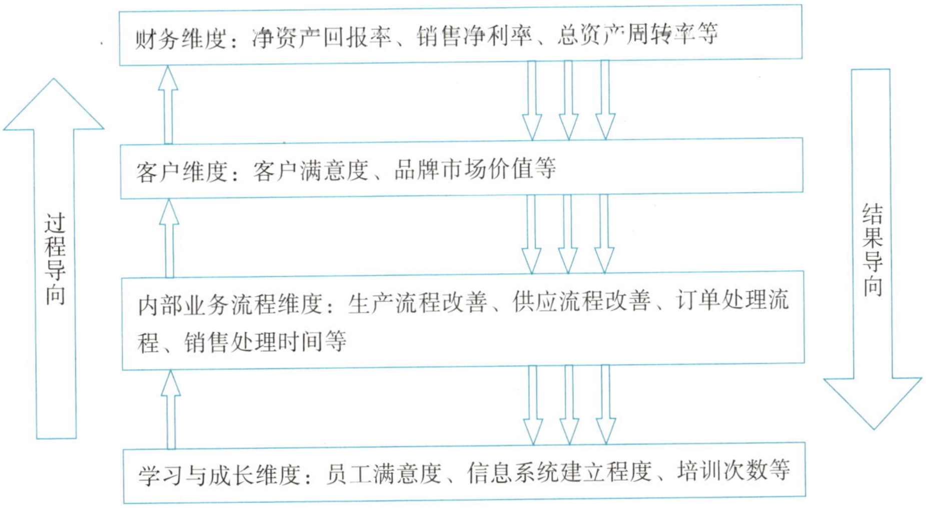

图6-2　平衡计分卡四个维度之间的关系

【练一练6-4】构建平衡计分卡指标体系时，企业应以（　　）维度为核心，其他维度的指标都与核心维度的一个或多个指标相联系。

A.财务　　B.客户　　C.内部业务流程　　D.学习与成长

三、平衡计分卡的应用环境

企业应用平衡计分卡工具方法，除了应遵循《管理会计应用指引第600号——绩效管理》对应用环境的一般要求外，还应遵循以下要求：

（1）企业应用平衡计分卡工具方法，应有明确的愿景和战略。平衡计分卡应以战略目标为核心，全面描述、衡量和管理战略目标，将战略目标转化为可操作的行动。

（2）平衡计分卡可能涉及组织和流程变革，具有创新精神、变革精神的企业文化有助于成功实施平衡计分卡。

（3）企业应对组织结构和职能进行梳理，消除不同组织职能间的壁垒，实现良好的组织协同，既包括企业内部各级单位（部门）之间的横向与纵向协同，也包括与投资者、客户、供应商等外部利益相关者之间的协同。

（4）企业应注重员工学习与成长能力的提升，以更好地实现平衡计分卡的财务、客户、内部业务流程目标，使战略目标贯彻到每一名员工的日常工作中。

（5）平衡计分卡的实施是一项复杂的系统工程。企业一般需要建立由战略管理、人力资源管理、财务管理和外部专家等组成的团队，为平衡计分卡的实施提供机制保障。

（6）企业应建立高效集成的信息系统，实现绩效管理与预算管理、财务管理、生产经营等系统的紧密结合，为平衡计分卡的实施提供信息支持。

四、平衡计分卡的应用程序

企业应用平衡计分卡工具方法，一般按照制定战略地图、编制以平衡计分卡为核心的绩效计划、制订激励计划、制订战略性行动方案、执行绩效计划与激励计划、实施绩效评价与激励、编制绩效评价与激励管理报告等程序进行。下面仅就平衡计分卡的几项特殊程序进行说明。

（一）制定战略地图

企业首先应制定战略地图，即基于企业愿景与战略，将战略目标及其因果关系、价值创造路径以图示的形式直观、明确、清晰地呈现。

战略地图基于战略主题构建，战略主题反映企业价值创造的关键业务流程，每个战略主题包括相互关联的1~2个目标。

（二）编制以平衡计分卡为核心的绩效计划

战略地图制定后，应以平衡计分卡为核心编制绩效计划。绩效计划是企业开展绩效评价工作的行动方案，包括构建指标体系、分配指标权重、确定绩效指标目标值、选择计分方法和评价周期、签订绩效责任书等一系列管理活动。制订绩效计划通常从企业级开始，层层分解到所属单位（部门），最终落实到具体岗位和员工。

（三）制订战略性行动方案

绩效计划与激励计划制订后，企业应在战略主题的基础上，制订战略性行动方案，实现短期行动计划与长期战略目标的协同。战略性行动方案的制订主要包括以下内容：

（1）选择战略性行动方案。制订每个战略主题的多个行动方案，并从中区分、排序和选择最优的战略性行动方案。

（2）提供战略性资金。建立战略性支出的预算，为战略性行动方案提供资金支持。

（3）建立责任制。明确战略性行动方案的执行责任方，定期回顾战略性行动方案的执行进程和效果。

（四）执行绩效计划与激励计划

在绩效计划与激励计划执行的过程中，企业应按照纵向一致、横向协调的原则，持续地推进组织协同，将协同作为一个重要的流程进行管理，使企业和员工的目标、职责与行动保持一致，创造协同效应。

在绩效计划与激励计划执行的过程中，企业应持续深入地开展流程管理，及时识别存在问题的关键流程，根据需要对流程进行优化完善，必要时进行流程再造，将流程改进计划与战略目标相协同。

具体绩效计划与激励计划的执行、实施及报告编制，可参照前述绩效管理领域应用的管理会计工具方法与程序相关内容。

总之，平衡计分卡的实施是一项长期的管理改善工作，在实践中通常采用先试点后推广的方式，循序渐进，分步实施。

五、构建平衡计分卡的指标体系

平衡计分卡指标体系的构建应围绕战略地图，针对财务、客户、内部业务流程和学习与成长四个维度的战略目标，确定相应的评价指标。

（一）构建平衡计分卡指标体系的一般程序

1. 制定企业级指标体系

根据企业层面的战略地图，为每个战略主题的目标设定指标，每个目标至少应有1个指标。

2. 制定所属单位（部门）级指标体系

依据企业级战略地图和指标体系，制定所属单位（部门）的战略地图，确定相应的指标体系，使各所属单位（部门）的行动与战略目标保持协同一致。

3. 制定岗位（员工）级指标体系

根据企业、所属单位（部门）级指标体系，按照岗位职责逐级形成岗位（员工）级指标体系。

（二）平衡计分卡指标体系构建时的注意事项和要求

构建平衡计分卡指标体系时，应注重短期目标与长期目标的平衡、财务指标与非财务指标的平衡、结果性指标与动因性指标的平衡、企业内部利益与外部利益的平衡。平衡计分卡每个维度的指标通常为4~7个，总数量一般不超过25个。

为了使平衡计分卡同企业战略更好地结合，必须做到以下几点：

（1）平衡计分法的四个方面应互为因果，最终结果是实现企业的战略。一个有效的平衡计分卡，绝对不仅仅是业绩衡量指标的结合，而且各个指标之间应该互相联系、互相补充，围绕企业战略所建立的因果关系链应贯穿于平衡计分卡的四个方面。

（2）结果计量指标与绩效动因相关联。平衡计分卡中不能只有具体的业绩衡量指标（如获利能力指标、市场份额指标、客户满意度指标、员工技能指标等），还应包括这些具体衡量指标的驱动因素（如周转时间、准备时间和新专利等）。否则无法说明怎样行动才能实现这些目标，也不能及时反映战略是否顺利实施。一套出色的平衡计分卡应该是把企业的战略结果同驱动因素结合起来。

（3）平衡计分卡应该最终和财务指标联系起来，因为企业的最终目标是实现良好的经济利润。平衡计分卡必须强调经营成果，这关系到企业未来的生存与发展。因此所有的因素链最终都应采用财务指标来计量其结果。

（三）构建平衡计分卡指标体系

平衡计分卡指标体系的构建应围绕战略地图，针对财务、客户、内部业务流程和学习与成长四个维度的战略目标，确定相应的评价指标，以财务维度为核心，其他维度的指标都与核心维度的一个或多个指标相联系。通过梳理核心维度目标的实现过程，确定每个维度的关键驱动因素，结合战略主题，选取关键绩效指标。

1. 财务维度指标体系的构建

财务维度以财务术语描述战略目标的有形成果。财务绩效指标可以显示企业的战略及其实施和执行是否对改善企业盈利做出贡献。财务目标通常与获利能力有关。企业常用的财务维度指标有投资资本回报率、净资产收益率、经济增加值、息税前利润、自由现金流、资产负债率、总资产周转率等。

（1）投资资本回报率。该指标是指企业在一定会计期间内取得的息前税后利润占其所使用的全部投资资本的比例，反映企业在该会计期间内有效利用投资资本创造回报的能力。一般计算公式如下：

$$\text{投资资本回报率}=\frac{\text{税前利润}\times(1-\text{所得税税率})+\text{利息支出}}{\text{投资资本平均余额}}\times 100\%$$

$$\text{投资资本余额}=\frac{\text{期初投资资本}+\text{期末投资资本}}{2}$$

$$\text{投资资本}=\text{有息债务}+\text{所有者（股东）权益}$$

（2）净资产收益率（也称权益净利率）。该指标是指反映企业在一定会计期间内取得的净利润占其所使用的净资产平均数的比例，反映企业全部资产的获利能力。一般计算公式如下：

$$\text{净资产收益率}=\frac{\text{净利润}}{\text{平均净资产}}\times 100\%$$

（3）经济增加值回报率。该指标是指反映企业在一定会计期间内经济增加值与平均资本占用的比值。一般计算公式如下：

$$\text{经济增加值回报率}=\frac{\text{经济增加值}}{\text{平均资本占用}}\times 100\%$$

（4）息税前利润。该指标是指企业当年实现税前利润与利息支出的合计数。一般计算公式如下：

$$息税前利润=税前利润+利息支出$$

（5）自由现金流。该指标是指企业在一定会计期间内经营活动产生的净现金流超过付现资本性支出的金额，反映企业可动用的现金。一般计算公式如下：

$$自由现金流=经营活动净现金流-付现资本性支出$$

（6）资产负债率。该指标是指企业负债总额与资产总额的比值，反映企业整体财务风险程度。一般计算公式如下：

$$资产负债率=\frac{负债总额}{资产总额}\times 100\%$$

（7）总资产周转率。该指标是指企业营业收入与总资产平均余额的比值，反映总资产在一定会计期间内周转的次数。一般计算公式如下：

$$总资产周转率=\frac{营业收入}{总资产平均余额}$$

（8）资本周转率。该指标是指企业在一定会计期间内营业收入与平均资本占用的比值。一般计算公式如下：

$$资本周转率=\frac{营业收入}{平均资本占用}\times 100\%$$

2. 客户维度指标体系的构建

客户维度界定了目标客户的价值主张，确立了企业将竞争的客户和市场。企业应以目标客户和目标市场为导向，专注于满足核心客户，而不是企图满足所有客户的偏好。在此基础上，树立清晰的战略目标，将这些战略目标细化为具体的指标。企业常用指标有市场份额、客户满意度、客户获得率、客户保持率、单一客户获利率、战略客户数量等。

（1）市场份额。该指标是指一家企业的销售量（或销售额）在市场同类产品中所占的比重。

（2）客户满意度。该指标是指客户期望值与客户体验的匹配程度，即客户通过对某项产品或服务的实际感知与其期望值相比较后得出的指数。客户满意度收集渠道主要包括问卷调查、客户投诉、与客户的直接沟通、消费者组织的报告、各种媒体的报告和行业研究的结果等。

（3）客户获得率。该指标是指企业在争取新客户时获得成功部分的比例。该指标可用客户数量增长率或客户交易额增长率来描述。其计算公式如下：

$$客户数量增长率=\frac{本期客户数量-上期客户数量}{上期客户数量}\times 100\%$$

$$客户交易额增长率=\frac{本期客户交易额-上期客户交易额}{上期客户交易额}\times 100\%$$

（4）客户保持率。该指标是指企业继续保持与老客户交易关系的比例。该指标可用老客户交易额增长率来描述。一般计算公式如下：

$$老客户交易额增长率=\frac{老客户本期交易额-老客户上期交易额}{老客户上期交易额}\times 100\%$$

（5）单一客户获利率。该指标是指企业从单一客户得到的净利润与付出的总成本的比率。其计算公式如下：

$$单一客户获利率 = \frac{单一客户净利润}{客户总成本} \times 100\%$$

（6）战略客户数量。该指标是指对企业战略目标实现有重要作用的客户的数量。

3. 内部业务流程维度指标体系的构建

内部业务流程维度确定了对战略目标产生影响的关键流程，以帮助企业提高价值主张，以吸引和留住目标市场的客户，并满足股东对卓越财务回报的期望。内部业务流程绩效考核应以对实现财务目标和客户满意度影响最大的业务流程为核心。内部业务流程维度指标既包括短期现有业务的改善，又涉及长远产品和服务的革新。企业常用指标有交货及时率、生产负荷率、产品合格率、存货周转率、单位生产成本等。

（1）交货及时率。该指标是指企业在一定会计期间内及时交货的订单个数占总订单个数的比例。其计算公式如下：

$$交货及时率 = \frac{及时交货的订单个数}{总订单个数} \times 100\%$$

（2）生产负荷率。该指标是指投产项目在一定会计期间内的实际产量与设计生产能力的比例。一般计算公式如下：

$$生产负荷率 = \frac{实际产量}{设计生产能力} \times 100\%$$

（3）产品合格率。该指标是指合格产品数量占总产品数量的比例。其计算公式如下：

$$产品合格率 = \frac{合格产品数量}{总产品数量} \times 100\%$$

（4）存货周转率。该指标是指企业营业成本与存货平均余额的比值，反映存货在一定会计期间内周转的次数。其计算公式如下：

$$存货周转率 = \frac{营业成本}{存货平均余额}$$

4. 学习与成长维度指标体系的构建

学习与成长维度是驱使前三个维度获得卓越成果的动力，其确定了对战略最重要的无形资产，确立了企业要保持持续的成长和改善而必须建立的基础框架，确立了未来成功的关键因素。平衡计分卡的前三个层面一般会揭示企业的实际能力与实现突破性业绩所必需的能力之间的差距，为了弥补这个差距，企业必须投资于员工技术的再造、组织程序和日常工作的梳理，这些都是平衡计分卡学习与成长维度追求的目标。学习与成长维度指标涉及员工的能力、信息系统的能力与激励、授权与相互配合等。企业常用的学习与成长维度指标有员工流失率、员工保持率、员工生产率、培训计划完成率、员工满意度等。

（1）员工流失率和员工保持率。员工流失率是指企业在一定会计期间内离职员工占员工平均人数的比例。其计算公式如下：

$$员工流失率 = \frac{本期离职员工人数}{员工平均人数} \times 100\%$$

员工保持率与员工流失率互补。其计算公式如下：

$$员工保持率=1-员工流失率$$

（2）员工生产率。该指标是指员工在一定会计期间内创造的劳动成果与其相应员工数量的比值。该指标可用人均产品生产数量或人均营业收入进行衡量。其计算公式如下：

$$人均产品生产数量=\frac{本期产品生产总量}{生产人数}\times 100\%$$

$$人均营业收入=\frac{本期营业收入}{员工人数}\times 100\%$$

（3）培训计划完成率。该指标是指培训计划实际执行的总时数占培训计划总时数的比例。其计算公式如下：

$$培训计划完成率=\frac{培训计划实际执行的总时数}{培训计划总时数}\times 100\%$$

（四）建立通用类指标库

企业可根据实际情况建立通用类指标库，不同层级单位和部门结合不同的战略定位、业务特点，选择适合的指标体系。

（五）确定平衡计分卡指标权重

平衡计分卡指标的权重分配应以战略目标为导向，反映评价对象对企业战略目标贡献或支持的程度，以及各指标之间的重要性水平。企业绩效指标权重一般设定在5%～30%，对特别重要的指标可适当提高权重。对特别关键、影响企业整体价值的指标可设立“一票否决”制度，即如果某项绩效指标未完成，无论其他指标是否完成，均视为未完成绩效目标。

（六）确定平衡计分卡绩效指标目标值

平衡计分卡绩效指标目标值应根据战略地图的因果关系分别设置。首先确定战略主题的目标值，其次确定主题内的目标值，然后基于平衡计分卡评价指标与战略目标的对应关系，为每个评价指标设定目标值，通常设置3~5年的目标值。目标值应具有挑战性和可实现性，可设定基本目标值、挑战目标值等类似目标层级，激发评价对象潜能，并得到评价对象的普遍认同。

平衡计分卡绩效指标目标值确定后，应规定因内外部环境发生重大变化、自然灾害等不可抗力因素对绩效完成结果产生重大影响时，对目标值进行调整的办法和程序。一般情况下，由评价对象或评价主体测算确定影响程度，向相应的绩效管理工作机构提出调整申请，报薪酬与考核委员会或类似机构审批。

绩效评价计分方法和周期的选择、绩效责任书的签订、激励计划的制订，可参照前述绩效管理领域应用的管理会计工具方法与程序相关内容。

六、平衡计分卡与传统业绩评价体系的区别

（一）评价维度由一维变为四维

传统的业绩评价体系注重财务指标，对于非财务指标形同虚设，导致企业在发展过程中过度关注企业自身的利益，忽略客户、内部业务流程和员工的学习与成长，这样使企业在市场中容易逐渐丧失竞争力。而平衡计分卡绩效评价体系改变了原本仅仅分析滞

后性财务指标的模式，增加了客户、内部业务流程、学习与成长三个维度。由一个维度变成四个维度，增加了用于评价企业未来投资价值的前瞻性指标，使企业绩效管理体系更加高效、合理、全面。

（二）评价指标之间存在因果关系

传统的业绩评价体系，仅仅将指标提供给管理者，无论财务的还是非财务的，很少看到彼此间的关联以及对企业最终目标的影响。但是平衡计分卡则不同，它的各个组成部分是以一种集成的方式来设计的，公司现在的努力与未来的前景之间存在“因果”关系，企业的战略目标与业绩评价指标之间存在着“因果关系链”。从平衡计分卡指标体系中，管理者不仅可以看到短期的财务指标，还能通过因果关系链分析影响企业整体目标的各种关键因素。它有助于管理者对整个业务活动的发展过程始终保持关注，确保企业现在的实际经营业绩与公司的长期战略保持一致。

（三）更加注重要素平衡

传统的业绩评价体系，只关注财务指标，在绩效管理中无法达到平衡。而平衡计分卡评价体系使财务、客户、内部业务流程和学习与成长四个维度互相关联，可以使财务、非财务指标达到平衡，长、短期目标达到平衡，内、外部衡量指标达到平衡，原因、结果指标达到平衡，管理、经营业绩之间达到平衡。

平衡计分卡突破了传统业绩评价系统的局限性，在战略高度上评价企业的经营业绩，把一整套财务与非财务指标同企业的战略联系在一起，是进行战略管理的基础。

七、平衡计分卡的应用评价

（一）平衡计分卡的优点

平衡计分卡的主要优点是：一是战略目标逐层分解并转化为评价对象的绩效指标和行动方案，使整个组织行动协调一致；二是从财务、客户、内部业务流程、学习与成长四个维度确定绩效指标，使绩效评价更为全面完整；三是将学习与成长作为一个维度，注重员工的发展要求和组织资本、信息资本等无形资产的开发利用，有利于增强企业可持续发展的动力。

（二）平衡计分卡的缺点

平衡计分卡的主要缺点是：一是专业技术要求高，工作量比较大，操作难度也较大，需要持续地沟通和反馈，实施比较复杂，实施成本高；二是各指标权重在不同层级及各层级不同指标之间的分配比较困难，且部分非财务指标的量化工作难以落实；三是系统性强、涉及面广，需要专业人员的指导、企业全员的参与和长期持续地修正与完善，对信息系统、管理能力有较高的要求。

同步技能训练

一、单项选择题（每题只有一个正确答案，请将正确答案填在括号内）

1.BSC 自（　　）产生以来，便迅速在西方受到广泛关注并取得长足发展。

A.20世纪80年代初　　B.20世纪90年代初
C.21世纪80年代末　　D.21世纪90年代末

2.根据企业层面的战略地图，为每个战略主题的目标设定企业级指标，每个目标至少应有（　　）个指标。

A.1　　B.2　　C.3　　D.4

3.平衡计分卡指标体系构建时，应注重短期目标与长期目标的平衡、财务指标与非财务指标的平衡、结果性指标与动因性指标的平衡、企业内部利益与外部利益的平衡。平衡计分卡每个维度的指标通常为4~7个，总数量一般不超过（　　）个。

A.15　　B.20　　C.25　　D.28

4.（　　）是指企业一定会计期间取得的净利润占其所使用的净资产平均数的比例，反映企业全部资产的获利能力。

A.资产负债率　　B.净资产收益率
C.投资资本回报率　　D.经济增加值回报率

5.（　　）是指企业一定会计期间经营活动产生的净现金流超过付现资本性支出的金额，反映企业可动用的现金。

A.税前利润　　B.利息支出　　C.现金流　　D.自由现金流

6.按照平衡计分卡，其目标是解决“我们是否能继续提高并创造价值”的问题的维度是（　　）。

A.财务维度　　B.客户维度
C.内部业务流程维度　　D.学习与成长维度

7.下列各项关于平衡计分卡特点的说法，不正确的是（　　）。

A.为企业战略管理提供强有力的支持　　B.提高企业整体管理效率
C.提高企业激励作用　　D.使企业成本降到最低

8.下列各项中，属于平衡计分卡长期评价指标的是（　　）。

A.新技术学习　　B.研发费用　　C.市场占有率　　D.内部经营过程

9.按照平衡计分卡，解决“股东如何看待我们”这一类问题时可以利用的考核指标是（　　）。

A.经济增加值　　B.员工满意度　　C.利润　　D.客户忠诚度

10.下列各项关于战略和平衡计分卡的说法，不正确的是（　　）。

A.平衡计分卡的目标和指标来源于企业的愿景和战略
B.平衡计分卡的考核结果是战略规划中制定的目标的一个基准
C.平衡计分卡使得管理者能够把长期行为与短期行为联系在一起
D.如果组织的无形资产代表了75%以上的价值，那么，有关战略的形成以至执行就必须很明确地针对无形资产的动员与整合问题有所交代

11.在平衡计分卡评价中既要考虑内部经营过程和新技术学习，又要注重股东和客户对企业的评价，这体现了（　　）。

A.外部评价指标和内部评价指标的平衡
B.成果评价指标和导致成果出现的驱动因素评价指标的平衡

C.财务评价指标和非财务评价指标的平衡

D.长期评价指标和短期评价指标的平衡

12.下列各项关于平衡计分卡要求的表述，不正确的是（　　）。

A.平衡计分卡的四个方面应互为因果

B.平衡计分卡应该最终和财务指标联系起来

C.平衡计分卡中只有具体的业绩衡量指标

D.平衡计分卡中还应包括具体衡量指标的驱动因素

13.按照平衡计分卡，其目标是解决“我们的优势是什么”的问题的维度是（　　）。

A.财务维度　　B.客户维度

C.内部业务流程维度　　D.学习与成长维度

14.战略地图的学习与成长层面主要说明组织的无形资源及它们在战略中扮演的角色，其中无形资源不包括（　　）。

A.无形资本　　B.人力资本　　C.信息资本　　D.组织资本

二、多项选择题（每题有两个或两个以上正确答案，请将正确答案填在括号内）

1.平衡计分卡，是指基于企业战略，从（　　）四个维度，将战略目标逐层分解转化为具体的、相互平衡的绩效指标体系，并据此进行绩效管理的方法。

A.财务　　B.客户　　C.内部业务流程　　D.学习与成长

2.平衡计分卡适用于（　　）的企业。

A.战略目标明确　　B.管理制度比较完善

C.管理水平相对较高　　D.管理制度相对欠缺

3.平衡计分卡的应用对象可为（　　）。

A.投资者　　B.企业

C.所属单位（部门）　　D.员工

4.平衡计分卡的内容包括（　　）。

A.财务方面　　B.客户方面

C.学习与成长方面　　D.内部业务流程方面

5.平衡计分卡可能涉及组织和流程变革，具有（　　）的企业文化有助于成功实施平衡计分卡。

A.创新精神　　B.变革精神　　C.工匠精神　　D.创造精神

6.平衡计分卡的实施是一项复杂的系统工程。企业一般需要建立由（　　）等组成的团队，为平衡计分卡的实施提供机制保障。

A.战略管理　　B.人力资源管理

C.财务管理　　D.外部专家

7.平衡计分卡中的“平衡”包括（　　）。

A.外部评价指标和内部评价指标的平衡

B.成果评价指标和导致成果出现的驱动因素评价指标的平衡

C.财务评价指标和非财务评价指标的平衡

D.收益评价指标和风险评价指标的平衡

8.平衡计分卡与传统业绩评价系统的区别体现在（　　）。

A.传统的业绩考核注重对员工执行过程的控制，平衡计分卡则强调采纳纠正措施

B.传统的业绩评价只是企业战略执行的基础架构，而平衡计分卡把企业战略和业绩管理系统联系起来

C.平衡计分卡在财务、客户、内部业务流程以及学习与成长四个方面建立公司的战略目标

D.平衡计分卡能够帮助公司有效地建立跨部门团队合作，促进内部管理过程的顺利进行

9.为了使平衡计分卡同企业战略更好地结合，必须做到（　　）。

A.平衡计分卡的四个方面应互为因果，最终结果是实现企业的战略

B.平衡计分卡不能只有具体的业绩衡量指标，还应包括这些具体衡量指标的驱动因素

C.平衡计分卡应该最终和非财务指标联系起来，因为企业的最终目标是客户满意

D.有效的平衡计分卡，要以学习与成长能力衡量指标为核心

10.在使用平衡计分卡进行企业绩效评价时，需要处理几个平衡，下列各项中，正确的有（　　）。

A.财务评价指标与非财务评价指标的平衡

B.外部评价指标与内部评价指标的平衡

C.定期评价指标与非定期评价指标的平衡

D.成果评价指标与驱动因素评价指标的平衡

11.按照平衡计分卡，着眼于企业的核心竞争力，解决“我们的优势是什么”问题的有（　　）。

A.可以利用的考核指标是客户满意度指数

B.属于内部业务流程维度的考核

C.可以利用的考核指标是产出比率、缺陷率

D.属于学习与成长维度的考核

三、判断题（正确的在括号内打“√”，错误的打“×”）

（　　）1.平衡计分卡的学习与成长维度着眼于企业的核心竞争力，解决“企业的优势是什么”的问题。

（　　）2.平衡计分卡指标体系构建时，企业应以财务维度为核心，其他维度的指标都与核心维度的一个或多个指标相联系。

（　　）3.平衡计分卡指标体系的构建应围绕战略地图，针对财务、客户、内部业务流程三个维度的战略目标，确定相应的评价指标。

（　　）4.按照平衡计分卡，回答“客户如何看待我们”可以通过考核售后保证、订单发送准确率等指标。

（　　）5.传统的业绩考核注重目标制定的环节，平衡计分卡则强调对员工执行过程的控制。

（　　）6.平衡计分卡的目标和指标来源于企业的愿景和战略，这些目标和指标从

四个维度来考察企业的业绩。

（　　）7. 平衡计分卡中不能只有具体的业绩衡量指标，还应包括这些具体衡量指标的驱动因素。

项目六

拓展阅读

项目小结

通过本项目的学习，应当把握的要点是：

（1）绩效管理是企业与所属单位（部门）、员工之间就绩效目标及如何实现绩效目标达成共识，并帮助和激励员工取得优异绩效，从而实现企业目标的管理过程。绩效管理的核心是绩效评价和激励管理。企业进行绩效管理，一般遵循以下原则：战略导向原则、客观公正原则、规范统一原则、科学有效原则。绩效管理的工具方法有关键绩效指标法、经济增加值法、平衡计分卡、股权激励等。企业应用绩效管理工具方法，一般按照制订绩效计划与激励计划、执行绩效计划与激励计划、实施绩效评价与激励、编制绩效评价与激励管理报告等程序进行。

（2）关键绩效指标法是基于企业战略目标，通过建立关键绩效指标体系，将价值创造活动与战略规划目标有效联系，并据此进行绩效管理的方法。企业应用关键绩效指标法，与其他业绩评价方法的关键不同点是制订和实施以关键绩效指标为核心的绩效计划。

（3）经济增加值法是以经济增加值为核心，建立绩效指标体系，引导企业注重价值创造，并据此进行绩效管理的方法。企业应用经济增加值法，与其他业绩评价方法的关键不同点是制订和实施以经济增加值指标为核心的绩效计划。

（4）平衡计分卡是基于企业战略，从财务、客户、内部业务流程、学习与成长四个维度，将战略目标逐层分解转化为具体的、相互平衡的绩效指标体系，并据此进行绩效管理的方法。平衡计分卡的具体内容包括财务维度、客户维度、内部业务流程维度、学习与成长维度。企业应用平衡计分卡工具方法，一般按照制定战略地图、编制以平衡计分卡为核心的绩效计划、制订激励计划、制订战略性行动方案、执行绩效计划与激励计划、实施绩效评价与激励、编制绩效评价与激励管理报告等程序进行。

思政园地

2021年7月21日，鸿星尔克宣布通过郑州慈善总会、壹基金紧急捐赠5 000万元物资，驰援河南灾区。7月22日晚，“鸿星尔克的微博评论好心酸”突然登上微博热搜第一名，一夜爆红。热心的网友发现，这家身处困境、连续多年亏损的泉州体育用品公司，竟然捐出高达5 000万元的物资。由于被鸿星尔克的爱心所感动，连日来，数百万网友涌入鸿星尔克各大电商平台和直播平台，蜂拥“扫货”鸿星尔克的鞋子和衣服，很多款式的产品已经被买断货，4天的销售额超过2亿元。在企业界，鸿星尔克竟然以这种形式，一夜之间“出圈”。

鸿星尔克的困境到什么程度呢？2008年以来，由于误判行业形势，公司产能扩张速度过快，与此同时，销售端却遭遇下滑。2015年，公司遭遇一场大火灾，一度陷入资金链断裂的困境。此后的几年来，公司经营面临极大的困难，最近三年经营都出现亏损。2020年鸿星尔克的营收为28亿元，远远落后于同行，净利润为-2.2亿元，2021年第一季度净利润为-6 000多万元。这样一家身处困境的泉州运动品牌企业，竟然做出了向河南灾区捐赠5 000万元物资的决定，展现了企业的大爱情怀。正是这样一份情怀，感动了来自全国各地的网友，引发了广大网友爱国爱民、扶危济困、助人为乐的行为认同和情感共鸣，于是出现了上述的抢购热潮。

资料来源：兰琳宗. 鸿星尔克爆红：善引发善的动人故事［EB/OL］.［2021-07-26］. https：//www.ccdi.gov.cn/pln/202107/t20210726_142068.html.

思考：通过学习平衡计分卡，结合鸿星尔克爆红现象，你认为对企业的业绩评价主要是看财务指标吗？

综合案例分析

万科股份有限公司（以下简称“万科”）成立于1984年，于1988年进入房地产行业，经过30余年的发展，已成为我国房地产行业的领军企业，在制度和流程管理上也相对成熟与完善。自创建以来，万科专注于物业服务，以“懂得客户生活”为经营原则，也就是重视“客户”维度。不仅如此，万科主张“健康丰盛人生”，重视生活与工作的平衡，为员工提供可持续发展的空间和机会，鼓励员工和公司共同成长，这点也与平衡计分卡中“学习与成长”维度相呼应。万科是成功运用平衡计分卡的典范。万科通过平衡计分卡使企业的战略规划得以落实，从客户、财务、内部业务流程、学习与成长这4个层面树立了有效的导向，从而全面提升了万科的整体实力，从2018年万科地产绩效考核办法来看，万科依旧实行融入平衡计分卡的管理办法。具体应用如下：

一、客户维度

万科对不同职能的员工的考核办法是不一致的。例如，客服主管的绩效考核指标表中，客户类的指标包括占总体权重10%的客户投诉处理满意率、占比5%的投诉解决率以及占比5%的部门协作率；而营销总监绩效考核表中，客户类的指标则包括占比5%的市场占有率，占比5%的客户保有率，以及占比5%的客户满意率。这些指标都有非常具体、详细的衡量体系。著名的二八理论告诉我们，企业80%的利润来自20%的客户，也就是说，少部分核心客户带给企业大部分的利润。万科深谙其中的道理，因此，其非常注重核心客户的需求，而不是着眼于满足所有客户的偏好。

二、财务维度

客服主管的财务类指标包括各占比为10%的净资产回报率、主营业务收入和客服费用控制；而营销总监的财务类绩效考核指标则包括各占比为10%的净资产回报率、主营业务收入、销售收入和各占比5%的销售费用和贷款回收率。可以看出相比客户指标，财务指标对绩效考核的影响更大。财务维度指标才是企业重点关注的指标。

三、内部业务流程维度

客服主管的内部业务流程类指标包括各占比10%的年度企业发展战略目标完成率、客服工作计划完成率、客服标准有效执行率、客服流程改善目标达成率；营销总监的内部业务流程类指标则为各占比10%的年度企业发展战略目标完成率、销售计划完成率和各占比5%的合同履约率、销售增长率和市场推广计划完成率。可以看出万科非常重视内部业务流程，从产品销售到售后服务再到市场推广皆有涉及。

四、学习与成长维度

客服主管的学习与成长类指标包括各占比5%的培训计划完成率和核心员工保有率；营销总监的学习与成长类指标也是包括各占比5%的培训计划完成率和核心员工保有率。万科一直秉承“员工是企业的资本”的理念，认为应该为员工创造良好的工作环境，实现员工与企业的共同成长。因此，万科于2013年成立了万科管理学院，员工需要隔期进行培训。学员还走进阿里巴巴、腾讯、华大基因等数家知名企业进行交流与学习。此外，万科还推行过“蜂巢行动”，开展万科管理课堂、财务课堂、销售课堂、简报阅读等项目，让员工得到全面发展。

资料来源：王欣晨．平衡计分卡在我国企业中的应用研究［J］．中小企业管理与科技，2021（9）．

要求：

（1）分析万科能够成功运用平衡计分卡的原因是什么？

（2）对企业应用平衡计分卡有什么建议？

项目七

战略管理

学习目标

知识目标

1. 了解战略的定义与层次；
2. 理解战略管理的定义、原则、应用环境与程序；
3. 掌握战略地图的设计与实施。

能力目标

1. 能够在企业战略规划中应用战略管理工具方法；
2. 能够解读战略地图，识别企业战略意图；
3. 能够绘制并实施企业战略地图。

课程思政目标

1. 树立正确的企业发展价值观。
2. 树立牢固的经营底线思维以及风险意识。

案例导入

华为技术有限公司（以下简称“华为”）于1987年成立于中国深圳，启动资金2万元人民币，是一家生产用户交换机的香港公司的销售代理，1989年开始自主开发交换机，1995年华为的营业额已经达到15亿元人民币。2020年华为总营收1 367亿美元，增长11.2%，利润99亿美元，增长10.4%，已经成为全球领先的信息与通信技术（ICT）解决方案供应商。《财富》公布世界500强榜单（企业名单），华为排在第49位，2020中国民营企业500强第一名。

华为如此高速的增长离不开其高质量的战略规划，而公司开始重视战略，实际上是从2002年才开始的。因为那个时候华为在小灵通的机会点上没有抓住，差点给了竞争对手机会把华为击垮。也正是因为这个，华为当时流失了大批能力非常出色的高管。很多人觉得公司战略把控能力不行，所以纷纷离开，也是在这个时候华为意识到必须通过战略把大家团结在一起。2006年，华为开始正式引入IBM的业务领先战略模型BLM，经过十多年的打磨和内化，逐步完善了这套模型，现在已成为公司中高层用于战略制定和执行链接的一套方法和平台。

华为的战略管理具有几个特征：一是战略是高层的责任，战略是在高层治理过程中形成的，中下层很少谈战略；二是使用战略地图做战略管理，华为用平衡计分卡做战略地图，以澄清、细化、分解和修正战略；三是聚焦战略，战略的本质是选择，选择的本质是放弃，但一旦战略实施就要使用压强原则，集中资源做持续性投入。

近几年来，在战略的指引下，华为专注ICT领域，三大核心业务：全球运营商业务、企业业务、消费者业务均取得了重大的突破。

你认为华为的战略管理具有哪些特征？华为为何开始重视战略管理？华为采用什么

战略管理工具？

资料来源：刘鹏飞．关于华为公司的战略管理研究［J］．经济管理文摘，2019（9）：37-38.

通过本项目的学习，我们将了解什么是战略管理？战略管理的应用程序是怎样的？战略地图怎么绘制等？

任务一　战略管理认知

一、战略概述

（一）战略的定义

“战略”一词自古有之，泛指重大的、全局性的或决定全局的计谋。战略主要源于军事，指军事家们对战争全局的策划和指挥，制定和采取的有关战争方针、政策和方法。这一军事领域的战略概念运用于企业后，便成为指导企业根据经营环境和自身实力确定经营目标、分配关键资源、组织各类活动的方针、政策和方法。

战略是企业从全局出发做出的长远性谋划。企业战略包括竞争战略、营销战略、发展战略、品牌战略、融资战略、研发战略、人力资源战略等。在复杂多变的市场中，企业需要预先根据经营环境的变化不断调整战略。

（二）战略的层次

企业战略一般分为三个层次，包括选择可竞争的经营领域的总体战略、某经营领域具体竞争策略的业务单位战略（也称竞争战略）和涉及各职能部门的职能战略。

1. 总体战略

总体战略又称公司层战略，是企业的最高层次的战略。总体战略的目标是确定企业未来一段时间的总体发展方向，协调企业下属的各个业务单元和职能部门之间的关系，合理配置企业资源，培育企业核心能力，实现企业总体目标。总体战略重点要做好两个方面：一是业务选择，即根据外部经营环境的变化和企业自身内部情况，确定企业的使命与可竞争的经营领域；二是业务管理，即在企业不同的战略业务单位之间如何合理配置资源以及采用何种增长方式，使各项经营业务相互支持、相互协调，以实现公司整体的战略意图。

2. 业务单位战略

业务单位战略也称竞争战略，是在总体战略的指导下，经营管理某一特定的战略业务单元的战略计划，具体指导和管理经营单位的重大决策和行动方案，是公司战略的子战略，它处于战略结构体系中的第二层次。业务单位战略聚焦于企业中某一具体业务单元的市场和竞争情况，相对于总体战略有一定的独立性，同时是企业战略体系的组成部分，承接并支撑公司战略的达成。业务单位战略主要确定在经营领域范围内，企业如何展开经营活动，以及在一定具体的、可识别的市场上，企业如何构建持续竞争优势等问题，侧重贯彻使命、业务发展的机会和威胁分析、业务发展的内在条件分析、业务发展的总目标和要求等。

对于经营单一业务的企业，总体战略和业务单位战略等同，对于从事多种经营业务，有若干相对独立的产品线的企业，由于其产品或服务不同，所面对的外部环境不同，企业能够对各项业务提供的资源支持也不同，因此各部门在参与经营过程中所采取的战略也不尽相同，各经营单位需要制定指导本部门产品或服务经营活动的战略。

3.职能战略

职能战略是为贯彻、实施和支持公司战略与业务单位战略而在企业特定的职能管理领域制定的战略。职能战略旨在指导某职能相关部门有效开展工作，使企业资源利用效率最大化。其内容比业务单位战略更为详细、具体，其作用是使总体战略与业务单位战略的内容得到具体落实，并使各项职能之间协调一致，通常包括营销战略、人事战略、财务战略、生产战略、研发战略等。这种协同作用非常重要，首先体现在单个职能中各种活动的协调性与一致性，其次体现在各个不同职能战略和业务流程或活动之间的协调性与一致性。

公司战略倾向于总体价值获取，主要由企业高层管理者制定；业务单位战略主要就本业务部门的某一具体业务进行战略规划，由业务部门领导层负责；职能战略主要涉及具体执行的操作问题。三个层次的战略一起构成了企业的战略体系，企业战略管理的各个层次之间是相互联系、相互配合的。企业每一个层次的战略都为下一层次战略提供方向，并构成下一个层次的战略环境，每层战略又为上一层战略目标的实现提供保障和支撑。因此，只有将三个层次的战略有效结合起来才能实现企业的总体战略目标。

【想一想7-1】总体战略、业务单位战略和职能战略的关系是什么？

二、战略管理的定义与特点

（一）战略管理的定义

“战略管理”一词是由伊戈尔·安索夫（H.Igor Ansoff）在《从战略计划到战略管理》一书中首先提出的。他认为：战略管理是指企业日常业务决策与长期计划决策相结合而形成的一系列经营管理业务。美国学者乔治·斯坦纳（Steiner G.A.）在他的《企业政策与战略》一书中认为，战略管理是根据企业外部环境和内部条件确定企业目标，保证目标的正确落实并使企业使命最终得以实现的一个动态过程。可以看出，战略管理是一种区别于传统职能管理的管理方式。企业战略指导着企业的一切活动，企业战略管理的重点是制定和实施企业战略，制定和实施企业战略的关键是对企业的外部环境和内部条件进行分析，并在此基础上确定企业的使命和战略目标，使它们之间形成并保持动态平衡。因此，战略管理是指对企业全局的、长远的发展方向、目标、任务和政策，以及资源配置做出决策和管理的过程。

（二）战略管理的特点

企业的战略管理具有以下特点：

1.战略管理是企业的综合性管理

战略管理为企业的发展指明基本方向和前进道路，是各项活动的精髓。战略管理的对象不仅包括研发、生产、营销、人力资源、财务等具体职能，还包括统领各项职能战略的竞争战略和公司战略。战略管理是一项涉及企业所有管理部门、业务单位及所有相关因素的管理活动。

2.战略管理是企业的高层次管理

战略管理的核心是对企业现在及未来的整体经营活动进行规划和管理，它是一种关系到企业长远生存发展的管理。战略管理诉求的不仅是眼前财富的积累，更是企业长期健康稳定发展和持久的竞争力。与企业的日常管理和职能管理不同，战略管理必须由企业的高层领导来推动和实施。

3.战略管理是企业的一种动态管理

战略管理的目的是依据企业内部条件和外部因素制定并实施战略决策和战略方案，以实现战略目标。而企业的内外部条件和因素总是不断变化的，战略管理必须及时了解、研究和应对变化的情况，对战略进行必要的修正，确保战略目标的实现。因此，企业战略管理活动应具有动态性，即适应企业内外部各种条件和因素的变化进行适当调整或变更。

4.战略管理是企业的一项效能性管理

企业的一般职能管理重在提高效率，即提高企业实际产出与实际投入之比。而战略管理重在改进管理的职能，即提高企业实际产出达到期望产出的程度。企业职能部门考虑的主要是如何把事情做正确以提高效率，而战略管理部门考虑的主要是企业发展的方向、目标和途径，做正确的事以改进效能。

三、战略管理的原则

企业进行战略管理，一般应遵循以下四项原则：

（一）目标可行原则

企业战略目标的设定，应具有一定的前瞻性和适当的挑战性，使战略目标通过一定的努力可以实现，并能够使长期目标与短期目标有效衔接。

（二）资源匹配原则

企业高层管理者应根据各业务部门与战略目标的匹配程度，进行相应的资源配置。在具体操作中要求从内外调度以筹集充足的资源，同时要统筹规划保证各业务部门在战略执行过程中有与战略目标相匹配的充足资源。

（三）责任落实原则

企业应将战略目标落实到具体的责任中心和责任人，构成不同层级彼此相连的战略目标责任圈。这就要求清晰描述责任者，且将战略目标分解成各责任者达成目标的关键性指标予以考核。

（四）协同管理原则

企业应以实现战略目标为核心，考虑不同责任中心业务目标之间的有效协同，加强各部门之间的协同管理，有效提高资源使用的效率和效果。需要管理者具备统筹全局、协调管理等综合能力，以企业战略目标为核心设置各责任者达成目标，且指标间要具有明显的因果关系。

四、战略管理的应用环境

（一）对企业内外部环境分析

企业应关注宏观环境（包括政治、经济、社会、文化、法律及技术等因素）、产业环境、竞争环境等对其影响长远的外部环境因素，尤其是可能发生重大变化的外部环境因素，确认企业所面临的机遇和挑战；同时应关注本身的历史及现行战略、资源、能力、核心竞争力等内部环境因素，确认企业具有的优势和劣势。

（二）设置专门的机构或部门

企业一般应设置专门机构或部门，牵头负责战略管理工作，并与其他业务部门、职能部门协同制定战略目标，做好战略实施的部门协调，保障战略目标得以实现。

（三）建立健全战略管理制度

企业应建立健全战略管理有关制度及配套的绩效激励制度等，形成科学有效的制度体系，切实调动员工的积极性，提升员工的执行力，推动企业战略的实施。

五、战略管理的应用程序

企业应用战略管理工具方法，一般按照战略分析、战略制定、战略实施、战略评价和控制、战略调整等程序进行。具体实施程序如图 7-1 所示。

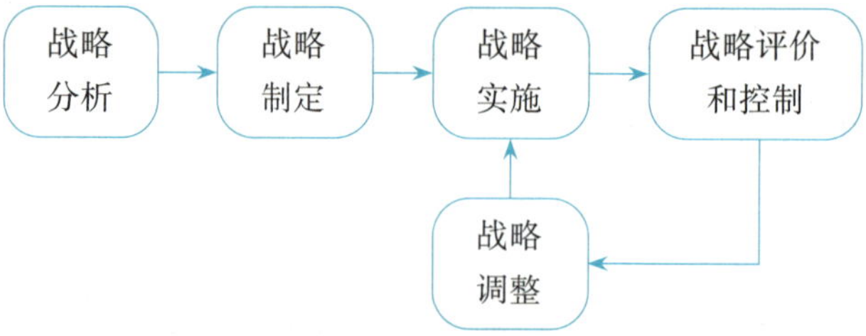

图7-1　战略管理的应用程序

（一）战略分析

战略分析包括外部环境分析和内部环境分析。

1.外部环境分析

企业外部环境可以从企业所面对的宏观环境、产业环境、竞争环境和市场需求几个角度进行分析。从公司战略角度出发，洞察环境的现况以及变化趋势，抓住有利于企业发展的机会，避开可能带来的威胁，谋求企业长期生存发展。

（1）宏观环境分析

宏观环境分析主要通过看大方向、看变化、看风险和机会，来改善营商环境，确保合规运营，支撑战略意图，支撑长期经营。宏观环境因素可概括为以下四个方面，即：政治因素（political factors）、经济因素（economical factors）、社会因素（social factors）、技术因素（technological factors）。这四个因素英文首字母组合起来是PEST，所以宏观环境分析也被称为 PEST 分析。各宏观环境因素所包含的内容见表 7-1。

表7-1 宏观环境因素

P：政治因素	E：经济因素	S：社会因素	T：技术因素
政局稳定性	社会经济结构	社会结构	技术发展趋势
政府行为	经济发展水平	社会文化	新技术发展
国际政治关系	汇率波动	社会流动性	技术断裂点
法律法规	经济政策	消费心理	技术变革

（2）产业环境分析

迈克尔·波特（Michael Porter）对于“产业”的定义是“由一群生产相似替代品的公司组成的”。产业的发展要依次经历导入期、成长期、成熟期和衰退期4个生命周期阶段。同时他认为行业中存在着决定竞争规模和程度的五种力量，这五种力量综合起来影响着产业的吸引力以及现有企业的竞争战略决策。在当今复杂多变的产业环境中，产业间的界限逐渐模糊，竞争使得价值在产业链间发生转移，新的商业模式和利润模型不断产生，这就要求在产业环境分析过程中，不断为企业的发展寻求新的机会点。

（3）竞争环境分析

竞争环境分析聚焦在产业内，在分析与本企业直接竞争的每一家企业时，主要分析内容包括两个方面：一是从个别企业视角去观察分析竞争对手的实力；二是从产业竞争结构视角去观察分析企业所面对的竞争格局。

企业要全面分析竞争对手现况、战略规划、未来目标、优势劣势等，可以从产品或服务组合、成本价格、商业模式、市场增长策略、核心控制点、组织结构等竞争环境分析要素进行。

（4）市场需求分析

市场需求是指一定的顾客在一定的地区、一定的时间、一定的市场营销环境和一定的市场营销计划下对某种商品或服务愿意而且能够购买的数量。市场需求状况直接与企业营销战略决策有关，可以从市场需求的决定因素和消费者两个方面进行分析。

决定一个消费者对一种产品的需求数量的主要因素有：该产品的价格、消费者的收入水平、相关产品的价格、消费者的偏好、消费者对产品的价格预期等。按照市场营销学的公式，市场需求 = 人口 × 购买力 × 购买欲望。其概括了上述的各个决定因素：人口对应一个市场上消费者的数量；购买力对应消费者的收入水平；购买欲望对应着产品价格、消费者偏好、相关产品的价格和消费者对产品的价格预期等。

2. 内部环境分析

企业内部环境分析可以从企业的资源与能力、价值链和业务组合分析等展开进行。内部环境分析要了解企业自身所处的相对地位，具有哪些资源以及战略能力。

（1）企业的资源与能力分析

企业资源主要包括有形资源、无形资源和人力资源。企业资源分析的目的在于识别企业的资源状况、企业资源方面所表现出来的优势和劣势以及对未来战略目标制定和实施的影响如何。

企业能力是指企业配置资源，发挥其生产和竞争作用的能力，包括研发能力、生产管理能力、营销能力、财务能力和组织管理能力等方面。企业能力来源于有形资源、无形资源和人力资源的整合，是企业各种资源有机结合的结果。

（2）价值链分析

波特认为，企业每项生产经营活动都是其创造价值的经营活动；那么，企业所有的互不相同但又相互关联的生产经营活动，便构成了创造价值的一个动态过程，即价值链。价值链把企业活动进行分解，通过考虑这些单个的活动本身及其相互之间的关系来确定企业的竞争优势。

价值链将企业的生产经营活动分为基本活动和支持活动。基本活动是指生产经营的实战性活动，包括内部后勤、生产经营、外部后勤、市场销售和服务等五种活动。支持活动又称辅助活动，是指支持基本活动而且内部之间又相互支持的活动，包括采购、技术开发、人力资源管理和企业基础设施等。

价值链分析的关键是，要认识到企业不是机器、货币和人员的随机组合，如果不将这些资源有效地组织起来，保证生产出最终顾客认为有价值的产品或服务，那么这些资源将毫无价值。

（3）业务组合分析

价值链分析有助于对企业能力进行考察，这种能力来源于独立的产品、服务或业务单位。对于多元化经营的企业来说，还需要将企业的资源和能力作为一个整体来考虑。因此，企业战略能力分析的另一个重要组成部分就是对企业业务组合进行分析，保证业务组合的优化是企业战略管理的主要责任。波士顿矩阵分析法与通用矩阵分析法就是企业业务组合分析的主要方法。

3.战略分析方法

企业进行环境分析时，可应用态势分析法、波特五力分析法和波士顿矩阵分析法等方法，分析企业的发展机会和竞争力，以及各业务流程在价值创造中的优势和劣势，并对每一业务流程按照其优势强弱划分等级，为制定战略目标奠定基础。

（1）态势分析法

态势分析法简称 SWOT 分析（S 即 Strength，表示优势；W 即 Weakness，表示劣势；O 即 Opportunity，表示机会；T 即 Threat，表示威胁），是指基于内外部竞争环境和竞争条件下的综合分析，就是将与研究对象密切相关的各种主要内部优势、劣势和外部的机会和威胁等，通过调查列举出来，并依照矩阵形式排列，然后用系统分析的思想，把各种因素相互匹配起来加以分析，从中得出相应结论，而结论通常带有一定的决策性，对制定相应的发展战略、计划以及对策起到支撑作用。按照态势分析法，战略目标应是一家企业“能够做的”（即企业的强项和弱项）和“可能做的”（即环境的机会和威胁）之间的有机组合。

（2）波特五力分析法（Michael Porter's Five Forces Model）

五力分析法是指将供应商定价能力、购买者的讨价还价能力、潜在进入者的威胁、替代品的威胁、同行业竞争者的力量作为竞争主要来源的一种竞争力分析方法。

（3）波士顿矩阵分析法（BCG Matrix）

波士顿矩阵分析法是指在坐标图上，以纵轴表示企业销售增长率，横轴表示市场占有率，将坐标图划分为四个象限，依次为“明星类产品（★）”“问题类产品（?）”“金牛类产品（￥）”“瘦狗类产品（◇）”；最后的瘦狗类产品属于不再投资扩展或即将被淘汰的产品。其目的在于通过产品所处不同象限的划分，使企业采取不同决策，以保证其不断地淘汰无发展前景的产品，保持“问题”“明星”“金牛”类产品的合理组合，实现产品及资源分配结构的良性循环。

【想一想7-2】企业进行战略分析的方法有哪些?

（二）战略制定

战略制定是指企业根据确定的愿景、使命和环境分析情况，选择和设定战略目标的过程。企业可根据对整体目标的保障、对员工积极性的发挥以及企业各部门战略方案的协调等实际需要，选择自上而下、自下而上或上下结合的方法，制定战略目标。

1. 自上而下的方法

由企业高层管理人员制定本企业的总体战略，然后由下属各部门承接并解码，根据自身的实际情况将企业的总体战略具体化，形成系统的战略方案。

2. 自下而上的方法

在制定战略时，企业最高管理层要求各部门积极提交战略方案。最高管理层在各部门提交的战略方案基础上，加以协调和平衡，对各部门的战略方案进行必要的修改后加以确认。

3. 上下结合的方法

企业最高管理层和下属各部门的管理人员共同参与，通过上下级管理人员的沟通和磋商，制定出适宜的战略。

三种方法的主要区别在于战略制定中对集权与分权程度的把握。

企业设定战略目标后，各部门需要结合企业战略目标设定本部门战略目标，并将其具体化为一套关键财务及非财务指标的预测值。为各关键指标设定的目标（预测）值，应与本企业的可利用资源相匹配，并有利于执行人积极有效地实现既定目标。

（三）战略实施

战略实施是指将企业的战略目标变成现实的管理过程。企业的战略目标不可能是自然而然地实现。企业应加强战略管控，结合使用战略地图等管理会计工具方法，引导战略落地，将企业与战略实施相关的关键业务流程化，从而确保企业高效率和高效益地实现其战略目标。

（四）战略评价和控制

战略评价和控制是指企业在战略实施过程中，通过检测战略实施进展情况，评价战略执行效果，审视战略的科学性和有效性，不断调整战略举措，以达到预期目标。

1. 战略评价

企业主要应从战略是否适应企业的内外部环境、战略是否达到有效的资源配置、战略涉及的风险程度是否可以接受、战略实施的时间和进度是否恰当等方面进行战略评价。

在实际操作中，战略评价一般分为事前评估、事中评估和事后评估三个层次。事前评估，即战略分析评估，是一种对企业所处现状环境的评估，其目的是发现最佳机遇；事中评估，即战略选择评估，是在战略的执行过程中进行的，是对战略执行情况与战略目标差异的及时获取和及时处理，是一种动态评估，属于事中控制；事后评估，即战略绩效评估，是在期末对战略目标完成情况的分析、评价和预测，是一种综合评估，属于事后控制。

2. 战略控制

战略控制主要是指在企业经营战略的实施过程中，检查企业为达到目标所进行的各项活动的进展情况，评价实施企业战略后的企业绩效，把它与既定的战略目标与绩效标准相比较，发现战略差距，分析产生偏差的原因，纠正偏差，使企业战略的实施更好地与企业当前所处的内外部环境、企业目标协调一致，使企业战略得以实现。

（五）战略调整

企业的战略必须与企业内外部环境相适应。企业不能“刻舟求剑”而应该根据环境的变化及时做出战略调整。战略调整是指根据企业情况的发展变化和战略评价结果，对所制定的战略进行及时调整，以保证战略有效指导企业经营管理活动。战略调整通常包括调整企业的愿景、长期发展方向、战略目标及战略举措等。

【练一练 7-1】战略评价中事前评估的目的是（　　）。

A. 发现战略执行与目标的差异　　B. 分析上年度战略目标完成情况

C. 发现最佳机遇　　D. 评价实施战略后的企业绩效

同步技能训练

一、单项选择题（每题只有一个正确答案，请将正确答案填在括号内）

1. 宏观环境不包括（　　）。

A. 政治　　B. 经济　　C. 学校　　D. 社会

2. 下列各项表述不正确的是（　　）。

A. 产业环境属于外部环境因素　　B. 竞争环境属于外部环境因素

C. 行业差异会影响企业财务数据　　D. 文化不属于宏观环境

3. 企业应用战略管理工具方法，下列各项不属于应用程序的是（　　）。

A. 战略分析　　B. 战略制定　　C. 会计核算　　D. 战略调整

4.SWOT 分析法不包括（　　）。

A. 优势　　B. 弱势　　C. 机会　　D. 成本

5. 下列各项属于政治环境的是（　　）。

A. 方针政策　　B. 收入水平　　C. 人口因素　　D. 城市化水平

6. 下列各项不属于社会文化环境的是（　　）。

A. 风俗习惯　　B. 教育水平　　C. 价值观　　D. 消费结构

7. 下列各项不属于企业战略管理原则的是（　　）。

A.目标可行原则　　B.资源匹配原则
C.责任落实原则　　D.一劳永逸原则

8.企业战略一般分为三个层次，不包括（　　）。
A.总体战略　B.竞争战略　C.职能战略　D.部门战略

9.下列各项属于战略实施环节的是（　　）。
A.战略目标变成现实的管理过程　　B.实施效果与目标比较
C.纠正偏差　　D.设定新目标

10.下列各项关于战略管理的表述，不正确的是（　　）。
A.企业应根据各业务部门与战略目标的匹配程度进行资源配置
B.企业应将战略目标落实到具体的责任中心和责任人，构成不同层级彼此相连的战略目标责任圈
C.企业应以实现战略目标为核心，考虑不同责任中心业务目标之间的有效协同，加强各部门之间的协同管理，有效提高资源使用的效率和效果
D.战略管理工具方法，必须单独应用

二、多项选择题（每题有两个或两个以上正确答案，请将正确答案填在括号内）

1.企业进行战略管理，一般应遵循的原则有（　　）。
A.目标可行原则　　B.资源匹配原则
C.责任落实原则　　D.协同管理原则

2.宏观环境包括（　　）。
A.政治　B.经济　C.社会　D.文化

3.企业应关注（　　）等对其影响长远的外部环境因素。
A.宏观环境　B.产业环境　C.竞争环境　D.微观环境

4.企业应用战略管理工具方法，一般按照（　　）、战略调整等程序进行。
A.战略分析　B.战略制定　C.战略实施　D.战略评价和控制

5.企业进行环境分析时，可应用（　　）等方法，分析企业的发展机会和竞争力。
A.PEST分析　B.SWOT分析　C.波特五力分析　D.波士顿矩阵分析

6.下列各项属于企业财务指标的有（　　）。
A.应收账款占比　B.存货占比　C.固定资产占比　D.总资产周转率

7.企业可根据（　　）等实际需要，选择自上而下、自下而上或上下结合的方法，制定战略目标。
A.对整体目标的保障　　B.对员工积极性的发挥
C.企业各部门战略方案的协调　　D.少数员工的个人意愿

8.下列各项的表述正确的有（　　）。
A.战略实施，是指将企业的战略目标变成现实的管理过程
B.企业设定战略目标后，各部门需要结合企业战略目标设定本部门的战略目标，并将其具体化为一套关键财务及非财务指标的预测值
C.为各关键指标设定的目标（预测）值，应与本企业的可利用资源相匹配，并有利于执行人积极有效地实现既定目标

D.企业应加强战略管控，结合使用战略地图、价值链管理等多种管理会计工具方法，将战略实施的关键业务流程化

9.企业主要应从（　　）方面进行战略评价。

A.战略是否适应企业的内外部环境　　B.战略是否达到有效的资源配置

C.战略涉及的风险程度是否可以接受　　D.战略实施的时间和进度是否恰当

10.战略调整一般包括（　　）。

A.企业的愿景　　B.长期发展方向

C.战略目标　　D.战略举措

三、判断题（正确的在括号内打"√"，错误的打"×"）

（　　）1.战略管理是指对企业全局的、长远的发展方向、目标、任务和政策，以及资源配置做出决策和管理的过程。

（　　）2.战略是指企业从全局考虑做出的近期性的谋划。

（　　）3.企业战略一般分为三个层次，包括选择可竞争的经营领域的总体战略、某经营领域具体竞争策略的业务单位战略（也称竞争战略）和涉及各职能部门的职能战略。

（　　）4.战略管理领域应用的管理会计工具方法，不包括战略地图。

（　　）5.战略管理工具方法，可单独应用，也可综合应用，以加强战略管理的协同性。

（　　）6.价值链管理属于战略管理领域应用的管理会计工具方法。

（　　）7.企业一般应设置专门机构或部门，牵头负责战略管理工作，并与其他业务部门、职能部门协同制定战略目标，做好战略实施的部门协调，保障战略目标得以实现。

（　　）8.企业应建立健全战略管理有关制度及配套的绩效激励制度等，形成科学有效的制度体系，切实调动员工的积极性，提升员工的执行力，推动企业战略的实施。

（　　）9.企业应用战略管理工具方法，一般按照战略分析、战略制定、战略实施、战略评价和控制、战略调整等程序进行。

（　　）10.企业设定战略目标后，各部门需要结合企业战略目标设定本部门战略目标，并将其具体化为一套关键财务及非财务指标的预测值。

任务二　绘制战略地图

一、战略地图的定义

战略地图是指为描述企业各维度战略目标之间因果关系而绘制的可视化的战略因果关系图。战略地图的相关理论是罗伯特·卡普兰和大卫·诺顿在2004年由两人合作出版的《战略地图——化无形资产为有形成果》一书中首次提出的。作为一种战略描

述工具，战略地图能够引导企业做正确的事，提高管理者与员工之间的沟通效率，确保战略能够在企业得到更好地贯彻执行，促进企业长期持续发展。战略地图不是机械地将战略按不同层面划分成彼此孤立的指标，而是生动地描述各层面各指标之间的相互作用机制，将原本零星的、看似无关的指标联系在一起。在战略地图产生之前，对集团公司下不同业务的竞争战略无法进行比较。战略地图出现以后，就可以使用这种相同或类似的框架来描述战略，从而为比较和分析不同业务的竞争战略提供了有效的方法。

战略地图通常以财务、客户、内部业务流程、学习与成长等四个维度为主要内容，通过分析各维度的相互关系，绘制战略因果关系图。企业可根据自身情况对各维度的名称、内容等进行修改和调整。

企业应用战略地图工具方法，应注重通过战略地图的有关路径设计，有效使用有形资源和无形资源，高效实现价值创造；应通过战略地图实施将战略目标与执行有效绑定，引导各责任中心按照战略目标持续提升业绩，服务企业战略实施。

二、战略地图设计的基本程序

企业设计战略地图，一般按照设定战略目标、确定业务改善路径、定位客户价值、确定内部业务流程优化主题、确定学习与成长主题、进行资源配置、绘制战略地图等程序进行。

（一）设定战略目标

设定战略目标就是战略制定。企业战略管理部门制定企业层的战略目标，然后各部门根据这一目标设定本部门的战略任务，并将其具体为包括利润、资源、生产、市场、员工报酬与激励等在内的财务关键指标，以及包括遵守法规和社会责任等在内的非财务关键指标，并为各关键指标设定目标值。这种目标值不仅应与本企业的可利用资源相匹配，而且应利于执行人积极有效地实现既定目标。

（二）确定业务改善路径

企业应根据已设定的战略目标，对现有客户（服务对象）和可能的新客户以及新产品（新服务）进行深入分析，寻求业务改善和增长的最佳路径，提取业务和财务融合发展的战略主题。其中业务维度的战略主题主要为增加客户体验、改善营销关系、提升品牌形象等。财务维度的战略主题一般可划分为两个层次：第一层次一般包括生产率提升和营业收入增长等；第二层次一般包括创造成本优势、提高资产利用率、增加客户机会和提高客户价值等。

（三）定位客户价值

企业应对现有客户进行分析，从产品（服务）质量、技术领先、售后服务和稳定标准等方面确定、调整客户价值定位。在客户价值定位维度，企业一般可设置客户体验、双赢营销关系、品牌形象提升等战略主题。

（四）确定内部业务流程优化主题

企业应根据业务提升路径和服务定位，梳理业务流程及其关键增值（提升服务形象）活动，分析行业关键成功要素和内部营运矩阵，从内部业务流程的管理流程、创新流程、客户管理流程、遵循法规流程等角度确定战略主题，并将业务战略主题进行分类归纳，制订战略方案。

（五）确定学习与成长主题

同内部业务流程优化主题的确定一样，学习与成长主题的确定也应根据业务提升路径和服务定位，分析创新和人力资本等无形资源在创造价值中的作用，识别关键成功要素；相应地在激励制度、信息系统和人力资本利用等方面确定学习与成长的战略主题，并为财务、客户、内部业务流程维度的战略主题和关键业绩指标提供有力支撑。

（六）进行资源配置

企业应根据业务提升路径和服务定位，分析创新和人力资本等无形资源在价值创造中的作用，识别学习与成长维度的关键要素，并相应确立激励制度创新、信息系统创新和人力资本利用创新等战略主题，为财务、客户、内部业务流程维度的战略主题和关键业绩指标提供有力支撑。根据各维度战略主题，企业应分析其有形资源和无形资源的战略匹配度，对各主题进行战略资源配置。同时应关注企业人力资源、信息资源、组织资源等在资源配置中的定位和在价值创造中的作用。

（七）绘制战略地图

企业可应用平衡计分卡的四个维度划分绘制战略地图，以图形方式展示企业的战略目标及实现战略目标的关键路径。具体绘制程序如下：

（1）确立战略地图的总体主题。总体主题是对企业整体战略目标的描述，应清晰表达企业愿景和战略目标，并与财务维度的战略主题和 KPI 对接。

（2）根据企业的需要，确定四个维度的名称。把确定的四维度战略主题对应画入各自战略地图内，每一主题可以通过若干 KPI 进行描述。

（3）将各个战略主题和 KPI 用路径线连接，形成战略主题和 KPI 相连的战略地图。在绘制过程中，企业应将战略总目标（财务维度）、客户价值定位（客户维度）、内部业务流程主题（内部流程维度）、学习与成长维度和战略 KPI 连接，形成战略地图。

企业所属的各责任中心的战略主题、KPI 相应的战略举措、资源配置等信息一般无法都绘制到一张图上，一般采用绘制对应关系表或另外绘制下一层级责任中心的战略地图等方式来展现其战略因果关系。

【想一想 7–3】企业如何使用平衡计分卡绘制战略地图？

【练一练 7–2】以下属于公司级客户维度战略目标的是（　　）。

A.赚多少钱　　B.通过什么进行支撑

C.通过什么方式做　　D.怎么赚钱

【想一想 7–4】如何制定部门级战略地图？

三、战略地图实施

战略地图实施是指企业利用管理会计工具方法，确保企业实现既定战略目标的过程。战略地图实施一般按照战略 KPI 设计、战略 KPI 责任落实、战略执行、执行报告、持续改善、评价激励等程序进行。

（一）战略KPI设计

企业应用战略地图，应设计一套可以使各部门主管明确自身责任与战略目标相联系的考核指标，即进行战略KPI设计。

（二）战略KPI责任落实

企业应对战略KPI进行分解，落实责任并签订责任书。具体可按以下程序进行：

1. 将战略KPI分解为责任部门的KPI

企业应从最高层开始，将战略KPI分解到各责任部门，再分解到责任团队。每一责任部门、责任团队或责任人都有对应的KPI，且每一KPI都能找到对应的具体战略举措。企业可编制责任表，描述KPI中的权、责、利和战略举措的对应关系，以便实施战略管控和形成相应的报告。每一责任部门的负责人可根据上述责任表，将KPI在本部门进行进一步分解和责任落实，层层建立战略实施责任制度。

2. 签订责任书

企业应在分解明确各责任部门KPI的基础上，签订责任书，以督促各执行部门落实责任。责任书一般由企业领导班子（或董事会）与执行层的各部门签订。责任书应明确规定一定时期内（一般为一个年度）要实现的KPI任务、相应的战略举措及相应的奖惩机制。

（三）战略执行

企业应以责任书中所签任务为基础，按责任部门的具体人员和团队情况，对任务和KPI进一步分解，并制定相应的执行责任书，进行自我管控和自我评价。同时，以各部门责任书和职责分工为基础，确定不同执行过程的负责人及协调人，并按照设定的战略目标实现日期，确定不同的执行指引表，采取有效战略举措，保障KPI实现。

（四）执行报告

企业应编制战略执行报告，反映各责任部门的战略执行情况，分析偏差原因，提出具体管控措施。每一层级责任部门应向上一层级责任部门提交战略执行报告，以反映战略执行情况，制定下一步战略实施举措。

战略执行报告一般可分为以下三个层级：

（1）战略层（如董事会）报告，包括战略总体目标的完成情况和原因分析；

（2）经营层报告，包括责任人的战略执行方案中相关指标的执行情况和原因分析；

（3）业务层报告，包括战略执行方案下具体任务的完成情况和原因分析。

企业应根据战略执行报告，分析责任人战略执行情况与既定目标是否存在偏差，并对偏差进行原因分析，形成纠偏建议，作为责任人绩效评价的重要依据。

（五）持续改善

企业应在对战略执行情况进行分析的基础上，进行持续改善，不断提升战略管控水平。

（1）与既定目标相比，发现问题并进行改善。企业应根据战略执行报告，将战略执行情况与管控目标进行比对，分析偏差，及时发现问题，提出解决问题的具体措施和改善方案，并采取必要措施。

企业在进行偏差分析时，一般应关注以下问题：①所产生的偏差是否为临时性波动；②战略KPI分解与执行是否有误；③外部环境是否发生重大变化，从而导致原定战略目标脱离实际情况。企业应在分析这些问题的基础上，找出发生偏差的根源所在，及时进行纠正。

（2）达成既定目标时，考虑如何提升。达成战略地图上所列的战略目标时，企业一般可考虑适当增加执行难度，提升目标水平，按持续改善的策略与方法进入新的循环。

（六）评价激励

企业应按照战略管理应用指引中战略评价的有关要求，对战略实施情况进行评价，并按照绩效管理应用指引的有关要求进行激励，引导责任人自觉地、持续地积极工作，有效利用企业资源，提高企业绩效，实现企业战略目标。

四、战略地图的优缺点

战略地图的主要优点是：能够将企业的战略目标清晰化、可视化，并与战略KPI和战略举措建立明确联系，为企业战略实施提供了有力的可视化工具。

战略地图的主要缺点是：需要多维度、多部门的协调，实施成本高，并且需要与战略管控相融合，才能真正实现战略实施。

同步技能训练

一、单项选择题（每题只有一个正确答案，请将正确答案填在括号内）

1.下列各项属于战略地图设计首要环节的是（　　）。

A.确定业务改进路径　　B.确定客户价值

C.设定战略目标　　D.确定内部业务流程

2.战略执行报告一般可分为三个层级，下列各项不属于三层级之一的是（　　）。

A.计划层报告　　B.战略层报告

C.经营层报告　　D.业务层报告

3.下列各项表述，不正确的是（　　）。

A.战略地图实施，是指企业利用管理会计工具方法，确保企业实现既定战略目标的过程

B.企业应对战略KPI进行分解，落实责任并签订责任书

C.企业应从最高层开始，将战略KPI分解到各责任部门，再分解到责任团队

D.销售增长率属于财务类KPI指标

4.企业应根据已设定的战略目标，对客户进行深入分析，寻求业务改善和增长的最佳路径，提取（　　）融合发展的战略主题。

A.机会与优势　　B.业务与财务

C.战略管理与战略地图　　D.企业价值与客户价值

5. 下列各项不属于战略地图缺点的是（　　）。

A. 需要多维度、多部门的协调　　B. 可行性低

C. 实施成本高　　D. 需要与战略管控相融合

6. 企业可应用（　　）的四个维度划分绘制战略地图，以图形方式展示企业的目标及实现战略目标的关键路径。

A. 平衡计分卡　　B. 杜邦分析法

C.SWOT 分析法　　D. 波士顿矩阵分析法

7. 下列各项属于学习与发展类 KPI 指标的是（　　）。

A. 培训计划完成率　　B. 市场推广计划完成率

C. 销售费用　　D. 货款回收率

8. 下列各项表述，不正确的是（　　）。

A. 战略地图，是指为描述企业各维度战略目标之间因果关系而绘制的可视化的战略因果关系图

B. 战略地图通常以财务、客户、内部业务流程等三个维度为主要内容

C. 企业设计战略地图，一般按照设定战略目标、确定业务改善路径、定位客户价值、确定内部业务流程优化主题、确定学习与成长主题、进行资源配置、绘制战略地图等程序进行

D. 在客户价值定位维度，企业一般可设置客户体验、双赢营销关系、品牌形象提升等战略主题

9. 战略地图实施的首要环节是（　　）。

A. 战略 KPI 责任落实　　B. 战略执行

C. 执行报告　　D. 战略 KPI 设计

10. 下列各项不属于战略地图维度主要内容的是（　　）。

A. 财务　　B. 客户

C. 内部业务流程　　D. 内部员工

二、多项选择题（每题有两个或两个以上正确答案，请将正确答案填在括号内）

1. 战略地图通常以（　　）等四个维度为主要内容，通过分析各维度的相互关系，绘制战略因果关系图。

A. 财务　　B. 客户

C. 内部业务流程　　D. 学习与成长

2. 在财务维度，战略主题包括（　　）。

A. 生产率提升　　B. 营业收入增长

C. 提高资产利用率　　D. 增加客户机会

3. 企业应对现有客户进行分析，从（　　）等方面确定、调整客户价值定位。

A. 产品（服务）质量　　B. 技术领先

C. 售后服务　　D. 稳定标准

4. 在客户价值定位维度，企业一般可设置（　　）等战略主题。

A. 客户体验　　B. 双赢营销关系

C.品牌形象提升　　　　　　　　　　　　D.提高资本回报率

5.企业可应用平衡计分卡的四维度划分绘制战略地图，以图形方式展示企业的战略目标及实现战略目标的关键路径。具体绘制程序包括（　　）。

A.确立战略地图的总体主题。总体主题是对企业整体战略目标的描述，应清晰表达企业愿景和战略目标，并与财务维度的战略主题和KPI对接

B.根据企业的需要，确定四维度的名称。把确定的四维度战略主题对应画入各自战略地图内，每一主题可以通过若干KPI进行描述

C.将各个战略主题和KPI用路径线连接，形成战略主题和KPI相连的战略地图

D.将KPI明确分解到责任部门，签订责任书，以督促执行部门落实责任

6.在绘制过程中，企业应将（　　）与战略KPI连接，形成战略地图。

A.战略总目标（财务维度）　　　　　　B.客户价值定位（客户维度）

C.内部业务流程主题（内部流程维度）　D.学习与成长维度

7.下列各项属于学习与成长类指标的有（　　）。

A.员工培训率　　　　　　　　　　　　B.员工满意率

C.关键员工离职率　　　　　　　　　　D.主营业务毛利率

8.战略地图实施一般按照（　　）等程序进行。

A.战略KPI设计　　　　　　　　　　　B.战略KPI责任落实

C.战略执行　　　　　　　　　　　　　D.执行报告

9.对财务维度战略目标最直观的理解有（　　）。

A.做什么赚钱　　　　　　　　　　　　B.怎样赚钱

C.赚多少钱　　　　　　　　　　　　　D.从哪里赚钱

10.在财务维度中，战略主题第二层次一般包括（　　）。

A.创造成本优势　　　　　　　　　　　B.提高资产利用率

C.增加客户机会　　　　　　　　　　　D.提高客户价值

三、判断题（正确的在括号内打"√"，错误的打"×"）

（　　）1.战略地图，是指为描述企业各维度战略目标之间因果关系而绘制的可视化的战略因果关系图。

（　　）2.企业应用战略地图工具方法，应注重通过战略地图的有关路径设计，有效使用有形资源和无形资源，高效实现价值创造。

（　　）3.企业应通过战略地图实施将战略目标与执行有效绑定，引导各责任中心按照战略目标持续提升业绩，服务企业战略实施。

（　　）4.企业应根据已设定的战略目标，对现有客户（服务对象）和可能的新客户以及新产品（服务）进行深入分析，寻求业务改善和增长的最佳路径，提取业务和财务融合发展的战略主题。

（　　）5.在客户价值定位维度，企业一般可设置客户体验、双赢营销关系、品牌形象提升等战略主题。

（　　）6.企业应根据业务提升路径和服务定位，分析创新和人力资本等无形资源在价值创造中的作用，识别学习与成长维度的关键要素，并相应确立激励制度创新、信

息系统创新和人力资本利用创新等战略主题，为财务、客户、内部业务流程维度的战略主题和关键业绩指标提供有力支撑。

(　　) 7. 根据各维度战略主题，企业可以不必分析其有形资源和无形资源的战略匹配度。

(　　) 8. 企业所属的各责任中心的战略主题、KPI相应的战略举措、资源配置等信息一般无法都绘制到一张图上，一般采用绘制对应关系表或另外绘制下一层级责任中心的战略地图等方式来展现其战略因果关系。

(　　) 9. 战略地图实施，是指企业利用管理会计工具方法，确保企业实现既定战略目标的过程。

(　　) 10. 销售增长率属于财务类KPI指标。

项目七

拓展阅读

思政园地

北京三元食品股份有限公司（以下简称“三元食品”）是以奶业为主的中外合资股份制企业。2010年年底，北京三元食品股份有限公司奶粉事业部正式成立，吴松航出任奶粉事业部总经理。当时，三元食品面临着严峻的行业发展形势，乳业安全事件频发，消费者不信任国产奶粉。三元食品是行业后入者，知名度低，刚刚走出首都北京、开始布局全国市场的三元食品举步维艰。吴松航上任后，带领团队用大量时间走访消费者和代理商、终端奶粉店和超市，提出了解决中国奶粉发展问题的新思维：对于安全事件频发的食品行业，“诚信经营”才是最好的营销手段!

面对消费者对国产奶粉不信任的态度、开拓市场的诸多困难，要诚信地与消费者沟通，而不依靠简单的营销手段；在生产原料和生产方式选择中，诚信地选择最好的原料和最佳生产方式，而不是一味降低成本。用产品的真诚、沟通的真诚，打动消费者，实现良好的经营业绩。吴松航掷地有声地告诉自己的团队：我们卖出的不仅是品牌，更是企业的诚信、民族的良心和国家的未来。

在国产奶粉市场整体萎靡的形势下，三元食品实现了从无到有、从小到大、从弱到强的发展奇迹。吴松航的诚信经营覆盖了三元食品生产、销售的各个环节。

三元食品的诚信首先是过硬的质量。吴松航常说：“我们都有孩子，为自己的孩子做一款好奶粉，这就是我们的标准。”他提出“用人品做产品”的诚信理念，要求在原料来源、技术研发、生产工艺、产品销售等每一个环节上必须严格把关，每一位员工都要“以母爱为最高标准”，以给自己孩子做奶粉的高度责任感来做好三元奶粉，坚持“好奶源、好工艺、好配方、严检测”的全产业链模式。

诚信经营也是诚信销售。通过研究消费者心理发现，不少消费者缺乏对好奶粉的辨别能力，常常把“质量”和“进口”简单画等号。三元食品开辟了一条“开讲座、做科普”的市场推广方式——为经销商开设乳品知识讲堂，为消费者开设妈妈班，推广好奶粉的标准和理念。这样的讲座，三元食品一年要开上万场。三元人靠着“诚信”，明明白白地告诉消费者什么样的奶源是好奶源、什么样的工艺是好工艺、什么样的配方是好配方……这些诚信的经营理念，是消费者从未接触过的。三元奶粉的知名度就这样一点点提高，得到了消费者的认可。

吴松航用“诚信”的经营理念，实现了快速发展。自2011年起，中国乳制品工业协会开展“月月抽检”活动以来，三元奶粉获得了全部合格的好成绩，并且销售额增速连年行业领先、八次荣登国产奶粉民意口碑榜首，打破了进口奶粉对中国奶粉市场的垄断。

资料来源：王薇. 为自己的孩子做好奶粉［EB/OL］.［2021-04-08］. http：//epaper.ynet.com/html/2018-12/20/content_314324.htm？div=-1.

思考：三元食品的企业发展价值观是什么？三元食品是如何运用底线思维的？

项目小结

通过本项目的学习，应当把握的要点是：

（1）战略是企业从全局出发做出的长远性谋划。企业战略一般分为三个层次，包括选择可竞争的经营领域的总体战略、某经营领域具体竞争策略的业务单位战略（也称竞争战略）和涉及各职能部门的职能战略。战略管理是指对企业全局的、长远的发展方向、目标、任务和政策，以及资源配置做出决策和管理的过程。企业进行战略管理，一般应遵循目标可行原则、资源匹配原则、责任落实原则和协同管理原则。

（2）企业应关注宏观环境（包括政治、经济、社会、文化、法律及技术等因素）、产业环境、竞争环境等对其影响长远的外部环境因素，尤其是可能发生重大变化的外部环境因素，确认企业所面临的机遇和挑战；同时应关注企业本身的历史及现行战略、资源、能力、核心竞争力等内部环境因素，确认企业具有的优势和劣势。企业一般应设置专门机构或部门，牵头负责战略管理工作，并与其他业务部门、职能部门协同制定战略目标，做好战略实施的部门协调，保障战略目标得以实现。企业应建立健全战略管理有关制度及配套的绩效激励制度等，形成科学有效的制度体系，切实调动员工的积极性，提升员工的执行力，推动企业战略的实施。

（3）企业应用战略管理工具方法，一般按照战略分析、战略制定、战略实施、战略评价和控制、战略调整等程序进行。战略分析包括外部环境分析和内部环境分析。战略制定，是指企业根据确定的愿景、使命和环境分析情况，选择和设定战略目标的过程。战略实施是指将企业的战略目标变成现实的管理过程。战略评价和控制，是指企业在战略实施过程中，通过检测战略实施进展情况，评价战略执行效果，审视战略的科学性和有效性，不断调整战略举措，以达到预期目标。

（4）战略地图是指为描述企业各维度战略目标之间因果关系而绘制的可视化的战略因果关系图。战略地图通常以财务、客户、内部业务流程、学习与成长等四个维度为主要内容，通过分析各维度的相互关系，绘制战略因果关系图。企业可根据自身情况对各维度的名称、内容等进行修改和调整。企业应用战略地图工具方法，应注重通过战略地图的有关路径设计，有效使用有形资源和无形资源，高效实现价值创造；应通过战略地图实施将战略目标与执行有效绑定，引导各责任中心按照战略目标持续提升业绩，服务企业战略实施。

（5）企业设计战略地图一般按照设定战略目标、确定业务改善路径、定位客户价值、确定内部业务流程优化主题、确定学习与成长主题、进行资源配置、绘制战略地图等程序进行。企业可应用平衡计分卡的四维度划分绘制战略地图，以图形方式展示企业的战略目标及实现战略目标的关键路径。

（6）战略地图实施是企业利用管理会计工具方法，确保企业实现既定战略目标的过程。战略地图实施一般按照战略KPI设计、战略KPI责任落实、战略执行、执行报告、持续改善、评价激励等程序进行。

综合案例分析

近日，腾讯音乐娱乐集团（NYSE：TME，以下简称“腾讯音乐”）发布了2020年Q4及全年未经审计的财务报告。财报显示，全年总营收同比增长14.6%，至人民币291.5亿元（44.7亿美元），归属于股东净利润同比增长4.3%，至41.6亿元。第四季度总营收同比增长14.3%，至人民币83.4亿元（12.8亿美元），其中在线音乐订阅收入同比增长41.9%，至人民币15.8亿元（2.42亿美元），广告服务在2020年第四季度获得了超过100%的同比增长；在线音乐付费用户达到5 600万人，同比增长40.4%。腾讯音乐全年整体业绩表现健康稳健，且保持高增长态势，多项核心数据再创单季新高，好于市场预期。

过去数年，腾讯音乐一直在不断尝试创新与全方位的业务布局，突破单一“听”的业务局限，探索覆盖听、唱、看、演出、社交在内的全场景音乐体验，也冲破全球音乐流媒体玩家靠付费订阅“单腿走路”的商业模式禁锢，在中国数字音乐行业成功摸索出一条以“在线音乐+以音乐为核心的社交娱乐”双轮驱动的前进道路，它的探索是在传统意义音乐流媒体模式的基础上进行的升维升级，在市场红海中孕育新的机会蓝海，并持续探索蓝海业务成为有增长和盈利空间的健康商业模式。

重点孵化长音频业务。去年4月份，腾讯音乐推出长音频产品“酷我畅听”，并将其定义为集团未来发力的战略领域。随后腾讯音乐多管齐下，不仅与阅文集团达成战略合作，阅文旗下的网络文学优质内容IP有望转化为腾讯音乐的长音频产品，而且今年出手收购知名音频平台懒人听书，迅速扩充内容与产出——后者拥有《红色家书》《大江大河》《白鹿原》《庆余年》《斗罗大陆》《斗破苍穹》等海量经典有声作品。而长音频经过一年短暂的发展也从一项创新业务，逐步发展为腾讯音乐产品体系的常态化业务。

扶持TME live，拓宽业务边界。2020年受新冠肺炎疫情影响，线下演唱会基本处于停摆状态，腾讯音乐则另辟蹊径推出TME live，而2020年也因此被称为“线上演唱会元年”。在不到一年的时间里，腾讯音乐共举办了超过50场线上演唱会，其中不乏国内外知名音乐人与演出IP。据称，未来TME live覆盖面将从音乐人范畴向外进行持续扩充，通过提供更多表演机会，对成长中的音乐人提供舞台。

纵观腾讯音乐的业务矩阵，可以看出，其当下核心业务稳健，创新业务已完成播种，目前业绩数据可观，2020年的战略升级已经取得了阶段性成果。

资料来源：正保会计网校．腾讯音乐逆势上涨：2020年战略升级成功［EB/OL］．［2021-04-08］．https：//www.chinaacc.com/cma/news/su20210408132658.shtml.

要求：分析腾讯音乐是如何成功进行战略升级的？对你有什么启发？

项目八

管理会计报告与管理会计信息系统

学习目标

知识目标

1. 了解管理会计报告的分类和编制流程；
2. 了解管理会计信息系统的概念与原则；
3. 理解战略层、经营层、业务层管理会计报告的类型和内容；
4. 理解管理会计信息系统的建设和应用程序；
5. 掌握责任中心业绩报告以及质量成本报告的编制；
6. 掌握管理会计信息系统各模块的功能。

能力目标

1. 通过学习管理会计报告的基本知识，充分认识管理会计报告的重要性；
2. 通过学习管理会计信息系统的构建，能建立和应用该系统以提供信息；
3. 能编制责任中心视角下的管理会计报告；
4. 能编制质量成本报告和质量绩效报告。

课程思政目标

1. 通过学习管理会计报告，培养学生坚守诚信原则，如实反映、报告单位财务状况与经营业绩，养成严谨务实的工作作风，明辨是非的职业道德操守。

2. 通过学习管理会计信息系统，引导学生具备开拓创新的职业品格，具有设计合理的管理会计信息系统的能力。

案例导入

企业集团中均存在多个级次的下属企业。在多行业、多元化的企业集团中，各下属企业的市场情况、经营特征、成本核算方式都有所不同。一方面各下属企业需要应用管理会计报告，以促进企业提高市场竞争能力、盈利能力；另一方面集团总部需要应用管理会计报告，以促进集团整体协同发展、健康发展。因此，必须建立适应企业集团的、层层贯通的管理会计报告实施体系。

S电气集团是一家国内领先的综合性装备制造业集团，同时在中国香港和上海两地上市，拥有近200家控股子公司，400余家参股公司，5万余名员工，2019年销售额超1 000亿元，营业利润近50亿元，主要业务包括新能源设备、高效清洁能源设备、工业装备和现代服务业。在新常态下，集团坚持转型发展，推进技术创新、产品升级、结构调整、培育新产业，使集团业绩稳步提升。随着业务的不断发展，财务管控水平已经难以跟上集团发展的要求，亟待提升。

S电气集团下属达20多个产业板块，各产业板块下企业数量也极不均衡，有些产业集团分管了20多家企业，有些产业集团分管4~5家企业。产业集团的管理能力也参差不齐，有些三级企业的体量甚至远大于一些产业集团的体量。S电气集团控股和参股的法人企业、分公司、非法人单位共计600余家，集团在对外投资关系上有控股企业、参股企业，控股企业又分别投资了其他企业，并且集团内的公司会相互投资和参股，股权关系复杂。

S电气集团对各产业集团及下属单体企业经营情况难以充分了解和管理，缺乏一套完整的体系和抓手来提供有效信息。集团探索以管理会计报告为抓手，健全财务管控体系，从管理关系层级、股权架构层级、法人披露层级等多维度管理下属各级子公司，掌握下属企业真实的经营情况、盈利情况及主要问题，为集团管理层提供决策支持的管理会计信息系统。

S电气集团基于目前的财务管理现状，融合并借鉴一些先进企业的管理会计方法论，由传统财务管控体系向价值导向型财务管控体系转变，做到财务数据可视、经营结果可信、业务规则可控，进而做到组织统一、流程清晰、数据存储、报告多样"四位一体"的管控职责。管理会计报告研究内容主要以管理报告为引擎驱动，把管理报告进行分层，分成战略层管理会计报告、经营层管理会计报告和业务层管理会计报告。根据分析对象分为面向集团和产业板块的分析报告、面向600余家单体企业的分析报告，以及深入剖析每家企业价值链的业务单元分析报告，通过信息化平台的方式达到财务数据可视、经营结果可信、业务规则可控。

你认为，管理会计报告的应用在S电气集团的管理中发挥了什么样的作用？

资料来源：胡康．企业集团管理会计报告体系探析——基于S电气集团的实践［J］．中国总会计师，2020（4）．

通过本项目的学习，我们将了解什么是管理会计报告，我国的管理会计报告目标是什么，战略层、经营层和业务层管理会计报告各自的服务对象是什么，管理会计信息系统由哪些模块组成。

任务一　管理会计报告的编制

一、管理会计报告的概念

美国著名管理学家安东尼·阿特金森、罗伯特·卡普兰等在著作《管理会计》（第5版）中指出，管理会计是一个为企业管理者创造价值的信息管理系统，通过这一系统产生的信息不仅对管理者的决策和问题解决有用，还会经过行为评估和信息传递影响参与者，而管理会计报告就是根据企业管理者和员工的决策及具体问题的需求而量身定制的报告，很少向外部组织提供。

根据《管理会计应用指引第801号——企业管理会计报告》的规定：企业管理会计报告是指企业运用管理会计方法，根据财务和业务的基础信息加工整理形成的，满足企业价值管理和决策支持需要的内部报告。其目标是为企业各层级进行规划、决策、控制和评价等管理活动提供有用信息。

二、管理会计报告的编制要求

企业管理会计报告应用指引对管理会计报告的编制提出如下要求：

（一）岗位设置要求

企业应建立管理会计报告组织体系，根据需要设置管理会计报告相关岗位，明确岗位职责。企业各部门都应履行提供管理会计报告所需信息的责任。

（二）报告形式要求

企业管理会计报告的形式要件包括报告的名称、报告期间或时间、报告对象、报告内容以及报告人等。

（三）报告对象要求

企业管理会计报告的对象是对管理会计信息有需求的各个层级、各个环节的管理者。

（四）报告期间要求

企业可根据管理的需要和管理会计活动的性质设定报告期间，一般应以日历期间（月度、季度、年度）作为企业管理会计报告期间，也可根据特定需要设定企业管理会计报告期间。

（五）报告内容要求

企业管理会计报告的内容应根据管理需要和报告目标而定，应易于理解并具有一定的灵活性。

（六）报告程序要求

企业管理会计报告的编制、审批、报送、使用等应与企业组织架构相适应。

（七）报告过程要求

企业管理会计报告体系应根据管理活动全过程进行设计，在管理活动各环节形成基于因果关系链的结果报告和原因报告。

【想一想 8-1】企业编制管理会计报告，需要像财务报告一样有统一的格式和规范吗？

三、管理会计报告的特征

管理会计报告是运用管理会计方法，根据财务和业务的基础信息加工整理形成的，满足企业价值管理需要或非营利组织目标管理需要的对内报告。管理会计报告与一般对外财务报告相比有以下几个特征：

（一）管理会计报告没有统一的格式和规范

管理会计报告提供的信息，反映公司的战略导向与管理控制行为，根据企业或组织内部的管理需要来提供，相对于报告形式，更注重报告实质内容。而对外财务会计报告具有统一的格式和规范。

（二）管理会计报告遵循问题导向

管理会计报告根据企业或组织内部需要解决的具体管理问题来组织、编制、审批、报送和使用，且应与企业组织架构相适应。而对外财务会计报告遵循的是财务目标导向。

（三）管理会计报告提供的信息是多样化的，强调信息的有用性

管理会计报告提供的信息不仅包括财务信息，还包括非财务信息；不仅包括内部信息，还可能包括外部信息；不仅包括结果信息，也可以包括过程信息，还包括剖析原因、提出改进意见和建议的信息。而对外财务会计报告更强调会计信息的可靠性。

（四）管理会计报告格式不统一

管理会计报告格式随报告内容而定，不统一。管理会计报告如果涉及会计业绩的报告，如责任中心报告，其主要的报告格式应该是边际贡献格式，不是企业会计准则中规范的对外财务报告格式。

（五）管理会计报告对象主要面向企业内部

管理会计报告对象是一个组织内部对管理会计信息有需求的各个层级、各个环节的管理者。对外财务会计报告的对象是相关的利害关系人，既包括企业内部管理者，又包括投资人、债权人、政府、社会公众等。

从以上特征可以知道，管理会计报告与财务会计报告在报告主体、报告格式与内容、编审流程等方面均有不同，两大报告系统的主要区别列示于表8-1。

表8-1　管理会计报告与财务会计报告比较一览表

报告类型	管理会计报告	财务会计报告
报告主体	企业管理者、责任中心	企业
报告要素	名称、时间、对象、主体、内容	名称、日期、主体、编号、内容
格式	随报告内容而定，不统一	由企业会计准则统一规定
内容	根据企业价值管理和决策支持需要，向使用者提供包括财务信息和非财务信息在内的管理会计信息	按法律的要求反映企业的财务状况、经营成果和现金流量等
时间	没有法律的要求，企业可根据需要决定报告时间与周期	按会计法律制度的要求，于会计期末编报
流程	编制、审核、报送等流程与企业组织架构、管理需要相一致	编制、审核、报送等流程与会计法律制度要求一致
范围	分解的数据，决策和行为的报告	整体的数据，企业报告

【练一练8-1】下列各项不属于管理会计报告的特征的有（　　）。

A.管理会计报告没有统一的格式和规范

B.管理会计报告遵循结果导向

C.管理会计报告提供的信息不仅包括财务信息，还包括非财务信息

D.管理会计报告如果涉及会计业绩的报告，其主要的报告格式应该是边际贡献格式

四、管理会计报告的分类

企业管理会计报告可按照使用者、报告内容多种标准进行分类。

（1）按照企业管理会计报告使用者所处的管理层级可分为战略层管理会计报告、经营层管理会计报告和业务层管理会计报告。有关内容见表8–2。

表8–2 按照企业管理会计报告使用者所处的管理层级分类

分类	基本概念	服务对象
战略层管理会计报告	是为战略层开展战略规划、决策、控制和评价以及其他方面的管理活动提供相关信息的对内报告	企业的战略层，包括股东大会、董事会和监事会等
经营层管理会计报告	是为经营管理层开展与经营管理目标相关的管理活动提供相关信息的对内报告	经营管理层
业务层管理会计报告	是为企业开展日常业务或作业活动提供相关信息的对内报告	企业的业务部门、职能部门以及车间、班组等

（2）按照企业管理会计报告内容可分为综合企业管理会计报告和专项企业管理会计报告。

（3）按照管理会计功能可分为管理规划报告、管理决策报告、管理控制报告和管理评价报告。

（4）按照责任中心可分为投资中心报告、利润中心报告和成本中心报告。

（5）按照报告主体整体性程度可分为整体报告和分部报告。

五、管理会计报告的流程

企业管理会计报告流程包括报告的编制、审批、报送、使用、评价等环节。

（一）编制

企业管理会计报告由管理会计信息归集、处理并报送的责任部门编制。

（二）审批

企业应根据报告的内容、重要性和报告对象等，确定不同的审批流程。经审批后的报告方可报出。

（三）报送

企业应合理设计报告报送路径，确保企业管理会计报告及时、有效地送达报告对象。企业管理会计报告可以根据报告性质、管理需要进行逐级报送或直接报送。

（四）使用

企业应建立管理会计报告使用的授权制度，报告使用人应在权限范围内使用企业管理会计报告。企业管理会计报告属内部报告，应在允许的范围内传递和使用。相关人员应遵守保密规定。

（五）评价

企业应对管理会计报告的质量、传递的及时性、保密情况等进行评价，并将评价结果与绩效考核挂钩。

企业应当充分利用信息技术，强化管理会计报告及相关信息的集成和共享，将管理会计报告的编制、审批、报送和使用等纳入企业统一信息平台，并定期根据管理会计报告使用效果以及内外部环境变化对管理会计报告体系、内容以及编制、审批、报送、使用等进行优化。

六、管理会计报告体系的类型及内容

（一）战略层管理会计报告

战略层管理会计报告包括但不限于战略管理报告、综合业绩报告、价值创造报告、经营分析报告、风险分析报告、重大事项报告、例外事项报告等。战略层管理会计报告的类型及内容见表8-3。

表8-3　战略层管理会计报告的类型及内容

分类	基本内容
战略管理报告	包括内外部环境分析、战略选择与目标设定、战略执行及其结果，以及战略评价等
综合业绩报告	包括关键绩效指标预算及其执行结果、差异分析以及其他重大绩效事项等
价值创造报告	包括价值创造目标、价值驱动的财务因素与非财务因素、内部各业务单元的资源占用与价值贡献，以及提升公司价值的措施等
经营分析报告	包括过去经营决策执行情况回顾、本期经营目标执行的差异及其原因、影响未来经营状况的内外部环境与主要风险分析、下一期的经营目标及管理措施等
风险分析报告	包括企业全面风险管理工作回顾、内外部风险因素分析、主要风险识别与评估、风险管理工作计划等
重大事项报告	针对企业的重大投资项目、重大资本运作、重大融资、重大担保事项、关联方交易等进行的报告
例外事项报告	针对企业发生的管理层变更、股权变更、安全事故、自然灾害等偶发性事项进行的报告

这些报告可独立提交，也可根据不同需要整合后提交。战略层管理会计报告应精炼、简洁、易于理解，报告主要结果、主要原因，并提出具体的建议。

（二）经营层管理会计报告

经营层管理会计报告主要包括全面预算管理报告、投资分析报告、项目可行性报告、融资分析报告、盈利分析报告、资金管理报告、成本管理报告、绩效评价报告等。经营层管理会计报告应做到内容完整、分析深入。经营层管理会计报告的类型及内容见表8-4。

表8-4 经营层管理会计报告的类型及内容

分类	基本内容
全面预算管理报告	包括预算目标制定与分解、预算执行差异分析以及预算考评等
投资分析报告	包括投资对象、投资额度、投资结构、投资进度、投资效益、投资风险和投资管理建议等
项目可行性报告	包括项目概况、市场预测、产品方案与生产规模、厂址选择、工艺与组织方案设计、财务评价、项目风险分析，以及项目可行性研究结论与建议等
融资分析报告	包括融资需求测算、融资渠道与融资方式分析及选择、资本成本、融资程序、融资风险及其应对措施和融资管理建议等
盈利分析报告	包括盈利目标及其实现程度、利润的构成及其变动趋势、影响利润的主要因素及其变化情况，以及提高盈利能力的具体措施等。盈利分析报告可基于企业集团、单个企业，也可基于责任中心、产品、区域、客户等进行编制
资金管理报告	包括资金管理目标、主要流动资金项目如库存现金、应收票据、应收账款、存货的管理状况、资金管理存在的问题以及解决措施等。企业集团资金管理报告的内容一般还包括资金管理模式（集中管理还是分散管理）、资金集中方式、资金集中程度、内部资金往来等
成本管理报告	包括成本预算、实际成本及差异分析，成本差异形成的原因以及改进措施等
绩效评价报告	包括绩效目标、关键绩效指标、实际执行结果、差异分析、考评结果以及相关建议等

（三）业务层管理会计报告

业务层管理会计报告应根据企业内部各部门、车间或班组的核心职能或经营目标进行设计，主要包括研究开发报告、采购业务报告、生产业务报告、配送业务报告、销售业务报告、售后服务业务报告、人力资源报告等。业务层管理会计报告应做到内容具体，数据充分。业务层管理会计报告的类型及内容见表8-5。

表8-5 业务层管理会计报告的类型及内容

分类	基本内容
研究开发报告	包括研发背景、主要研发内容、技术方案、研发进度、项目预算等
采购业务报告	包括采购业务预算、采购业务执行结果、差异分析及改善建议等。采购业务报告要重点反映采购质量、数量以及时间、价格等方面的内容
生产业务报告	包括生产业务预算、生产业务执行结果、差异分析及改善建议等。生产业务报告要重点反映生产成本、生产数量以及产品质量、生产时间等方面的内容
配送业务报告	包括配送业务预算、配送业务执行结果、差异分析及改善建议等。配送业务报告要重点反映配送的及时性、准确性以及配送损耗等方面的内容
销售业务报告	包括销售业务预算、销售业务执行结果、差异分析及改善建议等。销售业务报告要重点反映销售的数量结构和质量结构等方面的内容
售后服务业务报告	包括售后服务业务预算、售后服务业务执行结果、差异分析及改善建议等。售后服务业务报告重点反映售后服务的客户满意度等方面的内容
人力资源报告	包括人力资源预算、人力资源执行结果、差异分析及改善建议等。人力资源报告重点反映人力资源使用及考核等方面的内容

七、管理会计报告的应用

通常，管理会计报告的格式根据要解决的问题不同可以灵活多样，本身并没有统一的格式规范。因此在这里我们仅对企业有一定共识基础的企业内部责任中心业绩报告和质量成本报告进行具体介绍。

（一）企业内部责任中心业绩报告

责任中心也称战略性业务部门，是企业的一个组成部分，责任中心的管理者必须对本部门的成本、利润、收入或投资承担责任。

责任中心，以分部或子单位的自治水平及其管理者所承担的责任为依据，可以划分为成本中心、利润中心和投资中心。

责任中心的业绩评价和考核应该通过编制业绩报告来完成。

业绩报告也称责任报告、绩效报告，它是反映责任预算实际执行情况，揭示责任预算与实际结果之间差异的内部管理会计报告。它着重对责任中心管理者的业绩评价，其本质是要得到一个结论：与预期的目标相比，责任中心的管理者干得怎样。

业绩报告的主要目的在于将责任中心的实际业绩，与其在特定环境下本应取得的业绩进行比较，因此实际业绩与预期业绩之间差异产生的原因应得到分析，并且尽可能予以量化。业绩报告应当传递三种信息：关于实际业绩的信息、关于预期业绩的信息、关于实际业绩与预期业绩之间差异的信息。

这也意味着，合格业绩报告的三个主要特征是：报告应当与个人责任相联系，实际业绩应该与最佳标准相比较，重要信息应当予以突出显示。

1. 成本中心业绩报告

成本中心向单位其他部门提供服务，其没有责任向外部客户销售产品或服务以获取收入。成本中心的业绩考核指标通常为该成本中心的所有可控成本，即责任成本。成本中心的业绩报告，通常是按成本中心可控成本的各明细项目列示其预算数、实际数和成本差异数的三栏式表格。由于各成本中心是逐级设置的，所以其业绩报告也应自下而上，从最基层的成本中心逐级向上汇总，直至最高层次的成本中心。每一级的业绩报告，除最基层只有本身的可控成本外，都应包括本身的可控成本和下属部门转来的责任成本。

【例8-1】以某企业为例，编制各责任中心的管理会计报告。某生产部是一个成本中心，下属甲、乙两个车间，每个车间设有三个班组，其成本中心业绩报告的编制及相互关系见表8-6。

要求：分析该生产部业绩完成情况。

解：根据资料，成本分析见表8-6。

从表8-6可以看出，生产部没有完成业绩，实际可控成本大于预算成本，主要原因是甲车间成本超支。具体而言，甲车间业绩之所以完成得不好是因为其下属的第一、第二班组的成本都超支了，产生了相对较大的不利差异，其中以第一班组为甚。第一班组没有完成业绩的根本原因是人工费过高。经查是因为其引进了新的生产线，聘请了外厂专家造成的，不属于长期影响成本事件，有望在未来降低这部分成本。

表8-6 **成本中心业绩报告** 单位：元

生产部甲车间第一班组业绩报告					
项目		预算成本	实际可控成本	成本差异	
直接人工（工人薪酬）		960 000	1 027 160	不利差异	67 160
直接材料（原材料）		460 000	456 280	有利差异	3 720
制造费用	班组行政人员薪酬	70 000	70 000		0
	水电费	2 400	2 400		0
	折旧费	12 000	11 400	有利差异	600
	设备维修费	9 000	9 000		0
	保险费	7 000	5 560	有利差异	1 440
合计		1 520 400	1 581 800	不利差异	61 400
生产部甲车间业绩报告					
项目		预算成本	实际可控成本	成本差异	
管理费用		71 000	70 900	有利差异	100
第一班组		1 520 400	1 581 800	不利差异	61 400
第二班组		1 661 400	1 682 704	不利差异	21 304
第三班组		1 074 000	1 056 260	有利差异	17 740
合计		4 326 800	4 391 664	不利差异	64 864
生产部业绩报告					
项目		预算成本	实际可控成本	成本差异	
管理费用		260 000	235 780	有利差异	24 220
甲车间		4 326 800	4 391 664	不利差异	64 864
乙车间		3 781 000	3 746 826	有利差异	34 174
合计		8 367 800	8 374 270	不利差异	6 470

成本中心的各级经理人，就其权责范围编制业绩报告并对其负责部门的成本差异负责。级别越低的成本中心，从事的经营活动越具体，其业绩报告涉及的成本项目分类也越详细。根据成本绩效报告，责任中心的各级经理人可以针对成本差异，寻找原因对症下药，以便对成本费用实施有效的管理控制，从而提高业绩水平。

2. 利润中心业绩报告

利润中心向外部客户出售产品或服务并从中获得收入。利润中心的考核指标通常为该利润中心的边际贡献、部门可控边际贡献和该利润中心部门营业利润。利润中心的业绩报告，分别列示出其可控的销售收入、变动成本、边际贡献、经理人员可控的可追溯固定成本、部门可控边际贡献、分部经理不可控但高层管理部门可控的可追溯固定成本、部门营业利润的预算数和实际数，并通过实际与预算的对比，分别计算差异，据此进行差异的调查，分析产生差异的原因。利润中心的业绩报告是自下而上逐级汇编的，直至整个企业的息税前利润。由于利润是收入和成本的函数，所以利润中心的经理需负责生产利润、管理收入并控制成本。

【例8-2】某公司本季度利润中心业绩报告见表8-7。

表8-7　利润中心业绩报告　单位：元

项目	预算	实际	差异	
销售收入	2 450 000	2 480 000	有利差异	30 000
减：变动成本	1 110 000	1 120 000	不利差异	10 000
等于：边际贡献	1 340 000	1 360 000	有利差异	20 000
减：经理人员可控的可追溯固定成本	240 000	239 000	有利差异	1 000
等于：部门可控边际贡献	1 100 000	1 121 000	有利差异	21 000
减：分部经理不可控但高层管理部门可控的可追溯固定成本	180 000	183 000	不利差异	3 000
等于：部门营业利润	920 000	938 000	有利差异	18 000

要求：根据报告分析该公司内部管理应注意的问题。

解：根据资料，分析如下：

上述利润中心业绩报告也称贡献式利润表。从利润中心业绩报告可以看出，该公司业绩完成情况比较好，无论是边际贡献、部门可控边际贡献，还是部门营业利润，都是有利差异，都超额完成了预算目标。主要原因是收入增加，固定成本保持相对稳定，并且预算变动成本率为45.31%，实际变动成本率为45.16%，变动成本率下降导致利润增加。

【练一练8-2】下列属于利润中心业绩报告所应披露的业绩考核指标有（　　）。

A.利润中心的边际贡献　　B.利润中心的部门可控边际贡献

C.利润中心的部门营业利润　　D.利润中心的剩余收益

3.投资中心业绩报告

投资中心不仅能产生收入，同时能自主进行投资，因此对投资中心的业绩考核不能仅看利润指标，还得看投资效益、现金流等指标。投资中心不仅需要对成本、收入和利润负责，而且要对所占用的全部资产（包括固定资产和营运资金）的经营效益承担责任。因此投资中心的业绩评价指标除了成本、收入和利润指标外，主要考核指标是投资报酬率和剩余收益，另外还有补充的指标现金回收率和剩余现金流量。投资报酬率是度量业务部门的获利能力指标，其计算是用业务部门的净利润除以与该笔净利润相关的资产投资额；剩余收益是从所得额中减去投资的规定回报。

对于投资中心而言，它的业绩报告通常包含上述评价指标。

【练一练8-3】投资中心的业绩报告中所披露的考核指标有（　　）。

A.现金回收率　　B.剩余现金流量

C.剩余收益　　D.投资报酬率

【例8-3】某公司投资中心业绩报告见表8-8，该公司规定的最低报酬率为12%。

表8-8　投资中心业绩报告　金额单位：元

项目	预算	实际	差异	
销售收入	6 760 000	6 840 000	有利差异	80 000
变动成本	2 840 000	2 860 000	不利差异	20 000
边际贡献	3 920 000	3 980 000	有利差异	60 000
可控固定成本	1 110 000	1 120 000	不利差异	10 000
部门可控利润	2 810 000	2 860 000	有利差异	50 000
分配的共同成本	220 000	240 000	不利差异	20 000
经营净利润	2 590 000	2 620 000	有利差异	30 000
经营资产				
货币资金	1 180 000	1 185 000	超支差异	5 000
应收账款	1 140 000	1 480 000	超支差异	340 000
存货	1 310 000	1 385 000	超支差异	75 000
固定资产（净值）	6 400 000	6 400 000		0
经营资产总计	10 030 000	10 450 000	超支差异	420 000
投资报酬率	25.82%	25.07%	不利差异	0.75%
要求的最低报酬率	12%	12%	—	—
要求的最低投资收益	1 203 600	1 254 000	—	—
剩余收益	1 386 400	1 366 000	不利差异	20 400

要求：根据报告说明该公司内部管理应注意的问题有哪些。

解：根据资料，分析如下：

该公司投资报酬率和剩余收益都没有达到预期目标，究其原因是利润的增长速度比不上资产的增长速度，即投资大于回报。利润增长速度不高是由于该公司成本（包括变动成本、可控固定成本和共同成本）增加造成的，企业应在该报告的基础上结合相关成本报告，找出存在的问题，给出相应的对策以提高投资报酬率。该公司还有一个隐患是收入增加比例和应收账款增加比例不匹配，怀疑企业目前收账政策可能偏宽，应重新制定相关的赊销政策。

（二）质量成本报告

1.质量成本概念及其分类

质量成本是指企业为了保证和提高产品或服务质量而支出的一切费用，以及因未达到产品质量标准，不能满足用户和消费者需要而产生的一切损失。其包含了两层含义：一是设计质量，即顾客对产品或服务的设计的满意程度，解决设计得怎么样的问题。二是符合性质量，即产品或服务的实际性能与设计性能的符合程度，解决做得怎么样的问题。

质量成本共分为以下几类：

（1）预防成本

预防成本是检验费用和为减少质量损失而发生的各种费用，是在结果产生之前为了达到质量要求而进行的一系列活动的成本，包括对计划与管理系统、人员培训、品质管制过程，以及设计和生产两阶段以减少不良品发生的概率所产生的种种成本。这类成本一般都发生在生产之前，而且这类成本若发生，往往使故障成本下降。

这类成本主要包括：

① 质量工作费。质量工作费是指为预防、保证和控制产品质量，开展质量管理工作所发生的办公和宣传费，为收集情报、制定质量标准、编制手册与质量计划，开展质量小组活动、研究工序能力和审核质量等所支付的费用。

② 质量培训费。质量培训费是指为达到质量要求，提高人员素质，对有关人员进行质量意识、质量管理、检测技术、操作水平等培训所支付的费用。

③ 质量奖励费。质量奖励费是指为改进和保证产品质量而支付的各种奖励，如质量小组成果奖、产品更新换代创优奖及有关质量的合理化建议奖等。

④ 其他杂费。其他杂费包括质量管理科室和车间从事专职质量管理人员的工资及福利费，新产品设计、研究阶段对设计方案评价、试制、产品质量的评审所发生的费用等。

（2）鉴定成本

鉴定成本是指按照质量标准对产品质量进行测试、评定和检验所发生的各项费用，是在结果产生之后，为了评估结果是否满足要求进行测试活动而产生的成本，如原材料或半成品的检测、作业鉴定、流程验收、检测设备以及外部批准等方面发生的检验费用。这类成本主要包括：

① 检测实验费。检测实验费是指对进场的材料和外购件、配套件、工具、量具以及生产过程中半成品、在产品及产成品，按质量标准进行检测、试验和设备维修、校正所发生的费用。

② 检测人工费。检测人工费是指专职质量检验人员的工资及福利费。

③ 检测设备费。检测设备费是指用于质量检测的设备维修费、设备折旧及大修理费。

④ 其他费用。其他费用包括部门行政费等。

（3）内部失败成本

内部失败成本是指产品进入市场之前，由于产品不符合质量标准而发生的成本，包括废料、返工、修复、重新检测、停工整修、故障处理费、质量降级损失或变更设计等。

鉴定成本以及内部失败成本都发生在产品未到达顾客之前的所有阶段中。

（4）外部失败成本

外部失败成本是指产品和服务发送到顾客以后，由于不符合要求或不能满足顾客需要而发生的成本。外部失败成本一般发生在产品被消费者接受以后的阶段中。这类成本主要包括投诉调查、退换货、产品召回成本，赔款、罚款、诉讼、对客户或使用者的安抚以及产品因存在缺陷而错失的销售机会等成本。

一般来说，企业能够控制预防成本和鉴定成本的支出，因此这两类成本属于可控质量成本。无论是内部还是外部失败成本，企业往往都无法预料其发生，包括发生时间和数额大小，而且失败成本的发生对企业的伤害是极大的，因此失败成本属于不可控质量成本。

一般来说，提高质量在短期内会增加预防成本和鉴定成本，长期则会降低内部、外部失败成本。合理的质量成本结构是预防成本占质量成本结构中比例最高，其次是鉴定成本，再次是内部失败成本，最低是外部失败成本。

四类质量成本总结见表8-9。

表8-9　四类质量成本总结

成本项目	预防成本	鉴定成本	内部失败成本	外部失败成本
产生时间	生产之前	销售之前	销售之前	销售之后
是否可控	可控	可控	不可控	不可控
提高质量后果	提高质量可使其短期内提高	提高质量可使其短期内提高	提高质量可使其长期降低	提高质量可使其长期降低
合理的成本结构	占比最高	占比其次	占比再次	占比最低
质量成本=预防成本+鉴定成本+内部失败成本+外部失败成本				

质量成本报告和质量绩效报告承担了如何将质量成本信息传递给企业经营管理者的重任。质量成本报告反映当前的质量成本情况，是一种静态报告。质量绩效报告，反映质量管理上取得的进展及绩效，是一种动态报告。

【练一练8-4】下列各项属于可控质量成本的有（　　）。

A.预防成本　　B.鉴定成本

C.内部失败成本　　D.外部失败成本

2.质量成本报告

质量成本报告是指根据质量成本分析的结果，向有关部门汇报时所作的书面陈述，它可以作为制定质量方针目标、评价质量体系的有效性和进行质量改进的依据。

质量成本报告是企业组织完善质量成本控制的必要措施。通过质量成本报告，企业组织的经理人可以全面地评价企业组织当前的质量成本情况。它也是企业质量管理部门和财会部门对质量成本管理活动或某一典型事件进行调查、分析和建议的总结性文件。

质量成本报告按质量成本的分类，详细列示实际质量成本，并向企业组织的经理人员提供以下两个方面的重要信息：

（1）显示各类质量成本的支出情况以及财务影响。

（2）显示各类质量成本分布情况，以便企业组织的经理人判断各类质量成本的重要性。

通过了解这些信息，企业组织的经营管理人员就可以更有针对性地控制质量成本，改善成本结构。

【例8-4】某公司是一家生产皮鞋的公司，该公司本年度销售收入为720 000元，其他业务数据见表8-10。

表8-10　质量成本表　单位：元

成本项目	金额
三包费（包修、包退、包换）	12 000
检测人工费	16 000
质量培训费	51 000
返工返修	19 000
检测材料费	22 000
质量工作费	30 000

要求：编制本年度的质量成本报告，分析该公司质量成本控制情况。

解：（1）编制质量成本报告见表8-11。

表8-11　质量成本报告

质量成本项目	实际成本支出（元）	占质量成本总额的比例（%）	占销售收入的比例（%）
预防成本			
质量培训费	51 000	34	7.08
质量工作费	30 000	20	4.17
小计	81 000	54	11.25
鉴定成本			
检测材料费	22 000	14.67	3.06
检测人工费	16 000	10.67	2.22
小计	38 000	25.33	5.28
内部失败成本			
返工返修	19 000	12.67	2.64
小计	19 000	12.67	2.64
外部失败成本			
三包费	12 000	8	1.67
小计	12 000	8	1.67
质量成本合计	150 000	100	20.84

（2）分析：从以上质量成本报告可以看出，该公司由于生产经营的是有售后要求的产品（鞋子），所以对预防成本和鉴定成本加大投入，从而减少了失败成本，有利于企业形成良好声誉。该公司质量成本的结构还算合理。

当然企业组织也可以采用绘制统计图（如饼状图、柱状图）或文字描述的方式编制质量成本报告。

3. 质量绩效报告

为了反映企业在质量管理方面所取得的进展及绩效，企业还需要编制质量绩效报告。企业质量绩效报告包括中期报告、长期报告和多期质量趋势报告三种类型。企业要实现产品"零缺陷"目标是一项长期任务，不可能一蹴而就，这就需要制定一些中长期应该达到的质量成本控制目标，一方面可向企业的经理人报告当期质量管理取得的成效；另一方面可以增强员工的信心，为最终达到"零缺陷"目标而努力。

（1）中期报告

中期报告根据当期的质量目标列示质量管理的成效。企业期末编制质量绩效报告时，将实际质量成本与预算质量成本目标进行比较，确定其差异，分析差异产生的原因，明确应采取的改进措施。

如某公司中期质量绩效报告简表见表8-12，本期实际销售额为2 800 000元。

表8-12 中期质量绩效报告 金额单位：元

项目	实际质量成本	预算质量成本	差异类型	差异额
预防成本小计	15 6000	158 000	有利差异	2 000
鉴定成本小计	99 000	98 000	不利差异	1 000
内部失败成本小计	95 000	78 000	不利差异	17 000
外部失败成本小计	81 500	72 000	不利差异	9 500
质量成本合计	431 500	406 000	不利差异	25 500
质量成本占实际销售额的比例	15.41%	14.50%	不利差异	0.91%

从表8-12可知，该公司当期的质量管理成效并不理想，除预防成本属于有利差异外，其他项目的差异都属于不利差异。整体绩效与预期目标相差25 500元，该公司质量管理还有较大的改善空间。

（2）长期报告

长期报告根据长期质量目标列示企业质量管理成效。如某公司的长期质量绩效报告简表见表8-13，其中2021年实际销售额为2 800 000元，2020年实际销售额为2 790 000元。

从表8-13可知，该公司2021年度的质量管理成效与2020年度相比，成本总额下降了，各项成本差异都表现为有利差异，说明该公司在质量管理方面取得了明显成效。

（3）多期质量趋势报告

多期质量趋势报告列示了企业实施质量管理以来所取得的成效。多期质量趋势报告的编制必须以多个期间企业组织的质量成本相关数据为基础，并绘制质量趋势图。趋势

表8-13　**长期质量绩效报告**　金额单位：元

项目	实际成本（2021年度）	实际成本（2020年度）	成本差异	
预防成本小计	156 000	159 000	有利差异	3 000
鉴定成本小计	99 000	107 000	有利差异	8 000
内部失败成本小计	95 000	96 000	有利差异	1 000
外部失败成本小计	81 500	85 000	有利差异	3 500
质量成本合计	431 500	447 000	有利差异	15 500
质量成本占实际销售额比例	15.41%	16.02%	有利差异	0.61%

图可以采用坐标分析图、柱形比较图等多种方式，旨在帮助企业的经理人员评价企业发展趋势是否合理，质量成本控制是否有效，以便做出相应的决策。

在企业管理实践中，质量、成本、交货期（工期）成为紧密相关的三个要素。提高质量，在短期内会增加成本，尤其是预防成本和鉴定成本，但在长期会降低成本，给企业带来好的市场声誉和长期经济效益。严格控制质量，也会影响交货期（工期）。很多企业为了赶交货期（工期），损害了产品或劳务（工程）的质量，影响了企业的声誉和市场份额。当然成本与交货期（工期）也存在需要权衡的矛盾，交货期紧会增加成本，比如加班工资。

总之，管理会计报告需要根据企业（或组织）所面临的管理问题，运用管理会计的工具和方法，融合业务与财务，整合财务信息和非财务信息，形成对企业（或组织）内部管理决策有用的报告信息。

同步技能训练

一、单项选择题（每题只有一个正确答案，请将正确答案填在括号内）

1.下列各项关于管理会计报告的说法，不正确的是（　　）。

A.管理会计报告是对外报告

B.管理会计报告没有统一的格式和规范

C.管理会计报告的主要报告格式是边际贡献格式

D.管理会计报告的对象是一个组织内部对管理会计信息有需求的各个层级、各环节的管理者

2.下列各项关于管理会计报告分类的结果，正确的是（　　）。

A.整体报告与分部报告　　B.战略报告与业务报告

C.综合报告与分部报告　　D.综合报告与专项报告

3.下列各项关于企业管理会计报告的分类，正确的是（　　）。

A.按照企业管理会计报告使用者所处的管理层级可以分为战略层管理会计报告、

经营层管理会计报告和业务层管理会计报告

B.按照责任范围可以分为综合（整体）企业管理会计报告和专项（分部）管理会计报告

C.按照管理会计功能可以分为管理规划报告、管理决策报告、管理控制报告和管理评价报告

D.按照管理会计功能可以分为成本中心报告、利润中心报告和投资中心报告

4.下列各项关于管理会计报告的说法，正确的是（　　）。

A.管理会计报告的内容是根据企业会计准则确定的

B.管理会计报告的内容是根据企业需要确定的

C.管理会计报告的内容是根据企业管理制度确定的

D.管理会计报告的内容是根据外部使用的需要确定的

5.下列各项关于管理会计报告工作流程的说法，正确的是（　　）。

A.管理会计报告工作流程是由法律规定的

B.管理会计报告工作流程与企业的组织框架相适应

C.管理会计报告工作流程是由管理者确定的

D.各企业的管理会计报告内容不同，但工作流程相同

6.按企业使用报告的层级，可以将管理会计报告分为（　　）。

A.战略管理报告、战略层报告和分部报告

B.战略层报告、经营层报告和业务层报告

C.战略层报告、经营层报告和整体报告

D.战略层报告、业务层报告和专项报告

7.下列各项关于管理会计报告的说法，正确的是（　　）。

A.管理会计报告是一种为企业价值管理和决策提供支持的内部报告

B.管理会计报告是一种为利益相关者提供决策支持的报告

C.管理会计报告很少对内报告，而主要是对外提供信息

D.管理会计报告是对内的一种报告，因而它在报告形式要件上没有什么规定

8.下列各项表述正确的是（　　）。

A.法律法规明确规定了管理会计的报告时间

B.法律法规没有明确规定管理会计的报告时间

C.管理会计的报告时间为一个月

D.管理会计的报告时间为一个季度

9.下列各项中，属于内部失败成本的是（　　）。

A.检验员工的工资福利费

B.由于产品不符合质量标准而产生的停工整修成本

C.产品因存在缺陷而错失的销售机会

D.问题产品的退货、返修

10.为了反映企业在质量管理方面所取得的进展及绩效，企业需要编制（　　）。

A.质量成本报告　　　　B.鉴定成本报告

C.预防成本报告　　D.质量绩效报告

11.下列各项属于成本中心的业绩考核指标的是（　　）。

A.责任成本　　B.制造成本

C.完全成本　　D.变动成本

12.反映产品或劳务的实际性能与其设计性能的符合程度的质量是（　　）。

A.设计质量　　B.研发质量

C.生产质量　　D.符合性质量

13.通常发生在产品被消费者接受以后的阶段的成本是（　　）。

A.预防成本　　B.鉴定成本

C.内部失败成本　　D.外部失败成本

14.下列各项不属于企业质量绩效报告类型的是（　　）。

A.中期报告　　B.短期报告

C.长期报告　　D.多期质量趋势报告

15.下列各项关于多期质量趋势报告的内容表述，不正确的是（　　）。

A.列示了企业实施质量管理以来所取得的成效

B.多期质量趋势报告的编制必须以多个期间企业组织的质量成本相关数据为基础

C.多期质量趋势报告应绘制出质量趋势图

D.多期质量趋势报告应反映质量、成本、交货期（工期）之间的均衡

二、多项选择题（每题有两个或两个以上正确答案，请将正确答案填在括号内）

1.下列各项属于管理会计报告的特征的有（　　）。

A.管理会计报告没有统一的格式和规范

B.管理会计报告遵循结果导向

C.管理会计报告提供的信息不仅包括财务信息，还包括非财务信息

D.管理会计报告如果涉及会计业绩的报告，其主要的报告格式应该是边际贡献格式

2.下列各项属于利润中心业绩报告所应披露的业绩考核指标有（　　）。

A.该中心的边际贡献　　B.该中心的分部经理边际贡献

C.该中心的部门边际贡献　　D.该中心的投资报酬率

3.下列各项属于预防成本的有（　　）。

A.质量工作费用　　B.教育培训费用

C.检测工作费用　　D.废料、返工费用

4.下列各项不属于可控质量成本的有（　　）。

A.预防成本　　B.鉴定成本

C.内部失败成本　　D.外部失败成本

5.下列各项中，属于企业管理会计报告的工作环节的有（　　）。

A.编制　　B.审批　　C.报送　　D.使用和评价

6.按报告内容分，管理会计报告可分为（　　）。

A.综合报告　　B.专项报告　　C.整体报告　　D.分部报告

7.管理会计报告按其功能可分为（　　）。

A.管理规划报告　　B.管理决策报告

C.管理控制报告　　D.管理评价报告

8.下列各项中，属于战略层管理会计报告的有（　　）。

A.综合业绩报告　　B.全面预算管理报告

C.融资分析报告　　D.价值创造报告

9.下列各项中，属于经营层管理会计报告的有（　　）。

A.成本管理报告　　B.全面预算管理报告

C.融资分析报告　　D.盈利分析报告

10.下列各项中，属于业务层管理会计报告的有（　　）。

A.资金管理报告　　B.研究开发报告

C.采购业务报告　　D.售后服务业务报告

三、判断题（正确的在括号内打"√"，错误的打"×"）

1.（　　）管理会计报告的编制时间没有法律的要求，企业可根据战略需要决定报告时间与周期。

2.（　　）管理会计报告是一种为企业价值管理和决策提供支持所需要的内部报告。

3.（　　）同财务报告一样，管理会计报告的形式、内容等，全部由企业会计准则来确定。

4.（　　）战略层管理会计报告是为战略层开展战略规划、决策、控制和评价以及其他方面的管理活动提供相关信息的对内报告。

5.（　　）因管理会计报告属于对内报告，很少对外提供，因此责任者编制完成即可报送。

6.（　　）企业管理会计报告由财务会计信息归集、处理并报送的责任部门编制。

7.（　　）企业管理会计报告的编制、审批、报送、使用等应与企业组织架构相适应。

8.（　　）经营层管理会计报告的报告对象是企业的业务部门、职能部门以及车间、班组等。

任务二　管理会计信息系统

一、管理会计信息系统的概念

管理会计信息系统是指以财务和业务信息为基础，借助计算机、网络通信等现代信息技术手段，对管理会计信息进行收集、整理、加工、分析和报告等操作处理，为企业有效开展管理会计活动提供全面、及时、准确信息支持的各功能模块的有机集合。

管理会计信息是指融合财务与业务活动，在单位规划、决策、控制和评价等方面发挥重要作用的一系列管理活动中利用到的相关信息。

管理会计信息既包括财务信息，也包括非财务信息，两者在经营决策中同等重要。企业财务信息主要以货币为表现形式，是表明企业资金运动的状况及特征的数据资料，如资产、负债、收入、成本等；非财务信息则是与企业生产经营活动有着直接或间接联系的除财务信息以外的各种信息资料，如企业背景、面临的机会与风险、人力资源信息、核心竞争力及持续发展等。由于非财务信息繁多而复杂，利用成本高，外部对此关注度相对较低，企业刻意修饰它的可能性比财务信息要小，因此一般情况下，它比财务信息更真实可靠。

在大数据时代背景下，《财政部关于全面推进管理会计体系建设的指导意见》提出，要推进面向管理会计的信息系统建设，指导单位建立面向管理会计的信息系统，以信息化手段为支撑，实现会计与业务活动有机融合，推动管理会计功能有效发挥。

【想一想 8-2】管理会计信息系统与财务会计信息系统有什么关联？

二、建设和应用管理会计信息系统的原则

企业建设和应用管理会计信息系统，一般应遵循以下原则：

（一）系统集成原则

管理会计信息系统各功能模块应集成在企业整体信息系统中，与财务和业务信息系统紧密结合，实现信息的集中统一管理及财务和业务信息到管理会计信息的自动生成。

（二）数据共享原则

企业建设管理会计信息系统应实现系统间的无缝对接，通过统一的规则和标准，实现数据的一次采集，全程共享，避免产生信息孤岛。

（三）规则可配原则

管理会计信息系统各功能模块应提供规则配置功能，实现其他信息系统与管理会计信息系统相关内容的映射和自定义配置。

（四）灵活扩展原则

管理会计信息系统应具备灵活扩展性，通过及时补充有关参数或功能模块，对环境、业务、产品、组织和流程等的变化及时做出响应，满足企业内部管理需要。

（五）安全可靠原则

管理会计信息系统应充分保障其设备、网络、应用及数据安全，严格授权，做好数据灾备建设，具备良好的抵御外部攻击能力，保证系统的正常运行并确保信息的安全、保密、完整。

【练一练 8-5】下列各项不属于企业建设和应用管理会计信息系统应遵循的原则是（　　）。

A. 系统集成原则　　　　B. 数据共享原则

C. 灵活扩展原则　　　　D. 成本效益原则

三、管理会计信息系统的应用环境

企业建设管理会计信息系统，一般应具备以下条件：

（1）对企业战略、组织结构、业务流程、责任中心等有清晰定义。

（2）设有具备管理会计职能的相关部门或岗位，具有一定的管理会计工具方法的应用基础以及相对清晰的管理会计应用流程。

（3）具备一定的财务和业务信息系统应用基础，包括已经实现相对成熟的财务会计系统的应用，并在一定程度上实现了经营计划管理、采购管理、销售管理、库存管理等基础业务管理职能的信息化。

四、管理会计信息系统建设和应用程序

管理会计信息系统的建设和应用程序既包括系统的规划和建设过程；也包括系统的应用程序，即输入、处理和输出过程。

（一）管理会计信息系统规划和建设

管理会计信息系统规划和建设过程一般包括系统规划、系统实施和系统维护等环节。

1. 系统规划环节

在管理会计信息系统规划环节，企业应将管理会计信息系统规划纳入企业信息系统建设的整体规划中，遵循整体规划、分步实施的原则，根据企业的战略目标和管理会计应用目标，形成清晰的管理会计应用需求，因地制宜逐步推进。

2. 系统实施环节

在管理会计信息系统实施环节，企业应制订详尽的实施计划，清晰划分实施的主要阶段、有关活动和详细任务的时间进度。实施阶段一般包括项目准备、系统设计、系统实现、测试和上线、运维及支持等过程。

3. 系统维护环节

企业应做好管理会计信息系统的运维和支持，实现日常运行维护支持及上线后持续培训和系统优化。

（二）管理会计信息系统的应用程序

管理会计信息系统的应用程序一般包括输入、处理和输出三个环节。

1. 输入环节

输入环节是指管理会计信息系统采集或输入数据的过程。管理会计信息系统需提供已定义清楚数据规则的数据接口，以自动采集财务和业务数据。同时，系统应支持本系统其他数据的手工录入，以利于相关业务调整和补充信息的需要。

2. 处理环节

处理环节是指借助管理会计工具模型进行数据加工处理的过程。管理会计信息系统可以充分利用数据挖掘、在线分析处理等商业智能技术，借助相关工具对数据进行综合查询、分析统计，挖掘有助于企业管理活动的信息。

3. 输出环节

输出环节是指提供丰富的人机交互工具、集成通用的办公软件等成熟工具，自动生成或导出数据报告的过程。数据报告的展示形式应注重易读性和可视化。

最终的系统输出结果不仅可以采用独立报表或报告的形式展示给用户，也可以输出或嵌入其他信息系统，为各级管理部门提供管理所需的相关、及时的信息。

五、管理会计信息系统的模块

管理会计信息系统的模块包括成本管理、预算管理、绩效管理、投资管理、管理会计报告以及其他功能模块。管理会计信息系统模块图如图8-1所示。

图8-1　管理会计信息系统模块图

（一）成本管理模块

成本管理模块应实现成本管理的各项主要功能，一般包括对成本要素、成本中心、成本对象等参数的设置，以及对成本核算方法的配置，从财务会计核算模块、业务处理模块以及人力资源等模块抽取所需数据，进行精细化成本核算，生成分产品、分批次（订单）、分环节、分区域等多维度的成本信息，以及基于成本信息进行成本分析，实现对成本的有效控制，为企业成本管理的事前计划、事中控制、事后分析提供有效的支持。

成本管理模块应提供基于指标分摊、作业分摊等的多种成本分摊方法，利用预定义的规则，按要素、期间、作业等进行分摊。

1. 成本核算

成本核算主要完成对企业生产经营过程各个交易活动或事项的实际成本信息的收集、归纳、整理，并计算出实际发生的成本数据，支持多种成本计算和分摊方法，准确地度量、分摊和分配实际成本。

成本核算的输入信息一般包括业务事项的记录和货币计量数据等。企业应使用具体成本工具方法（如完全成本法、变动成本法、作业成本法、目标成本法、标准成本法等），建立相应的计算模型，以各级成本中心为核算主体，完成成本核算的处理过程。成本核算处理过程结束后，应能够输出实际成本数据、管理层以及各个业务部门所需要的成本核算报告等。

2. 成本分析

成本分析主要实现对实际成本数据分类比较、因素分析比较等，发现成本和利润的驱动因素，形成评价结论，编制各种形式的分析、评价指标报告等。

成本分析的输入信息一般包括成本标准或计划数据、成本核算子模块生成的成本实际数据等。企业应根据输入数据和规则，选择具体分析评价方法（如差异分析法、趋势分析法、结构分析法等），对各个成本中心的成本绩效进行分析比较，汇总形成各个责任中心及企业总体成本绩效报告，并输出成本分析报告、成本绩效报告等。

3. 成本预测

成本预测主要实现对不同成本对象的成本估算预测。

成本预测的输入信息一般包括业务计划数据、成本评价结果、成本预测假设条件以及历史数据、行业对标数据等。企业应运用成本预测模型（如算术平均法、加权平均法、平滑指数法等）对下一个工作周期的成本需求进行预测，根据经验或行业可比数据对模型预测结果进行调整，并输出成本预测报告。

4. 成本控制

成本控制主要按照既定的成本费用目标，对构成成本费用的诸要素进行规划、限制和调节，及时纠正偏差，控制成本费用超支，把实际耗费控制在成本费用计划范围内。

成本控制的输入信息一般包括成本费用目标和政策、成本分析报告、预算控制等。企业应建立工作流程审批授权机制，以实现费用控制过程，通过成本预警机制实现成本控制的处理过程，输出费用支付清单、成本控制报告等。

（二）预算管理模块

预算管理模块应实现的主要功能包括对企业预算参数设置、预算管理模型搭建、预算目标制定、预算编制、预算执行控制、预算调整、预算分析和评价等全过程的信息化管理。

1. 预算目标和计划制定

预算目标和计划制定主要完成企业目标设定和业务计划的制订，是实现预算的启动和准备过程。

预算目标和计划制定的输入信息一般包括企业愿景与战略规划、内外部环境信息、投资者和管理者期望、往年绩效数据、经营状况预测以及公司战略举措、各业务板块主要业绩指标等。企业应对内外部环境和问题进行分析，评估预算备选方案，制订详细的业务计划，输出企业与各业务板块主要绩效指标和部门业务计划等。

2. 预算编制

预算编制主要完成预算目标设定、预算分解和目标下达、预算编制和汇总以及预算审批，实现自上而下、自下而上等多种预算编制流程，并提供固定预算、弹性预算、零基预算、滚动预算、作业预算等一种或多种预算编制方法的处理机制。

预算编制的输入信息一般包括历史绩效数据、关键绩效指标、预算驱动因素、管理费用标准等。企业应借助适用的预测方法（如趋势预测、平滑预测、回归预测等）建立预测模型，辅助企业制定预算目标，依据预算管理体系，自动分解预算目标，辅助预算的审批流程，自动汇总预算。最终输出结果应为各个责任中心的预算方案等。

预算管理模块应能提供给企业根据业务需要编制多期间、多情景、多版本、多维度预算计划的功能，以满足预算编制的要求。

3. 预算执行控制

预算执行控制主要实现预算信息模块与各财务和业务系统的即时数据交换，实现对财务和业务预算执行情况的实时控制等。

预算执行控制的输入信息一般包括企业各业务板块及部门的主要绩效指标、业务计划、预算执行控制标准及预算执行情况等。企业应通过对数据的校验、比较和查询汇总，比对预算目标和执行情况的差异，建立预算监控模型，对超预算情形预警和冻结，形成预算执行情况报告，执行预算控制审核机制以及例外预算管理等。最终输出结果为预算执行差异分析报告、经营调整措施等。

4. 预算调整

预算调整主要实现对部分责任中心的预算数据进行调整，完成调整的处理过程等。

预算调整的输入信息一般包括企业各业务板块及部门的主要绩效指标、预算执行差异分析报告等。企业对预算数据进行调整，并依据预算管理体系，自动分解调整后的预算目标，辅助调整预算的审批流程，自动汇总预算。最终输出结果为各个责任中心的预算调整报告、调整后的绩效指标等。

5. 预算分析和评价

预算分析和评价主要提供多种预算分析模型，实现在预算执行的数据基础上，对预算数和实际发生数进行多期间、多层次、多角度的预算分析，最终完成预算的业绩评价，为绩效考核提供数据基础。

预算分析和评价的输入信息一般包括预算指标及预算执行情况，以及业绩评价的标准与考核办法等数据。企业应建立差异计算模型，实现预算差异的计算，辅助实现差异成因分析过程，最终输出部门、期间、层级等多维度的预算差异分析报告等。

（三）绩效管理模块

绩效管理模块主要实现业绩评价和激励管理过程中各要素的管理功能，一般包括业绩计划和激励计划的制订、业绩计划和激励计划的执行控制、对业绩评价与激励实施管理等，为企业的绩效管理提供支持。

绩效管理模块应提供企业各项关键绩效指标的定义和配置功能，并可从其他模块自动获取各业务单元或责任中心相应的实际绩效数据，进行计算处理，形成绩效执行情况报告及差异分析报告。

1. 业绩计划和激励计划的制订

业绩计划和激励计划制订主要完成绩效管理目标和标准的设定、绩效管理目标的分解和下达、业绩计划和激励计划的编制过程，以及计划的审批流程。

业绩计划和激励计划制订的输入信息一般包括企业及各级责任中心的战略关键绩效指标和年度经营关键绩效指标，以及企业绩效评价考核标准、绩效激励形式、条件等基础数据。处理过程一般包括构建指标体系、分配指标权重、确定业绩目标值、选择业绩评价计分方法以及制订薪酬激励、能力开发激励、职业发展激励等多种激励计划，输出各级考核对象的业绩计划、绩效激励计划等。

2. 业绩计划和激励计划的执行控制

业绩计划和激励计划的执行控制主要实现与预算管理模块与各业务管理模块的即时数据交换，实现对业绩计划与激励计划执行情况的实时控制等。

业绩计划和激励计划的执行控制的输入信息一般包括绩效实际数据以及业绩计划和激励计划等。企业应建立指标监控模型，根据指标计算办法计算指标实际值，比对实际值与目标值的偏差，输出业绩计划和激励计划执行差异报告等。

3. 对业绩评价和激励实施管理

对业绩评价和激励实施管理主要实现对计划的执行情况进行评价，形成综合评价结果，向评价对象反馈改进建议及措施等。

对业绩评价和激励实施管理的输入信息一般包括评价对象的业绩指标实际值和目标值、指标计分方法和权重等。企业应选定评分方法计算评价分值，形成评价对象的综合评价结果，输出业绩评价结果报告和改进建议等。

（四）投资管理模块

投资管理模块主要实现对企业投资项目进行计划和控制的系统支持过程，一般包括投资计划的制订和对每个投资项目进行的即时管控等。

1. 投资管理模块建设要求

（1）投资管理模块应与成本管理模块、预算管理模块、绩效管理模块和管理会计报告模块等进行有效集成和数据交换。

（2）投资管理模块应辅助企业实现投资计划的编制和审批过程。企业可以借助投资管理模块定义投资项目、投资程序、投资任务、投资预算、投资控制对象等基本信息；在此基础上，制订企业各级组织的投资计划和实施计划，实现投资计划的分解和下达。

（3）投资管理模块应实现对企业具体投资项目的管控过程。企业可以根据实际情况，将项目管理功能集成到投资管理模块中，也可以实施单独的项目管理模块来实现项目的管控过程。

2. 投资管理模块功能

投资管理模块主要实现对投资项目的系统化管理过程，一般包括项目设置、项目计划与预算、项目执行、项目结算与关闭、项目报告以及项目后审计等功能。

（1）项目设置

该功能主要完成项目（如项目名称、项目期间、成本控制范围、利润中心等参数），以及工作分解、作业和项目文档等的定义和设置，为项目管理提供基础信息。

（2）项目计划与预算

该功能主要完成项目里程碑计划、项目实施计划、项目概算、项目利润及投资测算、项目详细预算等过程，并辅助实现投资预算的审核和下达过程。项目里程碑计划，一般包括对项目的关键节点进行定义，在关键节点对项目进行检查和控制，以及确定项目各阶段的开始和结束时间等。

（3）项目执行

该功能主要实现项目的拨款申请，投资计量，项目实际发生值的确定、计算和汇总，以及与目标预算进行比对，对投资进行检查和成本管控。

（4）项目结算与关闭

该功能通过定义的结算规则，运用项目结算程序，对项目实现期末结账处理。结算完成后，对项目执行关闭操作，保证项目的可控性。

（5）项目报告

项目管理模块应向用户提供关于项目数据的各类汇总报表及明细报表，主要包括项目计划、项目投资差异分析报告等。

（6）项目后审计

企业可以根据实际需要，在项目管理模块中提供项目后辅助审计功能，依据项目计划和过程建立工作底稿，对项目的实施过程、成本、绩效等进行审计和项目后评价。

(五)管理会计报告模块

管理会计报告模块应实现基于信息系统中财务数据、业务数据自动生成管理会计报告，支持企业有效实现各项管理会计活动功能。管理会计报告模块的建设，应实现以下功能：

(1)管理会计报告模块应为用户生成报告提供足够丰富、高效、及时的数据源，必要时应建立数据仓库和数据集市，形成统一规范的数据集，并在此基础上，借助数据挖掘等商务智能工具方法，自动生成多维度报表。

(2)管理会计报告模块应为企业战略层、经营层和业务层提供丰富的通用报告模板；为企业提供灵活的自定义报告功能。企业可以借助报表工具自定义管理会计报表的报告主体、期间(定期或不定期)、结构、数据源、计算公式以及报表展现形式等。系统可以根据企业自定义报表的模板自动获取数据进行计算加工，并以预先定义的展现形式输出。

(3)管理会计报告模块应提供用户追溯数据源的功能。用户可以在系统中对报告的最终结果数据进行追溯，可以层层追溯其数据来源和计算方法，直至业务活动。

(4)管理会计报告模块可以独立的模块形式存在于信息系统中，从其他管理会计模块中获取数据生成报告；也可内嵌到其他管理会计模块中，作为其他管理会计模块重要的输出环节。

(5)管理会计报告模块应与财务报告系统相关联，既能有效生成企业整体报告，也能生成分部报告，并实现整体报告和分部报告的联查。

(6)管理会计信息系统各模块应集成于企业整体信息系统中，与财务和业务信息系统紧密结合。

管理会计信息系统是企业信息系统的一个子系统。管理会计信息系统各模块既是独立的操作系统，又与其他模块有着密切的联系，共同打造管理会计信息系统的业务流、资金流、信息流，三流合一，用会计的思维、从管理的视角参与管理，解析过去、控制现在、筹划未来。

同步技能训练

一、单项选择题(每题只有一个正确答案，请将正确答案填在括号内)

1.下列各项中，属于管理会计信息的是(　　)。

A.财务和非财务信息　　B.财务和人力资源信息

C.非财务和环境信息　　D.业务基础和非财务信息

2.下列各项中，属于管理会计信息系统安全性原则的是(　　)。

A.严格控制授权　　B.设置功能模块

C.补充参数　　D.统一标准

3.管理会计信息系统，是指以(　　)为基础，借助计算机、网络通信等现代信息技术手段，对管理会计信息进行收集、整理、加工、分析和报告等操作处理，为企业有效开展管理会计活动提供全面、及时、准确信息支持的各功能模块的有机集合。

A.财务信息　　B.业务信息

C.财务和业务信息　　D.会计信息

4.在管理会计信息系统的规划环节应遵循的原则是（　　）。

A.整体规划　　B.分步实施

C.整体规划、分步实施　　D.因地制宜、逐步推进

5.下列各项不属于项目管理模块功能的是（　　）。

A.项目计划与预算　　B.项目核算

C.项目结算与关闭　　D.项目后审计

6.下列各项不属于非财务信息的是（　　）。

A.投资项目　　B.投资任务

C.投资预算　　D.投资程序

7.下列各项属于财务信息的是（　　）。

A.经营目标　　B.产品寿命周期

C.收入、成本　　D.资源利用情况

8.下列各项中，不属于预算编制的输入信息的是（　　）。

A.历史绩效数据　　B.关键绩效指标

C.预算驱动因素　　D.制造费用标准

二、多项选择题（每题有两个或两个以上正确答案，请将正确答案填在括号内）

1.从信息论的角度看，下列各项属于管理会计信息系统信息模块的有（　　）。

A.成本管理模块　　B.预算管理模块

C.绩效管理模块　　D.管理会计报告模块

2.企业建设和应用管理会计信息系统一般应遵循的原则有（　　）。

A.系统集成原则　　B.数据共享原则

C.灵活扩展原则　　D.安全可靠原则

3.管理会计信息系统规划和建设过程一般包括（　　）环节。

A.系统规划　　B.系统维护

C.系统实施　　D.系统升级

4.管理会计信息系统的应用程序一般包括（　　）三个环节。

A.输入　　B.处理　　C.输出　　D.建设

5.下列各项属于财务信息的有（　　）。

A.收入　　B.顾客　　C.成本　　D.销售利润

6.下列各项属于非财务信息的有（　　）。

A.企业背景　　B.员工构成　　C.核心竞争力　　D.资产

三、判断题（正确的在括号内打“√”，错误的打“×”）

（　　）1.管理会计信息是管理会计报告的基本元素，仅指管理会计应用过程中所使用和生成的财务信息。

（　　）2.管理会计信息系统的应用程序包括输入、处理和输出三个环节。

（　　）3. 管理会计信息系统的建设和应用程序既包括系统的规划和建设过程，也包括系统的应用过程。

（　　）4. 投资管理模块与成本管理、预算管理、绩效管理、管理会计报告等模块之间不存在数据交换问题。

（　　）5. 对业绩评价和激励实施管理主要实现对计划执行情况的评价。

（　　）6. 预测管理模块应能提供给企业根据业务需要编制多期间、多场景、多版本、多维度预算计划的功能，以满足预算编制的要求。

（　　）7. 管理会计信息系统应具备灵活扩展性，通过及时补充有关参数或功能模块，对环境、业务、产品、组织和流程等的变化及时做出响应，满足企业内部管理需要。

（　　）8. 从管理会计角度来看，企业非财务信息比财务信息重要。

项目八

拓展阅读

思政园地

党的十八大以来，党中央高度重视发展数字经济，将其上升为国家战略。党的十九届五中全会提出，发展数字经济，推进数字产业化和产业数字化，推动数字经济和实体经济深度融合。

随着“大智移云物区”等数字技术的快速发展，数字技术的应用也越来越广泛。数字经济推动了产业模式的更新换代，企业价值创造的方式同时受到影响，这对于直接参与价值创造的管理会计而言，其决策功能、管理角色、管理手段和管理效率等也将发生改变，对管理会计信息系统的建设是一个重要的机遇。

在这样的数字经济环境下，海尔集团大力推进管理会计信息系统的建设，将其作为企业信息化的重要组成部分，通过管理会计体系将组织的战略转化为每个员工的价值。海尔集团以人单合一双赢模式为体系，以小微团队为单元，构建了整合的管理会计信息系统，包括预算管理、管理会计报告、绩效评价、内控管理等信息化系统。通过管理会计信息系统，让员工广泛参与管理和经营活动，推进战略、组织、流程和机制的有机整合，实现目标、预算、绩效评价和激励的有机闭环，促进员工、用户、合作方与企业的价值目标统一。海尔集团的财务转型与管理会计信息系统有力支持了企业价值创造和经营效率的提升。

资料来源：彭家钧．海尔财务信息化系统的构建与运行［J］．财务与会计．2015（15）．

思考：数字经济时代下的管理会计信息系统如何更好地发挥参与管理决策作用？

项目小结

通过本项目的学习，应当把握的要点是：

（1）管理会计报告，是指企业运用管理会计方法，根据财务和业务的基础信息加工整理形成的，满足企业价值管理和决策支持需要的内部报告。其目标是为企业各层级进行规划、决策、控制和评价等管理活动提供有用信息。

（2）管理会计报告有以下几个特征：没有统一的格式和规范；遵循问题导向；提供的信息多样化，更强调信息的有用性；会计业绩的报告格式应该是边际贡献格式；报告对象是各个层级、各个环节的管理者。

（3）管理会计报告可按照使用者、报告内容多种标准进行分类。按照企业管理会计报告使用者所处的管理层级可分为战略层管理会计报告、经营层管理会计报告和业务层管理会计报告；按照企业管理会计报告内容可分为综合企业管理会计报告和专项企业管理会计报告；按照管理会计功能可分为管理规划报告、管理决策报告、管理控制报告和管理评价报告；按照责任中心可分为投资中心报告、利润中心报告和成本中心报告。

（4）管理会计报告通常本身并没有形成统一的格式规范，对企业有一定共识基础的管理会计报告主要是企业内部责任中心业绩报告和质量成本报告。

（5）管理会计信息系统，是指以财务和业务信息为基础，借助计算机、网络通信等现代信息技术手段，对管理会计信息进行收集、整理、加工、分析和报告等操作处理，为企业有效开展管理会计活动提供全面、及时、准确信息支持的各功能模块的有机集合。管理会计信息是指融合财务与业务活动，在单位规划、决策、控制和评价等方面发挥重要作用的一系列管理活动中利用到的相关信息，既包括财务信息也包括非财务信息。

（6）管理会计信息系统包括成本管理模块、预算管理模块、绩效管理模块、投资管理模块、管理会计报告模块以及其他功能模块。建设和应用管理会计信息系统应遵循的原则：系统集成原则、数据共享原则、规则可配原则、灵活扩展原则、安全可靠原则。

综合案例分析

重庆南方摩托车有限责任公司（以下简称南方摩托）为增强产业整体的市场抗风险能力，充分应用管理会计的内部管理报告工具，重点从产品、产业、人员、资产、资金、费用等方面进行数据梳理和匹配分析，揭示管理短板、资源现状及其配置效率、价值创造能力等问题，并查找原因，制定措施，形成报告，力求从财务、业务等多方面为公司明确战略方向、落实规划措施提供有力的量化支撑。

一、编制13张管理会计报表

南方摩托编制的13张管理会计报表以资产、利润、人员、成本、产品等为对象，主要分析填列人、财、物资源的分布状况，明确资源在产品、产业中的配置效率，并梳理出经营性损益和非经营性损益，从而揭示相关产品、产业的效益情况。

这13张管理会计报表包括7张主表：一是业务结构资产负债表，二是业务结构利润表，三是业务结构用工规模及人工成本表，四是产品单品效益分析表，五是费用习性汇总表，六是盈利路径表，七是EVA驱动路径表。除上述7张主表，南方摩托的管理会计报表还包括主业无效资产明细表、主业低效固定资产明细表、非主业资产明细表、盈利结构分析表、偶然性和非持续性收益及成本费用支出明细表、费用习性明细表等6张明细表。

二、分析并优化产业战略及日常经营规划

1.优化产品产业规划

通过将企业内部有关数据代入业务结构利润表、产品单品效益分析表中，并结合主要指标对比情况分析显示，本部企业经营利润为负，毛利率较合资企业低，期间费用率较合资企业高。主要原因有两点：一是以摩托车为主的传统业务亏损，而成长业务如车用空调、特种车、高端加工等虽边际利润较高，但营业收入规模小，不足以完全支撑产业整体效益改善。二是在剔除低效、无效资源等非生产经营性效益后生产经营性利润仍为负，同时发现摩托车产品材料占比和盈亏平衡点较高，表明摩托车产品效益需改善。对此，南方摩托提出了优化产品产业规划的对策：一是优化传统业务的产品结构，降低成本，提升盈利能力。二是投入更多资源到车用空调、特种车、高端加工等成长业务中，扩大盈利产业规模。三是打造外延式转型升级，发展传统业务中大排量和新兴业务通机等增量产业。

2.优化产能管理规划

通过将相关数据代入业务结构资产负债表、费用习性汇总表中分析得出，本部企业传统业务固定资产规模大，存在无效、低效资源，折旧、专用工装、摊销费用占比较高，结合产能利用率对比分析还发现，三家本部企业产能利用率低，形成浪费。对此，南方摩托提出了优化产能管理规划的对策：一是加强产业内制造资源整合，盘活各成员单位制造资源在其他成员单位的使用，加大共享力度。二是积极开拓市场，扩大产品规模，避免产能闲置。三是做大做强成长业务和新兴业务，实现固定资产资源再平衡。四是利用轻骑有限公司未搬迁的机会，合理规划摩托车产能，严格控制投资规模，使投入与产出匹配，减少资源占用。对于已搬迁成形的公司，加大力度处置闲置固定资产，提高资产运营效率。

3.优化人力资源规划

通过将企业内部相关数据代入业务结构利润表、业务结构用工规模及人工成本表中，并结合现行收入应达人员规模分析发现，本部企业传统业务中有冗员，人力资源未完全发挥作用。按现行收入规模折算人数，三家本部企业较行业水平总人数多。若按行业标准配置人员，预计盈利率可提升3%。对此，南方摩托提出了优化人力资源规划的对策：一是目标牵引，结合现有经济规模和企业最低人员数量要求，明确各单位人员数量减少的目标。二是加大改革调整力度，降低传统业务中的人员总量。三是创新机制，激发员工价值创造能力。四是加快转型升级、合资合作步伐，加快成长、新兴业务的拓展，积极消化冗余人员。五是加强与相关部门的沟通，寻求人员优化的政策支持。

4.优化资产结构规划

通过将企业内部有关数据代入业务结构资产负债表、业务结构利润表及EVA驱动路径表中，并结合按现行收入和对标总资产周转计算应达资产规模分析发现，本部企业收入与资产占用不完全匹配。销售规模较小，资产规模较大，存在无效、低效资源，效率效益较低，影响了价值创造能力的提升。与行业相比，三家本部企业在剔除无效资产

和长期投资后资产总额仍较高。若按行业标准配置资产，预计盈利率可提升1%以上。对此，南方摩托提出了优化资产结构规划的对策：一是进一步减少存货和应收账款，提高资金周转率。二是加大各成员单位间的研发及管理资产的整合和共享力度。三是加快清理闲置无效、低效资产，推动资产向主业集中，特别是向成长业务集中。四是严格控制投资规模，压缩非主业投资、低效投资、高风险投资和低水平重复投资。

5.优化负债结构规划

通过将有关数据代入业务结构资产负债表、业务结构利润表、费用习性汇总表中，并结合负债对比情况分析发现，本部企业资产负债率较高，融资规模和利息支出较大，表明企业存在非经营性费用。若按行业资产负债水平减少带息负债，年节约财务费用在1亿元以上。对此，南方摩托提出了优化负债结构规划的对策：一是盘活资产，加大资产处置的资金收取力度。二是资产处置资金专款专用，除用于经营性和资本性项目外，剩余部分全部用于还贷，以降低融资规模。三是严格控制带息资金来源，加强资本运作，积极寻求权益性融资。

三、提出盈亏平衡的路径和方向

通过以上综合分析并结合盈利路径表，南方摩托提出了盈亏平衡的路径和方向，即消除低效、无效资源带来的亏损，提高存量资源的产出效益，加快成长与新兴业务增量增利步伐，在开源的同时实现节流收益，逐步实现摩托车产业止亏、减亏和扭亏目标，确保产业健康持续发展。

资料来源：李华光，倪尔科，王国强，等．南方摩托内部管理报告应用与实践［J］．财务与会计，2015（2）．

要求：

（1）分析管理会计报告在管理会计发展中的作用。

（2）分析南方摩托管理会计报告的创新点。

（3）谈谈你从南方摩托内部管理报告应用中得到的启示。

参考文献

[1] 财政部. 会计改革与发展“十三五”规划纲要. 财会〔2016〕19号，2016.

[2] 财政部. 管理会计基本指引. 财会〔2016〕10号，2016.

[3] 财政部. 管理会计应用指引第100-101号——战略管理相关应用指引. 财会〔2017〕24号，2017.

[4] 财政部. 管理会计应用指引第200-201号——预算管理相关应用指引. 财会〔2017〕24号，2017.

[5] 财政部. 管理会计应用指引第300-304号——成本管理相关应用指引. 财会〔2017〕24号，2017.

[6] 财政部. 管理会计应用指引第400-403号——营运管理相关应用指引. 财会〔2017〕24号，2017.

[7] 财政部. 管理会计应用指引第500-502号——投融资管理相关应用指引. 财会〔2017〕24号，2017.

[8] 财政部. 管理会计应用指引第600-603号——绩效管理相关应用指引. 财会〔2017〕24号，2017.

[9] 财政部. 管理会计应用指引第801号——企业管理会计报告. 财会〔2017〕24号，2017.

[10] 财政部. 管理会计应用指引第802号——管理会计信息系统. 财会〔2017〕24号，2017.

[11] 财政部. 管理会计应用指引第202号——零基预算. 财会〔2018〕22号，2018.

[12] 财政部. 管理会计应用指引第203号——弹性预算. 财会〔2018〕22号，2018.

[13] 财政部. 管理会计应用指引第503号——情景分析. 财会〔2018〕22号，2018.

[14] 财政部. 管理会计应用指引第504号——约束资源优化. 财会〔2018〕22号，2018.

[15] 财政部. 管理会计应用指引第604号——绩效棱柱模型. 财会〔2018〕22号，2018.

[16] 财政部. 管理会计应用指引第700号——风险管理. 财会〔2018〕22号，2018.

[17] 财政部. 管理会计应用指引第701号——风险矩阵. 财会〔2018〕22号，2018.

[18] 财政部. 管理会计应用指引第204号——作业预算. 财会〔2018〕38号，2018.

[19] 财政部. 管理会计应用指引第404号——内部转移定价. 财会〔2018〕38号，2018.

[20] 财政部. 管理会计应用指引第405号——多维度盈利能力分析. 财会〔2018〕38号，2018.

[21] 财政部. 管理会计应用指引第702号——风险清单. 财会〔2018〕38号，2018.

[22] 财政部. 管理会计应用指引第803号——行政事业单位. 财会〔2018〕38号，2018.
[23] 王苹香，陈杨，王伟. 管理会计实务［M］. 3版. 北京：人民邮电出版社，2019.
[24] 崔婕. 管理会计［M］. 2版. 北京：清华大学出版社，2020.
[25] 康璇，王颖. 管理会计模拟实训［M］. 上海：立信会计出版社，2020.
[26] 周阅，丁增稳. 管理会计实务［M］. 2版. 北京：高等教育出版社，2020.
[27] 董京原. 管理会计基础［M］. 北京：高等教育出版社，2019.
[28] 陈兴述，李勇，陈祥碧. 管理会计［M］. 2版. 北京：高等教育出版社，2019.
[29] 高翠莲. 管理会计基础［M］. 北京：高等教育出版社，2018.
[30] 丁增稳，牛秀粉. 管理会计实务［M］. 北京：高等教育出版社，2019.
[31] 胡玉明. 管理会计应用指引详解与实务（最新版）［M］. 北京：经济科学出版社，2019.

附录

附表一

复利终值系数表

n	1%	2%	3%	4%	5%	6%	7%	8%	9%	10%	11%	12%	13%	14%	15%
1	1.0100	1.0200	1.0300	1.0400	1.0500	1.0600	1.0700	1.0800	1.0900	1.1000	1.1100	1.1200	1.1300	1.1400	1.1500
2	1.0201	1.0404	1.0609	1.0816	1.1025	1.1236	1.1449	1.1664	1.1881	1.2100	1.2321	1.2544	1.2769	1.2996	1.3225
3	1.0303	1.0612	1.0927	1.1249	1.1576	1.1910	1.2250	1.2597	1.2950	1.3310	1.3676	1.4049	1.4429	1.4815	1.5209
4	1.0406	1.0824	1.1255	1.1699	1.2155	1.2625	1.3108	1.3605	1.4116	1.4641	1.5181	1.5735	1.6305	1.6890	1.7490
5	1.0510	1.1041	1.1593	1.2167	1.2763	1.3382	1.4026	1.4693	1.5386	1.6105	1.6851	1.7623	1.8424	1.9254	2.0114
6	1.0615	1.1262	1.1941	1.2653	1.3401	1.4185	1.5007	1.5869	1.6771	1.7716	1.8704	1.9738	2.0820	2.1950	2.3131
7	1.0721	1.1487	1.2299	1.3159	1.4071	1.5036	1.6058	1.7138	1.8280	1.9487	2.0762	2.2107	2.3526	2.5023	2.6600
8	1.0829	1.1717	1.2668	1.3686	1.4775	1.5938	1.7182	1.8509	1.9926	2.1436	2.3045	2.4760	2.6584	2.8526	3.0590
9	1.0937	1.1951	1.3048	1.4233	1.5513	1.6895	1.8385	1.9990	2.1719	2.3579	2.5580	2.7731	3.0040	3.2519	3.5179
10	1.1046	1.2190	1.3439	1.4802	1.6289	1.7908	1.9672	2.1589	2.3674	2.5937	2.8394	3.1058	3.3946	3.7072	4.0456
11	1.1157	1.2434	1.3842	1.5395	1.7103	1.8983	2.1049	2.3316	2.5804	2.8531	3.1518	3.4786	3.8359	4.2262	4.6524
12	1.1268	1.2682	1.4258	1.6010	1.7959	2.0122	2.2522	2.5182	2.8127	3.1384	3.4985	3.8960	4.3345	4.8179	5.3503
13	1.1381	1.2936	1.4685	1.6651	1.8856	2.1329	2.4098	2.7196	3.0658	3.4523	3.8833	4.3635	4.8980	5.4924	6.1528
14	1.1495	1.3195	1.5126	1.7317	1.9799	2.2609	2.5785	2.9372	3.3417	3.7975	4.3104	4.8871	5.5348	6.2613	7.0757
15	1.1610	1.3459	1.5580	1.8009	2.0789	2.3966	2.7590	3.1722	3.6425	4.1772	4.7846	5.4736	6.2543	7.1379	8.1371

续表

n	1%	2%	3%	4%	5%	6%	7%	8%	9%	10%	11%	12%	13%	14%	15%
16	1.1726	1.3728	1.6047	1.8730	2.1829	2.5404	2.9522	3.4259	3.9703	4.5950	5.3109	6.1304	7.0673	8.1372	9.3576
17	1.1843	1.4002	1.6528	1.9479	2.2920	2.6928	3.1588	3.7000	4.3276	5.0545	5.8951	6.8660	7.9861	9.2765	10.7613
18	1.1961	1.4282	1.7024	2.0258	2.4066	2.8543	3.3799	3.9960	4.7171	5.5599	6.5436	7.6900	9.0243	10.5752	12.3755
19	1.2081	1.4568	1.7535	2.1068	2.5270	3.0256	3.6165	4.3157	5.1417	6.1159	7.2633	8.6128	10.1974	12.0557	14.2318
20	1.2202	1.4859	1.8061	2.1911	2.6533	3.2071	3.8697	4.6610	5.6044	6.7275	8.0623	9.6463	11.5231	13.7435	16.3665
21	1.2324	1.5157	1.8603	2.2788	2.7860	3.3996	4.1406	5.0338	6.1088	7.4002	8.9492	10.8038	13.0211	15.6676	18.8215
22	1.2447	1.5460	1.9161	2.3699	2.9253	3.6035	4.4304	5.4365	6.6586	8.1403	9.9336	12.1003	14.7138	17.8610	21.6447
23	1.2572	1.5769	1.9736	2.4647	3.0715	3.8197	4.7405	5.8715	7.2579	8.9543	11.0263	13.5523	16.6266	20.3616	24.8915
24	1.2697	1.6084	2.0328	2.5633	3.2251	4.0489	5.0724	6.3412	7.9111	9.8497	12.2392	15.1786	18.7881	23.2122	28.6252
25	1.2824	1.6406	2.0938	2.6658	3.3864	4.2919	5.4274	6.8485	8.6231	10.8347	13.5855	17.0001	21.2305	26.4619	32.9190
26	1.2953	1.6734	2.1566	2.7725	3.5557	4.5494	5.8074	7.3964	9.3992	11.9182	15.0799	19.0401	23.9905	30.1666	37.8568
27	1.3082	1.7069	2.2213	2.8834	3.7335	4.8223	6.2139	7.9881	10.2451	13.1100	16.7387	21.3249	27.1093	34.3899	43.5353
28	1.3213	1.7410	2.2879	2.9987	3.9201	5.1117	6.6488	8.6271	11.1671	14.4210	18.5799	23.8839	30.6335	39.2045	50.0656
29	1.3345	1.7758	2.3566	3.1187	4.1161	5.4184	7.1143	9.3173	12.1722	15.8631	20.6237	26.7499	34.6158	44.6931	57.5755
30	1.3478	1.8114	2.4273	3.2434	4.3219	5.7435	7.6123	10.0627	13.2677	17.4494	22.8923	29.9599	39.1159	50.9502	66.2118

续表

n	16%	17%	18%	19%	20%	21%	22%	23%	24%	25%	26%	27%	28%	29%	30%
1	1.1600	1.1700	1.1800	1.1900	1.2000	1.2100	1.2200	1.2300	1.2400	1.2500	1.2600	1.2700	1.2800	1.2900	1.3000
2	1.3456	1.3689	1.3924	1.4161	1.4400	1.4641	1.4884	1.5129	1.5376	1.5625	1.5876	1.6129	1.6384	1.6641	1.6900
3	1.5609	1.6016	1.6430	1.6852	1.7280	1.7716	1.8158	1.8609	1.9066	1.9531	2.0004	2.0484	2.0972	2.1467	2.1970
4	1.8106	1.8739	1.9388	2.0053	2.0736	2.1436	2.2153	2.2889	2.3642	2.4414	2.5205	2.6014	2.6844	2.7692	2.8561
5	2.1003	2.1924	2.2878	2.3864	2.4883	2.5937	2.7027	2.8153	2.9316	3.0518	3.1758	3.3038	3.4360	3.5723	3.7129
6	2.4364	2.5652	2.6996	2.8398	2.9860	3.1384	3.2973	3.4628	3.6352	3.8147	4.0015	4.1959	4.3980	4.6083	4.8268
7	2.8262	3.0012	3.1855	3.3793	3.5832	3.7975	4.0227	4.2593	4.5077	4.7684	5.0419	5.3288	5.6295	5.9447	6.2749
8	3.2784	3.5115	3.7589	4.0214	4.2998	4.5950	4.9077	5.2389	5.5895	5.9605	6.3528	6.7675	7.2058	7.6686	8.1573
9	3.8030	4.1084	4.4355	4.7854	5.1598	5.5599	5.9874	6.4439	6.9310	7.4506	8.0045	8.5948	9.2234	9.8925	10.6045
10	4.4114	4.8068	5.2338	5.6947	6.1917	6.7275	7.3046	7.9259	8.5944	9.3132	10.0857	10.9153	11.8059	12.7614	13.7858
11	5.1173	5.6240	6.1759	6.7767	7.4301	8.1403	8.9117	9.7489	10.6571	11.6415	12.7080	13.8625	15.1116	16.4622	17.9216
12	5.9360	6.5801	7.2876	8.0642	8.9161	9.8497	10.8722	11.9912	13.2148	14.5519	16.0120	17.6053	19.3428	21.2362	23.2981
13	6.8858	7.6987	8.5994	9.5964	10.6993	11.9182	13.2641	14.7491	16.3863	18.1899	20.1752	22.3588	24.7588	27.3947	30.2875
14	7.9875	9.0075	10.1472	11.4198	12.8392	14.4210	16.1822	18.1414	20.3191	22.7374	25.4207	28.3957	31.6913	35.3391	39.3738
15	9.2655	10.5387	11.9737	13.5895	15.4070	17.4494	19.7423	22.3140	25.1956	28.4217	32.0301	36.0625	40.5648	45.5875	51.1859

续表

n	16%	17%	18%	19%	20%	21%	22%	23%	24%	25%	26%	27%	28%	29%	30%
16	10.7480	12.3303	14.1290	16.1715	18.4884	21.1138	24.0856	27.4462	31.2426	35.5271	40.3579	45.7994	51.9230	58.8079	66.5417
17	12.4677	14.4265	16.6722	19.2441	22.1861	25.5477	29.3844	33.7588	38.7408	44.4089	50.8510	58.1652	66.4614	75.8621	86.5042
18	14.4625	16.8790	19.6733	22.9005	26.6233	30.9127	35.8490	41.5233	48.0386	55.5112	64.0722	73.8698	85.0706	97.8622	112.4554
19	16.7765	19.7484	23.2144	27.2516	31.9480	37.4043	43.7358	51.0737	59.5679	69.3889	80.7310	93.8147	108.8904	126.2422	146.1920
20	19.4608	23.1056	27.3930	32.4294	38.3376	45.2593	53.3576	62.8206	73.8641	86.7362	101.7211	119.1446	139.3797	162.8524	190.0496
21	22.5745	27.0336	32.3238	38.5910	46.0051	54.7637	65.0963	77.2694	91.5915	108.4202	128.1685	151.3137	178.4060	210.0796	247.0645
22	26.1864	31.6293	38.1421	45.9233	55.2061	66.2641	79.4175	95.0413	113.5735	135.5253	161.4924	192.1683	228.3596	271.0027	321.1839
23	30.3762	37.0062	45.0076	54.6487	66.2474	80.1795	96.8894	116.9008	140.8312	169.4066	203.4804	244.0538	292.3003	349.5935	417.5391
24	35.2364	43.2973	53.1090	65.0320	79.4968	97.0172	118.2050	143.7880	174.6306	211.7582	256.3853	309.9483	374.1444	450.9756	542.8008
25	40.8742	50.6578	62.6686	77.3881	95.3962	117.3909	144.2101	176.8593	216.5420	264.6978	323.0454	393.6344	478.9049	581.7585	705.6410
26	47.4141	59.2697	73.9490	92.0918	114.4755	142.0429	175.9364	217.5369	268.5121	330.8722	407.0373	499.9157	612.9982	750.4685	917.3333
27	55.0004	69.3455	87.2598	109.5893	137.3706	171.8719	214.6424	267.5704	332.9550	413.5903	512.8670	634.8929	784.6377	968.1044	1192.5333
28	63.8004	81.1342	102.9666	130.4112	164.8447	207.9651	261.8637	329.1115	412.8642	516.9879	646.2124	806.3140	1004.3363	1248.8546	1550.2933
29	74.0085	94.9271	121.5005	155.1893	197.8136	251.6377	319.4737	404.8072	511.9516	646.2349	814.2276	1024.0187	1285.5504	1611.0225	2015.3813
30	85.8499	111.0647	143.3706	184.6753	237.3763	304.4816	389.7579	497.9129	634.8199	807.7936	1025.9267	1300.5038	1645.5046	2078.2190	2619.9956

附表二

复利现值系数表

n	1%	2%	3%	4%	5%	6%	7%	8%	9%	10%	11%	12%	13%	14%	15%
1	0.9901	0.9804	0.9709	0.9615	0.9524	0.9434	0.9346	0.9259	0.9174	0.9091	0.9009	0.8929	0.885	0.8772	0.8696
2	0.9803	0.9612	0.9426	0.9246	0.907	0.89	0.8734	0.8573	0.8417	0.8264	0.8116	0.7972	0.7831	0.7695	0.7561
3	0.9706	0.9423	0.9151	0.889	0.8638	0.8396	0.8163	0.7938	0.7722	0.7513	0.7312	0.7118	0.6931	0.675	0.6575
4	0.9610	0.9238	0.8885	0.8548	0.8227	0.7921	0.7629	0.735	0.7084	0.683	0.6587	0.6355	0.6133	0.5921	0.5718
5	0.9515	0.9057	0.8626	0.8219	0.7835	0.7473	0.713	0.6806	0.6499	0.6209	0.5935	0.5674	0.5428	0.5194	0.4972
6	0.9420	0.8880	0.8375	0.7903	0.7462	0.7050	0.6663	0.6302	0.5963	0.5645	0.5346	0.5066	0.4803	0.4556	0.4323
7	0.9327	0.8706	0.8131	0.7599	0.7107	0.6651	0.6227	0.5835	0.5470	0.5132	0.4817	0.4523	0.4251	0.3996	0.3759
8	0.9235	0.8535	0.7894	0.7307	0.6768	0.6274	0.5820	0.5403	0.5019	0.4665	0.4339	0.4039	0.3762	0.3506	0.3269
9	0.9143	0.8368	0.7664	0.7026	0.6446	0.5919	0.5439	0.5002	0.4604	0.4241	0.3909	0.3606	0.3329	0.3075	0.2843
10	0.9053	0.8203	0.7441	0.6756	0.6139	0.5584	0.5083	0.4632	0.4224	0.3855	0.3522	0.3220	0.2946	0.2697	0.2472
11	0.8963	0.8043	0.7224	0.6496	0.5847	0.5268	0.4751	0.4289	0.3875	0.3505	0.3173	0.2875	0.2607	0.2366	0.2149
12	0.8874	0.7885	0.7014	0.6246	0.5568	0.4970	0.4440	0.3971	0.3555	0.3186	0.2858	0.2567	0.2307	0.2076	0.1869
13	0.8787	0.7730	0.6810	0.6006	0.5303	0.4688	0.4150	0.3677	0.3262	0.2897	0.2575	0.2292	0.2042	0.1821	0.1625
14	0.8700	0.7579	0.6611	0.5775	0.5051	0.4423	0.3878	0.3405	0.2992	0.2633	0.2320	0.2046	0.1807	0.1597	0.1413
15	0.8613	0.7430	0.6419	0.5553	0.4810	0.4173	0.3624	0.3152	0.2745	0.2394	0.2090	0.1827	0.1599	0.1401	0.1229

续表

n	1%	2%	3%	4%	5%	6%	7%	8%	9%	10%	11%	12%	13%	14%	15%
16	0.8528	0.7284	0.6232	0.5339	0.4581	0.3936	0.3387	0.2919	0.2519	0.2176	0.1883	0.1631	0.1415	0.1229	0.1069
17	0.8444	0.7142	0.6050	0.5134	0.4363	0.3714	0.3166	0.2703	0.2311	0.1978	0.1696	0.1456	0.1252	0.1078	0.0929
18	0.8360	0.7002	0.5874	0.4936	0.4155	0.3503	0.2959	0.2502	0.2120	0.1799	0.1528	0.1300	0.1108	0.0946	0.0808
19	0.8277	0.6864	0.5703	0.4746	0.3957	0.3305	0.2765	0.2317	0.1945	0.1635	0.1377	0.1161	0.0981	0.0829	0.0703
20	0.8195	0.6730	0.5537	0.4564	0.3769	0.3118	0.2584	0.2145	0.1784	0.1486	0.1240	0.1037	0.0868	0.0728	0.0611
21	0.8114	0.6598	0.5375	0.4388	0.3589	0.2942	0.2415	0.1987	0.1637	0.1351	0.1117	0.0926	0.0768	0.0638	0.0531
22	0.8034	0.6468	0.5219	0.4220	0.3418	0.2775	0.2257	0.1839	0.1502	0.1228	0.1007	0.0826	0.0680	0.0560	0.0462
23	0.7954	0.6342	0.5067	0.4057	0.3256	0.2618	0.2109	0.1703	0.1378	0.1117	0.0907	0.0738	0.0601	0.0491	0.0402
24	0.7876	0.6217	0.4919	0.3901	0.3101	0.2470	0.1971	0.1577	0.1264	0.1015	0.0817	0.0659	0.0532	0.0431	0.0349
25	0.7798	0.6095	0.4776	0.3751	0.2953	0.2330	0.1842	0.1460	0.1160	0.0923	0.0736	0.0588	0.0471	0.0378	0.0304
26	0.7720	0.5976	0.4637	0.3607	0.2312	0.2198	0.1722	0.1352	0.1064	0.0839	0.0663	0.0525	0.0417	0.0331	0.0264
27	0.7644	0.5859	0.4502	0.3468	0.2578	0.2074	0.1609	0.1252	0.0976	0.0763	0.0597	0.0469	0.0369	0.0291	0.0230
28	0.7568	0.5744	0.4371	0.3335	0.2551	0.1956	0.1504	0.1159	0.0895	0.0693	0.0538	0.0419	0.0326	0.0255	0.0200
29	0.7493	0.5631	0.4243	0.3207	0.2429	0.1846	0.1406	0.1073	0.0822	0.0630	0.0485	0.0374	0.0289	0.0224	0.0174
30	0.7419	0.5521	0.4120	0.3083	0.2314	0.1741	0.1314	0.0994	0.0754	0.0573	0.0437	0.0334	0.0256	0.0196	0.0151

续表

n	16%	17%	18%	19%	20%	21%	22%	23%	24%	25%	26%	27%	28%	29%	30%
1	0.8621	0.8547	0.8475	0.8403	0.8333	0.8264	0.8197	0.813	0.8065	0.8	0.7937	0.7874	0.7813	0.7752	0.7692
2	0.7432	0.7305	0.7182	0.7062	0.6944	0.683	0.6719	0.661	0.6504	0.64	0.6299	0.62	0.6104	0.6009	0.5917
3	0.6407	0.6244	0.6086	0.5934	0.5787	0.5645	0.5507	0.5374	0.5245	0.512	0.4999	0.4882	0.4768	0.4658	0.4552
4	0.5523	0.5337	0.5158	0.4987	0.4823	0.4665	0.4514	0.4369	0.423	0.4096	0.3968	0.3844	0.3725	0.3611	0.3501
5	0.4761	0.4561	0.4371	0.419	0.4019	0.3855	0.37	0.3552	0.3411	0.3277	0.3149	0.3027	0.291	0.2799	0.2693
6	0.4104	0.3898	0.3704	0.3521	0.3349	0.3186	0.3033	0.2888	0.2751	0.2621	0.2499	0.2383	0.2274	0.2170	0.2072
7	0.3538	0.3332	0.3139	0.2959	0.2791	0.2633	0.2486	0.2348	0.2218	0.2097	0.1983	0.1877	0.1776	0.1682	0.1594
8	0.3050	0.2848	0.2660	0.2487	0.2326	0.2176	0.2038	0.1909	0.1789	0.1678	0.1574	0.1478	0.1388	0.1304	0.1226
9	0.2630	0.2434	0.2255	0.2090	0.1938	0.1799	0.1670	0.1552	0.1443	0.1342	0.1249	0.1164	0.1084	0.1011	0.0943
10	0.2267	0.2080	0.1911	0.1756	0.1615	0.1486	0.1369	0.1262	0.1164	0.1074	0.0992	0.0916	0.0847	0.0784	0.0725
11	0.1954	0.1778	0.1619	0.1476	0.1346	0.1228	0.1122	0.1026	0.0938	0.0859	0.0787	0.0721	0.0662	0.0607	0.0558
12	0.1685	0.1520	0.1372	0.1240	0.1122	0.1015	0.0920	0.0834	0.0757	0.0687	0.0625	0.0568	0.0517	0.0471	0.0429
13	0.1452	0.1299	0.1163	0.1042	0.0935	0.0839	0.0754	0.0678	0.0610	0.0550	0.0496	0.0447	0.0404	0.0365	0.0330
14	0.1252	0.1110	0.0985	0.0876	0.0779	0.0693	0.0618	0.0551	0.0492	0.0440	0.0393	0.0352	0.0316	0.0283	0.0254
15	0.1079	0.0949	0.0835	0.0736	0.0649	0.0573	0.0507	0.0448	0.0397	0.0352	0.0312	0.0277	0.0247	0.0219	0.0195

续表

n	16%	17%	18%	19%	20%	21%	22%	23%	24%	25%	26%	27%	28%	29%	30%
16	0.0930	0.0811	0.0708	0.0618	0.0541	0.0474	0.0415	0.0364	0.0320	0.0281	0.0248	0.0218	0.0193	0.0170	0.0150
17	0.0802	0.0693	0.0600	0.0520	0.0451	0.0391	0.0340	0.0296	0.0258	0.0225	0.0197	0.0172	0.0150	0.0132	0.0116
18	0.0691	0.0592	0.0508	0.0437	0.0376	0.0323	0.0279	0.0241	0.0208	0.0180	0.0156	0.0135	0.0118	0.0102	0.0089
19	0.0596	0.0506	0.0431	0.0367	0.0313	0.0267	0.0229	0.0196	0.0168	0.0144	0.0124	0.0107	0.0092	0.0079	0.0068
20	0.0514	0.0433	0.0365	0.0308	0.0261	0.0221	0.0187	0.0159	0.0135	0.0115	0.0098	0.0084	0.0072	0.0061	0.0053
21	0.0443	0.0370	0.0309	0.0259	0.0217	0.0183	0.0154	0.0129	0.0109	0.0092	0.0078	0.0066	0.0056	0.0048	0.0040
22	0.0382	0.0316	0.0262	0.0218	0.0181	0.0151	0.0126	0.0105	0.0088	0.0074	0.0062	0.0052	0.0044	0.0037	0.0031
23	0.0329	0.0270	0.0222	0.0183	0.0151	0.0125	0.0103	0.0086	0.0071	0.0059	0.0049	0.0041	0.0034	0.0029	0.0024
24	0.0284	0.0231	0.0188	0.0154	0.0126	0.0103	0.0085	0.0070	0.0057	0.0047	0.0039	0.0032	0.0027	0.0022	0.0018
25	0.0245	0.0197	0.0160	0.0129	0.0105	0.0085	0.0069	0.0057	0.0046	0.0038	0.0031	0.0025	0.0021	0.0017	0.0014
26	0.0211	0.0169	0.0135	0.0109	0.0087	0.0070	0.0057	0.0046	0.0037	0.0030	0.0025	0.0020	0.0016	0.0013	0.0011
27	0.0182	0.0144	0.0115	0.0091	0.0073	0.0058	0.0047	0.0037	0.0030	0.0024	0.0019	0.0016	0.0013	0.0010	0.0008
28	0.0157	0.0123	0.0097	0.0077	0.0061	0.0048	0.0038	0.0030	0.0024	0.0019	0.0015	0.0012	0.0010	0.0008	0.0006
29	0.0135	0.0105	0.0082	0.0064	0.0051	0.0040	0.0031	0.0025	0.0020	0.0015	0.0012	0.0010	0.0008	0.0006	0.0005
30	0.0116	0.0090	0.0070	0.0054	0.0042	0.0033	0.0026	0.0020	0.0016	0.0012	0.0010	0.0008	0.0006	0.0005	0.0004

附表三

年金终值系数表

n	1%	2%	3%	4%	5%	6%	7%	9%	10%	11%	12%	13%	14%	15%
1	1.0000	1.0000	1.0000	1.0000	1.0000	1.0000	1.0000	1.0000	1.0000	1.0000	1.0000	1.0000	1.0000	1.0000
2	2.0100	2.0200	2.0300	2.0400	2.0500	2.0600	2.0700	2.0900	2.1000	2.1100	2.1200	2.1300	2.1400	2.1500
3	3.0301	3.0604	3.0909	3.1216	3.1525	3.1836	3.2149	3.2781	3.3100	3.3421	3.3744	3.4069	3.4396	3.4725
4	4.0604	4.1216	4.1836	4.2465	4.3101	4.3746	4.4399	4.5731	4.6410	4.7097	4.7793	4.8498	4.9211	4.9934
5	5.1010	5.2040	5.3091	5.4163	5.5256	5.6371	5.7507	5.9847	6.1051	6.2278	6.3528	6.4803	6.6101	6.7424
6	6.1520	6.3081	6.4684	6.6330	6.8019	6.9753	7.1533	7.5233	7.7156	7.9129	8.1152	8.3227	8.5355	8.7537
7	7.2135	7.4343	7.6625	7.8983	8.1420	8.3938	8.6540	9.2004	9.4872	9.7833	10.0890	10.4047	10.7305	11.0668
8	8.2857	8.5830	8.8923	9.2142	9.5491	9.8975	10.2598	11.0285	11.4359	11.8594	12.2997	12.7573	13.2328	13.7268
9	9.3685	9.7546	10.1591	10.5828	11.0266	11.4913	11.9780	13.0210	13.5795	14.1640	14.7757	15.4157	16.0853	16.7858
10	10.4622	10.9497	11.4639	12.0061	12.5779	13.1808	13.8164	15.1929	15.9374	16.7220	17.5487	18.4197	19.3373	20.3037
11	11.5668	12.1687	12.8078	13.4864	14.2068	14.9716	15.7836	17.5603	18.5312	19.5614	20.6546	21.8143	23.0445	24.3493
12	12.6825	13.4121	14.1920	15.0258	15.9171	16.8699	17.8885	20.1407	21.3843	22.7132	24.1331	25.6502	27.2707	29.0017
13	13.8093	14.6803	15.6178	16.6268	17.7130	18.8821	20.1406	22.9534	24.5227	26.2116	28.0291	29.9847	32.0887	34.3519
14	14.9474	15.9739	17.0863	18.2919	19.5986	21.0151	22.5505	26.0192	27.9750	30.0949	32.3926	34.8827	37.5811	40.5047
15	16.0969	17.2934	18.5989	20.0236	21.5786	23.2760	25.1290	29.3609	31.7725	34.4054	37.2797	40.4175	43.8424	47.5804

续表

n	1%	2%	3%	4%	5%	6%	7%	9%	10%	11%	12%	13%	14%	15%
16	17.2579	18.6393	20.1569	21.8245	23.6575	25.6725	27.8881	33.0034	35.9497	39.1899	42.7533	46.6717	50.9804	55.7175
17	18.4304	20.0121	21.7616	23.6975	25.8404	28.2129	30.8402	36.9737	40.5447	44.5008	48.8837	53.7391	59.1176	65.0751
18	19.6147	21.4123	23.4144	25.6454	28.1324	30.9057	33.9990	41.3013	45.5992	50.3959	55.7497	61.7251	68.3941	75.8364
19	20.8109	22.8406	25.1169	27.6712	30.5390	33.7600	37.3790	46.0185	51.1591	56.9395	63.4397	70.7494	78.9692	88.2118
20	22.0190	24.2974	26.8704	29.7781	33.0660	36.7856	40.9955	51.1601	57.2750	64.2028	72.0524	80.9468	91.0249	102.4436
21	23.2392	25.7833	28.6765	31.9692	35.7193	39.9927	44.8652	56.7645	64.0025	72.2651	81.6987	92.4699	104.7684	118.8101
22	24.4716	27.2990	30.5368	34.2480	38.5052	43.3923	49.0057	62.8733	71.4027	81.2143	92.5026	105.4910	120.4360	137.6316
23	25.7163	28.8450	32.4529	36.6179	41.4305	46.9958	53.4361	69.5319	79.5430	91.1479	104.6029	120.2048	138.2970	159.2764
24	26.9735	30.4219	34.4265	39.0826	44.5020	50.8156	58.1767	76.7898	88.4973	102.1742	118.1552	136.8315	158.6586	184.1678
25	28.2432	32.0303	36.4593	41.6459	47.7271	54.8645	63.2490	84.7009	98.3471	114.4133	133.3339	155.6196	181.8708	212.7930
26	29.5256	33.6709	38.5530	44.3117	51.1135	59.1564	68.6765	93.3240	109.1818	127.9988	150.3339	176.8501	208.3327	245.7120
27	30.8209	35.3443	40.7096	47.0842	54.6691	63.7058	74.4838	102.7231	121.0999	143.0786	169.3740	200.8406	238.4993	283.5688
28	32.1291	37.0512	42.9309	49.9676	58.4026	68.5281	80.6977	112.9682	134.2099	159.8173	190.6989	227.9499	272.8892	327.1041
29	33.4504	38.7922	45.2189	52.9663	62.3227	73.6398	87.3465	124.1354	148.6309	178.3972	214.5828	258.5834	312.0937	377.1697
30	34.7849	40.5681	47.5754	56.0849	66.4388	79.0582	94.4608	136.3075	164.4940	199.0209	241.3327	293.1992	356.7868	434.7451

续表

n	16%	17%	18%	19%	20%	21%	22%	23%	24%	25%	26%	27%	28%	29%	30%
1	1.0000	1.0000	1.0000	1.0000	1.0000	1.0000	1.0000	1.0000	1.0000	1.0000	1.0000	1.0000	1.0000	1.0000	1.0000
2	2.1600	2.1700	2.1800	2.1900	2.2000	2.2100	2.2200	2.2300	2.2400	2.2500	2.2600	2.2700	2.2800	2.2900	2.3000
3	3.5056	3.5389	3.5724	3.6061	3.6400	3.6741	3.7084	3.7429	3.7776	3.8125	3.8476	3.8829	3.9184	3.9541	3.9900
4	5.0665	5.1405	5.2154	5.2913	5.3680	5.4457	5.5242	5.6038	5.6842	5.7656	5.8480	5.9313	6.0156	6.1008	6.1870
5	6.8771	7.0144	7.1542	7.2966	7.4416	7.5892	7.7396	7.8926	8.0484	8.2070	8.3684	8.5327	8.6999	8.8700	9.0431
6	8.9775	9.2068	9.4420	9.6830	9.9299	10.1830	10.4423	10.7079	10.9801	11.2588	11.5442	11.8366	12.1359	12.4423	12.7560
7	11.4139	11.7720	12.1415	12.5227	12.9159	13.3214	13.7396	14.1708	14.6153	15.0735	15.5458	16.0324	16.5339	17.0506	17.5828
8	14.2401	14.7733	15.3270	15.9020	16.4991	17.1189	17.7623	18.4300	19.1229	19.8419	20.5876	21.3612	22.1634	22.9953	23.8577
9	17.5185	18.2847	19.0859	19.9234	20.7989	21.7139	22.6700	23.6690	24.7125	25.8023	26.9404	28.1287	29.3692	30.6639	32.0150
10	21.3215	22.3931	23.5213	24.7089	25.9587	27.2738	28.6574	30.1128	31.6434	33.2529	34.9449	36.7235	38.5926	40.5564	42.6195
11	25.7329	27.1999	28.7551	30.4035	32.1504	34.0013	35.9620	38.0388	40.2379	42.5661	45.0306	47.6388	50.3985	53.3178	56.4053
12	30.8502	32.8239	34.9311	37.1802	39.5805	42.1416	44.8737	47.7877	50.8950	54.2077	57.7386	61.5013	65.5100	69.7800	74.3270
13	36.7862	39.4040	42.2187	45.2445	48.4966	51.9913	55.7459	59.7788	64.1097	68.7596	73.7506	79.1066	84.8529	91.0161	97.6250
14	43.6720	47.1027	50.8180	54.8409	59.1959	63.9095	69.0100	74.5280	80.4961	86.9495	93.9258	101.4654	109.6117	118.4108	127.9125
15	51.6595	56.1101	60.9653	66.2607	72.0351	78.3305	85.1922	92.6694	100.8151	109.6868	119.3465	129.8611	141.3029	153.7500	167.2863

续表

n	16%	17%	18%	19%	20%	21%	22%	23%	24%	25%	26%	27%	28%	29%	30%
16	60.9250	66.6488	72.9390	79.8502	87.4421	95.7799	104.9345	114.9834	126.0108	138.1085	151.3766	165.9236	181.8677	199.3374	218.4722
17	71.6730	78.9792	87.0680	96.0218	105.9306	116.8937	129.0201	142.4295	157.2534	173.6357	191.7345	211.7230	233.7907	258.1453	285.0139
18	84.1407	93.4056	103.7403	115.2659	128.1167	142.4413	158.4045	176.1883	195.9942	218.0446	242.5855	269.8882	300.2521	334.0074	371.5180
19	98.6032	110.2846	123.4135	138.1664	154.7400	173.3540	194.2535	217.7116	244.0328	273.5558	306.6577	343.7580	385.3227	431.8696	483.9734
20	115.3797	130.0329	146.6280	165.4180	186.6880	210.7584	237.9893	268.7853	303.6006	342.9447	387.3887	437.5726	494.2131	558.1118	630.1655
21	134.8405	153.1385	174.0210	197.8474	225.0256	256.0176	291.3469	331.6059	377.4648	429.6809	489.1098	556.7173	633.5927	720.9642	820.2151
22	157.4150	180.1721	206.3448	236.4385	271.0307	310.7813	356.4432	408.8753	469.0563	538.1011	617.2783	708.0309	811.9987	931.0438	1067.2796
23	183.6014	211.8013	244.4868	282.3618	326.2369	377.0454	435.8607	503.9166	582.6298	673.6264	778.7707	900.1993	1040.3583	1202.0465	1388.4635
24	213.9776	248.8076	289.4945	337.0105	392.4842	457.2249	532.7501	620.8174	723.4610	843.0329	982.2511	1144.2531	1332.6586	1551.6400	1806.0026
25	249.2140	292.1049	342.6035	402.0425	471.9811	554.2422	650.9551	764.6054	898.0916	1054.7912	1238.6363	1454.2014	1706.8031	2002.6156	2348.8033
26	290.0883	342.7627	405.2721	479.4306	567.3773	671.6330	795.1653	941.4647	1114.6336	1319.4890	1561.6818	1847.8358	2185.7079	2584.3741	3054.4443
27	337.5024	402.0323	479.2211	571.5224	681.8528	813.6759	971.1016	1159.0016	1383.1457	1650.3612	1968.7191	2347.7515	2798.7061	3334.8426	3971.7776
28	392.5028	471.3778	566.4809	681.1116	819.2233	985.5479	1185.7440	1426.5719	1716.1007	2063.9515	2481.5860	2982.6444	3583.3438	4302.9470	5164.3109
29	456.3032	552.5121	669.4475	811.5228	984.0680	1193.5129	1447.6077	1755.6835	2128.9648	2580.9394	3127.7984	3788.9583	4587.6801	5551.8016	6714.6042
30	530.3117	647.4391	790.9480	966.7122	1181.8816	1445.1507	1767.0813	2160.4907	2640.9164	3227.1743	3942.0260	4812.9771	5873.2306	7162.8241	8729.9855

附表四

年金现值系数表

n	1%	2%	3%	4%	5%	6%	7%	8%	9%	10%	11%	12%	13%	14%	15%
1	0.9901	0.9804	0.9709	0.9615	0.9524	0.9434	0.9346	0.9259	0.9174	0.9091	0.9009	0.8929	0.8850	0.8772	0.8696
2	1.9704	1.9416	1.9135	1.8861	1.8594	1.8334	1.8080	1.7833	1.7591	1.7355	1.7125	1.6901	1.6681	1.6467	1.6257
3	2.9410	2.8839	2.8286	2.7751	2.7232	2.6730	2.6243	2.5771	2.5313	2.4869	2.4437	2.4018	2.3612	2.3216	2.2832
4	3.9020	3.8077	3.7171	3.6299	3.5460	3.4651	3.3872	3.3121	3.2397	3.1699	3.1024	3.0373	2.9745	2.9137	2.8550
5	4.8534	4.7135	4.5797	4.4518	4.3295	4.2124	4.1002	3.9927	3.8897	3.7908	3.6959	3.6048	3.5172	3.4331	3.3522
6	5.7955	5.6014	5.4172	5.2421	5.0757	4.9173	4.7665	4.6229	4.4859	4.3553	4.2305	4.1114	3.9975	3.8887	3.7845
7	6.7282	6.4720	6.2303	6.0021	5.7864	5.5824	5.3893	5.2064	5.0330	4.8684	4.7122	4.5638	4.4226	4.2883	4.1604
8	7.6517	7.3255	7.0197	6.7327	6.4632	6.2098	5.9713	5.7466	5.5348	5.3349	5.1461	4.9676	4.7988	4.6389	4.4873
9	8.5660	8.1622	7.7861	7.4353	7.1078	6.8017	6.5152	6.2469	5.9952	5.7590	5.5370	5.3282	5.1317	4.9464	4.7716
10	9.4713	8.9826	8.5302	8.1109	7.7217	7.3601	7.0236	6.7101	6.4177	6.1446	5.8892	5.6502	5.4262	5.2161	5.0188
11	10.3676	9.7868	9.2526	8.7605	8.3064	7.8869	7.4987	7.1390	6.8052	6.4951	6.2065	5.9377	5.6869	5.4527	5.2337
12	11.2551	10.5753	9.9540	9.3851	8.8633	8.3838	7.9427	7.5361	7.1607	6.8137	6.4924	6.1944	5.9176	5.6603	5.4206
13	12.1337	11.3484	10.6350	9.9856	9.3936	8.8527	8.3577	7.9038	7.4869	7.1034	6.7499	6.4235	6.1218	5.8424	5.5831
14	13.0037	12.1062	11.2961	10.5631	9.8986	9.2950	8.7455	8.2442	7.7862	7.3667	6.9819	6.6282	6.3025	6.0021	5.7245
15	13.8651	12.8493	11.9379	11.1184	10.3797	9.7122	9.1079	8.5595	8.0607	7.6061	7.1909	6.8109	6.4624	6.1422	5.8474

续表

n	1%	2%	3%	4%	5%	6%	7%	8%	9%	10%	11%	12%	13%	14%	15%
16	14.7179	13.5777	12.5611	11.6523	10.8378	10.1059	9.4466	8.8514	8.3126	7.8237	7.3792	6.9740	6.6039	6.2651	5.9542
17	15.5623	14.2919	13.1661	12.1657	11.2741	10.4773	9.7632	9.1216	8.5436	8.0216	7.5488	7.1196	6.7291	6.3729	6.0472
18	16.3983	14.9920	13.7535	12.6593	11.6896	10.8276	10.0591	9.3719	8.7556	8.2014	7.7016	7.2497	6.8399	6.4674	6.1280
19	17.2260	15.6785	14.3238	13.1339	12.0853	11.1581	10.3356	9.6036	8.9501	8.3649	7.8393	7.3658	6.9380	6.5504	6.1982
20	18.0456	16.3514	14.8775	13.5903	12.4622	11.4699	10.5940	9.8181	9.1285	8.5136	7.9633	7.4694	7.0248	6.6231	6.2593
21	18.8570	17.0112	15.4150	14.0292	12.8212	11.7641	10.8355	10.0168	9.2922	8.6487	8.0751	7.5620	7.1016	6.6870	6.3125
22	19.6604	17.6580	15.9369	14.4511	13.1630	12.0416	11.0612	10.2007	9.4424	8.7715	8.1757	7.6446	7.1695	6.7429	6.3587
23	20.4558	18.2922	16.4436	14.8568	13.4886	12.3034	11.2722	10.3711	9.5802	8.8832	8.2664	7.7184	7.2297	6.7921	6.3988
24	21.2434	18.9139	16.9355	15.2470	13.7986	12.5504	11.4693	10.5288	9.7066	8.9847	8.3481	7.7843	7.2829	6.8351	6.4338
25	22.0232	19.5235	17.4131	15.6221	14.0939	12.7834	11.6536	10.6748	9.8226	9.0770	8.4217	7.8431	7.3300	6.8729	6.4641
26	22.7952	20.1210	17.8768	15.9828	14.3752	13.0032	11.8258	10.8100	9.9290	9.1609	8.4881	7.8957	7.3717	6.9061	6.4906
27	23.5596	20.7069	18.3270	16.3296	14.6430	13.2105	11.9867	10.9352	10.0266	9.2372	8.5478	7.9426	7.4086	6.9352	6.5135
28	24.3164	21.2813	18.7641	16.6631	14.8981	13.4062	12.1371	11.0511	10.1161	9.3066	8.6016	7.9844	7.4412	6.9607	6.5335
29	25.0658	21.8444	19.1885	16.9837	15.1411	13.5907	12.2777	11.1584	10.1983	9.3696	8.6501	8.0218	7.4701	6.9830	6.5509
30	25.8077	22.3965	19.6004	17.2920	15.3725	13.7648	12.4090	11.2578	10.2737	9.4269	8.6938	8.0552	7.4957	7.0027	6.5660

续表

n	16%	17%	18%	19%	20%	21%	22%	23%	24%	25%	26%	27%	28%	29%	30%
1	0.8621	0.8547	0.8475	0.8403	0.8333	0.8264	0.8197	0.8130	0.8065	0.8000	0.7937	0.7874	0.7813	0.7752	0.7692
2	1.6052	1.5852	1.5656	1.5465	1.5278	1.5095	1.4915	1.4740	1.4568	1.4400	1.4235	1.4074	1.3916	1.3761	1.3609
3	2.2459	2.2096	2.1743	2.1399	2.1065	2.0739	2.0422	2.0114	1.9813	1.9520	1.9234	1.8956	1.8684	1.8420	1.8161
4	2.7982	2.7432	2.6901	2.6386	2.5887	2.5404	2.4936	2.4483	2.4043	2.3616	2.3202	2.2800	2.2410	2.2031	2.1662
5	3.2743	3.1993	3.1272	3.0576	2.9906	2.9260	2.8636	2.8035	2.7454	2.6893	2.6351	2.5827	2.5320	2.4830	2.4356
6	3.6847	3.5892	3.4976	3.4098	3.3255	3.2446	3.1669	3.0923	3.0205	2.9514	2.8850	2.8210	2.7594	2.7000	2.6427
7	4.0386	3.9224	3.8115	3.7057	3.6046	3.5079	3.4155	3.3270	3.2423	3.1611	3.0833	3.0087	2.9370	2.8682	2.8021
8	4.3436	4.2072	4.0776	3.9544	3.8372	3.7256	3.6193	3.5179	3.4212	3.3289	3.2407	3.1564	3.0758	2.9986	2.9247
9	4.6065	4.4506	4.3030	4.1633	4.0310	3.9054	3.7863	3.6731	3.5655	3.4631	3.3657	3.2728	3.1842	3.0997	3.0190
10	4.8332	4.6586	4.4941	4.3389	4.1925	4.0541	3.9232	3.7993	3.6819	3.5705	3.4648	3.3644	3.2689	3.1781	3.0915
11	5.0286	4.8364	4.6560	4.4865	4.3271	4.1769	4.0354	3.9018	3.7757	3.6564	3.5435	3.4365	3.3351	3.2388	3.1473
12	5.1971	4.9884	4.7932	4.6105	4.4392	4.2784	4.1274	3.9852	3.8514	3.7251	3.6059	3.4933	3.3868	3.2859	3.1903
13	5.3423	5.1183	4.9095	4.7147	4.5327	4.3624	4.2028	4.0530	3.9124	3.7801	3.6555	3.5381	3.4272	3.3224	3.2233
14	5.4675	5.2293	5.0081	4.8023	4.6106	4.4317	4.2646	4.1082	3.9616	3.8241	3.6949	3.5733	3.4587	3.3507	3.2487
15	5.5755	5.3242	5.0916	4.8759	4.6755	4.4890	4.3152	4.1530	4.0013	3.8593	3.7261	3.6010	3.4834	3.3726	3.2682

续表

n	16%	17%	18%	19%	20%	21%	22%	23%	24%	25%	26%	27%	28%	29%	30%
16	5.6685	5.4053	5.1624	4.9377	4.7296	4.5364	4.3567	4.1894	4.0333	3.8874	3.7509	3.6228	3.5026	3.3896	3.2832
17	5.7487	5.4746	5.2223	4.9897	4.7746	4.5755	4.3908	4.2190	4.0591	3.9099	3.7705	3.6400	3.5177	3.4028	3.2948
18	5.8178	5.5339	5.2732	5.0333	4.8122	4.6079	4.4187	4.2431	4.0799	3.9279	3.7861	3.6536	3.5294	3.4130	3.3037
19	5.8775	5.5845	5.3162	5.0700	4.8435	4.6346	4.4415	4.2627	4.0967	3.9424	3.7985	3.6642	3.5386	3.4210	3.3105
20	5.9288	5.6278	5.3527	5.1009	4.8696	4.6567	4.4603	4.2786	4.1103	3.9539	3.8083	3.6726	3.5458	3.4271	3.3158
21	5.9731	5.6648	5.3837	5.1268	4.8913	4.6750	4.4756	4.2916	4.1212	3.9631	3.8161	3.6792	3.5514	3.4319	3.3198
22	6.0113	5.6964	5.4099	5.1486	4.9094	4.6900	4.4882	4.3021	4.1300	3.9705	3.8223	3.6844	3.5558	3.4356	3.3230
23	6.0442	5.7234	5.4321	5.1668	4.9245	4.7025	4.4985	4.3106	4.1371	3.9764	3.8273	3.6885	3.5592	3.4384	3.3254
24	6.0726	5.7465	5.4509	5.1822	4.9371	4.7128	4.5070	4.3176	4.1428	3.9811	3.8312	3.6918	3.5619	3.4406	3.3272
25	6.0971	5.7662	5.4669	5.1951	4.9476	4.7213	4.5139	4.3232	4.1474	3.9849	3.8342	3.6943	3.5640	3.4423	3.3286
26	6.1182	5.7831	5.4804	5.2060	4.9563	4.7284	4.5196	4.3278	4.1511	3.9879	3.8367	3.6963	3.5656	3.4437	3.3297
27	6.1364	5.7975	5.4919	5.2151	4.9636	4.7342	4.5243	4.3316	4.1542	3.9903	3.8387	3.6979	3.5669	3.4447	3.3305
28	6.1520	5.8099	5.5016	5.2228	4.9697	4.7390	4.5281	4.3346	4.1566	3.9923	3.8402	3.6991	3.5679	3.4455	3.3312
29	6.1656	5.8204	5.5098	5.2292	4.9747	4.7430	4.5312	4.3371	4.1585	3.9938	3.8414	3.7001	3.5687	3.4461	3.3317
30	6.1772	5.8294	5.5168	5.2347	4.9789	4.7463	4.5338	4.3391	4.1601	3.9950	3.8424	3.7009	3.5693	3.4466	3.3321

微课索引

为了满足学生自主学习的需要，我们针对本书的重点和难点内容制作了下列20个微课，用手机扫描对应的二维码即可直接观看。括号内标注的是微课具体页码。